播音主持艺术技巧丛书

文艺作品
演播技巧

【修订版】 罗 莉◎著

BROADCAST
SKILLS OF
LITERARY
WORKS

中国广播影视出版社

图书在版编目（ＣＩＰ）数据

文艺作品演播技巧/罗莉著 . — 修订本 . — 北京：
中国广播影视出版社，2013.4（2021.2 重印）
（播音主持艺术技巧丛书）
ISBN 978-7-5043-6857-7

Ⅰ . ①文… Ⅱ . ①罗… Ⅲ . ①播音—语言艺术
Ⅳ . ①G222.2

中国版本图书馆 CIP 数据核字（2013）第 038594 号

文艺作品演播技巧（修订版）

罗 莉 著

责任编辑	高子如	
封面设计	亚里斯	
责任校对	张 哲	

出版发行	中国广播影视出版社	
电　　话	010 - 86093580　010 - 86093583	
社　　址	北京市西城区真武庙二条 9 号	
邮　　编	100045	
网　　址	www. crtp. com. cn	
电子信箱	crtp8@ sina. com	

经　　销	全国各地新华书店	
印　　刷	河北鑫兆源印刷有限公司	

开　　本	787 毫米 ×1092 毫米　1/16	
字　　数	422(千)字	
印　　张	21.75	
版　　次	2013 年 4 月第 2 版　2021 年 2 月第 5 次印刷	

书　　号	ISBN 978 - 7 - 5043 - 6857 - 7	
定　　价	49.00 元	

目 录 CONTENTS

上编 基础篇

下编　文 体 篇

上编

基础篇

第一章

文艺作品演播概说

　　将一首诗歌、一篇散文或一个寓言、童话及小说看过之后，绘声绘色、情感真挚地朗诵、演播出来；或将广播剧中的一个人物及影视故事片中的一个角色，通过自己的演播或配音，准确、生动地表现出来，使受众从你的表达中受到感染和震撼，与你产生思想感情上的共鸣，与你同悲同喜，你所表现的一切让人们受到启迪、情有所动，这是多么迷人的一片天地啊！为此有多少人迷恋着它。我想在此告诉大家，这片天地的概貌、范围、特征与步入其中的途径。

第一节　文艺作品演播的认识

一、文艺作品演播的概念

　　文艺作品演播，指利用艺术语言表达的各种手段将文艺作品的文字语言变为有声语言，艺术地体现或再现出来，通过广播电视发射传达给受众的创作活动。（这里指诗歌、散文、寓言、童话的朗诵，小说和广播剧的演播以及影视故事片中的人物配音。）

二、文艺作品演播的范围

　　文艺作品演播的范围仅限于文艺作品，不包括播音主持领域中的文艺节目主持、串联，电影、戏剧录音剪辑的解说以及电视纪录片解说，也不包括舞台及影视表演。
　　文艺作品演播只相当于表演专业训练的台词课内容。虽然文艺作品演播只表现在语言方面，但表演、形体等都要参与创作，将相应的感觉注入语言中体现出来，表现为一种合力，是一种综合体现。所以，文艺作品演播应当具备表演的所有素质，才有利于表达，胜任这一工作，取得创作成功。
　　不言而喻，文艺作品演播重在话筒前的语言表达创作，它所关注的要点是语言，是语言的表现力与感染力，语言是表达作品内容和展现人物的一个重要窗口，因而，文艺作品演播对语言的要求极高。这是由于，在舞台或银幕上的表演，演员可以借助于表情、形体、舞美等手段来帮助体现，而文艺作品演播只能利用语言声音这一个手段来表现。所以，文艺作品演播需要丰富的语言表达技巧和较强的语言表现力。

三、文艺作品演播的特点

(一) 形象感更强

形象，是文学艺术创作的依托，是其表现的特殊手段，"它是根据客观现实生活各种现象加以艺术概括所创作出来的，有一定思想内容和艺术感染力的具体、生动的图画"(引自《辞海》文学分册第5页)。一般而言，在文艺作品中，人物是组成形象的主体。但形象不仅指人物，也有景物，不仅指视觉形象，也有听觉形象，文学作品从创作到体现都离不开形象。因此，形象对于文艺作品演播具有特殊意义。理由在于，文艺作品是通过塑造各种艺术形象激发相应的情感来打动人、启发人和教育人的，形象思维是其创作的主要手段。因此，文艺作品的演播就应体现出具体、生动的形象，发挥其作用。欲想体现出具体、生动的形象来，演播者的脑海中就必须有它们的存在和活动，用来支撑其表达。文艺作品演播，正是因为有了想象、联想等心理活动参与唤起了具体生动的形象，才能不断地刺激演播者产生相应的情感，使其表达发自内心，言之有物，言之有形，言之有情，言之有意。

比如已故著名演员金乃千曾谈到他朗诵话剧《屈原》中的一段独白"雷电颂"时的体会："我在朗诵'雷电颂'时，在开口之前，首先唤起自己的想象，在眼前出现东皇太一庙的情景：奇形怪状的神像、狂风吹动的蜘蛛网、殿壁残孔中透出的夜空、时隐时现的沉雷，……从这些想象的环境中，引起我对当时楚国社会状况的联想。在朗诵过程中，我还不断地通过内心视像看到自然界的巨大变化，感受到风的怒吼、雷的轰鸣、闪电的炫耀，我恨不能冲出庙宇，砸断镣铐，投入大自然的怀抱。于是我急切地、热烈地一口气说出：'我要和着你(雷)的声音，和你一同跳到那没有边际没有限制的自由里去！'这时，一声霹雳(想象中的)在天边炸响，我猛一回头，看见闪电像火球一样地拖着尾巴涌向大地，我兴奋地说：'电！你这宇宙中最犀利的剑哪！……你这宇宙中的剑，也正是我心中的剑。你劈吧，劈吧，劈吧！把这比铁还坚固的黑暗，劈开，劈开，劈开！'这三个劈开一声比一声强烈，和霹雳声混在一起，成为我心中的三声霹雳。随着这些想象中的环境的变化，我觉得自己似乎也能够像屈原那样呼风唤雨、那样与大自然融为一体，构成一曲和大自然同化的交响诗。"

我们试想，如果没有具体、真切的画面、场景以及闪电、雷声的视觉、听觉和人物形象在朗诵者脑海中出现，朗诵者怎能感情饱满地去歌颂、去呐喊、去抒发呢？同样，听众也不可能领略到屈原这个伟大的爱国主义者在特定环境中的内心情怀，以及他的人物形象。由此可见，在文艺作品演播中，应始终有特定、具体的形象相随，一旦形象链条中断了，我们的表达就会受阻，出现脱魂、失境、情浅、声白等现象。

为什么说文艺作品演播的形象感更强，播音主持不也要求有形象感吗？是的，播音主持也要求有形象感，但由于工作性质和创作依据不尽相同，所以，一般播音主持中的形象感往往不及文艺作品演播这样具体，要求这样高。有时，仅是一种有趋向的模糊感觉即可，不需形象的具化，如新闻、评论等。而文艺作品演播，失去具体的形象便无法开口表达了，因为它所表达的内容都是有具体形象和特定环境的，没有具体的形象便不能准确表达，所以，形象感，是文艺作品演播的特征之一。

此外，形象感不仅是指演播者在语言表达创作的过程中、自己头脑中有形象的存在和活动，且指通过演播者的表达能使听众产生相同或相近的形象感，这才是文艺作品演播特征中形象感的完整内涵。

（二）情感性更强

某位著名演播家曾向人发问：世界上什么力量最大？他自己的解释是：情感的力量最大。乍一听，不免有些耸人听闻。但体察深味，便不得不承认这一事实。是的，世界上有什么力量能够征服人心呢？世界上有什么力量可以不让一个人去爱去恨？为了此情，有多少人不惜以自己最宝贵的生命去表现自己的这种爱与恨，这便是情，是人无法抑制的心理感受。中国古人也说过："情者文之经。"情感是艺术的内在生命。如果说，形象感是文艺作品演播的基础与依托，那么，情感性则是其灵魂，也是其特征之二。

文艺作品以形象表现观点，说明问题，却是以情感作为媒介去打动人并接受它的。作者大都无情不发、无感不发、无悟不发。例如中篇小说《高山下的花环》，便是作者深入一线，面对新一代最可爱的人、为他们感人至深的事迹所撼动，而燃烧起创作激情的产物。如果作品中，"小北京"（雷军长之子，战时被从北京调往云南前线）这位深钻军事理论，想当将军的优秀士兵，不是因我国"文革"动乱期间制造的哑炮误伤致死，引起人们对他牺牲的深深遗憾之情，也不会引发人们对"文革"动乱更深刻、更具体的认识。如果作品中，"小北京"不是雷军长之子，而"雷军长"又没有战前甩帽痛斥"走后门"的举动和激情，人们也许不会具体地感到，我们还有如此可敬的老一辈革命者，中国是有希望的。也正因为有了人们对"雷军长"这一形象的敬爱之情，才显现出塑造这一形象的意义所在。而人们在接受这一观点时却在不知不觉之中，又是在极强的感情催动下，其效果远非正面宣传说教可及。由此可见，情感，促成人们对文艺形象的认识，同样，情感也是演播文艺作品的至关要素。在演播中，只有情感始终存在并不断燃烧，引起表达者创作宣泄的冲动与激情，方可演播好。（当然，是在准确理解、把握的前提之下。）

文艺作品演播的情感大多处于激情状态，情感浓烈、饱满，唯有如此，方可体现文字语言的内蕴、作者的创作初衷，使之感染人、打动人、启迪人。这点，与播音主持的表达有别，如介绍什么知识，报道什么信息，就不必情感太强烈了，一般亲切、自然、讲清楚、有一定态度即可达到目的。而文艺作品演播，由于工作性质、创作依据与创作特征的原因，不得不极为看重情感的作用，它不重以理服人，而关注以情感人，情感输入是这项工作的重要条件，因而，情感性不强的表达是不能胜任此工作的。诚然，情感性强不只是表现为激情这一种表达样式，在表现内涵丰富的情感中，也不乏别种样式，淡中也有情，这在艺术语言领域中是显而易见的。但就情感表达的突出性和表现的丰富性方面而言，文艺作品演播是独占鳌头的。

（三）更具生动性

文艺作品演播与生动性分不开。因为文艺作品是以具体的形象和浓烈、丰富的情感去打动人、启迪人的。因此，要想很好地表现这些形象与情感就需要生动的形式来发挥作用。生动，就是逼真、形象、活灵活现，就是艺术性更强，技巧性更高，表现形式更丰富，对比反差更强烈。在文艺作品演播中，无论是讲一件事、介绍一个人、描情、状物，抑或是表现一个人物，不生动便无吸引人、感人而言。

生动性的基础是更贴近所表现的内容与形式。演播一个人物，就要把握、表现人物的全貌和个性，身份与身份感、内心世界与外部特征等，要符合那个人物的年龄、性格、气质、文化修养、职业特点甚至语言习惯等特征。朗诵诗歌、散文、寓言与童话等文学作品，也应绘声绘色，体现出作者与主体形象的心态及外部特征。有时，甚至以夸张的手法来达到生动表达的目的。这也是文艺作品演播与一般性表达的不同之处。一般性表达，以上方面仅为参考条件，而文艺作品演播则为创作的必要条件。比如，演播童话故事《聪明的小兔子》中小兔子给狮子出主意时的一段话："……我去把大象领来，等它走近你的身边，你就跳起来一口咬死它！"这话出自小巧、可爱的小动物口中，所以在演播时，为了生动，声音需要化装并有相应的语言造型，用声应该纤细，咬字小而靠前，加之语言利落，便可使人感到此话是出自灵活、小巧的小白兔之口了，使人可从"听觉形象"转化为"视觉形象"，待说到"等它走近你的身边"这句话时，要说得有种"收"的感觉，让人感到是在说"悄悄话"（不同常态的双方关系）；到后一句"你就跳起来一口咬死它！"中的"跳"字和"咬"字有种爆发的动作感，字音短促、有力，语势异峰突起，这样的表达就形象、逼真、生动，给人很强的形象感和动作感，易于吸引人。

当然，我们所说的"生动"，不只是指语言表达中声音形式的"音势"幅度大、节奏多变等；它既有与表达内容相适应的语言造型和语言动势（如表现走、跑、跳等不同动作状态中的说话感觉），也有体现不同人物、不同情状、变化多端的心理感觉的一面。总之，生动，应是形神兼备的，它虽表现在形，但却以神为支撑，它是文艺作品演播的特征之三。

（四）独具装饰性

所谓"装饰性"，在这里指"无语言表情声音"，即人的哭、笑声、不同情状的气息声以及咳嗽等种种由心理与生理所致形成的具有一定意义和情感色彩的声音。它具有一定的独立性，若与语言相伴，可更形象、更生动地表现人物的特定情态，它在文艺作品演播中独有而又重要，没有它们的参与而演播好文艺作品是不可想象的。

比如，小说《家》中梅表姐与瑞珏的一段对话："瑞珏说：'梅表姐，你一定有心事，为什么不对我说真话？你难道不相信我是真心跟你好？我是真心想给你帮忙？……'瑞珏的声音里充满了同情。梅却蹦出了一句：'大表嫂，你不能给我帮忙。'于是，掉开头又伏在枕头上低声抽泣起来。"又如，小说《高山下的花环》中，当连长梁三喜在战斗中为保护战士而牺牲时，小说写道："'连长！连长！'战士们围过来，哭喊着，'连——长！'段雨国扑到梁三喜身上号啕起来，'连长！怪我……都怪我呀……'"以上这两段内容中，前者，演播者如果没有伴着哭音说出梅的话，就不可能生动地揭示出梅表姐那压抑、悲痛的心情并强烈地感染着听众，从而为她的命运鸣不平。后者，如果演播者不是带着哭声喊出段雨国的话，也不能淋漓尽致地表现出段雨国对连长为救自己而牺牲的悲痛与悔恨的心情。

在广播剧演播或影视故事片人物配音中，"无语言表情声音"更具有自身的作用。比如，在广播剧的演播中，不用语言（大多是不适合）根据不同的规定情境，演播者只要发出不匀的气息或急促的喘息声，听众便会根据自己的生活经验从中得知剧中人或是正身体极度疲乏地爬行前进，或是正在跑步，或是本人病得不轻。如果演播者的嘴里发出"嘿！嘿！嘿！"的声音，再配以沙袋的捶击声，人们就不难了解：这是正在练习拳击呢。在影视人物配音中，如果片中的人物正在边哭边说或是边笑边说，我们也不得不以相同的哭、笑感觉和声音贴上去，以接近、贴合所配人物。甚至在朗诵诗歌、散文等或演播一个角色时，演播者只要发出一声含有意味的声音或气息声，人们也会从中体会到演播者或角色此时的内心状态。凡此种种，都表明"无语言表情声音"在文艺作品演播中独具魅力，它具有很强的表情性和一定的表义性，恰当地运用它，会为我们的演播增色不少，甚至可以说是不可或缺的。因此，"无语言表情声音"即"装饰性"是文艺作品演播的特征之四。

总之，文艺作品演播，具有自身的独特属性，也有话筒前一般语言表达所遵循的基本规律，在此，暂不赘言。

第二节　文艺作品演播与播音主持的异同

文艺作品演播与电台、电视台的日常播音是不同的，虽然文艺作品演播与播音主持都同属艺术语言表达范畴。但二者毕竟有所不同，无论是从创作依据的分析与理解，还是从表达方式手段与形式或工作任务与作用来看，二者都存在着某些差异，对于学习文艺作品演播或从事播音主持工作的人来说，明确区分与把握它们二者的异同，更显得十分必要。本节对此进行了分析。

一、任务与作用

(一) 任务

文艺作品演播属于文艺性工作，广播电视播音主持属于新闻宣传性工作，二者存在分界，必然遵循各自领域的创作原则与创作规律。文艺作品演播与广播电视播音主持虽然同属艺术语言范畴，但存在广狭之分，它们的创作属性和创作任务不尽相同，但创作目的却是相同的，都是要以一定的倾向去引导、启迪受众，实现对人们的世界观、价值观及生活原则的引领与指导。但表现方式却存在"直接"与"潜在"的不同。

(二) 作用

文艺作品演播是借丰富的语言表达技巧，以形象为媒介，从情感上打动人、感染人，给人以美的享受，它注重以情感人，从而间接达到启迪人的作用。而广播电视播音主持则大多是以直接、正面的宣传来引导人，它重在理性，多追求时效性，具有直接宣传与指导的作用。

二、分析与理解

文艺作品演播的表达依据与播音主持的创作有所不同。文艺作品演播都是依据他人创作的文字作品（影视故事片人物配音还需参考片子）进行语言表达创造。而播音主持由于具体任务与表现形式不尽相同，对稿件依赖程度也不相同：有完全凭借他人稿件进行表达的（如新闻播音、电视片解说等），有凭借一定资料再加上自己加工的表达（如某些社会生活节目等），也有完全凭借自己的即兴创造进行表达的（如新闻现场报道等）。

至于稿件分析，文艺作品演播与播音主持的备稿原则与方法基本相同，都要涉及：划分层次、概括主题、联系背景、明确目的、分清主次、把握基调（风格）。但文艺作品演播的分析，一般复杂于播音主持，这主要表现在以下几点：

1. 把握主题

文艺作品的主题，往往不易一目了然。因为文艺作品的主题大多蕴含在作品的内容、情节之中或潜藏在人物的塑造里，不如播音主持稿件显而易见，因此，应细致考察、精心提炼。

2. 掌握背景

文艺作品的背景，一般比普通播音主持稿件复杂。因为普通播音主持稿件大多只有"写作背景"与"播出背景"，并且二者基本一致。播音主持注重实效性，若二者不一致时，以"播出背景"为准。而文艺作品演播，演播者往往需要掌握与作品有关的几个背景，方能准确理解、把握作品和人物。通常，作品的"写作背景""内容背景"与"播出背景"大多不一致。此外，文艺作品演播大多以作品内容背景为准。

3. 形成基调

文艺作品演播的基调把握也比播音主持复杂。原因在于，有的作品除了要有全篇作品的基调以外，还要有具体人物的基调。并且，有时会随作品的内容发展和人物的转变发生相应的基调变化。

4. 划分层次

文艺作品层次的划分形式多于播音主持稿件，因为文艺作品的体裁多样。比如，诗歌是以行的形式出现，广播剧与影视人物配音的剧本又是以人物对话、独白的形式出现。因而，层次划分也就形式多样，但都以内容紧密为基础。

三、手段与形式

文艺作品演播的表达手段与形式同播音主持相比，也有不尽相同之处：

1. 身份与身份感

身份与身份感不是同一概念，身份，为客观存在；身份感则是主观感受，因而可变。在播音主持中，大多是以第一人称的身份与身份感出现，与受众的关系通常是稳定不变的。而文艺作品演播，以第一者的身份和身份感出现，根据需要，有时还须转换为几种不同人物的身份和身份感，方可胜任演播任务。

2. 对象与交流方式

交流，需要有对象并实现双向传递。在播音主持中，往往是与自己想象中的对象进行"交流"即"想象交流"。（根据需要，也有与合作者及受众的"直接交流"。）而文艺作品演播中的交流，除了有"想象交流"以外，更多的是与对手的"直接交流"。除此之外，广播电视播音主持一次创作过程中的对象相对比较单一和稳定，而文艺作品演播的一次创作过程中，对象往往多样、不稳定。因为演播者根据需要（如演播人物）往往要面对不同的对手，变换几个对象，因而，需形成不同的人物关系和交流方式，这比一般播音主持的情况复杂得多。

3. 内心视象

文艺作品演播的特征决定，在整个演播过程中都离不开内心视象。相比之下，播音主持中有些节目的内容及文体这方面的要求就相对弱一些，有的甚至以逻辑思维为主去表达即可，不需要较为具体的内心视象（比如新闻、评论）。

4. 语言节奏

语言节奏，在文艺作品演播中有着至关重要的作用，它是情感变化的晴雨表和温度计，不同色彩的情感及情感变化的幅度与不同人物的性格、心境等都需通过有形、多变的语言节奏反映出来。而在播音主持中，由于稿件形式与内容的局限及工作性质的原因，语言节奏往往不如文艺作品演播那样变化大。

5. 表现形式

文艺作品演播表达的形式可以夸张，人物可以扮演，并且可以运用"非语言表情声音"。而播音主持则不可以用这些手段和方式来表现，原因在于二者的工作性质不同，创作方式不同，担负的任务不同，发挥的作用不同。

6. 话筒运用

文艺作品演播与广播电视播音主持对话筒的使用情况不一样。播音主持主要是新闻宣传性工作，它的表达以准确、清楚为主，表达时大多话筒距离不变。文艺作品演播是艺术性工作，要具有艺术语言的表现力与感染力，因而，话筒距离往往根据表达需要而多变，如表现人物内心活动时需离话筒近一些，用声轻一些、虚一些；表现人物在远处说话或生气时的语言，则离话筒远一些（以免声音炸），或侧对话筒，声音放开、加强。这些处理，可以使语言表达形成"声面"（犹如镜头感），表现出人物的距离与情状，具有立体感，从而产生真实的艺术表现力与感染力。从这个角度讲，对话筒的运用也是艺术语言创造的一部分。

四、学习文艺作品演播的意义

（一）丰富表达技能

从文艺作品演播与广播电视播音主持异同的简单分析中，不难看出，文艺作品演播要比播音主持复杂、难以把握，表达技巧更丰富，表现形式更多样。学习文艺作品演播，对于从事广播电视播音主持的人来讲，可以丰富表达技能，增强形象思维能力，有助于提高自己的语言表达能力和表现力，更加适应当前发展中的播音主持表现形式的多样化和生动性。

（二）实现一专多能

广播电视播音主持，既是新闻宣传工作，也是艺术语言工作，因而，立足本职、扩大自己的创作领域，在干好本职工作的同时，适当参加一些文艺作品演播工作，可拓展视野、增强表现力，成为艺术语言创作的多面手。同时，也对自己的本职工作有所促进，二者互补，可实现一专多能的需要。

第二章

语 音 标 准

文艺作品演播，是一项艺术性、技巧性很高的有声语言创作活动。然而，没有标准的语音，一定的咬字、发声、用气和语言表达的基本技能，便无法胜任这一复杂、高难度的创作活动。因而，了解并掌握咬字、发声、用气及语言表达内外部技巧的一般原理、特殊要求和表达技巧是演播好各类文艺作品的基础。

第一节　声母、韵母准确

在我国，人们在工作和生活的相互交流中使用语言，情况却不尽相同：有的人说话声音好听又自然，有的人说话声音不好听又费力；有的人说普通话语音标准，有的人说话方音很重；有的人说话很有表现力，有的人说话缺乏感染力；有的人说话吐字清晰，有的人说话含糊不清……然而，文艺作品演播的语言要求较高：要求普通话语言标准；发声自如、有弹性；用气持久、多样；吐字清晰、灵活；语言具有表现力和感染力。

语音标准，是从事艺术语言表达工作的首要条件，文艺作品演播也不例外，虽然它不如广播电视播音主持要求得那么严格（如有需要，还可带有不同程度的方言味进行表达处理），但毕竟语音标准是文艺作品演播的基础条件之一。语音不标准，难以播清、播好文艺作品。

在文艺作品演播中，导致普通话语音不标准主要有以下几方面问题：

- 发音位置、方法不对
- 调值不准、不到位
- 轻重格式不当

在此，我们仅就一些重点问题加以指正，基本理论请参阅有关教材。

众所周知，汉语普通话语音的发音位置（指声母）有七个部位，形成双唇音、唇齿音、舌尖前音、舌尖中音、舌尖后音、舌面音和舌面后音（也有叫舌根音）。声母的发音方法有五种，即塞音、擦音、塞擦音、鼻音和边音。

发音部位，是发音器官形成阻碍的部位。

发音方法，是构成和除去阻碍的方式。

不同的声母是由发音部位和发音方法不同而形成的。

同样，汉语普通话语音韵母的发音准确与否，也要根据相关的几个条件，即舌位的高低、前后，口腔的开合，唇形的扁圆和几个音素间的过渡变化，以及唇形、舌位、口腔的相应变化。

在众多的声母和韵母之中，通常容易出现问题的有以下几个：

一、n、l 不分

这个问题多出现在南方人的发音当中，尤其是湖南、四川等地区，如有的人竟将男记者、女记者发成了（兰）记者、（铝）记者，使人产生极大误解。

n、l 的读音是在本音后面，加上一个元音 e 读作：ne 呢、le 勒，它们都可以做声母，都是辅音（n 也可在鼻韵母里做韵尾）。首先，应明确 n、l 的发音部位相同，它们都是舌尖中音，也都是浊辅音。只是发音方法不同，n 是鼻音，l 是边音。

n 的正确发音方法是：舌尖顶住上齿龈，软腭下垂，声带颤动，注意，舌尖在发音时要收紧、用力顶满上齿龈。发音时声波和气流先到口腔，但无出路，上升到鼻腔，这时口腔和鼻腔产生共鸣，从鼻孔发音。发 n 时，口不能开太大，上下唇稍离即可，除阻后，舌头取收势，不要前伸。

l 是边音，正确的发音方法是：舌尖顶住上齿龈，比 n 稍后，声带颤动，口腔发生共鸣，由舌前部的两边出气发音。注意，发音时，可适当把嘴咧开一些，这样可以帮助气流从舌两边顺利流出。发音时舌头也取收势。

为了判断 n、l 两音是否混淆，可以将鼻子堵住来检测。n 是鼻音，发音时，气流从鼻腔流出。l 是边音，发音时，气流从舌两边流出。如果感觉不到这些，就说明自己的发音有问题。若堵住鼻子再发 n、l 这两个音时，发音困难的应是 n，因为气流的通道受阻。相反，发音不困难的则是 l 音。

再有一个判断检测点，则是从组词成句的发音效果来看。大概谁都会听出来：老牛与老刘，大路与大怒的区别来。若有的人发不好这两个音，为了纠正发音的不准，可从两方面入手：一是抓意识，觉得有迅速纠正的必要，否则要影响人际交流，甚至闹出笑话，更做不好自己的工作，有一种紧迫感，增强关注力和注意力，用心去对比、去调整、去指挥自己的肌体，产生正确的筋肉感。此外，还要有一种"不破不立"的心理诱导，这点非常重要。只要从心理上摈弃旧的、习以为常的不正确的发音习惯，才有可能学习一种新的发音方法。因为人的发音、说话习惯是长年习得，无形中已变为下意识行为，没有一定的意志力和巨大的控制力是难以改变的。

二是抓听力与模仿力。学习语音发声是口耳之学，不会听就不会说，听得准、会模仿，才能入门。因此，学习语音，不仅要弄懂发音要点等理论问题，更要善于观察、揣摩和模仿老师的发音状况，并使之成为自己的能力。笔者主张以发音的效果为最终检测目标，因为人的生理结构不完全相同，实际发音中也会有细微差别，理论与实践应有机结合。以上两点也适用于所有发音问题的纠正。

还有一点值得提及：有的人某一个语音大多发音不准，但与个别字组成不同的词就会发音准确了，这就可以用发音准确的那个语音感觉来带动整体，发准这个音；并自己研究是什么原因导致这个语音有时发音准确，有时发音不准确，看与它组成词的那个语音有什么特点，以点带面，逐个突破，以求得此语音整体改观，发准这个音。同时，还应多查字典，以明确哪些字的声母是 n，哪些字的声母是 l，从认识上十分明确，不致搞混。只有认识上清楚，才能有效地指挥自己的发音器官，发出正确的语音。

n、l 两语音的发音训练，首先可用"手势引领法"。即发"n"时用手向前指（因 n 抵上齿龈中间），发"l"时，双膊向两边展开（因 l 的气流从舌两边流出）。这种手势引领法较实用，能形成一定的心理诱导，帮助人快速找到正确的发音感觉。

n、l 两语音的发音训练还可从单音节、双音节、四音节词和句子、诗词、短文、绕口令这个顺序入手逐渐增加难度，特别要进行对比性练习。具体如下：

单音节：n：哪、女、难、闹、能、内、南、牛、娘、农、弄、您

　　　　l：老、刘、领、辣、铃、烂、来、罗、楼、轮、掠、列

双音节：n：南宁、男女、恼怒、难弄、奶牛、农奴、泥泞、能耐

　　　　l：理论、料理、老练、利率、冷落、勒令、流利、罗列

四音节：n：弄虚作假、内外交困、拈轻怕重、南腔北调、能说会道、你死我活

　　　　l：里应外合、两全其美、劳而无功、乐极生悲、炉火纯青、礼尚往来

对　比：难住—拦住、大怒—大路、泥巴—篱笆

　　　　大娘—大梁、浓重—隆重、男鞋—篮协

绕口令：1. 男旅客穿着蓝上衣，女旅客穿着呢上衣，男旅客扶着拎篮子的老娘，女旅客搀着拿篮子的小男孩儿。

　　　　2. 学习就怕满、懒、难，心里有了满、懒、难，不看不钻，就不前。心里丢掉满、懒、难，永不自满边学边干，蚂蚁也能搬泰山。

二、平、翘音不分

这个问题多出现在东北人的发音当中，除去平翘音不分以外，主要问题是发不好翘舌音。但目前也存在全国不少青年人说话追求港台味，故意将翘舌音都平舌化的问题。

平舌音是：z、c、s 为舌尖前音。

翘舌音是：zh、ch、sh 为舌尖后音。

以上这两组音也都是辅音，可以做声母。

平舌音的读音是在本音之后，加上一个特殊前元音 –i 读作：zi 资、ci 雌、si 私。

翘舌音的读音是在本音之后，加上一个特殊后元音 –i 读作：zhi 知、chi 吃、shi 师。

发舌尖前音时，舌体平伸于口腔中，舌尖抵住下齿背（z、c）或接近下齿背（s）。在现代汉语的发音中，从理论上讲，舌尖抵上齿背发音也不算错，但从发音实践看，抵下齿背发音咬字更清晰。发好平舌音应注意的问题有三个：

一是：成阻时，舌尖不能在上下齿之间，要找准成阻的位置，在下齿背处，否则，会形成"大舌头"，咬字不清。

二是：发音时，舌尖要收紧，成阻时部位要小，不能舌前部整个贴在下齿背上，发音不集中，不清晰。

三是：用气不要太足，应柔和一点、有控制，以免发出噪音。此外，成阻时舌尖抵下齿背也不要过紧，以免气流冲破阻碍时困难，也会发出噪音。

发舌尖后音时，舌前部翘起，舌尖与硬腭前端成阻（zh、ch）或接近硬腭前段（sh）。发好翘舌音应注意的问题有三个：

一是：发音不当，把翘舌音发成卷舌音了，应把握舌前部翘起的度，不要过。

二是：发音位置偏前，舌体较平，近乎平舌音了。应注意舌前部翘起与发音位置。

三是：发音时，双唇噘起一拱一拱地帮忙。这样，声音既会变得闷暗，也影响美观，且此音是舌尖后音只与舌头有关，与唇没有关系，不要弄混。

明确了舌尖前音与舌尖后音的发音要领后，应当自觉地加以区分。以前根本不会发翘舌音的，更要明确、强化两者的不同发音方法。同时，也要多查字典，分清哪些字是平舌音作声母，哪些字是翘舌音作声母，发音时，加以区别与控制。仍不会发翘舌音的人，可发 er 儿卷舌音来帮助自己找到发翘舌音的感觉。但应注意二者的区别与度。

发平舌音与翘舌音也可进行"手势引领法"的训练：

将一只手前伸，手背向上，指尖翘起，引发 zh、ch、sh（因发翘舌音舌尖是翘起的）。

将一只手平伸，手背向上，则是发 z、c、s（因发平舌音舌头是平展开的）。

平舌音与翘舌音的对比练习与顺序同上。（r 音在此暂不涉及）

单音节：z：怎、早、宗、走、最、做

　　　　c：册、从、寸、粗、此、匆

　　　　s：松、扫、宋、所、思、桑

　　　　zh：知、中、专、周、抓、扎

　　ch：床、抽、吹、车、冲、除

　　sh：诗、书、山、蛇、神、赏

双音节：z：自尊、总则、组织、藏族

　　　　c：层次、从此、猜测、催促

　　　　s：思索、琐碎、搜索、催促

　　　　zh：庄重、战争、找针、制止

　　　　ch：拆除、长城、查抄、出产

　　　　sh：少数、沙石、首饰、神圣

四音节：z：杂乱无章、赞不绝口、责无旁贷

　　　　c：参差不齐、此起彼伏、曾几何时

　　　　s：肃然起敬、所向无敌、肆无忌惮

对　比：z—zh：自力—智力、阻力—主力

　　　　c—ch：残品—产品、凑齐—臭棋

　　　　s—sh：速记—书记、私人—诗人

绕口令：1. 四是四，十是十，十四是十四，四十是四十，十不能说成四，四也不能说成十。假使说错了，就可能要误事。

　　　　2. 刚往窗户上糊字纸，你就隔着窗户撕字纸，一次撕下横字纸，一次撕下竖字纸，横竖两次撕下四十四张湿字纸。是字纸你就撕字纸，不是字纸，你就不要胡乱地撕一地纸。

　　　　3. 时事学习看报纸，报纸登的是时事。常看报纸要多思，心里装着天下事。

三、in、ing 不分

　　这个问题，以前仅存在于江浙一带南方人的发音中，现在全国各地都有，表现为二者不分、不会发 in 音或发音介乎 in 与 ing 之间。

　　in（因）是前鼻音韵母，正确的发音方法是：由 i 舌位开始发音，舌尖先向下垂抵下齿背，接着就将舌尖猛然上翘顶住上齿龈，同时发纯粹的不除阻的前鼻音 n，然后上下齿合拢，口形不动。注意，发这个音时，舌头的活动只是舌尖从下而上的一个动作，舌头千万不可收紧向后移动。否则，就会发成介乎 in 与 ing 之间的音了，要知道 in 与 ing 的发音不同，主要在舌头的动作上。

　　ing（英）是后鼻音韵母，它的正确发音方法是：也由 i 的舌位开始发音，接着舌头马上向后移，感觉此时舌尖退至口腔中部，同时，注意舌头的收紧感并有条"中纵线"，回收有力，然后再发纯粹的不除阻的后鼻音 ng。

　　在实际发声中，很多人不会发前鼻音 in，也有人发成两者之间的音。为了解决这些问题，我们可以做些相应的练习。如发 in 时，让舌头放松，感觉舌头似水银倾

泄般向前及两边展开，最后要发出一个ne"呢"音，目的是抓住舌头不往回收，以区别发 ing 的感觉。在发 ing 时，可让舌头收紧回缩（感觉似一窄条），但不是向下回收，而是感觉向后声腔的斜上方回收，最后要发出一个 nga 音，目的是保证舌头的回收动作，加大对比发 in 的舌体动作与感觉。

in、ing 的"手势引领法"，可在发"in"时，两手向前、向两边展开（发 in 时，舌头前伸并放松舌体）；发"ing"时，可伸出一只手往回拉（发 ing 时，舌头收紧回收至口腔中部），具体练习步骤如前：

单音节：in：新、音、仅、贫、民、勤、亲、因、宾、进、心、金

ing：宁、挺、硬、丙、令、兵、听、凝、饼、靖、瓶、迎

双音节：in：濒临、拼音、金银、亲情、音信、民心、殷勤、尽心

ing：明星、定性、宁静、晶莹、英明、冰凌、聆听、叮咛

四音节：in：**宾**至如归、**心**神不宁、**沁**人心脾、**引**人注目、**彬彬**有礼、

引经据典

ing：**冰**清玉洁、**平**分秋色、**听**其自然、**惊**天动地、**顶**礼膜拜、

井底之蛙

对　比：辛勤—心情、信服—幸福、影印—引进、拼盘—平盘、濒临—兵营

绕口令：生身亲母亲，谨请您就寝。

请您心宁静，身心很要紧，

新星伴月明，银光澄清清，

尽是清净境，警铃不要惊，

您醒我进来，进来敬母亲。

四、团音尖音化

所谓团音尖音化，是指将舌面音 j、q、x 发成舌尖前音 z、c、s 的位置了，并带有较重的噪音。目前，这种现象在青年人中间比较普遍，以前南方人、女生中比较多见，现在全国各地的男生中也有不少。究其原因：一是，不明白发 j、q、x 的正确位置与方法，二是，唱流行歌曲、看港台影视受其语言影响。尖音很影响艺术语言表达（除去人物塑造的特殊需要）。

其实，声母 j、q、x 与 i、ü 或以 i、ü 起头的韵母相拼叫"团音"。声母 z、c、s 与 i、ü 或以 i、ü 起头的韵母相拼叫"尖音"。在汉语普通话里，声母 z、c、s 不能和 i、ü 或以 i、ü 起头的韵母相拼，所以在普通话里没有尖音。

j、q、x 都是辅音，也都能做声母。它们的读音是在本音后面，加上单韵母 i，就成了 ji 机、qi 欺、xi 西。它们的正确发音方法是：舌面前部抵住（j、q）或接近（x）硬腭前部。注意，发音时舌尖不能碰到上齿或在上下齿之间。应感觉舌体收紧回缩，舌面中部隆起，这就保证了发音部位的准确。但也应杜绝舌头回收过大，发

音靠后。当然，也不能团着舌尖发音、舌尖抵硬腭、舌体松软无控。具体练习如下：

单音节：j：江、居、街、捐、决、剑

　　　　q：取、球、全、强、恰、群

　　　　x：先、兴、歇、香、些、小

双音节：j：积极、简洁、艰巨、坚决

　　　　q：请求、弃权、亲切、崎岖

　　　　x：相信、新鲜、休息、想象

四音节：j：**坚**定不渝、**尽**善**尽**美、**教**学相长

　　　　q：**齐**心协力、**千**变万化、**穷**则思变

　　　　x：**心**领神会、**学**而不厌、**喜**出望外

绕口令：1. 氢气球，气球轻，轻轻气球轻擎起，擎起气球心欢喜。

　　　　2. 你也勤来我也勤，生产同心土变金。工人农民亲兄弟，心心相印团
　　　　　 结紧。

五、ün 音发不准

这个问题多出现在南方人的发音当中，尤其是江浙地区。表现为两种情况：一是，不控制舌只噘唇，发音不准。二是，前鼻音发成后鼻音，发音错误。

ün 音是元音 ü 与鼻辅音 n 结合而成。正确的发音方法是：先发圆唇撮口的 ü，但唇形没有单发时那么圆，舌面接近硬腭，紧接着舌头前伸抵住上齿龈，软腭下垂，气流从鼻流出，再发出鼻音 n。

但在实际发音中，有的人发 ün 时，舌头根本不控制，也不着力，只是松软地平放在口腔中，仅把上唇中部稍稍噘起展开。这样的发音不清晰，也不准确。解决这个问题，要注意加强舌头的运用，一是，要有舌尖抵上齿龈的动作，二是，要舌头前部收紧，发音时也要着力。这样的发音才准确、清晰。也有的人发 ün 时，舌头收紧却往后缩，结果发出的声音似 iong 音。这就要注意区分前后鼻音，发音时，注意舌头的动作，不能后缩，应前伸。此外，如果发 ün 这个音时舌头总没有前伸感，可以在意念上先发 i 这个音（而不是 ü）保证舌头的前伸感，并用上下牙咬住舌两边不使其回收，再将唇稍撮（发 ü），上唇中间一点处用力，待舌尖抵上齿龈发出 n 后，唇再向两边展开，从而发出正确的音。还要注意，发 ün 这个音时，口腔开度要大些，使得发声更响。具体练习如下：

单音节：群、均、军、云、寻、运、训、竣、勋、晕、裙、韵

双音节：询问、军训、均匀、云雀、寻衅、音韵、运输、通讯

四字词：**循**序渐进、**云**开日出、**群**魔乱舞、**运**用自如、**训**练有素、**寻**章摘句

对　比：ün—iong

　　　　寻机—雄鸡、勋章—胸章、寻找—熊爪

韵脚—用脚、群像—穷相、共运—共用

绕口令：英勇荣军，态度雍容，踊跃拥军，永远光荣。

六、en、eng 不分

这个问题多出现在南方人和西北人的发音当中，尤其是浙江、甘肃等地区。

en 是前鼻音韵母，是由元音 e 与鼻辅音 n 结合而成。正确的发音方法是：由央 e 舌位开始发音，但比单发 e 时舌位靠前。发音时，舌头先处于静止的位置，然后就地升高，舌尖抵住上齿龈，软腭下垂，这时，口腔通路封闭，鼻腔通路打开，发出纯粹的不除阻的前鼻音 n，这时，上下牙齿是合拢的。

eng 是后鼻音韵母，是由元音 e 与鼻辅音 ng 结合而成。正确的发音方法是：也由 e 舌位开始发音，但比单发 e 时舌位偏后且低些，发音后舌头后缩，并上升，软腭下降，二者接触，此时，封闭口腔通路，发出纯粹的不除阻的后鼻音 ng，发音时，由始至终口形微开。

en、eng 不分的人有两种情况：一是，前后鼻音不分，多将前鼻音发成后鼻音。二是由于方言关系将前后鼻音的使用正好颠倒了（如甘肃地区，易将 kai men "开门" 发成 kai meng，en、eng 不分；如浙江地区发音则将 chuang kuang "窗框" 发成 chuan kuan，an 与 ang 也不分）。

前一种情况，应当抓住舌头的动作，如前所述：发前鼻音时，舌头一定不要后收，要有放松、前铺之感，发后鼻音时，舌头注意收紧后缩，加大两者的区别。此外，要多查字典，分清哪些是前鼻音，哪些是后鼻音。

后一种情况，应当多下功夫，用自己的毅力来战胜习惯势力。发音时，头脑高度集中进行快速转换，久而久之会将有意识转换，变为下意识发出了。当然，要做到这点，也要多查字典，分清前后鼻音。如果发音者自己头脑中尚不清楚什么是准确的发音，怎能发出正确的语音呢？具体练习如下：

单音节：en：人、审、盆、奔、森、嫩、忍、恨、抻、深、门、分

eng：灯、更、省、封、挣、胜、坑、能、横、僧、扔、朋

双音节：en：根本、深沉、认真、分神、振奋、本分、审慎、人参

eng：生产、逞能、增加、风筝、征程、丰盛、灯展、猛增

四音节：en：身不由己、门庭若市、分门别类、奋起直追、审时度势、粉墨登场

eng：等闲视之、声势浩大、成竹在胸、承上启下、瞠目结舌、不声不响

对　比：长针—长征、木盆—木棚、三根—三更、真理—争理、上身—上升、沉积—乘机

绕口令：1. 姓陈不能说成姓程，

姓程不能说成姓陈。

禾木是程，耳东是陈。

如果陈程不分，就会认错人。

2. 天上一个盆，地下一个棚，

盆碰棚，棚碰盆，

棚倒了，盆碎了，

是棚赔盆，还是盆赔棚？

第二节 调值准确、到位

一、调值的认识

普通话语音准确与否，与调值有很大关系。汉语普通话属汉藏语系，是声调语言，声调在汉语中与声母、韵母同样重要，它有区别词意的作用。

例如：bú yì——bù yí

　　　　不　易——不　宜

（"不易"中的"不"字在这里读音应近似阳平24调值，因有语流音变问题。）

zhū gān——zhú gān

　猪　肝——竹　竿

（"猪肝"中的"zhū"调值应为阴平；"竹竿"中的"zhú"调值应为阳平。）

kàn shū——kǎn shù

　看　书——砍　树

（"看书"中的"kàn"调值应为去声；"砍树"中的"kǎn"调值应为上声。）

由于调值不准或不对而生发的笑话比比皆是，有的甚至影响到对国家大事的正确理解。如由于调值的问题，有人竟将"国企改革"（guóqǐ gǎigé）说成"国旗改革"，原因是将"国企"中"qǐ"的上声调值说成"国旗"中的阳平调值了。记得这种误说，当时曾引起人们的猜测与震惊。也有人在某重要会议上发言，竟说："现在满街都是王八（网吧）应当治理。"使人听来初而不解，继而捧腹，令人的理解发生错位，冲淡了严肃内容的庄重性，这一切都源于一个因素——调值。由于这两个词的声母与韵母都相同 wangba 只是调值不同（"网吧"中的"wǎng"是上声；"王八"中的"wáng"是阳平）就发生这么大的反差，由此可见声调的重要性。

值得注意的是某些方言的某些调值与汉语普通话的调值正好相反。如北京平谷地区的读音就将"枪"（qiāng 阴平）与"墙"（qiáng 阳平）的读音正相反。如当地人说"把枪挂在墙上"，结果成了"把墙挂在枪上"，结果意思正相反。因此，不同方言区的人应当善于分析、思考造成自己普通话语音不准的主要问题及具体原因，这样有益于抓准问题，早日改善。

汉语普通话里有四个声调：阴平—（高平调）、阳平╱（中升调）、上声╲╱（降升调）、去声╲（全降调）。它们的实际调值是：55、35、214、51。汉语普通话中正是因为有了声调，才使语言有了抑扬上去语言流动的音乐性，这点在艺术语言的表达中更为重要，它除了有区分词意的作用，还具有一种音乐美，也体现出语言的欣赏功能。因而，声调准确的问题不容忽视。

二、调值的问题

声调在语言表达中易出现的问题除去调值错误外，还有：1. 阴平整体偏低；2. 阳平升不到最高位并加拐弯；3. 上声下不到最低位即回升；4. 去声下不到最低位。

由于以上原因，表现出的语音面貌是声调趋向不分明，造成语音不准，说话带方言调。改观的办法有两个：一是，将汉语普通话声调的理论搞清，明确其发音的实际调值，明了每个音节的应有调值。汉语普通话理论能有力地指导其实践，不至发音时，头脑中尚不明确该音的具体调值。如果猜着发音，就难免调值模糊、不准、不到位。二是，将汉语普通话的调值与自己所在地区的方言调值相对应，查找调值错误与不准的原因，然后，有针对性地加以纠正。

如果以上两点都做到了，对声调有了正确地意识，仍然发不准具体调值，那就应从生理方面查找原因。有些人发音调值不准，不仅是认识不清，也有气息不支或发声肌控制的问题，这就需要多加练习完善具体调值的发音。

三、调值的练习

（一）"夸张四声"的练习

这种方式有利于体会声调四声的发音幅度。具体练习，首先应把握发声（气息及声道）的"松、通、控"，放松才能通畅，通畅中还要有适当的控制，从意识上感觉自己的喉部和胸部都是空的，以打通声道。其次，感觉自己的发音，声音、气息落地，似从胸部中间拉出一条空心管，发音时，无论调值趋向多高、多低、多长，此管子都是空心的，形状不变。这种意念可帮助发音者在发音时，始终保持喉部放松与通畅，不会捏喉、挤喉，把意念中的管子捏扁、堵死。具体练习：

1. 发阴平音时，感觉从胸部中间（即第二个衣服纽扣处）平拉出一条管子，发阴平时管子向前平伸（用手向前伸以引领），不能低一点，并保持其稳劲、通畅，这样可保证阴平调值到位，发满 55 音高。注意，在声调中的音高，都是相对音高，每个人的音域高低宽窄不同，只要从个人的自如声区出发，调值趋向准确、适当即可。这就好比唱歌中的 1、2、3、4、5 基本音符，各种调式里都有，唱不上去，降一个调唱照样，不会改变其上下关系。还应注意，发阴平时，气息控制要均匀、平稳、饱满。呼吸肌和发声肌的控制也要稳劲。如：中 zhōng（阴平）→

2. 发阳平音时，意念上从自己的斜前方地面上，拉出一根管子也是空心的，直向自己的胸口，高度不许超过自己衣服的第二个纽扣，以防堵嗓子，调值趋向仍是 35，不能太高，也不能不够，发成 34 或在音尾处拐一个弯儿。注意，阳平音的气息是由弱开始逐渐加强的，阳平上行时，气息要支撑好，呼吸肌和发声肌也要逐渐加强，并保持住应有的控制。如：国 guó（阳平）↗

3. 发上声音时，意念上从自己的胸部第二个纽扣处伸出一根空心管子垂直插向地面，只在音尾时，这根管子向上弯曲、上拉一点即可。调值仍是 214，但似一根直插地下的管子有一个小倒刺。形状如↓这种情形与现代汉语中上声的标记√不尽相同，而这种意念指挥下的发音，却能保证上声向下到位，不致过早上扬发音不到位。注意，上声的气息是先松、稳劲地向下沉，气托住，回拉上升时气息稍强。呼吸肌与发声肌也是先松中有控，再回升时就势一紧。如：伟 wěi（上声）↓

4. 发去声音时，意念上从自己的胸部第二个纽扣处伸出一根空心管子，插向自己斜前方的地面上。注意，发音时应加强向下的意念，保证调值最终落至最低度，发满 51。去声音的气息是由强起到弱止，但也要控制气息，保证通畅。呼吸肌与发声肌也要有控制、稳劲，不能松懈无控。如，大 dà（去声）↘

夸张四声的练习，既可加大调值的鲜明区分，又可练习发音的通畅与气息的稳劲。还可将具体调值附着在有一定意义的词语上，帮助记忆调值。可反复练习依四声顺序排列的四字词达到这点。如：中国伟大、山河美丽、花红柳绿、资源满地等。待按阴阳上去四个调值顺序排列的四字词练得准确到位后，便可用各种颠倒交错、混编的四声顺序进行练习，以增强辨别和发好四声的能力。如：奋起直追、排山倒海（"倒"字发成近似阳平 24 调值，这里有语流音变问题）、百炼成钢、大快人心、赞不绝口等。如能将这些不同调值的四字词反复练习记住、发准，便能以它们为基础，举一反三发好所有音节的调值。

值得提及，练习四字词或成语时，应该从内容出发，说出自己的理解、感受，表现出相应的音色、音量、音强、音高与音长。不能只念出抑扬上去四个音调，而没有任何感觉。例如，"中国伟大"要有心中的自豪感和辽阔感，音长较长；"大快人心"要有淋漓痛快之感，语言明朗；"百炼成钢"要有种坚定感，语言力度较强；"花红柳绿"要有种柔美感，音色柔和；"排山倒海"要有种大气势，语强声高；"资源满地"要有种铺地感，语缓声低，等等。凡此种种不一而足，我们在练声中，都要兼顾，养成情、气、声、调结合的好习惯。这同语言表达有较好的衔接性。千万不可不动心地、背书般地练习四字词发音，那只能练出"机器人"，而不是活生生的人在说话。

（二）调值叠音的练习

1. 两字词声调叠音：有时我们会遇到两字词的调值相同，形成叠音。这时，我们可以在意念上将其划为两段来发，如"联合"一词，两个字都是阳平，我们可将整个阳平声调拟分成两段，但趋势都是向上的，有种接力感。形成：／联／合。

2. 三字词声调叠音：有时我们会遇到字词中三个字的调值相同，形成叠音。这时，我们可以在意念上将其拟划分为三段接力而发，如"创造力"一词，形成：

／创

／造

／力

这样处理，语言比较自如，不显死板。阴平调值的叠音也可以同样处理。而上声调值的叠音处理不太相同，因为它有语流音变问题。

（三）具体声调练习

1. 双音节词

（读"阴阴相连"的词时，不要同等音高处理，可参考轻重格式读成 55 44 或 44 55 显得自如。如"播音"是"中重格式"可读作 44 55。）

　　阴阴：香蕉、播音、交通、咖啡、攀登、商标

　　阴阳：星球、欢迎、通俗、思维、鲜明、珍藏

　　阴上：发表、思想、发展、签署、根本、惊扰

　　阴去：帮助、欢乐、音乐、希望、播送、丰富

　　阳阴：兰花、墙灰、来宾、回音、房间、泥沙

　　阳阳：芙蓉、儿童、博学、情节、联合、灵活

　　阳上：杂草、伦理、评选、麻纺、和暖、民主

　　阳去：谈话、提示、询问、红叶、文字、实用

　　上阴：果汁、每天、语音、广播、好听、简单

　　上阳：紧急、朗读、普及、请求、谴责、女人

　　上上：演讲、广场、友好、体验、勇敢、鼓掌

（读"上上相连"的词时，前一个字音应读成近似阳平 24 调值，有语流音变）

　　上去：响亮、舞剧、写作、主要、感谢、想象

　　去阴：大家、录音、认真、必须、卫星、降低

　　去阳：热诚、未来、会谈、配合、要闻、负责

　　去上：信仰、电影、物品、候补、遇险、办法

　　去去：意外、扩大、救治、浪费、陆续、教室

2. 四音节词

　　阴阳上去：心明眼亮、山明水秀、风调雨顺

　　去上阳阴：木已成舟、刻骨铭心、下笔成章

交错组合：义正词严、根深蒂固、乘人之危

独出心裁、若即若离、不可理喻（有语流音变）

不学无术、家喻户晓、老成持重

口是心非、豁达大度、魂不守舍

第三节　语流音变正确

什么是语流音变？"语流中一个音由于受到前后音或者说话的快慢、高低、强弱等因素的影响而在发音上产生某种变化，这就叫语流音变。常见的语流音变现象有同化、异化、弱化、脱落、增音等。"（《语言学概要》，刘伶等主编，北京师范大学出版社，1986 年版）我们知道，人们说话都是以语流形式出现，它的构成不是由每个字或词的语音简单相加。"这些因素在活的语言里实际上总是处在一个不间断的语流中，往往一个挨着一个紧密地组合成一串连续的声音。连在一起的几个音相互之间自然要互相影响、互相适应。这使它们在发音上产生种种变化。"（《语言学概要》，刘伶等主编，北京师范大学出版社，1986 年版）因此，要想获得规范、流畅、自如、传神的语言，除语音规范外，还要关注其表达中的语流音变现象，在文艺作品演播中，也应依据其规定情境及人物特点等适当运用（如方言的影响、个性的显现等），以获得自如、传神的艺术语言表达效果。在诸种语流音变现象中，在此我们仅就其主要问题给予讲解。

一、儿化的问题

"儿化"也叫"儿化韵"。我们知道，普通话中的"儿化"，有区分同音词意思、表示态度的作用。如：篮协——蓝鞋、小脸儿、坏样儿等。

语言"儿化"的主要问题是不会发出"儿化音"。"儿化音"发不好不但会影响语言意思的准确及外化内心感觉，也会影响文艺作品演播的精准与特点。如表现说老北京方言的人物，体现作品地域、年代等。

要想发准"儿化音"，必须学会"卷舌音"，并且注意发音意识及舌头的动作。如"孩儿"这个音，具体发音时，首先要有发孩 hai 的意识，在音节的最后一个音素加上卷舌动作，变成"儿化韵尾"，发音时，舌体回收、舌尖卷起对着上口盖中部，但不贴上。其他儿化音操作也如此。如"花儿""盖儿""球儿""根儿"等。

儿化韵的练习：

儿化韵不是在音节后面简单的加上一个"er"音节，而是要在音节的韵尾加上一个卷舌动作，使得韵母发生变化。这种变化及读音也有一定规则：

1. 音节韵尾音素是 a、o、e、u 的，在韵尾直接加卷舌动作。

如：上哪儿（nar）　唱歌儿（ger）　上坡儿（por）　眼珠（zhur）

2. 音节韵尾是 i 的，去掉韵尾，加上卷舌动作。

如：宝贝儿（beir——ber）　冒牌儿（pair——par）

3. 音节韵尾是 n、ng 的，将主要元音变成鼻化元音（在其音素上加上"⌣"符号），再加卷舌动作。

如：胡同儿（tongr——tõr）　手绢儿（juanr——juãr）

4. 音节的主要元音是的 i、ü 的，要在原韵母后加"er"。

如：打旗儿（qir——qier）　金鱼儿（yür——yüer）

5. 音节的主要元音是 –i（特殊前元音）或 i–（特殊后元音）的，去掉主要元音，在声母后直接加上"er"。

如：带刺儿（cir——cer）　小事儿（shir——sher）

二、词的轻重格式问题

最影响普通话语音准确、显而易见的语流音变问题之一是"词的轻重格式"。

在汉语普通话中，词的轻重格式不当，也会造成语音不标准。这方面南方人中问题较多。存在的问题有两个：一是，不清楚词的轻重格式规律，导致处理不当。二是，将词的轻重格式与语意重音强调相混，认识不清，以偏概全，处理不当。

（一）轻重格式规律

若想解决第一个问题，首先要明确词的轻重格式构成规律。

词的轻重格式与语义、词性有着直接的关系。这在双音节词中尤为明显。词的轻重格式可相对分为重、中、轻三个等级，发音也不同：发音轻的，调型不完整、音短而含糊；发音重的，调型完整、音长而清晰。

1. 双音节词

（1）中重格式

汉语普通话中，大多双音节词是中重格式。如主谓式、偏正式和动宾式的双音节词往往后一个音节重于、长于前一个音节，构成中重格式。

如：民主、和谈、看破

（2）重轻格式

由实词素和虚词素组成的词，实词素重读并拉长，构成重轻格式。在双音节词中，助词、方位词、趋向动词的词尾，一般读轻声，读得弱而短。

如：来吧、上去、月亮

（3）重中格式

重中格式，读音前一个字稍重于后一个字，但差别不大。同一个词，在口语中或正式场合、庄重的内容中，轻重格式略有不同，如口语中的重轻格式，在正式场合与公文中，可变为重中格式，如"快乐"一词。或根据具体语境及表达自如性的需要，可将一些中重格式的词变为重中格式，但并不改变其词意与词性。

如：妇女、大度、暴露

2. 三音节词

汉语普通话中三音节词的轻重格式，有以下三种：

（1）中中重格式

如：研究所、巧克力、芭蕾舞

（2）中重轻格式

如：拉关系、不由得、过日子

（3）重轻轻格式

如：喝下去、提起来、跑过来

3. 四音节词

汉语普通话中四音节词的轻重格式，有以下三种：

（1）中重中重格式

大多具有联合关系的四字词，形同两个双音节词相加之意读此格式。中重中重格式在四音节词中最多。

如：日积月累、无独有偶、根深蒂固

（2）中轻中重格式

一些专有名词、迭音形容词及象声词读此格式，但应注意，专有名词的第二个字音不能过于轻化，只比第一个音节稍轻一点即可，不可失去原声调。

如：自力更生、北京大学、高高兴兴、稀里哗啦

（3）重中中重格式

一些一、三组成的成语及修饰与被修饰，陈述与被陈述等关系的四字词成语读此格式。

如：易如反掌、能者为师、道貌岸然

综上所述，汉语普通话中词的轻重格式，从词的结构中可以找出一些规律来，当然，这也不是唯一条件，词意、词性的变化及词的具体用法等都对其产生一定影响，有所变化。了解到词的轻重格式基本规律后，更多音节的词或词组也可以处理好。

例如："革命博物馆"，可以分成两字词＋三字词处理，说成"中重"＋"中中重"格式。又如："学语言下功夫"，可分成两个三字词处理，说成"中中重"＋"中重轻"。不能说成"中重轻"＋"中重轻"。尤其一些南方人经常爱将语词说成重轻格式，应当特别注意这个问题。如果我们按照词的轻重格式规律，经常练习把语句中的词划分为双音节、三音节和四音节的词，便能基本把握住词的轻重格式读法。当然，在有目的的强调时，词的轻重格式会有所改变。

（二）轻重格式与重音

词的轻重格式中容易出现的第二个问题，是有些人将词的轻重格式常态读法与

特殊需要的重音强调相混淆。

例如："就义诗"三个字，按轻重格式一般规律应读成"中中重"。但如为了区别于其他的诗，则要强调"就义"两字，这就要处理成前两字重，最后一个字稍轻。这时的处理就是语言的强调性重音，而不是它的常态轻重格式了。所以，应当区分由词的结构关系构成的轻重格式与语言表达中所需强调的重音处理，二者不可混为一谈。前者是基本固定、稳定的，后者是动态、特殊、可变性的。所以词的轻重格式要想读得准确，一是，要多听广播电视中播音主持的正确读音，熟记在心。二是，将正确的词的轻重格式形成自己的一种语感，自然而然地融于自己的语言运用中。

在此，有一点需要提及：如前所述，语言表达是由语流体现的，而语流不是一个个规范的字音、词组的语音相加而成，这中间有复杂的语流音变现象，如在语流中受前后语音的影响，元音、辅音和声调都会发生某种变化。因此，在语音练习时我们强调语音的规范化，而实际运用时，则不应拘泥于此。最实用的办法是：语言表达时，找生活中人们交往说话时的自如形式，那里就有语流音变的现象存在（当然应以标准的普通话为准）。呈然，不同文体的表达，语言的规范性和自如性也要求不同，一般新闻性稿件的表达规范性较强，文艺作品的表达则自如性更强，因而，语流音变现象也更多、更复杂，但也不能忽视其规范性。

第三章

咬 字 技 巧

在文艺作品演播中，对咬字的要求比较高。字是意义与情感的负载体，表达者通过适当的咬字才能更好地传情达意。文艺作品演播不同于舞台表演，它是通过话筒等电声设备传达语言的，因而，要求咬字更加清晰、集中、自如。由于没有表达者的形象和其他手段的帮助，所以，要求其语言表现力更强、更细腻、更准确。以灵活、多变的咬字与用气、发声技巧相结合，就可以呈现出丰富多彩的语言形象，表现出各具特色的人物形象。在文艺作品演播中，咬字有两个层面的要求：一是，规范、清晰、自如；二是，灵活、多变。

第一节　咬字的规格化

一、咬字要求

要想做到咬字的规格化，首先，要了解字音的构成。汉语普通话，一个字音就是一个音节，它是由声母、韵母、声调三大块组成。通常声母做字头，韵母做字腹和字尾。又将字腹细分为：韵头（也叫字颈或介音，它只由i、u、ü来担当）；韵腹（由发音响亮、开口度大的主要元音担当，如ɑ等）；韵尾（由开口度小的元音及辅音n、ng来担当）。如下表：

汉字	读音	声母	韵母部分			声调
			韵头	韵腹	韵尾	
霞	xiá	x	i	ɑ		/
欢	huān	h	u	ɑ	n	—
沤	òu			o	u	\

在汉语普通话中有的音节没有声母，即被称为零声母，发音时可元音辅化；也有的没有韵头或韵尾，但决不可以没有韵腹。

了解了字音的结构，咬字时应当注意以下要领：

1. 字头：部位准确，咬住弹出，清晰有力，短暂敏捷。

2. 字腹：拉开立起，气息均匀，相对集中，音长声响。

3. 字尾：干净利落，趋向分明，尾音轻短，完整自如。

一个字要清晰、字与字区分清楚，主要在字头；字要饱满、立得住，主要在字腹；字音要完整，主要在字尾。如没有字尾，也要将字腹元音归音收住。总之，咬字应成枣核形：即字头发音时值（包括字颈）约占全字音节的1/5；字腹约占3/5；字尾约占1/5。如下图：

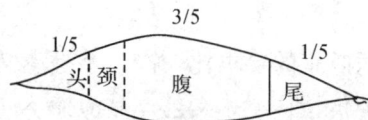

值得提示：由于字颈虽属韵母，但实际发音时却与声母关系较紧，会影响声母的发音口形，又发音时不能长而强，因而，可将其与声母看做一个整体发音。

在字的实际发音和咬字中，不少人尚存在着各种问题，如咬字中的字头不准确、无力；字腹拉不开、立不住、时值不够长；字尾不归音或归音不到位、尾音拖。这些都要加以克服、在正确的咬字发声理论、意识带领下，可多做针对性练习。但仅有这些还不够，还必须具备良好的口腔控制，才能咬字清晰、有力、完整、灵活、有表现力。

二、口腔控制

口腔控制是指唇、舌、上颚等口部肌肉的控制，它是咬字到位的保证，也是形成口腔共鸣的保证。不具备良好的口腔控制能力难以叼住字，让字拉开立起也做不到。因而，咬字与口腔控制紧密相关。

口腔控制的要领，主要围绕着打开口腔和咬字有力、有控制这两方面提出。

我们知道，日常生活中人们说话口腔开度并不大，但语言表达时却要求其开度大些，创良好的共鸣及字音形成环境。口腔的开大，也不是一般意义上的张大嘴成前大后小形状 >，而是要求口腔内前后都应打成∪半球形状，尤其要后声腔打开，感觉里大外小。要想使字咬得圆，立得起，又清晰、集中、有力，便应强调上口盖（由软腭、硬腭构成的上腭）上抬为主，加大口腔空间。同时，应将字咬在上舌面的中、前部，使字音清晰、集中的进入话筒。总之，良好、有效的咬字，应以提上口盖和运用口腔、舌头的中前部为主。要想做到这些，应注意以下要领：

1. 提颧肌

提颧肌，是提上口盖前部的动作。可用微笑状来体会，但不是嘴角横展感，而是颧肌上提感，两嘴角也随之有上拉感，千万不可嘴角下拉。同时，注意唇与齿要相贴，即唇齿相依。这样，在咬字时可使唇的运动有了依托，可咬字有力。当然，要看字音的部位、唇形等条件决定其参与程度（如发 yun "云" 与 ji "机" 就不同；

前者有唇参与，后者则重在舌头。）

有些人，尤其男生，说话时习惯于脸部肌肉下拉，唇与齿不贴、唇松或说话噘唇。这样说话，势必咬字无力、含混不清。为了使这一状况得到改观，平时，除去加强颧肌上提的意识，经常提醒自己以外，还可用手将颧骨处的肌肉向上推，帮助颧肌提起。以上两者结合，久而久之，情况会有好转。

2. 打牙关

打牙关，是提上口盖中部的动作。打牙关，主要是提起上口盖两侧的后槽牙。可用闭嘴用力嚼东西来体会。注意，打牙关时，要用力向上提起后上牙，尽量加大上下两齿之间的距离。做上牙提起嚼东西练习时，要感觉自己所嚼的食物块很大、很硬，因而，嚼此食物时要很用力，并且上口盖用力上抬，加大上下齿的间距。这种提上口盖嚼东西的动作与感觉，如同我们强调的开喉咬字的情形。注意，实际表达时应有度的控制和调整。

3. 挺软腭

挺软腭，是提上口盖后部的动作。可以用闭嘴夸张吸气和半打哈欠来体会。挺软腭有两个作用：一是：可以扩大口腔后部；二是，可以减少进入鼻腔的声波，避免造成鼻音。注意，挺软腭时应自然、适度，千万不可过分，似用一根小棍儿支在后声腔处，那就会形成僵滞状态，不能自如活动及变化，无法实用。当然，结合不同字音的发声，挺软腭的程度也不同（如发 jiang "江" 和 xu "许" 就不同；前者后声腔开度大，后者开度小）。

在挺软腭的练习中，有的人觉得恶心，那是因为方法不对，或束紧喉往上拔了或后声腔开度过大而造成。正确的方法是自然开喉，做半打哈欠状，从而使后声腔打开成半球形。所以挺软腭要适度，方法要正确。

4. 松下巴

松下巴，也是口腔打开的一环。从闭嘴打哈欠中也可以体会到。松下巴可以加大口腔开度。下巴与上腭是通过脸部两侧的关节相连。如果说，提颧肌、打牙关、挺软腭三个要领的作用都是提上口盖（上腭），那么，松下巴则是起向下扩大口腔容积的作用。

基于以上各点，在咬字的过程中，在实际的咬字动作中，我们的意识中应是"天包地"的感觉，即上腭发挥主导作用，有上提、前伸咬字之感。下巴只是放松、从动状态。不可变为"地包天"，即用下巴铲字，下牙前伸超过上牙。这样，不但咬不好字，还会牵动喉部肌肉，堵塞声音通道。同时，口腔还会发扁，字立不起来。因而，咬字时，应头摆正，下巴与地垂直，不要前伸，下齿在上齿之后，整个下巴自然放松。

可以做"闭嘴开环"练习，即闭嘴用力打开连接上下腭的脸部两侧关节。这个练习可以加大口腔开度。但初练时，关节处有酸痛感，因为这超出平时说话关节开度许多（有的人平时说话关节根本不开）。

5. 咬字集中

咬字集中，也是咬好字的要领之一。这里有两层含义：一是，咬字的位置相对集中；二是，咬字的力量相对集中。

咬字的位置，除去双唇音和唇齿音外，其他各组与舌头有关的辅音及所有韵母，在咬字发音时，意念上都应在央中，似由舌面中间垂直上拉一条线至上口盖中，好像所有的字音都发至这个地方。形成前音后发，后音前发，窄音宽发，宽音窄发，相对集中。比如，ge"哥"是舌面后音（又叫舌根音）是后音要前发；ya"牙"是前音，要后发至央中（从音位角度讲，a 可分为前、中、后：如 ia 是前 a；ao 是中 a；ang 是后 a）；yi 是窄音要宽发；fa 发是宽音要窄发。

咬字的力量，应集中、均衡，要有两条"中纵线"之感。所谓"中纵线"，是指在意念中，上口盖从后至前有一条中线，为上中纵线；沿舌面由后向前也有一条中线，为下中纵线。咬字时，力量都应集中在这两条线上，尤以中前部为主。口腔内，上下中纵线的形成，要求上腭与舌头有向中间的收紧感，尤其是舌头，不要散成片状，应收紧似条状，结实、有力、又灵活，加之上下两条线的着力咬合，这样咬字才会集中、有力。另外，咬字发音时，虽然韵母没有成阻部位不像辅音，但它也有相对着力区域及收紧感。因而，咬字发声时，相关区域的口腔肌肉也要绷紧，上下咬合集中、着力，咬出一个个符合要求的字音。

在咬字发声中，还应注意，平时自己咬字靠后的，位置感要前移至央中，这可避免压喉、字音不清；平时自己咬字靠前的，位置感要后推些，可避免用声窄，咬字小气、发扁（特殊语言造型除外）。

口腔内外筋肉的松紧变化和控制能力，是咬好字不可忽视的重要因素。

在这里，有一点要特别强调与说明，就是学习用气、发声、咬字等技巧，除了有正确理论的习得，正确意识的建立，更要有具体肌体感觉的体会与积累。而教师对某些具体感觉的提示，有的与相关理论的论述存在某些出入甚至相反，但这并不影响正确理论的作用与确立，它只是作为一种有效手段，帮助学生更可感、更有效地体会相关理论的内涵，而这的确对一些初学者有很大帮助与启示，使其能快速、可感地找到相应感觉，掌握其技巧，当然，有时用的是"矫枉过正法"。为此，需要学习者要能够正确理解这些，不致发生误解，产生偏差。比如，呼吸的"后背进气感"、声调的"上声直插地面小回钩调值感"等。众所周知，吸气怎么会吸至后脑勺和后背呢？那只是为了引导吸气深的理论感觉，并不是事实。发上声为什么要直插地面感为主呢？那也为了两个目的：一是，使上声调值到位。有些人发上声时，调值该下下不去，只想回提，因调号标记是前短后长√。二是，为了达到声、气的下沉，多练上声可帮助声音、气息的下沉，改变气浅、声飘的现状。

同样道理，我们在此提出的咬字"相对集中感"，也有此作用。例如，g 是舌面后音（舌根音）（还有 iang、ueng、eng、ang 等后鼻韵母），要求感觉前发至央中位置，而 z、c、s 是舌尖前音、ya 也发音靠前，将这些发音靠前的音也感觉发至央中，这只是强调一种感觉，它们本身发音时仅比原来位置向前或向后一点。而就这一点，对咬字发声的集中、清晰与灵活就起很大作用。

在此，推荐一个咬字发声集中有效的方法：如发 gao "高" 这个音时，不要先找声母 g 这个舌面后音的位置发出，再向前找韵母 ao 的位置拼合，而是直接将 g 拉至央中，而后就地上拉，抬起上口盖与 ao 相拼发出此音，这样咬字动程小，又集中。

找到这个咬字发声相对集中的处理规律，再加上气息的配合及唇、舌、口腔肌等筋肉的控制能力，便可以获得准确、清晰、有力的字音。

以上所谈仅是一般咬字规格，不包括语言造型的咬字。而文艺作品演播对咬字的要求更高，既要求咬字的规格化，更重视咬字的自如性与造型能力。

咬字的自如性，指不能咬字太紧、太死失去自然度，但在学习初期，还不具备口腔控制和咬字能力时，可加强咬字的力量、紧度、规范化的训练。而在有其基础之后，语言表达运用时，却要将语言的规格化与自如性有机结合，不应以训练状态去使用。否则，语言的可听性较差，更谈不上语言的表现力与感染力了。至于咬字与人物语言的造型能力的关系与作用，我们将在后面的相关章节详细讲解。

第二节　咬字的训练

一、舌部力量训练

咬字要清晰、有力，灵活，舌头的作用非常重要，因为字音的形成与舌头的关系紧密，可以大胆地说，没有一个音节不与它有关。除去声母的成阻位置大部分在舌头上，韵母的发出也无一不与之有关，如舌位的高低、前后、相对收紧区，即便是声母的双唇音或唇齿音，在发音时，也有舌的收紧协力，成为口腔控制的一部分。有很多初学者之所以发不好这两组音、部位使不上劲儿，跟发具体声母时，只在双唇上用力，而没有口腔肌整体参与给上均衡、适度的力量支持和形成对抗有关。其实，咬字的实践中，所有字音的发出都要由口腔肌整体有所控制，只在每个字音相关的具体部位（或区域）加强着力，才能真正发好这个音。否则，缺乏总体力量的支持或抗衡，具体着力点也用不上力。在咬字中舌头的作用异常重要。

为了增强舌部力量可做如下练习：

1. 立舌

将舌尖抵住下齿背上端，舌体收紧似条状，用力上顶，不是向外顶而是向上顶，以扩大上下齿间距离。这个练习有两个作用：一是，锻炼了舌部力量。二是，可拉开上下腭的间距。做这个练习应注意上抬上口盖并注意下巴不可前伸或回收过大，以免拉紧或压迫喉部肌肉。

2. 翻舌

将舌头左右立起翻转，形成舌的两边分别立于上下齿之间。要求舌侧面用力拉直、立起，扩大上下齿间的距离，左右翻转时可先慢后快。这个练习，一方面可加强舌头的力量，另一方面也可以练习舌头的灵活程度。

3. 转舌

将舌体收紧，舌尖从上牙床中间开始，由右向左用力沿上下牙扫一圈，反复多次后，改由左向右扫。注意，做这个动作时，要让舌头尽量贴至上下牙的外侧扫，而不是扫牙床的内圈。此外，做这个练习时也可先慢后快，舌头用力，充分练习舌头的力量与灵活性。

4. 舌尖弹发

舌尖抵上齿龈连发 di、di、di、da、da、da 似打电报的点击声，几个音节一组。要求准确、有力，先慢后快。也可连发 di、da、di、da 似响亮的水滴声，或发 ga、ga、ga、ka、ka、ka 练习舌头各部位的灵活、有力。注意，做各种舌头练习，都要舌体收紧，有字音发自舌中纵线之感。也可加上一个唇音 ba 连成一条线，发出 ba、da、ka、ga 几个语音加以练习，以加强唇和舌中纵线的力量。

5. 绕口令

（1）"白石塔，白石搭，白石搭白塔，白塔白石搭，搭好白石塔，白塔白又大。"

要求：咬字准确，语气到位，讲清石塔与白石的关系，并有相应的感受。

（2）"调到敌岛打特盗，特盗太叼投短刀。挡推顶打短刀掉，踏盗得刀盗打倒。"

要求：咬字有力，似讲一个小故事，所有过程、动作及有关的动词如：投、挡、推、顶、打、踏等，都要想得具体、形象，出字有力，有动作感及内心感受。

二、唇部力量练习

唇、舌都是咬字的重要器官，唇的作用与舌一样重要，许多音节的发音都与唇有关。

为了增强唇部力量，可做如下练习：

1. 噘、展双唇

先将唇收紧用力前噘，再回收横拉向两边展开，反复多次。这个练习可锻炼唇肌的灵活和力量。展唇时，也可体会唇齿相依感。

2. 双唇打响

提起颧肌、撮住两嘴角，再让双唇中部用力相碰打响，感觉似发 ü 的口形。注意，要用上唇中部主动用力去碰下唇发出，反复多次，练习唇的力量集中。具体讲，上唇中部（感觉似小鸟的尖嘴甚至针尖，越小越好，并不是三分之一）是双唇音发音的主导部位。发音时，不是上下唇平均用力，而是以上唇为主动，用力去碰下唇发出。为此，可以练习出声发 ba 的音，更好地体会此感觉和要领。

注意：无论是发 ba 的音，还是练习上下唇打响，都要短促、利落，不可拖泥带水，也不能注意力只在唇上，而放弃对颧肌上提，嘴角撮住的控制，那样，形不成肌肉力量的对抗，导致这个唇部动作或唇音也没有力量。

3. 绕口令

"白庙外蹲一只白猫，白庙里有一顶白帽。白庙外的白猫看见了白帽，叼着白庙里的白帽跑出了白庙。"

要求：唇音部位准而有力，饶有兴趣地讲清白猫和白帽的关系与故事，让人听清楚。

"八百标兵奔北坡，炮兵并排北边跑，炮兵怕把标兵碰，标兵怕碰炮兵炮。"

要求：唇音有力并显主次，如奔、并、北、炮、标等字尤其要着力强调。给人讲清一个不同兵种互相关照的小故事，让人听清他们的方位、兵种及做法。

注意：发所有与唇有关的音节，上唇一定要主动，不能不动，但劲儿应使在中间，不是满唇用力。

三、变化练习

为了配合有效训练，我们可自编一些相应的小段子，不断更新内容，以增强训练的新鲜感，促进练习的兴趣。

双唇音练习

1. 白猫戴白帽，黑猫戴黑帽，白猫非要戴黑猫的黑帽，黑猫不让白猫戴黑猫的黑帽。

2. 黄猫戴黄帽，花猫戴花帽，黄猫非要戴花猫的花帽，花猫不让黄猫戴花猫的花帽。

3. 白猫戴白帽，黑猫戴黑帽，黄猫戴黄帽，黄猫非要戴黑猫的黑帽，白猫不让黄猫戴黑猫的黑帽。

4. 黄猫戴黄帽，白猫戴白帽，花猫戴花帽，花猫非要戴白猫的白帽，黄猫不让花猫戴白猫的白帽。

提示：练习这一绕口令，首先要关注双唇音"猫"（mao）的发音：发音时，提起颧肌，唇齿相依，嗯住嘴角，上唇中间用力；其次不能只图快而不管猫的颜色，将不同毛色的猫说混，而应边想边说。如一个段子练习多了，猫的毛色都很熟了，可再换另一个段子练习，以产生新鲜感。

实践证明，准确、适当的咬字状态，用撮口呼训练效果较好。为此，我们自编了一些带有这些音素的绕口令或小段子，结合思维、感受进行训练。

1. 鱼（yu）

大海里有许多鱼：带鱼、鲨鱼、鱿鱼、鳗鱼、金枪鱼、墨斗鱼、黄花鱼、沙丁鱼、比目鱼、大马哈鱼——

河湖里有许多鱼：鲤鱼、草鱼、鲢鱼、鲶鱼、鲫鱼、黑鱼、银鱼、鳟鱼、武昌鱼、胖头鱼、江团鱼——

提示：第一，着重注意"鱼"（yu）的撮口呼发音要领；第二，思维要跟上，不能将海里或河湖里的鱼相混说出，要求发音与动脑相结合。

2. 云（yun）

云妈妈有许多云女儿：白云、黑云、红云、灰云、黄云、紫云、蓝云、绿云、粉云、火烧云——

提示：这个练习主要关注"云"（yun）的发音，不用拘泥于云的颜色，说不同颜色的云，可涉及不同声母与（yun）的相拼，以更好地练习 yun 这个音，发好撮口呼。

四、口腔控制与集中练习

为了更好地体会口腔控制、咬字集中以及声束走向，可做如下练习：

1. 啃咬练习

下巴自然放松、回收，上腭（上口盖）用力抬起，并向前下方伸出做大口啃食苹果的动作（这一动作，又似铲车的铲斗向下用力铲土的动作）。这个动作可以将提颧肌、打牙关、挺软腭和松下巴几个动作要领集于一体，并可体会咬字时上腭的主动感。

如有的人做这个动作时下巴容易前伸，可用自己的右手握成拳头状，放置下巴处，中指关节突出一点抵住下巴。意念上以两个大门牙去啃自己嘴下方的苹果。注意，做此动作要有上腭的向上抬起、上门牙向下咬合的综合用力感。

2. 拉开立起练习

找 10 个带 a 开口度大的复韵母，如 an、ao、iao、ua、üan 等来发，使这些复韵母都在央中拉开立起夸张发出。声束从喉部进入口腔（少量进入鼻腔）沿上口盖的软腭、硬腭中纵线前推至硬腭前端，即上唇之上的区域成为字音的挂着点。但意念上可感觉字音是由口腔中央开始发出，即从舌中部到上口盖中间的位置始发。注意，发音时，口腔内呈圆屋顶状，犹如天文馆的屋顶一样（半打哈欠状便可得到这种感觉）。

练习时可分为几步：首先，发开口度大的复韵母练习，其次，组一个有这种韵母在内的双音节、四字词发出；再后，组成一个有这种韵母词汇在内的句子说出。形式：单韵母—词—语句（比如：ao—遨游—嗷嗷待哺—遨游大海好心情）这个练习，是以练发韵母为主，必须天天练，才能找到咬字拉开立起、有控制的基本状态，在咬字发声中发挥作用。

值得一提，咬字当中除了要注意舌面与上口盖的两条中纵线外，还应体会声挂前腭、面罩发声的感觉，即挂上口鼻咽腔共鸣的感觉。只要在发声时用上气，喉部放松，声束沿口腔中部形成的拱形屋顶挂至硬腭前，便可得到这种感觉。用发 an "安"来体会最为明显。这种声音圆润、好听又省劲儿。此外，咬字发声要想集中、有控制，还应注意拢唇，舌体收紧，多取收势，二者始终有控制（个别语音发音有别）。

五、综合练习

这个练习是将用气、发声技巧与咬字相结合，形成整体运用。

（一）半说半唱

选用一首自己喜欢的民歌来半说半唱。如女生可选择电影《闪闪的红星》中的插曲《映山红》，男生可选择《说句心里话》等歌曲来练习。

具体方法是，唱歌时意识上"重字轻声"（其实声也会被自然带出）。也就是说，唱歌时注意力要多用在咬字上，追求字的清晰为主。这与唱歌的训练有所不同，唱歌是重声胜于字，而我们正相反，因为二者的目的不尽相同。我们选用民歌来练习，是因为它在演唱时的咬字最接近汉语中的说话，又比朗诵诗词夸张一层，对于字音的延长、共鸣的使用、声束的走向，以及气息的持久、多变都是很好的练习。所以，我们在练习中，注意力应重点放在咬字的准确、清晰、拉开立起、过程完满上。当然，与此同时也要注意气息、共鸣、发声的运用。但不能用声鼻音化（民歌唱法的特点），要半说半唱，感觉字音夸张说出。

（二）朗诵作品

选择一首从用气、发声、咬字角度有针对性的歌词或诗词以其内容、情感为基础做综合性处理，将这一处理固定化，以此作为练习材料。应注意情、气、声的有机结合，表现出声音弹性特点。

小 草

没有花香，（声柔、气稍长、字圆、"花"字长形、美好感）

没有树高，（声稍硬、气稍强、字满、"树"字长形、高大挺拔感）

我是一棵无人知道的小草，（"无"字长形、乐观感）

从不寂寞，从不烦恼，（"从"字长形，气徐、乐观感）

▲你看我的伙伴遍及天涯海角。（▲处抢气、"－"处字长、声拉开）

春风把我吹绿，（声柔、语稍快、赞美感）

阳光把我照耀，（声明朗、气稍强、语稍快）

河流山川抚育我成长，（辽阔感、声拉开、气长）

大地母亲 / 把我紧紧拥抱（情深、气舒、声拉开，"紧紧"两字加力拉长）

长 江 之 歌

你从雪山走来，（距离感、字饱满）

春潮是你的风采，（赞美感、声明朗、气较强）

你向东海奔去，（距离感、动感、声气较强、"奔"字力度强）

惊涛是你的气概。（声音、气息强、字硬、力度感）

你用甘甜的乳汁，（声柔、气徐、字稍长、柔美感）

哺育各族儿女；（辽阔、众多感、字长形、声拉开）

你用健美的臂膀，（语稍快、声音、气息较强、字硬）

挽起高山大海，（高、广之感、声音气息强、字硬拉开）

我们赞美长江，（深情、声稍虚、较柔、气徐、"赞"字稍长）

你是无穷的源泉，（字饱满、"无"字稍长、声明朗）

▲**我们依恋长江，**（抢气、声朗、气较强、"依恋"二字较长、突起）

你有 / 母亲的情怀。（深情、语虚、气舒、声柔、字长）

第三节　咬字的灵活性

文艺作品演播需要有咬字的规格化及灵活多变的咬字方式才能适用。比如，人的生理、心理条件不同，会有性别、年龄、性格、说话方式的不同，咬字方式自然不同；人的心理状态不同，会有愤怒、撒娇、高兴、悲哀等各种情绪，说话、咬字方式也与平时不同；甚至人的职业、文化水平的不同，也会形成说话、咬字的不尽相同；文艺作品演播为了体现艺术语言、人物造型，需要不同程度的改变自我，当然也包括语言习惯、咬字方式的改变。因此，咬字方式的灵活多变，是文艺作品演播不可忽视的表达要素。

一、字的长与扁

如前所述，汉语音节的标准咬字是枣核形。然而，有时为了表达的需要却需将音节拉长形成橄榄形，甚至更长，这就需要咬字器官和呼吸肌保持足够的控制力，气息稳劲、持久。

一般，长形的咬字，多见于抒情性散文、诗歌或某类人物语言造型。

比如，**"湖面上，微波浩渺、渔帆点点。"**

在此，用长形的咬字可以使语言声音勾勒出一幅美景，令人听之、见之。

又如，"阿坤哥哥，我听你的，你说怎么样，我就怎么样。"

在这里，用长形的咬字处理，可以表现出一个温柔，甚至傻乎乎的小姑娘形象，以及她既慢又拖的语言习惯，从而透出她天真纯洁的心灵。

扁的咬字，也是相对标准咬字而言的。咬字时口腔内不成圆屋顶状，唇舌也偏横展。一般表现撒娇、发嗲的人物情状或特定生理的人物语言造型。此外，小孩、南方人的咬字也多偏扁、靠前。

比如，"老公，我就要你说嘛。"

在此，用扁的咬字，再加上声音拖和语调弯曲，就可以表现出一位娇妻的形象，并可揭示出二人的情感关系。

又如，小说演播者赵琼婕在《四世同堂》的演播中，在众多的女性形象中为一位热心的邻居大妈的语言设计了咬字扁的方式来处理。这样既区分了形象，也表现出人物生理特征。

二、字的前与后

在文艺作品演播中，有时为了某种需要或人物语言造型，需要咬字偏前或靠后。这时，咬字位置都不在央中，或在口腔前部，或在口腔后部。一般小孩、南方人、小动物的语言造型咬字偏前。而体力劳动者、成熟男子、东北人、庞大的动物等语言造型多咬字靠后。比如：

兔子：啊，你好！

大象：啊，你好，小兔子，你来得正好，快，把你住的那块宝地给我让出来，要不然，我就用我的大鼻子抽死你！

兔子：啊，可以，可以，不过……

大象：不过什么……

兔子：我今天来是向你报告一个好消息的。

以上这段对话，如果用偏前的咬字就可以表现小兔子体小、灵活的特点。用靠后的咬字可表现出大象庞然大物的体态感。

注意，咬字偏前，通常与咬字小相连，而咬字靠后，通常与咬字大和扩后声腔相连。

三、字的松与紧

所谓咬字的松与紧，是由咬字器官肌肉控制的较松或较紧造成的。除此之外，气息的强弱也对其形成一定影响。在语言表达变化多端的咬字当中，咬字的松与紧可表现不同人物或体现人不同生理、心理情状，而这些恰恰是语言表达的有力手段。

一般表现性格刚毅者、军人的语言或人在愤怒时的语言，咬字较紧，有时，为了表现内心阴险的语言，用咬牙发狠的方式说话，这时的咬字也很紧。而表现性格温柔者、医护人员或人在情柔、心悦时的语言则咬字较松。

此外，职业为教师、主持人、演员、律师的人，文化水平较高者一般说话咬字较紧、较清晰。而有些体力劳动者或文化水平不高、年纪较大或伤病在身、危在旦夕的人，咬字较松或含糊。这是因为，一般对体力劳动者语言要求不太高；年纪大的人各种肌肉松弛，咬字器官也不例外；身体不支者会导致咬字含糊。

比如，"父亲，父亲，你撇开你的父亲吧！体面？你也说体面？（冷笑）我在你们这样体面的家庭已经 18 年啦。周家的罪恶，我听过，我做过，我始终不是你们周家的人。我做的事，我自己负责任。不像你们的祖父，叔祖，同你们的好父亲，背地里做出许多可怕的事情，外表是一副道德面孔，慈善家，社会上的好人物。"

这是《雷雨》中繁漪怒斥周萍的一段话。这段台词的处理，就咬字较紧，透出繁漪内心的怨恨与自己雷一样的性格。

又如，"在天愿做比翼鸟，在地愿做连理枝。天长地久有时尽，此情绵绵无绝期。让天上的明月作证，见证我和公子永不变的真情。都这个时候了，公子怎么还不回来呀？……啊，好像是公子的脚步声……是，是他回来了。"

这是《杜十娘》中的一段内心独白，这段话的处理是情柔，语缓，字松。它表现出一位古代女子杜十娘对心上人的真情与对未来美好生活的向往。

由此可见，咬字的紧与松，可形成语言的刚与柔。有时，为了表现出人物的不感兴趣或心灰意冷等心情，也会用咬字松的方式处理。

需要提及的是，所谓咬字的长与扁、前与后、松与紧等，不是一句话或一段话中只用这一种咬字方式，而是根据需要以某种为主，兼有别种。此外，这些多样的咬字方式，也不只限于人物语言造型，叙述语言表达中也有。

综上所述，文艺作品演播中咬字的要求是：规范性、自如性和语言造型相结合。

第四章

用气技巧

气息在艺术语言表达中有着非常重要的作用,一是,支撑说话的生理动力作用,即在表达时由情及声的桥梁作用。二是,帮助体现表情达意的手段之一,有其自身的表现力。简言之,气息的运动及使用是内部体验到外部体现的贯穿性技巧。要想做到气息在表达时的稳劲、自如、灵活、有一定的表现力,应当对其有正确的认识,并有一定的基本功和用气技巧。

在语言表达中,气息方面存在的问题有两点:一是,用气的认识有偏差。二是,气息不通、不活。

第一节 用气的认识

气息的运用,是艺术语言表达的重要一环。不像有些人所认为的,气息与心理、情感有着完全的对应关系,有什么样的感受,自然就会有什么样的气息状态,"气随情动",对气息不必有意识地训练。一切随其自然。

这种理解与认识值得商榷。是的,气息与人的心理、情感关系紧密,也有不少表现这种关系的成语,如"心平气和""理直气壮"等。但那多指人的日常生活状态,说自己的话时,气息、声音、语言与心理一体,基本呈现为自动化,且对语言、声音、气息要求不高。而艺术语言表现的是把别人用文字语言表达的内容,转化为自己的心声,而且需要比日常生活中的语言情感变化更鲜明、更细致、更多样,因而就要求声音、气息的变化多、变化快、变化大、表现准,气息具有独立的表情达意作用,具有较强的表现力与感染力,这些都不是未经专门训练所能达到的。记得某位朗诵大师曾说过:艺术语言表达是运用气息的艺术。只有对气息进行有意识地训练,强化其生理动力与心理表现力作用,久而久之,才能将这种有意识行为转化为下意识能力。但绝不是纯自然化行为的结果。可以得出这样的结论:艺术语言表达中,要想具有持久、灵活的气息,必须经过严格的训练,懂得气息控制的理论、了解呼吸的生理结构、气息与咬字发声器官的配合关系以及人体生理机制,并掌握一定的训练方法。当然,也不能将气息训练僵化、就气练气,那样也不会产生好的结果。应结合情感、用声需求而练。

在日常生活中，气息伴随着人们的一切行为，人只要活着就有气息的运动，说话时大多气息通畅、自如，除非有特殊情况，很少有气息不通的时候。而在艺术语言表达时，却有些人说话憋着气，气息不通或发僵。这里有两方面原因：一是，艺术语言表达要求气息能力比生活语言高，能力达不到，心理、生理发紧所致。二是，没有掌握正确的气息控制理论和使用方法所致。

我们先来了解正确的气息方式。我们知道，人通常有三种呼吸方法：胸式呼吸、腹式呼吸、胸腹联合呼吸。

胸式呼吸方式，吸气浅而少。这种呼吸方式，是将气吸至胸部，沉不下去，气息缺乏深入、稳劲、持久力。但这种气息状态在艺术语言表达中，也不是一点不能用，如表现恐惧、担心、突如其来等心理内容及患病、受伤、弥留之际的语言气息状态。

腹式呼吸方式，吸气较深，但缺乏胸部支撑，导致声音发空、发闷。这种呼吸方式在艺术语言表达中，也不是一点儿没有用，有时，在人物语言中，可用此种呼吸方式配合喉头使用，塑造特定人物的声音形象或表现人的特定心理，如失望、哀号等情状。

胸腹联合呼吸方式最好，这种呼吸方式利用了胸和腹的全面控制力，艺术语言表达中最常用。胸腹联合呼吸既能气息充足，又能气息深入、稳劲、持久、可变性强，使得声音结实、明亮、变化多。正确使用胸腹联合呼吸，应注意以下要点：

1. 气吸下肋展开。意念上，吸气要吸至胸下肋（悬肋）处，用力向两边及后腰展开，形成一个打开的扇面状，有种腰部胖一圈之感。注意，吸气不能吸至上胸部即锁骨处，形成胸式呼吸也不能只往下沉气，而不展开两肋，形成腹式呼吸，气息缺乏全面支撑。

2. 后背进气感。意念上，有种后鼻腔进气感，这可使气息吸得深入，同时，有种气息沿后脑勺、后背一条线下到后腰部之感。这种感觉与展两肋、收小腹、降膈肌几乎同时进行，有种气息先向下沉、再向两边撑开的综合感觉，这就是胸腹联合呼吸的进气感。注意，气下沉、降横膈时，小腹一定要收紧、挺住（不可过度），腹肌发硬，似形成一堵墙，才能不会鼓肚子。否则，腹部内脏器官受横膈下压的压力会向前涌，形成鼓肚子，也不好控制气息。

3. 建立气根意识。意念上，吸气之后，有种小腹脐下三指的丹田处"集中一下""紧一下"之感，即控制住气，形成一个"气根"，并牢牢拉住向下的劲儿，由吸气肌控制改为呼气肌控制，然后，再开始发声说话。这样对声音的气息支撑才稳劲、好控制。否则会有控制不住、没根、没芯、横撑的感觉，也不能由吸气状变为呼气状。

4. 两肋、丹田的控制。两肋指胸的下肋，它是胸骨下的两片半圆形软肋，在整个呼吸发声过程中，它的作用不容忽视，胸腹联合呼吸中的胸部参与，重点指它的参与：进气时有两肋的展开，呼气时也有两肋的收紧，形成有力的支撑。尤其在用声、用气弱控制时，两肋的支撑作用更大。丹田在腹部的脐下三指处，用声、用气强控制时，一般丹田的下拉力作用更大，同时，站姿表达时，丹田的作用也较明显。而坐姿表达时，两肋的控制作用又较明显。然而，无论是气息的强控制，还是弱控制，也不论其是站姿表达，还是坐姿表达都要有两肋和丹田的共同参与和协同控制，形成一个两肋与丹田的▽"大三角"控制区，这种控制始终存在，在具体运用时，只是区分谁的作用更明显而已。

5. 适当用气。语言表达时，气息发憋、发僵的原因，除了胸式呼吸，气浅、不够用之外，很重要的一点是用气意识不正确，以为语言表达时，气进得越多越好，其实，这是认识上的偏差。在训练进气时，尤其在训练初期，往往要求多进气、保持住，这是为了训练气息的控制能力。但在具体语言表达用气时，却要因情用气，因需用气，也就是说，表达的需要决定使用的气量、气强；语句长短、情感如何，决定用气的多少、长短、强弱，不能需少，进多，进了气，又舍不得用，致使气息发憋、发僵，滞住了。这是特别要注意的问题。

6. 多样用气。有些人，在语言表达中气势、气状单一，缺乏表现力。气息的多样直接影响着语言、声音的表现力与感染力，单一的气息状态，无法胜任丰富多彩的艺术语言表达。当然，语言表达中丰富的气息状态和用气方法，是经过针对性的严格训练而得，绝不是天生就有。例如，气息的上提、下松、偷气、就气、抢气、憋气等气息技巧，我们将在下面的气息练习方法中加以介绍。

第二节 气息的练习

气息的训练首先是"通畅"，有了气息的通畅，才谈得上稳劲、深入、多变，因此，找到气息的"支撑部位"与"支撑感觉"，达到气息通畅、可控是其首要问题。

一、实用找气法

为了便于快速找到气息的"支撑部位"及"支撑感觉"，可使用"单腿支撑找气法"与"快速起坐找气法"。具体操作如下：

1. 单腿支撑找气法

人体挺直站立，向前伸出一条腿，用脚尖点地，抬起，再点地，再抬起，反复数次；另一条腿作为支撑腿努力保持身体的平衡，注意力在支撑腿上，也可将伸出的腿脚尖虚点地，但不能分担身体平衡的压力，以此体会腹肌的支撑作用。这种方式可使练习者较为迅速、容易地找到由下肋与丹田共同组成的呼吸肌的支撑作用。有些初学者反映，看了语音发声方面的书，在无人辅导的情况下，难以找到理论要点及气息控制的实际感觉，用这种方式可以快速找到气息的控制点，较为实用。

2. 快速起坐找气法

人体挺直坐在椅子前沿处，从座位上原地站起来，坐下去，再站起来，再坐下去，反复数次，开始慢速，逐渐加快，以此找到气息的支撑感，体会腹肌及丹田的气息支撑作用以及呼吸肌的交替支撑作用。

以上两个训练，都可以帮助初学者快速找到气息的支撑点与控制感觉。

二、气息的深与稳

（一）叹气

这是一种找到气息通畅的练习方法。以一种很累的感觉真正叹气，可松喉、松胸使气息真正沉下来，这时会感到小腹脐下三指处有一紧点，以此为气根，用保持小腹收紧的状态进行吸气，然后叹气，再吸气，再叹气，反复数次，巩固气息通畅的感觉。练习时，也可在气息下沉时，顺势带出通畅的"唉"的叹气声并形成胸声。还可发"大海""你好"等上声词来体会。这个练习，可使喉部与胸部都放松，真正找到气息通畅及沉下的感觉。

（二）闻花

这是一种找到气息深入的练习方法。练习时可感觉自己面对美丽飘香的花，这种香型是自己最喜欢的，于是想用力多吸进一些香气。意念上是后鼻腔进气，深吸气息，想尽量在自己身体内保持长一点时间，不得不呼出时，也要少出气。这个练习，还可以体会和练习慢呼气，也可以锻炼降膈肌和呼吸肌的控制力。

（三）吹手指

这是一种保持气息稳劲的练习方法。这个练习是在气息通畅的基础上进行，将自己一只手的食指竖直放在嘴前，用吹灰的感觉将气集中地、一条线地吹到手指中部，能吹多久，就吹多久，使气息不但通畅，而且均匀、稳劲、持久，这样的气息，才能有效地支撑发声。注意做这个练习时，应以上唇为吹灰动作的主动，要求两嘴角和上唇中部有力地噘住。意念上以上唇中部为吹气的控制中心，不可上下唇共同前噘，应似发 ü 或吹口哨的感觉去吹灰，并注意唇齿相依、颧肌上提的要领。

（四）延长发"ɑ"

这也是一种保持气息稳劲的练习方法。这个练习是在吹手指的基础上，再加上出声发 ɑ，这个练习可以使声气结合。具体方法是，意念上，这个延长 ɑ 是从胸部及丹田处形成的中低两个音箱中混声发出的。应有气息的有力支撑，气息要均匀、稳劲，不可声音忽大忽小或颤抖，身体及喉部都相对放松，松中有控，即全身放松，只感觉有一条气带在支撑着声音，丹田与下肋有种收紧、立住的感觉，注意，发 ɑ

时保持其口形及气息通畅，觉得自然，振奋。另外，练习时，要在自己的前方一米以外的墙或树上找一个小圆点（孔），意念上自己的声音只能进这里，保证气息与声音的集中。

（五）哼唱"有啊有"

这是一种保持气息深与稳的练习方法。这个练习，意在气息通畅的基础上沉气，进一步练习声音与气息相应的通与实感。实践证明，这个练习，对解决发声的压喉、挤喉、捏喉及胸堵，都有较大好处。具体方法是，身体放松，通畅进气，口腔内成闭嘴半打哈欠状，上口盖尤其是后半部抬起，以自己最低的声音，发出"有啊有"的口形动作。注意，咬字不要太死，应松一些，口腔开度大一些。意念上，似从丹田或地面处引上来的这种胸声。感觉哼唱时自己的声音似京剧中的老旦或老生的声音，苍劲、结实、浑厚、有力。练习时，上身、胸部不要僵住，要有一种舒适感，可以两膊自由划动，避免气僵在胸部，产生一种气、声的运动感。具体哼唱为：5—6—5—6—5—6—5，"有 啊 有 啊 有 啊 有"为一轮，吸气后，再唱第二轮、第三轮……哼唱时，要用自己自如声区的中下部，带出较明显的胸声，保证声音、气息都下沉，有种用拖把拖地板的下压感觉。练习时不可拔高唱，这样的练习才会有效。否则，练习会事与愿违。

三、气息的变化

（一）膈肌弹发

这个练习是为了训练膈肌力量与控制力。它的训练有两种：一是，犹如军校的学员在列队报数，报数声要简短、有力、弹动膈肌，发出1、2、3、4、5、6……二是，发 lü lia "吕、俩"音（都是阴平）、yi ha "亿、哈"音（都是去声）。两种弹发都是先慢渐快、交替变化，要求声音刚劲有力、声气落地、气息较强、有节奏感，有意识地弹动膈肌，使其得到充分锻炼，增强活力。这需要具有相应的气息力度与气息变化，方可有效支撑这一练习。

（二）数葫芦

这个练习有三种方法：第一种是：一口气数出无数个具有气息支撑和咬字规格的葫芦，目的是练习气息的长与稳。具体练习是：先均匀、稳健、中速地一口气数下去：一个葫芦、两个葫芦、三个葫芦……直到气不支为止，停下来，吸口气，再数一轮，中间不可偷气。第二种是：在此基础上，可加进几个字成为：一个葫芦两块瓢、两个葫芦四块瓢、三个葫芦六块瓢……依次数下去，中间也不可偷气，并且脑子要跟上，不要数错葫芦与瓢的数，直到一口气不支了，再换一口气做第二轮练习。以上两种数葫芦的做法，用意都是增加咬字的动作，使之与气息很好地结合，因为练习气息的根本目的是为了更好地支撑语言，而不是单练气息。第三种是：将葫芦分成不同数字为一组，如一个葫芦、两个葫芦、三个葫芦、四个葫芦、五个葫芦、六个葫芦、七个葫芦、八个葫芦、九个葫芦、十个葫芦。这种练习，可以较好地过渡到语言表达状态。

（三）急喊人

这个练习主要训练气息的快吸、强吸。具体训练方法：根据心理需求快吸和强吸气息，意念上你的同学、好友或家人马上就要乘车走了，由于种种原因，也许是演出票或是房门钥匙在他手里，你必须及时喊住要走的人，况且那人已离你较远了。这时喊人，内心着急有种爆发力，口鼻同时快速进气且吸得深，方可支撑较长、较强的声音喊住人。可以喊些字音响亮的名字，如阿刚、阿毛、小兰、小安等。

（四）变速喊操

这个练习，主要练习中速、快速、慢速的不同进气与使用，使呼吸肌得到全面的锻炼，增强其灵活控制能力。具体练习方法：首先意念上感觉自己是个军校的排长或连长，正在为一排人或一连人喊操，可用双手相击打出拍子：一二三四、五六七八；二二三四、五六七八；三二三四、五六七八；四二三四、五六七八。第一节是"伸展运动"（中速），第二节是"跳跃运动"（快速），第三节是"整理运动"（慢速），然后，再回到"伸展运动""跳跃运动"和"整理运动"这个顺序，进行下去。注意，喊操时，要让每一声都落在具体动作上，真正起到指挥做操的作用。同时，喊操用声要有力、饱满、掷地有声，气要下沉、稳劲、灵活，声音、气息还要有弹性。在练习时，心理与生理紧密结合，如心里感到下面要变为快速喊操时，就要在中速喊操的最后一个数字后，顺势快速进气，以快速弹发下面的数字；如心中知道下面要变为慢速喊操时，便要在快速喊操的最后一个数字后，放慢、充分进气，呼吸肌稳劲控制住，待下面"整理运动"的第一个动作在想象中出现时，再舒展气息，有力地喊出下面的数字，不可抢气、控制不住气息。

总之，变速喊操的气息要做到：做快速操前快速抢气，做慢速操前不抢气，做中速操前稳劲进气，节奏适当，有声、气、字的结合。只有这样的严格训练，才能对语言表达起到应有的作用。每一节喊操，可呼四八呼。注意，喊操时不仅要关注气息的变化、呼吸肌等方面的控制，还要对咬字肌和字的规格有所关注，使喊出的数字饱满、有力，这才是符合标准的练习。

第三节　气息的活用与技巧

气息的使用，表现为各种气息方式、气状与气势。

一、气息的强弱

气息的强弱，指气流的强与弱，它是由呼吸肌保持力量的大与小所决定。一般在强控制时，呼吸肌的对抗力量大，发声时，小腹呈收紧状，气息压力较大，流速较快，比较费气。吸气时，需吸得饱满才够用。练习气息的强控制，可以用《就义诗》等力度较强的作品来体会。

如："砍头不要紧，只要主义真，杀了夏明翰，还有后来人！"

一般弱控制时，呼吸肌对抗力量不太大，发声时，小腹呈站住状态，气息压力相对不大，流速也稍慢，发声较柔和。练习气息的弱控制，可以找些语言内容、情感较轻松、抒情的散文、诗歌等作品片段来练习。比如《桂林山水歌》的开头一段：

云中的神呵，雾中的仙，
神姿仙态桂林的山！

情一样深呵，梦一样美，
如情似梦漓江的水！

水几重呵，山几重？
水绕山环桂林城……

是山城呵，是水城？
都在青山绿水中
……

值得提及：1. 在语言表达中，一般不会只有强控制或只有弱控制，往往是你中有我，我中有你，即使偏重于一方，也会呈现出不同层次，气息的强弱不断转换并具有层级性。2. 强控制的气息，不仅能发出强有力的声音，也可以与声带配合表现为声虚情浓，即气强声虚的语言形式，还可以表现特定环境下的压抑、兴奋感，或人的生理障碍等。这在人物语言中多见。此外，气息的强控制，不仅能发出高而强的声音，也可以发出低而强的声音。

二、气息的长短

气息的长与短，是指气息保持的长与短。它是由呼吸肌保持的长与短而决定的。

我们知道，在语言表达中，有时为了表情达意的需要，一口气只说两三个字，而有时为了情感的需要却要一口气连着说出十几个甚至更多的字来。这就要求我们注意进气的多少和用气的长短。比如，小说《高山下的花环》中"雷军长发火"一段：

"走后门，（3 个字）∨谁敢把后门走到我这流血牺牲的战场上，没二话，（20 个字）∨我雷某要让他的儿子第一个扛上炸药包去炸碉堡！去炸碉堡！（25 个字）"

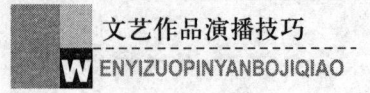

这种处理，充分显示出语言和情感的冲击力。

有时，为了表现一种柔美的情感或造成一种意境，还可以处理成气长字少的形式，产生一种舒展感。这可以用一些抒情散文或抒情诗的片段来练习。还是以《桂林山水歌》一诗开头部分的处理为例。注意，在表达时不要见标点符号就停，应以一个意思、情感的完整表达为换气的点。如：

"云中的神啊，雾中的仙，神姿仙态桂林的山！"

应当了解，气息的长短，不是字音多少的集合量，它是指一口气保持时间的长短。明白了这点，我们就可以避免在语言表达中，单纯以字数多少用气，而是以情感、意思完整为重要的参考依据，这点在文艺作品演播中尤为明显。

三、气息的深浅

气息的深浅，是指气息吸入肺部的程度，它表现为对横膈产生的压力。气吸得浅，降不下或横膈下降较少，气息不支，声音发飘，控制不住。如展开两肋，气吸得较深，横膈下降比较大，气息吸入也较多，配合呼吸肌控制，气息稳劲、持久，则声音也结实、有力、持久，气息、声音容易控制，也好变化。

一般语言表达中，力度强、用声高、情感深和持续时间长的声音和语言，需吸气深。而表现儿童、老人、病人等语言，或表现紧张、害怕等特定生理、心理状态的虚声、提气状等，气息可以浅一些，否则影响生动、适当的表达。例如：**"啊，太感谢你了！"** 这句话，就需做情浓、气深的处理。**"轻点，太疼了。"** 这句话，就可做疼感，气浅的处理。一般叙述语言表达，无特殊需要，还是进气深浅适中为好，运动灵活。

四、气息的疾徐

气息的疾徐，是指进气、用气速度的快与慢。它是由呼吸肌运动频率来实现的。

在语言表达中，根据表达的需要，有时需要气息的快进快出、快进慢出或慢进慢出，这些进气与用气，可以表现人的不同情态与感觉。一般表现愤怒、紧张、兴奋等情绪的语言，气息进出就较快。而表现抒情、悲痛情感的内容时，气息进出就相对慢些。大多叙述性语言是多快进慢用气息。

注意，气息的疾徐是相对而言，这中间也有层级性，它是由人的内在情感调动、支撑的。任何机械的快与慢，都是不有机、不可取的。语言表达，是由情感唤发出各种气息，再由气息形成不同的声音。当然，语言表达的设计是必要的，但应尽量做到情、气、声的统一。

气息的疾徐可做相应练习，锻炼这方面能力。例如前面提到的"变速喊操"。也可以用同一句话变换不同语速连续说出，以体会和练习不同速度的进气与用气。

比如：**"这是真的吗？"**（兴奋地快速说出）

"这是——真——的——吗?"（不敢相信地提问）

前一种，是用气息的快进快出方式说出。后一种，既可用慢进慢出，也可以用快进慢出的气息方式说出。注意，无论哪种气息方式的练习，都要设想出合理、具体的规定情境。千万不可为快而快，为慢而慢。那样，语言既言不由衷，气息也不可能被有机唤起和有效支撑。

五、气势与气状

气息的气势与气状，是指气息的趋向态势。它主要表现在气息的上行与下行、松与紧两大方面。对它们的活用，可以形成很强的表现力。在艺术语言表达中，气息的气势与气状多种多样，主要表现为以下几种：

1. 提气

提气，这里所说的提气，不是指胸式呼吸，气沉不下去，提着气说话。而是指气势的向上趋势而言。提气，一般呼吸肌较紧。

例如："下面该我了?" ↗（紧张、害怕）

又如："你看见的是他吗?!" ↗（兴奋、怀疑）

值得提及，有些人怕用了"提气方式"成为"胸式呼吸"了，因此，他们不敢用这种方式，导致他们的语言总是平行推进或下行趋势，甚至形成一种哭腔，这违背了语言表达的规律。这也是对专业理论认识不清所致。

2. 松气

松气，这是一种为了表达的需要，让气势下行的处理方式。松气，一般呼吸肌控制相对较松，但不是松懈，一点控制也没有，也不是不给气，而是指有适当控制的下行气势而言。

例如："花落知多少。" ↘（沮丧地、语势、气势下行）

又如："从此，他们没有再见面。" ↘（遗憾地、气势下行）

3. 偷气

偷气，这是一种在气息不够用的情况下迅速补气的用气技巧，一般在句中进行。偷气时，在上一字的尾音处，口鼻就势抢吸一口气，似唱歌的后半拍再说话。在口鼻同时快速吸气，呼吸肌有力支持下，尽量快进、多吸气。这种进气技巧，在语言表达中非常多见。运用此技巧，可使表达的内容意思完整，情感连贯。在偷气时，要注意偷气不留痕迹，进气快而无声让人听不出来。偷气时，呼吸肌是紧的。

例如："那个夜晚，我第一次感受到了父亲那隐藏在心底里的／深沉的／不用言语表达的／爱。"

偷气，可以用变换葫芦数的方法做针对性练习（如："一个葫芦两块瓢、两个葫芦四块瓢／三个葫芦六块瓢、四个葫芦八块瓢、五个葫芦十块瓢、六个葫芦十二块瓢／七个葫芦十四块瓢、八个葫芦十六块瓢／……"这样依次变换每组数字数下去)，至于数几个葫芦偷一口气，没有一定之规，可以依需要及个人情况而定。但要注意，不应平均地偷气，如，都在数五个或三个葫芦时偷一口气。因为，语言表达的需要是千变万化的，不可能多少字固定偷气。另外根据表达的需要，有的气息较强，有的气息较松，有的气息舒缓，有的气息急促；因此，对于气息的需求、强度、长度等也不相同。偷气点也不能平均值。

4. 抢气

抢气，这是一种在气息完全够用的情况下，为了表达情绪的需要，在前面气息尚没用完时，却马上又起一口气抢上去，表现为缩短前面音节时值的用气技巧。抢气时，呼吸肌控制较紧。抢气和偷气的不同点在于，抢气是在气息够用的情况下，有意另起一口气。而偷气则是在气息不够的情况下不得不补气。二者的进气方式也不完全相同，抢气，往往气流压力强，而且进气速度快。而偷气，则气流压力可强可弱，它要看上下内容与情感而适当、有机地进气。它们的进气方法都是将一直控制的呼吸肌稍一松，让气流进入口鼻后，又继续保持对气息的控制。

一般是在介绍突发情况和表现人物的急切心情或制止什么行为时，常使用抢气方式。

例如："向西行这个名字使鲍琪琪感到欣慰、鼓舞，又有一种说不清楚的吸引力。一个多月来，这个名字一直在她的心中游弋着。甚至当她翻阅她的日记时，读到她对向西行那些充满敬佩和感激的词句，那口气热情得连她都脸红。⌒向西行，是向西行！琪琪的心砰砰地狂跳起来。"

又如，"当大堤决口时，一连的战士们冲上去了，二连的战士们冲上去了，⌒三连的战士们也冲上去了，大家同心协力与洪水搏斗着。"

以上连线的后端字是抢气点，这里的抢气可以起到推进情绪的作用。从某种意义上讲，抢气有种强调的意味。

再如，"当交通员小刘告诉我这个不幸消息的时候，我头上好像猛然遭到沉重一击，半晌说不出话来。……可是晚上，我失眠了。 '……妈妈，你是担心哥哥……'⌒'小孩子家，不要多话！'我厉声说。可是我听得出，自己泪珠卜搭卜搭落在枕头上的声音。"

以上的抢气是一种阻止的意思与内心情感的流露。

5. 就气

就气，一般在句尾用，即在全句仅剩一两个字时，这时气息已经不多了，为了不破坏语言意境或内容的完整性，而利用肺中的余气冲下来。这时，呼吸肌的控制仍然保持住，小腹有往里收紧之感。值得提及，一般语言表达中，不能等气息全部用尽了再吸气，而是往往有一点气时便要进气，以保证气息的稳劲。而就气技巧却不同，它对气息的控制能力要求很高，也有很强的表现力。

例如："登上顶峰向南眺望，湖面上，烟波浩渺。渔帆点点……"这样一句话，表达时如因气息不够（舒缓表达较费气），在"渔帆"后边一停进气，就会把这一幅用声音描绘的秀美景色给破坏了。因此，在此可用就气处理，将"点点"二字连上，拉开拖出，体现内容的完整与意境。

又如，"……可是今天，当你的战友，——中国战士们要离开你的时候，你却倾洒了这样多的眼泪，仿佛要把你们每个人一生一世的眼泪都倾洒在今天！你是多么刚强而又多情多义的人民！"

这段内容，感情极为深挚要一气呵成。一般处理，表达者大多在"你是多么刚强而又多情多义的"的地方，气息已经不支了，但为了情感的需要在此不能换气，可使用就气技巧，将"人民"二字连着说出，使情感连贯，内容完整。

6. 憋气

憋气，这是一种为了某种心理、生理的需要，进气后先憋住气，再依情爆发式用气的技巧。这种憋气一般多出现在人物语言中。它经常表现人物的激愤与兴奋等情绪，以及人因患病疼痛和各种原因造成的心理、生理障碍感等。它的特点是，瞬间快速进气，呼吸肌控制住气，再呈爆发式出气，这样可以有力地支撑语言，加强语言力度成为最高层级，充分揭示人物内心的极度情状，形成很强的表现力与感染力。例如：

法尼娜："……你那不幸的夜晚是谁告的密？"

米西芮里："谁？"

法尼娜："是我。／法尼娜·法尼尼！"

此处（／处）憋气，具有爆发力，可以更好地表现出女主人公的激愤心态。

又如《草地夜行》中，老红军战士掉进泥潭："**快离开我，咱们两个/不能/都牺牲！/要/记住/革命！**"

这里（／处）表现了老红军战士越陷越深，胸憋、呼吸困难，直到没顶于泥潭牺牲的过程中语言的情状。

通过以上介绍，我们可以了解到气息的活用及用气技巧在艺术语言表达中的重要作用。气息是心灵焕发出来的动力，情感的起伏制约着气息的变化，气随情动是心理过程在生理上的反应。具体讲，气息状态的变化是在情感和心理需要的共同推动下，呼吸肌群活动的强度不同、持续时间和运用方法不同所造成的。不同的控制状态，又造成了不同的气流压力、气息流速、气息方式，不同的气息再与喉头、共鸣配合，便可表现为声音的高低、强弱、长短、刚柔、明暗、虚实、厚薄等种种变化。也就是说，没有气息的多变和使用技巧，便形不成多色彩的声音。

值得提及，气息运用的各种技巧，并不是自然生成，是需要针对性训练习得。此外，气息的使用，也没有一定之规，要依具体的表达内容和情感而定、因人而异。总之，气息的运用是灵活多样、千变万化的，在语言表达时，既有下意识唤起，也有有意识设计，二者应有机结合，与情和声紧紧相依。气息的使用处理，来源于对情感、内容的理解、感受。在具体语言表达中，气息随所表达的内容运动，就产生出细微的变化，情感越深刻、细致、具体，气息的变化越生动多姿，富有活力，声音色彩的变化也就越丰富，越有表现力。

在气息的训练过程中，呼吸的变化是从有意识注意到下意识运用的过程。与其他语言、发声训练不同的是，呼吸训练的过程相对较短。当我们一旦体会到呼吸与情感运动的关系并能自觉运用时，（二者并不是简单对应，具有不同形态）就会使语言表达跃上一个新阶段，找到了由内部体验贯穿于外部体现的媒介、桥梁，并由它集合出语言表达的各种技巧，这样的表达便是内在的，具有表现力和感染力的。以情感为基准调节气息的运动与变化，是呼吸控制的高级阶段，这样的气息，才有机、自然、有活力。

第五章

用声技巧

在有声语言的表达中，声由情至，声是情的载体，声与气也关系密切，但有其自身属性。比如，有共鸣腔的使用调节和与喉头声带的配合。那么，声是通过什么元素来具体表现情感的呢？是音高、音强、音长和音色这些基本元素，声音的表现力是由这些元素的对比、变化而形成。掌握了这些元素特点与使用方法，就可以使我们的语言具有活力，富于表现力。下面，我们就来看一看这些声音元素以及用声技巧。

第一节 声音的高低

音高，是指声音的高低。它主要是由声带的松紧、厚薄、气息的强弱、共鸣的高低造成。口腔、呼吸肌的松紧诸因素，对音高的控制也有影响。

在语言表达中，由于声带是不随意肌，（它的靠拢与拉紧等变化，主要是喉部的一系列肌肉的作用）只能靠大脑的自动化指挥调节，我们只给予需要调节的情感信号即可，由心理引发出生理的变化。而共鸣位置的高低、气息的强弱、口腔、呼吸肌的松紧却是可以进行有意识的调节。

人的共鸣腔分为高、中、低三部分。高共鸣有头腔、鼻腔，中共鸣是口腔，低共鸣是胸腔。语言表达一般发高音时，主要以鼻腔共鸣为主，（说话与唱歌不同，少用更高的共鸣，但要有运用的能力）气息压力比较强，口腔和呼吸肌也比较紧；而发低音时，以胸腔共鸣为主，气息压力相对小于发高音，口腔和呼吸肌的控制也相对松于发高音；发中音时，（即自如声区）主要以口腔共鸣为主，气息压力最小，口腔和呼吸肌控制也最松。这是就一般情况而言，但在实际运用中，会有各种条件的不同组合。特别要指出的是，共鸣运用绝不是单一性的，往往两种甚至是三种混合，但根据需要以一种为主。也就是说，在艺术语言的各种表达中，共鸣腔的运用是高中低的混合运用，只是根据需要比例不同而已。

应当看到，在声音的色彩和弹性方面，共鸣起到了重要作用，用好了共鸣，可使语言表达的用声圆润、不费劲、自然，同时，可使声音高低自如，色彩丰富，增强艺术表现力。

比如，大型舞蹈史诗《东方红》的朗诵词第一部分"东方的曙光"一段，从音高共鸣角度可以做这样的处理。

1.（高共鸣、高亢、声强、兴奋）

"在毛泽东时代，祖国的人民，多么幸福，祖国的江山，多么壮丽。"

2.（中共鸣、凝重、下一个台阶）

"可是，我们怎么忘记过去的苦难，怎能忘记毛主席带领我们跨过的万水千山。"

3.（低共鸣、压抑、再下台阶、中间有层级性）

"黑暗的旧中国，地，是黑沉沉的地，天，是黑沉沉的天，灾难深重的人民呵！你身上带着沉重的锁链，头上压着三座大山。你一次又一次地呼喊 ↗ 一次又一次地战斗，↗ 可是呵，↘ 夜漫漫，→ 路漫漫，长夜难明赤——县——天……"

4.（中、高共鸣、渐扬、稍快）

"黑暗总有尽头，↗ 曙光就在前面。十月革命一声炮响，给我们送来了马克思列宁主义。→ 伟大的五四运动举起了反帝、反封建的旗帜。↗ 中国共产党诞生了！毛泽东同志把马克思列宁主义同中国革命实践相结合，↗ 真理的光辉照亮了中国革命的道路。"

值得提及，每一个表达内容，因人而异可有不同的处理，但是，作为练习之用可有统一要求。此外，每一表达内容的处理，都是综合化的，但为了训练，可对具体技巧的关注有主有次。

音高的训练，可做以下练习：

念同一个四字词，如"春花满园"，声音从中到低，再由低到高，反复上下楼梯式的练习。注意，每次练习以中共鸣开始，再向下、向上发出有弹性音高的声音来。这个练习，可使上、中、下三腔共鸣打通，按不同比例、混合共鸣，使声音变化自如，并使发声所需的各种条件，如声带、气息、口腔、呼吸肌等与共鸣的配合有机、自然。

需要提及，音高意识，应建立在每人的"自如声区"之上，不能用提声或压声来实现。我们知道，人的声音高低不同，因此，在使用上一定要从自身条件出发，以自如声区为基础去拓展、使用与变化，不可模仿他人的声音。只有这样，用声才自如、科学。那么，如何找到自己的自如声区呢？放下来自然说话所使用的便是本人的自如声区。

在文艺作品演播中，根据需要有时不得不使用人的"自然声区"即能发出最高声与最低声的区域（自如声区是"自然声区"的中间部分，它也有自己的高、中、低之分），这就要求表达者有较好的声音弹性功力。但是，一般的语言表达仍要以"自然声区"的中部"自如声区"为主。

第二节 声音的强弱

音强，是指声音的强弱。它主要是由气流的压力大小与声带的不同配合所造成。口腔及呼吸肌的松紧对音强也有影响。音强即声音的力度。

一般气流压力大，声带闭合较紧就可发出强声。通常情况下，音强与音高相伴。如小说《高山下的花环》中"雷军长发火"一段。但也有声低而强的情况。如陈然烈士的诗《我的自白书》就可做这样的处理。以表现其内涵深度与潇洒的气质。音强在艺术语言表达中同音高一样很有表现力，也具有对比性与层级性。

在艺术语言表达中用声强弱是相对而言，没有绝对标准。强与弱又可分为不同程度。如以平时自如说话状态为用声适中，那么，比其用声强的为声强（又可分为中强、较强、更强等不同层级）。一般发强声说话，气息压力强，呼吸肌和咬字肌控制也较紧；比其用声弱的为声弱（也可分为弱、较弱、更弱不同层级）。比如，耳语般小声说话甚至虚声说话（不包括特殊情绪的虚声）。此时，气流压力较弱，呼吸肌及咬字肌控制也较松。

比如，《东方红》朗诵词中的"中国人民站起来了"一段，从声音强弱的角度可以做这样的处理：

1. （声轻、抒情、稍慢、较收）

"亲爱的同志呵！你可记得，在那战火纷飞的黎明，在那风雪弥漫的夜晚，我们是怎样地向往呵，向往着胜利的一天↗。"

2. （声音中强—声弱—声强、兴奋、较快）

"（中强）（放）这一天终于来到了！看哪，（较快）人人挂着喜悦的眼泪，个个兴高采烈，流水发出欢笑，山冈也显得年轻，（声弱）（收）他们在倾听、倾听着毛主席那震撼世界的声音↗；（声强）（放）中华人民共和国诞生了（更强）!! 中国人民从此站起来了！"

注意，文艺作品演播中声音的强弱的对比与变化，要比一般播音丰富，幅度较大。

第三节 声音的长短

音长，是指声音延续的长短。它与气息的长短有很大关系，但不等同。音长的长短，可以构成语速的快慢，也不绝对。

一般字音短，似圆珠形，这种字音相连，语流就快。相反，如字音长，似橄榄形，甚至更长，这种字音相连，语流就慢。音长的运用在文艺作品演播中的作用也举足轻重，它既可表现语言的内涵与韵味，也可表现各种不同的情感，增强其感染力与艺术性。

比如，《东方红》朗诵词中的"星火燎原"一段，从音长角度可以做这样的处理：

1.（语速稍快、高亢、激情）

"工农兵奋勇前进，大革命汹涌澎湃。"

2.（语速渐慢—更慢、凝重、沉痛）

"突然间，天空出现了乌云，大地卷起了狂风——蒋介石背叛了革命，大屠杀开始了。中国共产党人和革命群众的鲜血，染红了黄埔滩头、珠江堤畔、湘江两岸……直到大河上下，长城内外。"

3.（语速渐快—更快、坚强、有力）

"但是，人民是杀不绝的，革命是扑不灭的，共产党人是吓不倒的，他们从地下爬起来，揩干净身上的血迹，掩埋好同伴的尸首，他们／又继续战斗了！"

如前所述，语速的快慢即音长的使用，也有对比性与层级性，也可以分为不同的小层次，也是相对而言。由音长所形成的语言快慢、语言松紧，是语言表达中最基本的表达技巧。以此为基础的语言节奏，是文艺作品演播的核心技巧。

第四节 声音的音色

音色，是指声音的特色与色彩。音色是由声带、共鸣、气息、筋肉控制等诸因素配合与变化而形成，音色有自然与创造之说。自然音色，是指人的基本声音特点，它由人的先天条件构成。创造音色，特指语言表达中，演播者为了适应所表达的内容、情感及人物语言造型所创造的声音特质与色彩，它是人有意识地调节发声器官所塑造出来的。在文艺作品演播中，音色很有表现力。

一、明与暗

一般表现兴奋、愉快的情感色彩时，常用比较明朗的声音。表现年轻、活泼、性格开朗的人物时，也常用明朗的音色造型。明朗声音的共鸣位置，多在中高部，气息较强，与发声相关的筋肉感控制也较强。

比如，《东方红》朗诵词中的"抗日的烽火"一段，从声音明暗的角度可以做这样的处理。

（轻快、明朗、抒情）

"滚滚延河水，巍巍宝塔山，全国人名都仰望着你啊，革命圣地——延安。你像灯塔一样，吸引着千百万不愿做奴隶的人们，你是抗日斗争的中心，领导着全国人民战斗到胜利的一天。"

一般表现悲哀、抑郁、失望等情感时，声音往往用发暗的音色来体现。发暗的音色，共鸣位置多在胸腔，以低音共鸣为主，气息较深缓，与发声有关的筋肉控制相对较松。

比如，小说《高山下的花环》中的一段："我和高干事轻轻走过去，只见军长老泪横流，大滴大滴的泪珠洒落在他的胸前……"

（哀痛、音色暗）

"遵照凯华的遗愿，你们给团政治处写份报告，把凯华的姓……改过来吧。"军长声音嘶哑地说，"另外，我拜托你们，给凯华换一块墓碑，把薛字改为'雷'字……"

注意，要想得到明或暗的声音色彩，不要用捏声、挤喉或压喉等不科学的用声来获取。

二、刚与柔

一般表现激动、凛然、决心、气愤等不同情感或性格刚毅的人物台词时，多用较刚的音色。刚的音色，其实就是最实声，声音更结实、有力，音量常较大，发声偏重于中低部共鸣，声带闭合有力，气息压力强，筋肉控制很紧，音色明实。

比如，电影《血，总是热的》中主人公罗心刚的台词：

（面对全厂职工）、（激愤、音色刚）

"……同志们哪，难道你们看不出来？我们的退路已经不多了。我们搞了三十年，不理想。万一再搞二十年还不理想，中国怎么办？没有退路了，同志们，我们只有和党同心同德，拼出一个现代化的中国来！否则我们这些人再被打到，就不会有人再为我们平反了。

有人说，中国的经济统治像一架庞大的机器，有些齿轮锈住了，咬死了。可只要用我们的血做润滑剂……这话已经说烂了，不时髦了，没人要听了。可无论如何，我们的血总是热的！"

一般表现亲切、抒情、甜美等情状和性格温柔的人物台词时，多用柔的音色，但柔不等于虚。柔的音色也多用于中低部共鸣，音色不亮偏暗，音量较小，声带闭合较轻松，筋肉控制较松，气息压力不强，多气长声徐。它往往给人以美的感觉，但要取得柔的音色不动真情不行，捏着发声也不成，要自然发声。

比如，散文《当葫芦丝吹响的时候》一段：

（抒情、音色柔）

"每当葫芦丝吹响的时候，绚丽的晚霞把傣乡秀美的凤尾竹和大青树抹上了一层金辉。劳动了一天的傣家人，赶着牛群悠闲地走在乡间的小路上。当夜色笼罩傣家村寨的时候，那竹林深处的葫芦丝吹得更甜、更脆、更美。"

三、厚与薄

声音的厚与薄，多用于人物的语言造型，可以区分不同人物形象。

一般厚的声音，以胸腔共鸣为主，用声较靠后，胸声强，气息较深。给人以深沉、庄重之感。这种音色可以塑造内涵深的人、较成熟的人和体力劳动者等。

比如，广播剧《红岩》中"齐晓轩"的声音造型：

（激动、声厚）

齐：华子良同志！

华：老齐同志！

齐：你来得太好了！太好了！好多年来你不停地练习跑步，你一直在做越狱的准备。

一般薄的声音，共鸣不丰富，或共鸣点稍高，通常用声较靠前，气息不深。这种音色给人分量轻的感觉，或年轻、稚嫩之感，可塑造年纪小的青少年等。

比如，广播剧《家庭教师》中两个中学生的声音造型：

（性格不同、声薄）

姚：干嘛不理我？

辉：我正忙着呢。

姚：嗬，真是个人物了！跟你一起的那个家伙是谁？他就是你请的那个家庭教师吧？他挺有一套呀，一下子就让你成绩提高了……

声音的厚薄有的是天生的，有的则是适当运用发声技巧化装而得。这就需要抓住其用声、用气及共鸣等特点。此外，在文艺作品演播时，如播讲者是男性，表现女性人物语言时，可用薄的音色；而播讲者是女性，表现男性人物语言时，可用厚的音色。总之，在表现几个人物的语言时，运用音色的厚薄，也是区分年龄、气质、性别的手段之一。文艺作品演播的讲述者也在其中，也是一个具体的人物。另外，声音造型中薄的音色，也要注意气息的控制，否则，声音会发飘。

四、实与虚

一般语言表达中用声虚实可以分为几种状态：实声、半实声、虚声及轻声。发实声时，声门紧密、用力闭合，声带振动发出乐音性质的明亮实声，声音结实、有力；发半实声时，声门较轻松闭合，或半闭合，声带振动以乐声为主，少有气流摩擦声，声音相对柔和一些；发虚声时，声门有些开度，声带振动的乐音成分小于气流摩擦的噪音；发轻声（也叫耳语）时，声带靠拢，但发音时不振动，只有噪音，没有乐音。以上这几种用声状态，在文艺作品演播中都需要，而且使用较多。

一般表现情绪激动、愤怒或高兴时多用实声，用声力度较强。

一般性语言交流或叙述时，多用半实声，声气结合较轻松，可保护嗓子，又有变化的余地，表达较自如。

一般表现不允许声大的特殊环境或特殊心理、生理之中的人物语言时，多用声虚的方式表达，具有环境感和真实感。也有的使用气强声虚的方式表达。

比如，小说《红岩》中"听解放军的炮声"一段结尾处，当雨中的余新江经过一番紧张的判断之后激动地喊出："听！炮声，解放军的炮声！"这一句时，就应当用气强声虚的方式说出。因为语言环境是在敌人的监狱中。

一般表现人的内心活动或耳语时，多用轻声。它可细腻、真实地表现出人的内心世界及丰富、真实的情感。

比如，广播剧《法尼娜·法尼尼》中，法尼娜第一次偷看到男扮女装的"米西芮里"时的一段内心独白：

"啊?！里面有人，是个不相识的女人!！还是个美丽的金发女郎。啊?！还有血，她是谁呢?！她准是个好人，看她那美丽的蓝眼睛，是那么善良，富有感情……我一定要知道她是谁。"

在艺术语言表达中，虚实声的使用很具表现力，应多加练习，合理运用。例如用同一句话（**"听，炮声，解放军的炮声！"**）可分别以实声、半实声、虚声（气强声虚）及轻声来表达，从中体会和积累不同的喉头、气息、共鸣和筋肉的配合感。

总之，声音的使用，除了有对比性，层级性，还有综合性，即在各种用声技巧中，相互融合。

第六章

表达的体验技巧

要想表达好文艺作品，不仅需要具备必要的咬字、发声、用气基本功与技巧，还需一定的表情达意的基本功与技巧。表达的技巧分为内外两部分，首先是内部技巧即体验技巧。

我们这里所说的体验，主要是指文艺作品演播者通过一系列有指向的心理活动，运用一定的心理技巧，产生符合表达需要的内心视像、身份感与对象感、合理的人物关系、准确的潜在语和表达者的假定性心理等内部技巧，形成艺术语言表达的基础。

第一节　内心视象

一、内心视象的内涵与作用

内心视象也称"心象"，即人的内心视觉形象。它由两方面组成：一是，人们已感知过的人、景、物的复现形象；二是，人们利用再造想象与联想形成的内心视象。它们的存在，可使演播者的创作，始终沉浸于具体、可感的形象之中，有力地支撑其内心感觉，利于表达。它是文艺作品演播不可或缺的内部技巧之一。

我们先来看看"内心视象"对演员创作的影响。老演员周谅量曾在《戏剧艺术》上发表文章，题目是《内心视象与角色创造》，文章中谈到了自己的创造体会："……我还注意到一种有趣的生理现象，我以为这是每个人都能体验到的，这就是内心视象的闪现。譬如，当我向别人诉说自己的经历时，讲到什么地点，脑子里一闪而过的是我曾经到过的地方，但只是一瞬间，像火花一亮那样，迅速极了，但又相当清晰。还有，当我听别人说起某个地方车子相撞了，我脑中会出现那个地方的楼房、街道甚至那相撞的车子，也有瞬间相当清楚。有时候，那地方我并没有到过，也会现出似曾相识的、像图画一般一闪而过的视像，这种视象在表演艺术中是很有用处的。以前我没有意识地去捕捉它，发挥它的作用，有时甚至没注意它的存在，但在'樱枝'的创作过程中，内心视象给了我很大帮助。

在有了内心视象后，我常常会自觉地模仿其他外部动作。譬如，我向朋友讲到胖女儿时，自己也会不自觉地鼓起腮帮。讲到驼背人上楼的艰难时，下意识地躬起了自己的背。我在塑造'樱枝'时，那些记忆中贮存的日本女子的姿态风貌，潜移默化地影响着我，使我从内到外地向她们靠拢。这种工作，我以为是从有意识地想象到下意识地模仿。"

通过以上的演员体会，我们是否看到了内心视象的内涵与作用。进一步分析内心视象有以下几个元素：表象、回忆、想象、联想。

1. 表象，是指在记忆中所保持的客观事物的形象，有视觉、听觉、触觉、味觉、运动觉等各种表象。同时，表象又可分为：记忆表象、想象表象。

2. 回忆，是把以前产生的对事物的反映重现出来。回忆是比想象、联想低一层级的心理现象，回忆常以联想的形式出现。

3. 想象，是在原有感性形象的基础上创造出新形象的心理过程。（想象分为：创造想象与再造想象）是第一、第二信号系统都参与协同活动的结果。

创造想象，是根据一定的目的、任务，在头脑中创造出新形象的过程（如作家创作）。

再造形象，是根据语言文字的描述或图样的示意，在脑中再造出相应新形象的过程（如阅读小说、演播角色等）。再造想象也有创造性，虽不是自己创作出来的，但却是经过自己大脑对过去感知过的材料加工而成。无论何种想象，其内容总是源于客观现实。

4. 联想，是由一事物想到另一事物的心理过程。具有不同联系的事物反映在脑中，形成不同的联想：如"接近联想"（空间或时间相近的事物）、"对比联想"（有对立关系的事物，如"冷"与"热"）、"因果联想"（有因果关系的事物，如"火"与"热"）等。

以上诸元素在内心视象中是如何发挥作用的呢？它们的关系如何？

内心视象中，表象是最重要的内容，它往往为文字语言所唤起，通过回忆、想象、成为一定的内心视象。比如"茉莉花"这一文字符号，这一词语概念会使我们内心看到白色、小朵的花形，同时还伴有它独特的清香味；而提起"战场"这一概念时，马上又会使我们内心看到战火硝烟的样子，同时还有各种武器声，以及特有的硝烟味相伴。这说明，内心视象中的表象不止有视觉，也会有与其伴随的其他感觉表象同时存在，共同发挥作用。人的各种感觉会形成"联觉"，互相诱导，在诸感觉中"视觉"作用最大，它与"听觉"关系最紧，有时看见了，就听到了，而听到了，又会看到了。但这点又会因人而异，因为人的感觉敏感不同。借用表象活动，人会从中获得相应刺激，形成一定的感受，从而支撑、决定着语言表达的情感态度及活力。

二、内心视象的运用

内心视象的运用有以下几点：

一是，理清序列、丰富想象。要想将文艺作品中的文字内容说清楚，首先就要理清顺序，随其唤起各种表象，看到、感觉到它们的存在似放电影，还有全景、中景、近景、特写镜头。凡重点处，要表象清晰、丰富（即除去由作品文字形成的表象及其活动，还有表达者相关的本体经历所补充的各种表象）以使自己处在浓浓的、综合的感觉之中，使感觉更具体、更深入。而次要内容，则表象相对模糊一点，但其运动始终存在。

二是，触景生情，取情为是。内心视象不是要演播者搞形象展览，而是要通过具体的景获其伴随的情（情绪、感情），这才是目的。一般而言，一定的景会伴有相应的情。例如，一想起颐和园的后湖，人们内心便有一种宁静、美好的感觉，但是某人将自己亲人的骨灰撒在这里，当她想起这里时，便不同于他人，而是有种忧伤之感，以后她要表现此类情感时，便可唤起这个画面来调动自己的内心感觉。

三是，定向体验，借助移情。内心视象的出现与丰富并不是目的，而是要获得相应的情感与刺激，作用于有声语言的表达。作为演播者应主动唤起作品蕴涵及表达需要的内心视象，并接受其刺激，产生"定向体验"，形成"定向表达"。有时，还可运用"借代感情"（移情）技巧，参与演播创作。即将自己熟悉并情感较强的对彼人、彼景、彼物、彼事的情感，运用于自己所不熟悉、欠情感的此人、此景、此物、此事上（如借代对自己亲人的思念之情来表现对目前所介绍的人的相应情感），因为这种情感是目前表达所需要的，由于人的直接经验是极为有限的，运用"移情"技巧是有效的。

四是，感觉为重，支撑表达。内心视象应当使演播者的语言表达听之不是字、词、句子，而是形象、是感觉。因此，演播者在表达时，应始终沉浸于活动的、丰富的表象之中，说什么心中有什么，或者应当说是心里有了什么，才开口说什么。使语言表达言中有形、言中有情、言中有物、言中有意、言中有个性，清楚、生动、自然、鲜明。

五是，热爱生活、观察、积累。表象是内心视象的主要内容，如果没有一定数量和质量的各种表象的存储，想象、联想便是无本之木，无水之源，无从谈起。而观察是表象积累的第一步，因而，演播者应是事业的有心人，平时就要多观察生活，积累下各种表象并加以体验，使其成为创作的一部分。著名配音演员张桂兰曾说过："演员应热爱生活，关心别人。"这是前提。否则，只关心自己，对其他一切不去关注，视而不见，便什么也看不到，记不住，形不成表象留在记忆里。值得提及，演播者的表达创作，除去有各种视觉等表象的积累，也要有各种情绪的积累。

第二节　对象感与身份感

一、对象感与身份感的内涵与作用

对象感与身份感不同于对象与身份，它是主观意识的产物。简言之，对象、身份都是客观存在的；对象感、身份感是主体的主观之感。这有两点：一是，身份与对象都是客观存在。二是，身份感与对象感都是主体的内心感觉，具有假定性。这是表演及文艺作品演播赖以生存的内部技巧之一。

一般生活中，每个人都有着不同的社会地位，是不同的社会角色，具有一定的身份，并构成一定的社会关系。比如，工人与教授不同；教师与演员不同；军人与运动员也不同……每个人的工作性质、生活环境、社会角色、社会地位不同，他的言谈举止、行为方式就有其特点，产生差异，这种差异必然带来个体内心感觉的不同，形成不同的身份感。同理，你对与你交流的对象，对其真实身份、社会角色与社会地位所产生的内心感觉就是你的对象感。这又形成一定的人物关系。

而在表演及文艺作品演播中，由于要化为、表现不同的人物，因而，本体的身份与对象不断变化，因而就形成不同的身份感与对象感。当然，这些都是艺术想象的结果，是表演和演播的功力之一。比如，平时自己是一个性格外向、活泼开朗的演员或艺术院校的教师或学生，而现在需要你扮演或演播一个性格内向的医生或农民，那你的内心感觉、言行方式、身份感就应当是那个特定人物的。在具体表演或演播中，与你交流的剧中人物即你平时的同事或同学，你对他的内心感觉也有相应的变化，不同于以往，是那个特定对象的。又如，你与自己的同事或同学平时关系非常好，但现在他（她）在剧中扮演或演播一个巧于心机的白领职员专门与你作对，甚至陷害你，抑或对方扮演、演播一个敌军高级军官，而自己是他的勤务兵，那你与他的人物关系必然反差很大，内心感觉决然不同。随之而来的是不同的人物思维、人物语言及行为方式。

在表演或演播中，运用身份感与对象感这一心理技巧，就是为了寻求表演和演播中准确的人物身份感、对象感与人物关系。有了这一基础，再表现一个特定人物，便会使其具体、饱满、真实可信、言行统一。因为，你已由"本我"的第一自我，化为了"人物"的第二自我，从人物的"第二自我"出发，去思维、去行动，说人物的话、做人物的事，以人物的行为方式去行动。因而，在文艺作品演播和表演中，若没有身份感，便不知自己是谁，用什么口吻、分寸、方式说出每一句话。若没有对象感，也不能准确、合理地回应对方的每一句话并适应其人物关系。注意，作品中的身份感、对象感及人物关系，一定要想象合理，感觉具体，表达统一。

二、对象感与身份感的运用

那么如何运用身份感与对象感呢？一是，在正确分析、理解的基础上，动用平时的积累与记忆宝库，选取适当的人物身份与对象准确定位。二是，运用想象、联想技术，接通本我的"第一自我"与人物的"第二自我"心理，并进行正确、有效的心理调整，达到二者的移位与融合。

值得提及，在文艺作品演播中，那些讲述者、旁白者和散文、诗歌、寓言、童话与小说的表达者以及广播剧的解说者、影视故事片的旁白者也都是一个个具体、鲜活的主体与人物，也都应具有准确的身份感与对象感及恰当的人物关系。这样，表达者所说出的每一句话，才会统一、适当，形成准确的基本语气和讲述口吻。

第三节　潜 在 语

一、潜在语的内涵与作用

"潜在语"与"潜台词"相近，却不尽相同，它除去指人物台词的真正目的、深层含义、语言意味，还有连接叙述性作品中语句之间的逻辑链条作用。简言之，潜在语，就是文字语言之下真正蕴含的语句本质及语句关系。如果说"内心视象"是为了解决感受具体、表达生动的问题，那么，"潜在语"则是为了解决表达的准确与深刻问题。文艺作品演播中没有潜在语的参与是不可想象的，因而，潜在语是文艺作品演播中极为重要的内部技巧之一。

潜在语的作用可分为"本质作用"与"链条作用"两种。揭示语句本质作用，是潜在语最重要的作用。潜在语的这一作用，就是揭示文字语言不便说、不能说或尚未完全显露出来的语句真正内涵和情感态度，从而，引发出准确、具体的表达语气，使我们的表达更加准确、深刻。由于种种原因，有时文字语言表面与其本质含义往往存在程度上的区别与本质上的差异，这又形成了"同向潜在语"与"异向潜在语"。

生活当中潜在语比比皆是。有一位表演艺术家讲了这样一件事很能说明问题。他说："以前我邻居的女儿两三岁时常来我家玩。一天早上我正在吃早饭，她又来了，她指着我放咸菜的盘子问：'张叔叔，这是什么呀？'我答'咸菜'，她'噢'了一声明白了，围着桌子转了一圈，又来到原地问我同样的话，我同样回答了她，她又'噢'了一声围着桌子转了一圈，第三次她仍在同一地点停住问我：'张叔叔这是什么呀？'我也又第三次回答了她。我明白她的意思，但我不能给她吃，因为那天我正患感冒怕传染她。这个孩子太聪明了，她想吃咸菜又不好意思直说，就用这种方式来问我。"

我们以这件事为例，分析中不难看出：这个孩子的语言目的是"想吃咸菜"，她的潜在语应是"给我一点吧"或是"我也想吃"。

在表演艺术中，潜在语更是大量存在，比如，电影《尼罗河上的惨案》中有这样一个情节，当富有的女主人公林奈特被害之后，面对大侦探波罗的询问及其他人在场，女仆露易丝说："**假如，我睡不着……假如，我站在甲板上……也许我会看见那个凶手进出我女主人的客舱。**"正是露易丝的这些话以及她的后来被害，提醒了波罗，使他意识到，这几句话的真正含义是敲诈当时也在场的凶手。它的潜在语是：我看见你进了我女主人的客舱，是你杀了她，你要给我钱，我就不说。所以，后来凶手即她的男主人又把她也杀害了。在这里，她用了"假如""也许"这样的词，掩饰了自己所知的真实情况，并透出了敲诈男主人的信息。正因为他们两人的心照不宣，使男主人很快意识到了她的用意并杀害了她。

所谓"异向潜在语"，也就是大家平时所说的"反语"，即语句本质和感情态度与文字语言表层正相反。但异向潜在语在表达时，一定要让人听出来才有用。

二、潜在语的运用

无论是"同向潜在语"，还是"异向潜在语"，表达时，都必须让受众听出这话里有话、弦外之音、言外之意来，这就要靠语气、语调来显现。因而，平时可多做些相应练习，以提高自己的外化能力。

比如，"我去"这两个字，我们可以变化不同的潜在语进行表达：

同向潜在语："请放心吧。"（安抚地）

　　　　　　"你放心吗？"（惊讶地）

异向潜在语："我不想去。"（不情愿地）

　　　　　　"没门？！"（质问地）

不同的潜在语，可以产生出丰富、细腻、微妙、准确的语气、语调，有利于表达的准确、精细，具有明晰性和深刻性。

连接语言链条的潜在语，在叙述语言中尤为重要。它的主要作用是在作品的语句、层次、段落间，用适当的关联词或恰当、简练的语言体现出其并列、递进、因果、转折等逻辑关系及一定的情感态度，从而将上下文完整、有机地连接起来，引发出准确、恰切的语气来进行表达，使我们的表达文气贯通、有机、自然、完整。

比如，**"旧社会把人变成鬼，（只有）新社会（才能）把鬼变成人。"**这句话，（括号中的词，为潜在语）表达者心中加上潜在语，可使语句内容逻辑感受更鲜明，表达语气更连贯、自然。不给人每个单句从零开始的感觉。注意，加此类潜在语时，一定要有机承接上、下文（或转折），不应单摆浮搁与内容相脱节。

潜在语的具体使用，分为"准备阶段"与"播出阶段"：在准备阶段中，可以根据内容和需要，将潜在语想得完整一些，初学者甚至可以用文字将其表述出来，固定下来，将关键的词标在作品相应的字里行间。但在播出阶段，却只能将潜在语变为紧缩式的意念在脑海中出现，发挥其思维指向和提示、连接作用。

注意，潜在语的文字不能多，在表达时，也不能将其一个字不差地想一遍，再说原文内容，这就可能干扰表达的连贯与完整。

文艺作品演播的创作特征决定其潜在语较多，但也不能泛用，应在那些不好理解的难点与需要之处使用、慎用。否则，会有叠床架屋之感，也不能真正发挥其应有的作用。寻找潜在语应结合上下文、作品背景、规定情境等多方面因素，这样才能找准。如《雷雨》的一个片段：

周冲：哥哥，母亲说好久不见你，你不愿意一起坐一坐，谈谈么？

繁漪：你看，你让哥哥歇一歇，他愿意一个人待着。

周萍：（有些烦）那也不见得，我总怕父亲回来，您很忙，所以……

如果不了解全剧情节和繁漪与周萍的人物关系，他们表面是"母子"（继母），实则是"情人"，后周萍喜欢上了四凤，不想与繁漪继续下去这种情人关系可对方却不放过他这一背景，便找不到繁漪话中的潜在语："你躲着我"和周萍的潜在语："你是母亲"，意思是别纠缠我了。而这些他们两个心里都明白，所以，在表达时要用语气显露出来。

应当说，潜在语是文字语言下面的一条潜流，在需要时，便浮上表达语流成为明河。有什么样的潜在语，便会有什么样的语气。综上所述，表达语气若想具体、准确、到位，没有潜在语的支撑是不行的，没有潜在语的参与，难以有准确、鲜明、有机、完整和深刻的艺术语言表达。

第四节　规定情境

一、规定情境的内涵与作用

规定情境是文艺作品演播中一个关键的内部技巧，是指人物身处各种情况的总称，它包括：情节、事件、时代背景、环境、时间、地点、人物关系、之前与此时此刻所处的情况等。规定情境包括主客观一切情况，也是人物行为的依据和条件，它制约着人物行动的性质、样式与心理活动，形成人物的特定心理及行为方式。规定情境决定着人物的心态，从而决定着人物的行为，不同的人因性格不同，有时在相同的情境中也会采取不同的反应与行动。同时，规定情境还表现着变化的时空世界与人物关系，在运用时需要随机应变。

演播者对规定情境想象合理、感觉得具体、深入，他的表演及演播便准确、生动、表现恰切。反之，则体现人物不到位，表达作品不准确。从规定情境出发去表现人物，可以生发出真实感，激起内心的逼真感及相应的思维活动。

比如，同是一句话，人们在与自己的男、女朋友初次见面时说，就与两人最后不欢而散时说不同；在病床前说就与在大庭广众面前说不同；平时说，就与情况危急时说不同；古代人、外国人说又与现代人、中国人说不同……总之，在规定情境面前，人们的语言方式多种多样，人的内心活动及行为方式也变化多端。具体到艺术语言的表达中，可有用声的高低、强弱、明暗、刚柔、实虚；语言的快慢；语气、节奏的变化甚至音色的变化等诸多不同。

二、规定情境的运用

那么，规定情境从何而来呢？一是，从作品中提供的线索中分析而来。二是，在作品提供的条件不明晰时，演员或演播者根据自己平时的各方面积累合理想象而来。所以规定情境一定要想得具体、合理才适于表达处理。

比如，深受人们喜爱的男演员高曙光，他擅演复杂的情感戏，如《突然心动》等，塑造出不少这方面的人物形象，但在电视剧《生死柬》中，他成功地扮演了干练的刑警队长，他的语言一反以往的文雅、温柔感，表现出果敢、自信的特性。他在接受记者采访时声称自己平时生活中比较木讷，语言也不果断，演起戏来挺累的。这就是演员的工作，在角色与自己"本我"距离较远时，需尽量突破自身向人物靠拢，表现出人物的特质。文艺作品演播也一样，有了具体的规定情境，演播者才知道一句话该如何处理、如何说出。

又如，一部以不顾生命安危去抢救传染病人自己却不幸被感染而牺牲的英雄护士长的事迹而改编的广播剧《强者之歌》，剧中，有一段情节是领导来看望护士长，为了体现当时护士长病情较重、又怕传染给别人，在演播中除了表现护士长语流不畅、气喘、呼吸困难的重病特征，导演还叫演播者用毛巾掩着嘴说话，以表现护士长是戴着口罩说话的。这一处理体现出当时传染病的严重形势，也比较符合当时的规定情境。

第五节 假定性

一、假定性的内涵与作用

假定性也是文艺作品演播中很重要的内部技巧。假定性指演员或演播者艺术想象的虚构。有人指出："艺术假定性有广义与狭义两种含义。广义的假定性指虚构。狭义的假定性指艺术形象中非现实性成分。"（《外国文学报道》1986 年 6 期）假定性是一种艺术表现方式，是一种以假作真的表现方式，是艺术的一种重要特性。假定性是化为人物的基础，有了它的存在，才使表演者或演播者有了自己的新身份并始终坚守自己身处的规定情境之中，沉浸于特定的人物关系、环境氛围之中，能将演员及演播者从现实生活中提升到艺术创作的境界，推动其想象力，成为创作的推动力与刺激物。

例如，某人是性格开朗、乐观的教师，但现在需要她演播一名性格温柔、命运多舛的女医生，她就应当相信自己的假定身份，将自己"变"为那个人。这种假定性的接受与快速适应，是演员及演播者必须具备的能力，唯此，才能使人物的内心活动和外部表现有所依据，它推动着演员及演播者的艺术创造活动，是其基础。

假定性和规定情境紧密相连，它们都是虚构，都是艺术想象的产物，也都受作品的制约。**"假使总是先开始创作，规定情境就去发展创作。没有另一个的帮助，单是一个不能存在的，而且也不能具有必要的刺激力量。不过他们的职能却有些不同：假使能推动那打瞌睡的想象，而规定情境就使假使成为有根据的。它们在一起同时而又分别地帮助我们去引起内心的变化。"**（［苏］克涅别尔语）

诚然，假定性，能使我们的"第一自我"有效地化为人物的"第二自我"，在演播中，替人物而思、替人物而感、替人物而言、替人物而行。使自己从内到外与人物靠拢，化为人物，表现人物。当然，从某种角度讲，演播者永远不可能与人物"零距离"，在"第二自我"身上永远会有不同程度的"第一自我"的影子与素质。同时，在表演或演播时"第一自我"始终会监督着"第二自我"的"化身"表现。这说明其实我们文艺作品演播者，是作品与人物逼真、有效表达方式的体现者，没有一定的内、外部技巧难以实现对人物的真正化身和对作品的准确表达。

二、假定性的运用

假定性具有真实性与假定性两面，我们可以这样认为：假定性的运用，表现为"第一自我"与"第二自我"的有机结合，即演员及演播者在表演或演播中适当融入本体因素对假定性的真实体现。在这种"双重"角色的心理下，在假定性技巧的作用下，若想真正生活在人物与规定情境之中，就要真听、真看、真想、真做、真交流，才能真正化身为人物，化身为人物就是对假定性的运用。

例如，著名演员王志飞在电视剧《暴风法庭》中，饰演了一位年轻、正义、坚韧不拔的法律公诉人形象，面对恶势力他的语言是犀利、坚定的；而在电视剧《导弹旅长》中，他饰演的是一名小心眼的"高工"并是一位女工程师的追求者，因此在剧里他的人物形象及语言都呈现出黏黏糊糊的特性，人物形象与之前相差甚远，王志飞从语言到形象较好地塑造出不同的人物形象，这就是对假定性技巧的有效运用。

又如，著名演员唐国强他本人既不同于自己表演入门初期所扮演的《孔雀公主》中的王子、《小花》中的哥哥、《南海风云》中的年轻海军战士形象；也不同于做演员的中后期里所扮演的诸葛亮、毛泽东等不同人物形象，然而，他能使自己所扮演的这些人物形象都深入人心。这与他很好地运用了假定性技术，找到并表现出特定人物的气质神韵及典型环境、动作有关。例如，他表现出海军战士有情绪时与领导交流中多晃动身子走路的特点；设计出古代智者诸葛亮慢慢摇动羽扇在自己的胸前，不为取凉只为思考的外化传神动作等。

因此，我们可以说，没有假定性，就没有演员及演播者的化为人物及对规定情境的运用，也就谈不上表演及文艺作品演播的再创造。

以上诸内部技巧的参与，可保证文艺作品演播者对作品的体验，故称其为体验技巧。若演播者真正体验到位，绝对离不开对作品内容、人物的理解及本体的文化知识、人生体验的参与。

如果说，体验是理解表达的基础，那么体验的基础是什么呢？我以为，体验的基础包括两部分：一是想象，二是生活积累，它们都离不开体验者个体的各种生活积累。如形象的、情绪的、经历的，等等。作为作品演播者的体验，不同于一般读者的随意性、下意识体验，可有个人的好恶与深浅，它往往需要"定向体验"、深度体验，接近创作思想，方能完成好自己的任务。毫无疑问，这中间需要一定的心理技巧，虽然只有自己经历过的东西，才能更好地理解它、感受它，但人的个体经历毕竟有限。因而，很多时候，演播者除去自己的直接经历之外，还不得不大量借用他人的间接经历，来丰富自己的感知。没有自己及他人的生活积累、形象素材和情感记忆，拿什么来理解和体验呢？因此，一名好的文艺作品演播者，应当热爱生活、关注生活。只有储备丰富的形象、情感记忆，才能实现想象的需要。为此，应当多观察生活，注意积累，成为事业的有心人。

第七章

表达的体现技巧

文艺作品演播者不同于一般读者，不能只是对一部文艺作品看过，有自己的理解、感受就可以了（这中间允许有个体差异和角度的不同）。文艺作品演播不但要有与作品创思相同或相近的理解、感受，形成"定向体验"还需"定向体现"，即用一定的表达技巧将其外化、传递给受众，准确阐释一部作品，使受众得到准确的信息，并受到极大的感染与震撼，产生共鸣，这才完成了一个文艺作品演播者的工作任务。因此，可以说外化表达是艺术语言表达者的核心工作。

生活中，我们经常可以看到一个作家可以写出震撼人心的佳作，而他自己表达起来却枯燥无味并不清楚也缺少感染力。同样，一位高水平的读者，可以对其所阅读的作品理解、感受十分到位，却也不能准确、生动地外化给别人。究其原因，表达有自身的创作规律与技巧。因而，学习、掌握语言表达外化技巧是文艺作品演播的关键所在。从某种意义上讲，高水平的理解、感受是必要的，但对一名艺术语言表达者而言，准确的外化和体现才是最根本的。那么，语言表达的体现技巧都有哪些呢？最基本的体现技巧是：重音、停连、语气和节奏。

第一节　重　音

一、重音的内涵与作用

重音是指语言表达中那些最能体现语句目的、逻辑关系及情感态度的词或词组。重音是表达清楚的关键一环，重音会形成受众准确理解的一个个路标。不言而喻，重音不准无清楚可言，而清楚是表达的根本、第一要素。值得提及，重音不同于词的轻重格式，因为词的轻重格式是指词或词组的静态而言，它基本固定，是一种比较稳定的语音现象。此外，它的轻与重也只表现于音强一方面。而我们这里所说的重音是一种表达技巧，是在一定具体的语言环境中，或一个独立、完整的意思中所确定的最能体现语言目的、关系、情感，并需要强调、点染的字、词，它不是固定的，具有动态性。另外，我们所说的重音，也不是"加重声音"的同义词。因为体现重音的方法除去重读以外，还有扬起、拉长、放轻、顿歇等手段，目的是在语言的对比中突显强调。重音是表达清楚与准确的关键。言者心里明白了，并不等于能够表达清楚，这其中既有认识问题，也有表达技巧问题。

艺术语言表达中，重音的确定主要基于两个方面：一是清楚的需要，二是感染的需要。一般初学者在重音的运用方面容易出现几个问题：一是重音多、找不准；二是表达中易出现习惯性重音；三是重音的表现方式单一。这里有认识方面的问题，也有表达方面的问题。

（一）如何寻找重音？

第一，少而精。

语言表达中，重音越少越有价值。重音多了，反而会被湮没在语流中无主次感了。同时，越少而精的重音往往也最准确。

第二，对比找。

寻找重音，应在具体语言环境中，结合上下文、作品整体，甚至结合作品文字以外的背景来找，在字与字、词与词的对比中来确定重音，看哪个最有强调及点染的作用与价值，即可确定为重音。简言之，寻找重音应立足整体，在对比中方能找准。

（二）如何改变习惯性重音的表达？

第一，改变下意识的语言习惯。

语言表达中要用心并有意识地监督自己的表达，使该强调关注的点处于对比中的突出位置，加大对比幅度。此外，表现方式多样化，去掉自己以往在语流中几个字一加重、几个字一加重的平均值的表达方式，克服这种习惯性重音的下意识行为。

第二，增强语言表达基本功。

有些人心里明白要强调的点，但表达上却力不从心、嘴不听心的，表达不准。应当增强语言表达功力，多上口，反复练，多反馈自己的表达是否心口合一。

（三）怎样使重音表达不单一化？

第一，掌握重音体现的理论知识。

了解重音表达的原则及多样化，表现方式的理论知识，来选择适当的重音强调方式。

第二，结合语体、语流处理重音。

处理重音，还应参考自己所表达的语体特点及语流运动情况来选择何种强调方式，使之既有机又自然。

二、重音的种类

重音都有哪些种类？我们在此主要介绍以下几种：

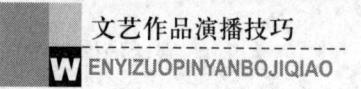

1. 并列性重音

并列性重音，可使内容表现得清楚完整。作品文本中常有并列关系的词或词组，这些并列成分便形成并列性重音。并列性重音可体现内容中的不同方面、不同角度、不同情况、不同途径等，但思想感情的趋向是一致的。

比如，"不同**年龄**，不同**文化素养**和不同**职业**的观众，有着不同的**收视目的、收视时间和心理感受**。"

在这里，第一个并列关系中的"年龄""文化素养""职业"都是重音，它反映出受众的不同方面。第二个并列关系中的"目的""时间""心理感受"也是重音，它反映出不同受众有着不同的收视侧重。这些内容中，每一个重音都很重要，缺少哪一个都不全面，都缺少一个方面，所以表达时都应强调出来。

又如，散文《塔下清荷》中的一组句子："……那如**盖**、如**伞**、如**毯**、如**裙**的荷叶，或**仰首**，或**低眉**，或**俯身**，或**傲立**，簇簇满池，组成一泓碧海，守护着娇花。"

这里的两组并列性重音，为我们展现了各种荷叶那生动多姿的形象。表达时，不能有的强调，有的不强调。

2. 对比性重音

对比性重音，可以突出语言目的、加强形象、明确观点、渲染气氛或深化情感。一般对比性重音至少要有两个，才能形成对比。重音的确定应考察对比的主次，体现并加强对比的感受。

比如，"今天，我要向大家宣布：当我们就要把自己的**青春**和**生命**献给党的时候，我们就要举行**婚礼**了。让反动派的**枪声**，来作为我们结婚的**礼炮**吧！"

这是《刑场上的婚礼》中陈铁军烈士在刑场上演讲中的一段，它充分显示出共产党人面对死亡的革命英雄主义气概。在这里，强调"枪声"和"礼炮"就准确揭示出这一点。

对比性重音，有时不一定能在字面上找到相对应的两个字或词，却可能在一个句子里包含或隐藏着相对应的对比关系。因此，应当超越文字表面，结合上下文、语言背景，获准其目的、找准其重音，恰切体现。

比如，"只要我**不想**到年龄，我就**青春焕发**。"

（隐含句是：但我一想到年龄，就有种忧伤。）因此，这里的主重音应在"不想"上面。这种对比性关系在文艺作品中经常出现。应获准其意，用语气、重音表达出来并让人听出来。

3. 呼应性重音

呼应性重音，从重音的角度揭示上下文的呼应关系，它可以增强内容的逻辑性、完整性、联系性。

比如，诗歌《周总理办公室的灯光》中，开头的一段：

夜呀，静悄悄……

静悄悄……

当祖国度过了沸腾的白天，

当人们在梦里露出甜蜜的微笑，

当熟睡的婴儿脸上现出幸福的酒窝，

当晶莹的露珠挂上嫩绿的幼苗……

啊！同志呵，

你可知道！

我们敬爱的周总理的办公室呵！

灯光又亮了通宵！

在这里，当……白天；当……梦里；当……熟睡；当……露珠，是几个呼应点，这里是"一呼一应"。如果将"沸腾""甜蜜""幸福""嫩绿"这几个修饰词作为呼应点就不合适了，因为，逻辑关系跑了，只修饰状态是不行的，关键是要把什么，即夜晚的不同方面、不同阶段，这些具有实在意义的内容告诉人们，它与此诗的主旨有着重要关系。此外，这段诗中还呈现为"几呼一应"的呼应关系，即这几个"当……"的"呼点"都要归到"周总理"和"又"这一个"应点"上。这样的朗诵才意思完整，又有逻辑性。不要在表达时找不准呼应点，出现"有呼无应"，或"有应无呼"的局面。当然，呼应关系还要借助于语气的帮助，没有表达语气的帮助，难以体现其呼应关系。

4. 递进性重音

递进性重音，可以揭示内容层层递进的关系。为显示其递进关系，递进性重音总是向着一个方向突现，后一个比前一个重音揭示更新、更深的含义，或展现更新、更多的事物。

比如，散文《依依惜别的深情》中的一段：

"呵，亲爱的可敬的朝鲜人民！在纷飞的战火中，你是那样刚强！敌人把你的城镇变成了废墟，你没有哭；敌人把你的家园烧成了灰，你没有哭；敌人杀死了你的亲人，你没有哭；敌人把你绑在大树上，烧你，烤你，你没有哭；你真是一把拉不断的硬弓，一座烧不毁的金刚！"

在这里，每一个重音都表现了朝鲜人民面对侵略者暴行的坚强。

递进性重音表达时，应一个比一个爬升或加强，以体现其递进关系。

5. 转折性重音

转折性重音，反映了语言链条发展的相反方向。

比如，散文《依依惜别的深情》中的一段：

"……可是今天，当你的战友——中国战士们要离开你的时候，你却倾洒了这样多的眼泪！仿佛要把你们每个人一生一世的眼泪，都倾洒在今天！你是多么刚强

而又多情多义的人民！"

在这里，结合前面的内容让我们看到朝鲜人民对中国人民志愿军的深情厚谊。转折性重音的表达，也依赖于语气的相助。

6. 强调性重音

强调性重音，是突现或对同一词语的反复强调而形成。它可表现文字内容中的语言目的、情状程度、感情色彩以加深印象。

比如，诗歌《风流歌》中的一段：

这才叫风流，这才叫风流，
敢于和残酷的命运殊死搏斗！

这才叫风流，这才叫风流，
在历史的长河上驾起时代飞舟！

把祖国请到世界体坛的领奖台上，
让她听一听国歌的鸣奏；

把红旗插在珠穆朗玛的最高峰上，
让她摸一摸蓝天的额头！

从以上的例句中，我们可以看到，第一组重音"这"的强调，表现出对"风流"一词探讨、思索的肯定结果。第二组重音"世界""国歌""最高""蓝天"旨在表现"风流"的真谛。

7. 比喻性重音

比喻性重音，强调表达内容中的比喻性词语，即以喻体来表现本体。使表达更加具体、形象、鲜活，加深可感性，表明事物性质。

比如，《草地夜行》中的两段：

"干粮早就吃光了，皮带也煮着吃了，我空着肚子，拖着两条僵硬的腿，一步一挨地向前走着。背上的枪支和子弹就像一座山似的，压得我喘不过气来……"

"我的心疼得像刀绞一样，眼泪不住地往下流。"

在这里，强调了"山"则活脱脱地道出了长征途中小战士艰难的行军感受及其形象。强调了"刀绞"则生动可感地表达出小战士看到老战士为了救他而陷进泥潭后的悲痛心情。

以上大致介绍了重音的种类。关于重音的选择与运用归纳起来有以下几点：

1. 选择重音要少而精，应立足作品全篇与作品的写作、内容背景等，着眼范围要大，才能选择准确。

2. 重音无固定位置，应依语言目的和具体需要而定。

3. 表现重音忌单一化，要依语体、内容、规定情境等各种条件，以及语流运动情况而合理选用强调方式，使其有机、多样而自然地融合在表达的语流中，让人听了舒服，还应把握好在对比中凸显强调的原则。

重音的把握主要有两方面：一是选择重音准确，二是选择适当的表达方式，这就是理解感受与表达的双到位。我们不要以为自己心里明白了该强调什么和为什么强调，表达出来受众就一定与自己的感觉相同。实际不然，理解感受与外化表达二者并不是自动同步，存在着表达方面的问题，表达中不去着意强调，别人听不出来；强调了、一味加重、方法单一也不行，不适应丰富多彩的表情达意需要。因此，我们在准确选定重音的同时，也应多几种表现方式，使人听了既清楚，又舒服，以达到较好的传播效果。

此外，不同语体的重音选择与强调有所不同。例如，通常在新闻性语体及内容中多强调实词，而在文艺性语体及内容中多强调动词和形容词。

三、重音的运用

重音的处理方式，主要有以下几种：

1. 高低式

这是一种以声音的高低和语势的扬与降的对比方式，来表现重音的方法。

比如，童话《猫和老鼠做朋友》中的一段：

老鼠：你这么快就回来了！唉！这个孩子叫什么名字呀？

猫：叫"吃一半儿"。

老鼠：什么?!"吃一半儿"？哎呀，这个名字我从生下来就没听过，我敢打赌，连历史书上都没有这个名字。

在猫与鼠的这段对话中，只强调两个重音："这个"，可以让我们感觉到猫已经以这个理由出去过一次了（猫背信弃义，上次也假借人家请它做孩子干爹的理由去教堂偷吃了它与老鼠共同藏在那里准备过冬吃的猪油）。"吃一半儿"这个重音则表现出老鼠又听到一个古怪名字的惊奇感。这两个重音都可用提高声音和语势上扬的方式来处理，能很好地表现出这一情态及意思。但是，如果将这两个重音前后的文字内容都处理成"上扬"方式，就显不出其强调点，同时也与表达的意思不符。

同样道理，用"下降"的方式处理重音也可。原则也是根据所表达的具体条件、情况而定，在对比中显现其强调点，使强调点与其前后内容处理的用声高低及语势的扬起、下降有明显的落差：即前后都低，重音提高，或前后都高，重音降下。

比如：**"是的，没有吹吹打打，也没有唱歌跳舞，但是你曾对天发誓要和我结为夫妻的呀。"**

这是印度电影《真真假假》中女主角练习演戏中的一段台词。在这里，为了表现人物内心的悲情，重音"夫妻"二字可用降下的方式处理，语言中有指责对方背信弃义的意味，也有说到此时悲情涌上的伤痛感，所以用降下的方式处理这一重音比较有机、自然、情准。

2. 快慢式

这是一种用语速的快慢变化，来表现重音的方法。

比如，"现在，我毕业了，已不再依靠父亲了。但我不会忘记，我是依靠父亲的汇款和国家的助学金，读完四年大学的。"

这是散文《父亲的汇款单》中的内容。

在这里"主重音"强调了"父亲"（次重音是"国家"），揭示出作者对伟大的父爱的深刻体悟，这也是这篇作品的主旨所在。由于散文的朗诵多轻柔化，此段内容又内在、深情，因而，这里的重音可以用放慢的方式来表现，即前后的语速都快于重音处，重音的放慢处理延长了音节的时值，留给受众有效的听觉刺激，加强其印象，达到了凸显重点的目的。（一般次重音的处理，在对比度上要弱于主重音。在这里，对"国家"这一"次重音"的处理即是如此。）

此外，重音的处理，也可用加快的方式。

比如，广播剧《悠悠一片情》中的一段台词：

冷平： 好了，好了，小姐你该走了。

岳影： 今天我偏要让你认识我！

这段台词，表现出女歌星慕名前去认识思想前卫的青年雕塑家，却没有受到对方友好相待而任性的场景。在这里，重音"偏要"二字用加快的方式，比较适当，可表现出其清高、任性的一面。处理时，可将"今天"两个字放慢，"偏要"二字快速说出，具有一种对比的冲击力，并给人干脆坐下不走的任性举动的形体感。

3. 强弱式

这是一种用加重或放轻声音对比变化的方式，来表现重音的方法。

比如，"'我也在报上看见过一篇文章，上面说：请正视现实，不必以海市蜃楼里的绿洲，覆盖地上的沙漠。'刘毛妹逼视着小陶。"

这是小说《西线轶事》的片段。这里的"我"与"正视"两个重音，用加重的方式处理比较好。原因是，在此之前，刘毛妹童年的朋友，现在也身为军人的陶珂劝他：不要太悲观，要面向光明。而刘毛妹认为对方的生活一帆风顺，不像自己：父亲"文革"中受冲击惨死，自己身负压力去农村插队……他认为对方在唱高调，令他反感，于是，他马上用自己的认识来反驳对方。所以，此时他的语言是愤怒带驳斥的意味，语气强硬，在此用加重的方式强调重音就比较符合此段内容中人物的情绪及规定情境。又如：

秋实： 你怕什么呀？是什么把你吓成这样？

雪妮： 红丝带——

秋实：红丝带？见鬼！你脑子里怎么尽是些古怪的玩意儿！

雪妮：我——我是独身主义者。

这是广播剧《红丝带》的片段。它表现的是一对大龄恋人在交往中，男方不明白女方为何躲避与自己结合的问题，而"设计"欲探究其具体原因的情节。原来女方幼年时父母离异，她无意中碰到了父亲迎娶头扎红丝带的年轻女子后，导致对男人的不信任感，也留下对婚姻不信任的阴影。

这里不止一个重音，我们仅以"独身"这个重音为例。在这段情节中，"独身"这个重音用放轻的方式来处理比较适当。因为，结合上下文来看，雪妮的这句话是她在对方穷追不舍之下想出来搪塞对方的，不是真心话，因而，她出口时必定不会理直气壮，而是心虚的。此外，第一个重音"什么"，可用放慢的方式来处理，可显出探究的意味。第二个重音"古怪"，可用提高的方式来处理，可显出说话人的不解或不满的意味。

当然，以上的重音，也可以用其他方式来处理，重音的处理没有一定之规，它往往因人的理解、感受、规定情境甚至文体特点等条件及情况而异。

4. 停断法

这是一种以停断方式让语流中断一下，来表现重音的方法。

在文艺作品演播中，用停断的方式处理重音是多见的。因为结合规定情境，它往往能更加充分地揭示说话人的内心，强调的意味很浓，也很有戏。比如：

文钰：我觉得你心里 有点慌。

于杯：女孩子的直觉才是真厉害，总是让我发慌……

文钰：你敢 吻我吗？

于杯：嗯……这是非常值得考虑的问题……来，让我们面对面，让我们来试一下……

这是广播剧《家庭教师》中的一段对白，于杯是个大学生，是文钰弟弟的家庭教师，他独特的教学方式收到了很好的效果，文钰这个身为大学生的姐姐对此发生了兴趣，想进一步了解其人，于是特约于杯出来走走。于杯幽默又有思想，使思想苦闷的文钰找到了知音（但她目前尚有一个自己不爱的男友），他们的交谈很投机，俩人都很前卫，互有好感，于是便有了这段"游戏"。如果在文钰的台词"你敢"后面停断一下，再轻声说出"吻"这个重音来，便会很有味，既表现出此意从一个女孩子口中说出毕竟不好开口，又体现出说话人的几分"恶作剧""有点慌"的前面也可做这种停断的处理，以体现其特有的内涵。

总体而言，重音的处理是多种多样的。除去尊其语意，也要顺其语流，还要具有意味，给人留下深刻印象。总之，重音处置的原则是：准确、鲜明、有机、自然。

第二节 停 连

一、停连的内涵与作用

停连是指语言表达中，语流、声音的中断和继续。具体而言，为了表情达意的需要，特别是没有标点符号时，那些语流、声音的中断就是停顿，有标点符号时，那些语流、声音不中断的地方就是连接。也就是说，停连有两方面内容：一是，为了充分揭示人的思想、抒发人的情感、展示语言内涵与意境，语句的停顿不受标点符号的制约可做合情合理的停断。二是，为了求得语言内容的完整性及情感抒发的淋漓尽致，语言处理不必受标点符号的制约，需要时可将几个句子连接起来求得听觉上的完整。

在语言表达中，停连缘于两方面需要：一是生理需要，二是心理需要。从生理角度讲，人们不可能一口气说出所有内容，必须建立在不断呼吸的生理基础之上来完成。日常生活中人们说话往往充满随意性，哪里没气了，就在哪里进气，这不符合语言表达的需要。在语言表达中，生理需要受制于心理需要，心理需要是第一位的。只有遵循了这条原则，才会使我们的表达目的明显、意思完整、生动传情。换句话说，在语言表达中，几乎没有为了呼吸的生理需要而中断语流进气、换气的，一切气息的补充，都服从于表达心理的需要。这些都是为了表达意思的清楚、完整及情感的需要。

停连与标点符号的关系如何呢？

标点符号，对于我们理解句子意思、安排停连位置与时间长短，具有参考作用，但在表达中却不能拘泥于此。因为，书面语是供人看的，有声语言是让人听的，将书面语转化为有声语言，二者还是有区别的。

我们应当从符合听觉的规律出发，安排好自己的表达语流、声音序列中的停断与连接。我们应当清楚地意识到：文字的标点符号并不等同于我们有声语言的"标点符号"，它仅是我们进行语言表达停连安排的参考依据。

二、停连的运用

停连的运用主要有以下几点：

1. 显示目的处理

指利用适当的区分性停断，显示语句的真正目的，使语意表达准确。比如，

"在封建礼教下女人死了×男人／不能再嫁。"

这句话，断句的位置不同，意思完全不同（×处为错误断句）。若想表达准确，

正确揭示语句目的，断句位置必须准确。若想断句准确，应当合语法、看语意，以停断来准确区分语句内容，以免产生歧义或形成错误的语意目的。

2. 意思完整处理

指利用停连技巧，表现出完整的语意。这就要求我们在表达中，根据语法、语意将一个个句子连接起来，使人听来"抱团儿"，得出一个完整的印象，形成一个中心意思。表达中，如果见逗号、句号就停，听起来往往很碎，达不到这个效果。这也就是说，表达中，不要仅以语句为单位处理停连，要以句群、语段为单位来合理处置停连。

"句群，是在语义上有逻辑联系，在语法上有结构关系，在语流中衔接连贯的一群句子的组合，是介于句子和段落之间的，或者说是大于句子的语言表达单位。在语言运用中，句群是相对独立的语义——句法单位，它以一定的方式为组合标志，可以从语流中切分出来。"（引自《句群与表达》，吴为章著）

"句群，也叫句组，或称语段，是前后衔接连贯的一组句子。一个句群有一个明晰的中心意思。"（引自《中学教学语法系统提要》）

比如，"爱，有许多种。人类的血缘之爱是天赋的。陌路人的爱没有血缘性，体现了人对同类的关心，和人之为人——这样一个大家族的亲密和温暖。这就是一种博爱，一种比血缘亲情更深刻的东西，它有一种无形的凝聚力，把人类团结在一起。"

这是散文《白色方糖》中的一段议论性语言。在这段内容中，有几个标点符号，如果表达中见其就停（感觉也从零开始往下累积），便将此句群播碎了，无法显现其中心意思：人类需要博爱。而这个中心意思，又是由一个个分句逐一累积而成体现出这篇散文的主题思想。因此，在表达中，语流应一气贯底才可停，既有语意相连，也有情感推进，更有逻辑清晰，表达得完整准确。

3. 生动传情处理

指运用停连技巧，准确达意，生动传情，语流停连不仅在有标点符号处，而是更注重语意完整，情感充分，表达完美。在完整的、有意味的语言内容前后。

众所周知，艺术语言表达，除去准确达意之外，还要求生动传情，以达到更高层次的审美功能。停连在文艺作品演播中，有着极为重要的作用，它对于揭示人物思想、抒发人物情感、传达语意内容、展示作品意境、营造戏剧气氛等，都是重要一环。也是吸引和感染受众、增强艺术效果的重要手段。比如：

凤姐：平儿，前儿拿出去的东西都收进来了吗？
平儿：都收进来了。
凤姐：少了什么没有哇？
平儿：仔细点过，一件也没少。
凤姐：多了什么没有哇？

平儿：不少就罢了，怎么还会多呢？

凤姐：这半个月呀，难得干净，或者有哪个相好的丢下什么戒指啦、汗巾啦、香袋啦，还有 头发什么的，都没准。

这是电视剧《红楼梦》中的一段台词。在这里，表现了凤姐对丈夫贾琏拈花惹草风流禀性的不放心。因此，虽然没有标点符号，但在"头发"二字之前用停顿一下来处理，便非常有戏，会加强戏中的紧张气氛。因在此之前，平儿刚刚发现了贾琏带回的东西中有一撮女人的头发（那是"多姑娘"的），在贾琏的花言巧语下平儿替他藏了起来。此时，凤姐这么一"诈"，不免让人心中一惊。这就是"停"在传情方面的作用。

又如，广播剧《法尼娜·法尼尼》中，意大利烧炭当人米西芮里的一段台词：

"不过，当着你刚送的东西，我发誓，永远不再见你了。永别了，法尼娜！答应我永远不给我写信，永远不想法子见我，把我完全留给祖国吧，我对你就算死了吧!"

这段台词用一气呵成的处理方式，将几个句子连起来说出，加上抢气、偷气、就气技巧，更能充分揭示米西芮里这位英俊、刚毅的革命者面对美好的爱情和伟大的革命事业艰难选择的复杂心情及坚定决心。如若不是这样处理，而是见标点符号就停，则没有了这种情感的震撼力，削弱了节奏的冲击力。这就是"连"在传情方面的作用。

此外，在文艺作品演播中，有时，为了表现情感的某种意味，可在此之前停断一下，以示强调。也可在值得回味处，停断一下，引起回味。

总之，停连作为一种表达手段，无疑要为生动传情服务。然而，情感的多样性表现致使停连的位置具有相当的灵活性，很难用一定之规来框约，表达者应当仔细揣摩，合理处置。需要提及的是，停连的位置，尤其在起生动传情作用时，不必拘泥于严格的语法结构，应依情而定。在文艺作品演播中，尤其人物语言中，这种处置较多。

我们知道，语言表达的一气呵成，并不是说生理上要一口气冲到底，而是指心理上的内容逻辑及情绪推进的"语气团"不能散，当生理方面气息不支时，可使用偷气、抢气、就起等气息技巧完成，二者不可混为一谈。

停连的具体表达方式主要有以下几种：

1. 落停

这种方式一般用在一个意思完了之后。它的特点是：停顿时间较长；停时，声止气也尽；句尾声音顺势而落并停住。

2. 扬停

这种方式用在句中无标点符号处。（一个意思尚未完了，又需停顿的地方）它的特点是：停顿时间短；停时，声停气未尽；停之前，语势稍上扬，或声音平拉开。

3. 直连

这种方式用于有标点符号，而几个句子间内容又联系较紧的地方。它的特点是顺势连带，不露接点。

4. 曲连

这种方式用于一连串的顿号或排比句式之类的连接。它的特点是连环相接，连而不断，悠荡向前，因为表达语流是波浪式起伏前后衔接的。

除去以上介绍的常见停连方式外，还有各种各样的停连处理，比如：急收、缓收、高收、低收、强收、弱收、停后缓起、停后突起、停而紧连或停而缓连等不同停连方式。意思是在艺术语言表达的语流中，参考表达内容的内涵和情感需要，借助语流波浪式起伏的上扬、平推、下降的语势或急速涌动、缓慢荡开的语流，进行"就势"的连接与停断的处理，使停连的运用准确、有机、自然。

第三节 语 气

一、语气的内涵与作用

语气是指在一定的思想感情支配下，具体语句的声音形式。

语气有三个要素：1. 要有每句话的具体语意内涵情感态度，不能笼统。2. 它是以语句为单位的（一个意思）不是以字词、词组或全篇为单位。3. 要有具体的声音形式，不只是声音高低，还有强弱、长短等立体变化与显现。语气的主要内容是情感色彩和语言分量（分寸）。语气是内、外部技巧的结合体，即形成语气的动因在内部，而物化于外部。也就是说，语气不仅是一句话的声音形式，更要有形成这种声音形式的内心依据与感觉，这才是语气的真正内涵。简言之，语气是语言表达内外部技术的桥梁、纽带及核心要素。

（一）色彩和分量是语气的灵魂

具体的思想感情是语气的灵魂，语气的色彩是具体的内心体验。什么是语气的色彩呢？语气的色彩是指语句包含的爱憎等情感态度方面的具体性质。如喜悦、愤怒、焦急、反感等不同情感与态度。态度，是形成语气色彩的基础，没有人对一定事物所抱的态度，就没有语气的情感和色彩。同时，也不会形成相应的分量（分寸），即表现这种情感、态度的"度"。一般而言，人的情感态度可分为不同等级，与之相联系的是人的具体感受程度的深浅。例如，不满、反感、讨厌等态度的不同等级。语气的色彩与分量共同发挥作用，从而决定语气的外化形式。

在生活当中，人们的语言目的、态度、情感大都非常明确、具体，因而，也就体现出极为细腻的感情色彩与分寸。比如**"你想干什么？"**如将这句话同样用在对老人的态度上，一个对老人非常尊敬的孩子，就会用十分亲切的语气去询问久病在床的老人，用话阻止他，不让他起身，潜在语是："你别起来，我来帮你"；一个不太尊敬老人的孩子，会用较为生硬的语气去问床上的老人，潜在语是："你别乱动，有什么事说呀"；而一个道德较差、讨厌老人的孩子，就会用嫌恶的态度和近乎训斥的语气去问老人，他的潜在语是："讨厌"！人们从三种不同的语气中，马上即可以得出此人与老人的关系如何、此人的品行如何以及此话的目的如何了。

因此，在语言表达中，我们一定要抓住具体、精细的内心体验，并通过语气使其外化，让人一听即明。切记，语气的色彩最忌讳模糊不清，让人从声音形式上捕捉不到。有了具体的情感态度，语气的分量、分寸也会随之而出。当然，语气的色彩要在理解、感受准确的前提下产生，才会准确。此外，内心动于衷，才会形于外。切忌不动心地只走外化形式、玩技巧，这种表达是无生命力的。

（二）声音形式是语气的躯体

语气不同于语调，语调只有声音的高低，是单线性的，而语气同时还体现声音的强弱、长短等，语气表露出来，形成各种语势。语气是立体的、多向的；是曲折性的，不是直线性的；它可以体现具体思想情感下语句声音形式的途径与态势。语气是思想感情运动最贴切的表现形式，它不与某一具体的思想情感挂钩形成固定形式，但可以体现各种各样不同思想情感作用下的声音形式，表现出"语无定势"这一实际交流现实。语势直接体现着语气。语势的形成，也集中体现出语句目的、语气色彩、语言分量及表达重点。

下面，我们具体介绍五种基本语势：

1. 波峰类

这种语势起始于波腰，行至波峰，终止于波腰。状如水波，中是波峰（为重点）。

如：

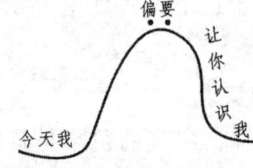

2. 波谷类

这种语势状如波谷，重音可在波谷或波腰。也状如水波，中是波谷。

如：

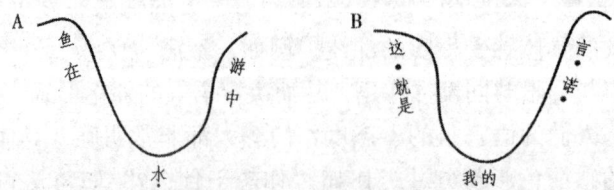

3. 上山类

这种语势状如上山，盘旋而上，步步登高，语势上行。

如：

4. 下山类

这种语势状如下山，曲折而行，顺势而下，气势下行。

如：

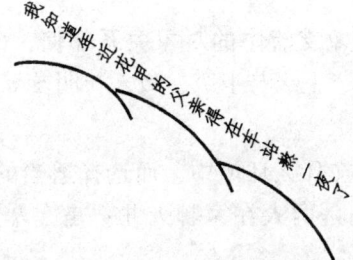

5. 半起类

这种语势上至山腰，气提声止，或半山起步，上行、再下山。

如：

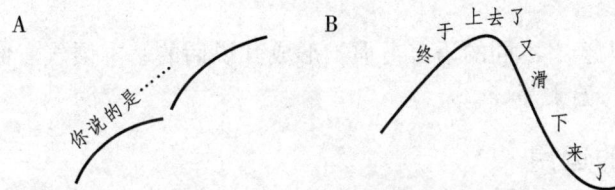

以上介绍这五种语势的基本形态，它们既有横向的延续与停连，又有纵向的高低，还有句子的重心，能够较好地依不同人的具体思想情感、不尽相同的表达方式显露出具体语句的声音形式，但应注意，不要用这五种语势去硬套，它们往往是承接、交织在一起，形成波澜起伏的语流。

（三）影响语气准确的因素

语气贵在态度鲜明及准确。那么，影响的因素有哪些呢？具体讲，影响语气准确的因素大致有以下诸种：

1. 语言目的

表达中，要看一句话的真正目的与意味是什么（同向或异向潜在语），而形成

准确的语气。

2. 上下文

只有把握了表达整体，了解了上下文，才能知道这句话的准确语气。

3. 对象与对象感

在表达的直接交流和想象交流中，要根据对象的具体条件及情况而产生相应的交流语气。例如，对象的年龄、性别、职业、性格、爱好、文化素养、观点、心理，以及人数的多少等。

4. 身份与身份感

要根据表达所需的具体身份与身份感，形成恰切的语气。例如，看是第一人称，还是第二、第三人称的角度；看是医生、工人、律师的身份感，还是学生、主持人、教师的身份等。

5. 人物关系

根据表达者与直接或想象交流中的对象关系如何，而产生不同的语气。例如，关系的好与坏、长辈与晚辈、上级与下级、敌人与朋友等。

6. 说话环境

根据语言交流的场所是在什么环境中，而选择适当的语气形式。例如，是工厂还是医院；是大会发言，还是两人在家聊天儿；是在暴风雨中，还是丽日的公园里等。

7. 说话心境

同样一句话，人在不同的心境中，也会产生不同的语气。例如，高兴与被爱、愤怒与麻木等。

8. 人的性格

不同性格的人会有不同的语言习惯，形成其说话的基本语气。例如，开朗与内向；泼辣、暴躁与温柔等。

二、语气的运用

(一) 语无定势

众所周知，一句话在不同的语言条件下，会有不同的表达形式和语言意味，体现出"语无定势"的特点。

比如，**"你想干什么"** 这句话，从语法范畴来看，它是"疑问句"属"上扬调"。但在不同的目的、对象、环境等条件下，它却可以产生不同的语言意味和声音形式。有时在不同感情色彩和分量的制约下，还会改变其"上扬调"的"基本语式"。下面，我们就以此句为例具体来看一看：

1. 不同目的

第一种，是想劝住好友不要与人打架了说这句话。就应语势下行，语尾拖并加重。同时，加上劝阻的意味。

第二种，是挑逗嫖客。说这句话时，语势上扬并弯曲，语尾拖而上甩并轻收，再加上轻浮的意味。

2. 不同对象

第一种，是当遇到坏人时说这句话。应语势平拉、提气、字短促，加上愤怒与恐惧交织的感情色彩说出。

第二种，是面对小孩求助的目光说这句话。应语言柔、语势上扬，加上关爱的意味和对小孩说话的口气。

3. 不同环境

第一种，是在学校的操场上，你正在质问一个要与你打架的同学。说这句话时就应声音放开、语速快、有力度，加上不满与愤怒的意味。

第二种，是在监狱里阻止自己的难友时说这句话。就应压低声、用虚声，但气息力度强，加上制止、埋怨的意味。

（二）心、口、耳相合

可能有人会讲，表达中自己觉得内心情感到位了，思维也运动了，可是听起来语言还是平，语气不明显。首先，应当看到，语言的外部技巧具有独力作用，不是有了一定的理解、感受、内部体验，就会自动产生相应的语气和语言表现力。其次，这种现象恐怕是语势幅度拉得不开、不充分所致，它给人听觉上的刺激还不够，需要增强语势、语流的对比幅度。

除此之外，若想语言表达语气不平，有表现力，还应注意在表达中，语句的"开头"不应同一起点（即同一高低、强弱、长短等）。也就是说，每句话的开头要根据表达的需要，有的可高起，有的可低起，有的可强起，有的可弱起……不应相同，否则，语气就显平，也没有表现力。例如，《高山下的花环》中"雷军长发怒"一段的表达，开头就要"高起"，因在表现人物发火；而雷军长去烈士墓看望儿子的一段，开头就应"低起"，因在表现父亲的哀痛之情。同理，"句尾"也一样。总之，语句的起点、落点及语势的选择、变化等，都要依据全篇基调和具体语句的思想情感及用声幅度等条件来变化处理。这样，才能改变语言表达缺乏表现力的状况。

此外，语气的使用，除去加大语势的对比幅度、注意开头、结尾的不同起点与落点的处理外，还应杜绝每句话的语尾"习惯性下滑"，避免形成哭腔，造成错误的表达。为此，表达者应做些相应练习，选出不同情感色彩的句子来录音，而后自己反馈、调整，再录音，再反馈，直到自己的心、口、耳统一为止，长此下去必有成效。因为人们往往耳高口低，能听得出别人表达得好坏，但自己的嘴却难以心口合一地表达出自己的理解与感受。这是由于外部技巧不够娴熟造成的，而语气又是外部技巧的主要元素，多做这种针对性练习，对增强语言表现力极为重要。

第四节　节　奏

一、节奏的内涵与作用

节奏在希腊语中是流动的意思。节奏的本质就是运动、对比与变化，循环往复是节奏的核心。在建筑、音乐等世界万物上，都会体现出节奏的律动、对比与变化。在语言表达方面，节奏是人思想感情的律动，也是表演与演播的核心技巧。有了语言节奏，才有丰富多彩的情感体现，才有极强的外化表现力与感染力。我们可以这样认识：语气、节奏都是语言表达的核心元素。节奏跟语气一样，都是由人的思想情感引发出的外部表现。所不同之处在于，语气是以"语句"为单位，而节奏立足于"整体"，与基调相连。

节奏与速度是什么关系呢？速度只是节奏的一个重要元素，它是线性的、平面的，只表现快慢、松紧。而节奏是立体的、多面的，它包含多种元素，除去快慢以外，还有高低、强弱、明暗等，因此，速度与节奏二者并非同一概念。

节奏的循环往复，就语言表达而言，表现为在思想感情运动的作用下，语流中的"相似语势""相似语气"和"相似转换"的不断呈现。表现在语言声音上，是高低、快慢、明暗等元素不断重复出现及"相似语句""相似词语"的定位重复出现。

在语言表达中，节奏主要表现为六种不同的类型。为了方便讲解，我们先来了解两个概念：

语节——它相似于音乐中的节拍，但不等同于节拍。语节也有一定的时值，但不是绝对时值，不那么严格。语节是将一句话分为几个小节，但在语流中不能停，否则，就成为停顿了。它主要靠时间感觉阈限来把握。

比如："我第一次感受到了/父亲/那掩藏在心底里的/深沉的/不用言语表达的/爱。"

词的疏密度——指在一定时间里语节中所容纳的字、词的数量。词的疏密度紧，语流就快，因为字与字之间、词与词之间的空隙小。反之，语流就慢，词的疏密度就松。如以上例句中有几个语节，但每一个语节中的字数却不相同。通常，语节多，词的疏密度就紧，语节少，词的疏密度就松。

节奏的六种类型：

1. 轻快型

这种节奏型，语势上扬多而下行少，语言多轻快，力度较小，语节少而词多，词的疏密度较紧。

轻快型节奏的语句往往表现一种轻松、愉快的心情和热情活泼的性格语言。

比如：

"哇！你真厉害！/念大学时的牛仔裤居然还能穿啊?!" （台湾电影《晨雾》中"杜小梦"的台词）

2. 凝重型

这种节奏型，语势较平稳，音强而有力，语节多而词少，词的疏密度较松。凝重型节奏的语句往往表现一种凝重的心情和沉暗的氛围。比如：

"她/不时/停下来，/注视着/死者的眼睛。/她觉得/刘毛妹/是怨恨她/不愿意看她。" （小说《西线轶事》片段）

3. 低沉型

这种节奏型，语势多为下山势，一句比一句低，句尾的落点多显沉重，气息深长，音节长缓而音偏暗，语节多而词少，疏密度松。

低沉型节奏的语句往往表现一种悲哀的心情和沉重的气氛。比如：

"胎儿/已经/打下，/没有/可以/悬心的了。何必/受这零气，/不如/一死，/倒还/干净。" （电视剧《红楼梦》中"尤二姐"的台词）

4. 高亢型

这种节奏型，语势多为上山势，一句比一句高，声音、气息力度较强，语节少，词的疏密度也比较紧。

高亢型节奏的语句往往表现激动、兴奋、愤怒的心情和热烈的气氛。比如：

"你，/真没有想到，/你比蝎子还毒，你比豺狼还狠！你是意大利的耻辱，你是祖国和自由的死敌。/还给你，/你的金刚钻和锉刀，我米西芮里什么也不欠你的，你给我滚!" （广播剧《法尼娜·法尼尼》中"米西芮里"的台词）

5. 舒缓型

这种节奏型，语势多上扬少下坠，声音平缓轻长，语节内词少且缓连，词的疏密度松；字形长而不着力，气息舒缓。

舒缓型节奏的语句往往用于表现抒情、恬静的内心和平稳的讲述。比如：

"六时许/进园，/园内/游人/寥寥可数，/静极了。/我/缓缓/走近/池边，/一股/淡淡的香气/轻轻袭来，/沁人/心脾。" （散文《塔下清荷》片段）

6. 紧张型

这种节奏型，语势多上扬少下行，语节少，词多而字音短，词的疏密度紧，语言多重少轻，气息较促。

紧张型节奏的语句往往表现人的心理紧张、气愤、急切的情绪和紧张的氛围。比如：

"让他听去吧！我谁也不怕，/我已经离开家，再也不回去。/现在我上布希芭家去，明天早上你到那儿接我，/然后去神庙结婚！｜" （印度电影《真真假假》中"乌尔米拉"的台词）

值得提及，以上我们仅列举了艺术语言表达里各种节奏型的语句，让人看到它们各自的特点。应当认识到，在整个作品（或完整片断）中（包括相对完整的人物台词里）它们的迴环往复出现，与别的节奏型语句相互交叉，并"量多""意重"，表现为语言表达上的相似语势、相似语气、相似转换，揭示重点，体现主旨，才构成了整个作品的节奏。也就是说，节奏是一个大视野的判断，它的体现离不开其他节奏型的"相衬"与"反衬"，并存在着"主节奏"与"次节奏"之分。

具体讲，节奏型分为松与紧、慢与快两大方面：

松	紧	慢	快
轻快型	凝重型	凝重型	轻快型
舒缓型	紧张型	舒缓型	紧张型
低沉型	高亢型	低沉型	高亢型

节奏的"相衬"，是指与本作品"主节奏"性质相近的节奏型（语句）。例如，一个文艺作品的"主节奏"是轻快型的，那作品中出现的舒缓型节奏（语句）就与它"相衬"，而出现的凝重型节奏（语句）就与它性质较远，成为"反衬"。认识到这一点很重要，因为，每个作品（独立片段）都有不同的内涵与情感、情节与过程，对它们的表达，都是由不同的节奏型语句外化出来的，这中间当然有主次之分，但也不可能都是一种节奏型（主节奏型），否则，就显不出作品的变化与层级、基调甚至风格了。（具体例子可见《诗歌朗诵》一章中的"我希望你以军人的身份再生"一诗的分析提示。）

二、节奏的运用

节奏的运用要注意以下几点：

1. 每一种节奏型不与一定的情感成固定对应关系，一种节奏型可以表现不同的情感状态，如"高亢型"节奏既可表现高兴、兴奋的情绪，也可表现愤怒的情绪。千万不可死套对应形式。

2. 节奏与基调相对应，所以语言表达时既要表现主节奏，也要有其他节奏型的语句渗透，形成对比与层次。不可一种节奏型到底，那样，又变成一个劲儿、没变化了。切记，节奏是在对比中才会显现，在循环往复中才会形成。

3. 节奏有"内部节奏"与"外部节奏"之分。节奏作为外部技巧，它具有反作用。正确的节奏反映正确的内心状态与情感，而错误的节奏会起相反的作用。

4. 节奏的形成，一定要源于人的内心情感。不可不动心、无体验，却在语言形式中无依据的追求节奏的变化，这是极不可取的。为了变化而变化，这种节奏是没有生命力的。

5. 节奏一定是从作品全篇或人物语言整体着眼，不能以一句话或几句话为一个单位。

节奏的使用总体而言：欲扬先抑，欲抑先扬；

欲慢先快，欲快先慢；

欲重先轻，欲轻先重；

欲明先暗，欲暗先明。

这样，可以在对比中显现变化，并突现重点。

节奏转换的条件，除去心理方面情感的运动以外，还要有相应的生理条件，这就是声音、气息与筋肉控制。若缺乏诸方面的能力与基本功，便不能很好地体现节奏的变化。节奏的对比变化，幅度往往较大。

如前所述，节奏的运用是要有所设计的，绝不是主体的内、外自动契合。应当说，正确的、有表现力的节奏来源于两个方面：一是，内心情感真实的体验和运动。二是，从表达整体出发，精心、合理的设计。这两方面需有机结合起来。

在文艺作品演播中，节奏是最有表现力的外部技巧。节奏也是最能调动人的情感、感染受众的有力手段。由于文艺作品演播重在以情感人，因而，节奏的作用就愈显突出。一般而言，表达者拿到一个作品，看过并理解了，感受到位，便会产生出相应的节奏，（但要完美体现出来，具有表现力，还应有所设计）因此，可以说，只有抓住了作品的魂，才能产生正确的语言节奏。

在文艺作品的演播中，由内心体验、情感运动而形成的"内部节奏"，有时与"外部节奏"会产生内、外不符的情况。例如，战争时期，某地下党员要急于送出情报，而面前的敌人却不走，他内心非常着急，外表却不得不加以掩饰，致使内外部节奏相悖，这还要用一定的语言技巧给予点染，使受众能感觉得到。

总之，节奏的使用，需要较好的判断力、较强的基本功和较高的表达技巧，有丰富的实践才会增强其能力。

以上讲解了诸种体现技巧，使我们对文艺作品演播的外化技巧及基本元素有了大致了解。体现外化是艺术语言表达的重要任务，它依赖于表达主体的内部体验，但有时也存在"反作用"，即利用外部技巧形成一定的表现形式，来启动、触及表达主体的内心，使之形成相应的感觉，或以一定的表现形式来触及受者的内心。例如，我们曾听说过某位外国演员口中念念有词、泪流满面地念着什么，引得别人也跟着流泪，在他们看来这人一定是在念什么伤情的内容，而实际上他正在念的是一份菜谱。这说明外部技巧有其独立性，也能以一定的表现形式来发挥自己的作用，反推其内在体验。这是因为，这种有效表现形式的形成之初，也是由特定的内在体验而来，而它一旦形成，有时便成为一种"表现符号"作用于主体与他人了。因而，文艺作品演播的体验、体现有着相同的重要性，不可偏颇一方。

在认清二者关系的同时，我们还应重视对"观察力""注意力"的培养，拓宽自己的视野，使内部体验和外部体现都有所依托。

...... 第八章

文艺作品演播的准备

文艺作品演播有不同种类，表达前的准备毕竟不同于一般文章，有其自身特点。作品的背景、目的、基调、风格及层次划分等都要涉及。如何对它们进行表达前的准备，是本章的内容。一篇作品演播前准备得对路、充分，就能为表达打下良好的基础。否则，会影响表达的准确与完美。

第一节　弄清背景　心中有数

记得某位著名演播家曾问一个学生知不知道自己家里有几口人？爱人长什么样？那个学生回答说：您爱人一定是大眼睛、双眼皮……这位演播家立刻严肃指出：你胡说，你去过我们家吗？你见过我爱人吗？学生回答没有。他又说，没见过你就说，那是没依据的，你没去过我家不了解情况，就没权讲。我们说，这与文艺作品演播的道理是一样的，不了解作品，就无权表达作品。这位演播家太高明了，他一语道破了文艺作品演播前的准备与表达的依存关系及重要性。事实上没有这个基础性工作，就难以真正了解自己将要演播的作品，获得准确、深入的体验，也就难以登上理解、感受、表达的高层次。

文艺作品的理解比较复杂，尤其是对其背景的掌握更是如此，它是理解与把握文艺作品的基础，是了解作者的创作意图及作品内容、人物形象的重要条件。文艺作品演播需要了解、掌握的背景是多方面的，主要有以下几个方面：

一、作品的内容背景

文学作品的内容背景，指文艺作品中"人物活动，事件发生、发展的时间、地点和条件，如自然的，历史的，社会的"（引自《辞海》"文学分册"第 14 页）。比如，徐怀中的中篇小说《西线轶事》的内容背景是在 20 世纪 70 年代末、对越自卫反击战期间，中越边境地区。而巴金的长篇小说《家》的内容背景，却是在中国内地、旧中国的一个封建大家庭里。二者的时代、地域、环境各不相同。参考作品的内容背景，可以有助于理解作品内容并形成相应的演播基调与风格。

二、作品的人物背景

作品的人物背景，指以塑造人物为主的作品中，人物的整体风貌及来龙去脉。比如，作品《高山下的花环》中的"赵蒙生"，他是一个20世纪80年代的中国青年军人，是一个一表人才有着优越感的干部子弟，但在对越自卫反击战的战火中，他的思想境界得到了升华。小说《永不瞑目》中的"肖童"，是一个风华正茂的当代大学生，他内心丰富又浪漫，但在缉毒斗争中献出了自己的生命。以上两个人物，都是健康、俊朗的当代男青年，但各自的人生经历、人物背景却不同。人物背景，可提供作品表达的线索和演播人物的基础。

三、作品的写作背景

作品的写作背景，指作品写作的时代背景（如自然、历史和社会环境），比如，石祥的诗《周总理办公室的灯光》，是在"四人帮"刚被打倒时创作的。它极大地抒发了全国人民对敬爱的周总理的怀念之情、热爱之情。同时，也反映了人民对"四人帮"一伙倒行逆施，迫害老一辈无产阶级革命家的愤慨心情。了解了作品的写作背景，也有助于把握作品的内涵与演播基调。

四、作者创作的心理背景

作者创作的心理背景，指作者创作一篇（部）作品时的心态，比如，诗歌《小草在歌唱》的作者雷抒雁，他在创作这首诗歌时的心态是赞颂、悼念、声讨与自惭相融的，是在一股激情的冲击之下。从他的诗句和此诗结尾的注释中，我们可以感到他的这种创作心态。

他在诗中写道：

> 我恨我自己
> 竟睡得那样死，
> 像喝过魔鬼的迷魂汤，
> 让辚辚囚车，
> 碾过我僵死的心脏！
> 我是军人，
> 却不能挺身而出，
> 像黄继光，
> 用胸脯筑起一道铜墙！
> 而让这罪恶的子弹，
> 射穿祖国的希望，
> 打进人民的胸膛！

我惭愧我自己，
我是共产党员，
却不如小草，
让她的血流进脉管，
日里夜里，不停歌喝……

在诗的结尾处，作者注上"1979 年 6 月 7 日，夜不能眠，6 月 8 日，急就于曙光中"。

又如徐志摩的诗：

难 得

难得，夜这般清静，
难得，炉火这般的温，
更是难得，无言的相对，
一双寂寞的灵魂！

也不必筹营，也不必评论，
更没有虚骄、猜忌和嫌憎，
只静静地坐对着一炉火，
只静静地默数远巷的更。

喝一口白水，朋友，
滋润你干裂的口唇，
你添上几块煤，朋友，
一炉的红焰感念你的殷勤。

在冰冷的冬夜，朋友，
人们方始珍重难得的炉薪；
在这冰冷的世界，
方始凝结了少数同情的心！

(引自《再别康桥——徐志摩诗歌赏析》第 57 页)

《难得》是作者写于 1922 年到 1924 年间的诗，收在 1925 年出版的他的第一个诗集《志摩的诗》中。1922 年作者从英国留学归来，当时中国正处于"五四运动"的落潮期，军阀混战且围剿"新文化"，徐志摩为了追求真正的爱情与前妻离婚，以致父子不和睦，世人不谅解。他所追求的自由、平等、博爱的社会理想和爱的自由、美的人生都不能实现且饱经了世态炎凉，因此，有一点真正的友情，都会给他很大的慰藉和深至的感触。作者正是在这种心态氛围中创作了这首小诗。我们了解了作者的心理背景，难道还能对这首言语朴素、情感深挚的小诗无动于衷吗？由此可见，文艺作品演播，对于作者创作心理的了解至关重要，因为它往往直接提供给我们作者创作情感的源流，可以准确理解作品并调动我们饱满的演播情绪。

五、作品的播出背景

文艺作品演播的播出背景，指作品播出在什么时代、氛围中。演播的时代、氛围不同，演播就要做些调整。一般来说，作品的内容背景、写作背景和播出背景相一致时，参考播出背景可以增强演播的时代感，发挥其应有的作用。

如前所述，《周总理办公室的灯光》这首诗，创作于"文化大革命"刚结束时，当时朗诵它，作品的播出背景主要是声讨"四人帮"迫害老一辈革命家的倒行逆施。今天我们再来朗诵这首诗，它的播出背景既是歌颂周恩来总理这样一心为民、不辞辛劳的领导干部，更是鞭挞那些搞腐败、不把人民的冷暖放在心上的腐败干部。

在文艺作品演播中，有的几方面背景都要兼顾，有的则只兼顾其中的几项即可，这要根据文艺作品的不同形式、写作内容而定。比如，大家比较熟悉的裴多菲的《我愿是急流》这首爱情诗，从诗的内容可以看出，只要抓住作者创作的"心理背景"就可以了，因为爱情的颂歌是每个时代、每个民族都久唱不衰的。

而朗诵《小草在歌唱》一诗，则要兼顾作品的所有背景。因为，你不了解诗中歌颂的"张志新"是何许人也、作者为什么要赞颂她而又在诗中自愧不如，以及为什么现在要朗诵这首诗，氛围如何，你就不可能全方位把握作品本身，准确表达。

在广播剧演播和影视人物配音中，一般不用兼顾播出背景，因为你只是剧中或片中的一个人物、一个元素，你只要掌握了自己的行为目的、人物关系，符合剧情需要及风格即可完成任务。多了解其他几方面背景，可以更好地把握人物。而小说演播，则往往需要兼顾全部背景，因为演播者既要叙述作品的内容、情节、体现时代、地域等风貌，又要表现各种人物，只有对背景全方位参照，才能完成好演播任务。

综上所述，我们为什么要兼顾这么多方面的背景来演播文艺作品，回答很明了：就是为了相互补充、参照、找准作者的创作意图，明确我们的创作目的和创作氛围，有利于对文艺作品的理解、把握和表达。

如何寻找这多方面的背景？我们可以从与作品有关的文集、作者生平、创作经历等有关材料中去寻找。

第二节　获准意图　把握目的

所谓意图，应理解为作者的创作立意与创作目的。文艺作品的创作立意大多潜藏在作品的内容情节和对人物的塑造里，这就需要我们参照各种背景，了解作者的创作态度，反复阅读、体味作品，找出作者的立意和所要达到的目的。把握了作者的创作意图，方可使我们的表达有目的、有主旨、准确并有重点。

寻找作品的立意，可以从作品本身的叙述、抒情，描绘和议论的倾向中及人物语言的内容中去找。比如，散文《橘园颂歌》，作者用深情的叙述、描绘和议论为我们展现了十七名水兵的英雄事迹，抒发了对他们的崇敬之情，从而歌颂了他们伟大的爱国主义和英雄主义精神。这就是作品的立意所在，目的是唤起人们永远记住他们，怀念他们，以他们为榜样。

而有些作品的创作意图却不易把握，需要进行一番探讨，方可准确提取。比如，大家所熟悉的舒婷的朦胧诗《致橡树》，从文字表面看，这是一首出自女性之口炽热的爱情诗，爱得真，爱得深。但是我们深入整体意识，细究作者的创作意图，反复体味此诗，便会感觉到作者的真正意图是表现新时期女性人格价值观念的觉醒，它表现了知识女性的自觉与自强。例如，诗中表现的**"木棉"**与**"橡树"**并肩而立，**"站在一起"**的意象，体现了作者对爱情的深刻理解。**"根，紧握在地下，叶，相触在云里。"**这表现了相爱之人的心灵相通和精神相依。**"你有你的铜枝铁干"**，**"我有我的红硕花朵，像沉重的叹息，又像英勇的火炬。"**这是人格的相映，又是命运的**"分担"**和**"共享"**，它反映了作者对平等、相通的理想爱情的追求。

获准创作意图很重要，它是文艺作品演播的灵魂。如理解了《致橡树》一诗的创作意图，我们朗诵起来，就绝不会软绵绵、轻柔柔的，而是透出一种理性的力度给表达以支撑，不同于一般爱情诗的表达处理。

实际上，获准创作意图应有两个层次的把握。一是表层：即表层文意、单个意向（如情节、内容或诗句内涵）；二是深层：即内涵主旨、整体意向。文艺作品很注重意境的营造，缺乏对作者创作意图深层次的把握和体味，在演播中就无法体现其意境，因为意境毕竟是整体、深层的产物。

第三节　认识基调　掌握风格

在文艺作品演播中，基调是指人的思想感情及语言表达的色彩。它的形成比较复杂，既有作品的整体基调，也有作品中所塑造的人物的基调，随着情节的发展、人物的变化，还会有基调的变化。而这一切在文艺作品演播中，都会体现在语言表达里。

因此，文艺作品演播的基调，不同于一般文章。值得提及，文艺作品演播的风格需要融进演播基调中，外化出来，方可被人感知。否则，便无从得知。因而，形成基调、掌握风格是文艺作品演播的重要一环，也是体现演播者思想艺术功力的所在。

在文艺作品的创作中，有人说：追求决定创作，理想制约风格。这话很有道理。风格，是作者在创作中所表现出来的艺术特色和创作个性，毫无疑问，它来源于作者的思想、艺术追求。当然，风格不仅取决于作者的创作个性，而且受到时代精神、社会风尚和民族传统等外界因素的影响。文艺作品大多数有其独特的味道和韵致，它可以引起听众不同的美感，表现为不同风格。风格，制约着作者的创作，它往往体现在作者处理题材、表现主题、选取体裁、塑造形象、体现手法及语言运用等方面。比如，同一内容、主题的素材，不同的作者进行创作，他们会根据自身的风格倾向和艺术功力创作出不同的作品样式。

文艺作品演播的风格，可分为"作品风格""作者风格""演播风格"。作者风格可体现在他的某一个作品中，也可体现在他的一些作品中。例如，大家比较熟悉的作家"海岩"，他曾在公安系统工作过，因此他的作品多取材于此，从《一场风花雪月的事》《永不瞑目》《拿什么拯救你，我的爱人》《玉观音》等一系列作品中都体现了一种悲情风格，形成一种震撼力。而诗人王怀让的诗作《我骄傲，我是中国人》《中国人，不跪的人》《人民万岁》等，都是充满爱国情的大气内容，表现为歌颂性的风格。由此可见，风格对于作者有某种恒定性。

作品的风格不同，会形成不同的表达样式。例如。徐志摩的诗《难得》就与当代军旅诗人李晓桦的诗《我希望你以军人的身份再生——致额尔金勋爵》的风格决然不同，朗诵处理相差很大，前者是凝重、内在的，后者则是激情洋溢的。

掌握作品风格，除了从作品本身出发外，还应参考作者的其他作品，寻到其基本风格。要注意区分"作者风格"与"作品风格"。有时同一个作者会在其某一部作品中，创作出与自己以往不同的风格。这既是作品创作的需要，也表现出作者的创作功力。

此外，在文艺作品演播中几个风格的关系中，由演播者自身素质及表达优势所形成的"演播风格"，应受制于作品风格，"作品风格"是第一位的，"作者风格"可供演播处理参考。如作品演播的基调与风格存在问题，应具体分清，针对性调整，但不能将二者混为一谈。

第四节　合理划分　表达清楚

文艺作品的层次划分，由于体裁形式多样也呈现出多种形式。如小说、散文、寓言童话是散文体；诗歌是以"行"的形式出现，形成"诗行"与"诗节"；而广播剧演播和影视人物配音，又是以人物"对话"和"独白"的形式出现，除了转场以外，每段剧的台词是不分段落的。但无论作品种类如何，也无论其体裁形式如何，都应以语意抱团、相对独立为划分层次的原则。它表现为演播者对作品情节、事件及人物的情感、心理发展、变化过程的把握。

比如，郑敏的哲理诗：

第二个童年与海

每个童年都像月光，
为大海涂上神秘的光影。
心在沉醉中随着波涛荡漾，
沙滩变得如此洁白宁静。
然而童年是短暂的，
只有当成熟使你找到
第二个童年，
海洋才无论有多大的风浪，
却总是迷住你的心。

（中央电视台文艺部播出）

这首小诗全诗仅有九行，也不能一诵到底不分层次。根据诗意，前四行可分为一层，表现了作者对理想的追求。后五行可分为第二层，表现了作者对人生追求的体味与感悟。因此，这首诗在朗诵时，就应在"然而"处转换，在它之前，做较长停顿，以体现作者的思维和情感过程。否则，一气诵下来，便体现不出诗作运思的深致。再者，在诗歌的层次划分中，不应受诗节的限制，应从诗意出发形成逻辑和情感脉络的层次。

又如：

广播剧《红丝带》片段：

秋实　男　36岁
雪妮　女　32岁

（开门声）

秋实：对不起，我今天来晚了。

雪妮：你的脸色怎么这么不好，没睡好觉？

秋实：是吗？可能，这是你让我帮你打的画框，继续画你那"蓝色的梦"吧……下个星期天，我不来了。

雪妮：为什么？

秋实：咱们都不是小孩子了，理智很重要。我是一个小学教员，命中注定要当一辈子"孩子王";可你是个画家，……

　　雪妮：不，我算什么画家，只是个画插图的美术编辑，你说这些干什么？

　　秋实：没什么，我真后悔。那天我不该跑到山上去，更不该遇到你！我给孩子们藏下礼物，自己却找到了一颗苦果——我走了，对不起，这么长时间一直麻烦你，再见！

　　雪妮：不，别走（哭泣）你别走……你别走。

　　秋实：你别哭，好了，早知道发脾气能使你露出自己的真情，我该早点发脾气，一年以前就该发。告诉我，你干嘛这么苦着自己？是不是你以前爱过的人比我好？

　　雪妮：别胡说！你知道的清清楚楚，你是我一生中的第一个，也是最后一个，再也不会有了，不会有了。

　　秋实：那你为什么要这样？

　　雪妮：我怕！我怕得厉害。

　　秋实：你怕什么呀！是什么把你吓成这样？

　　雪妮：红丝带——

　　秋实：红丝带？见鬼！你脑子里怎么尽是这些古怪的玩意儿！

　　雪妮：我——我是独身主义者。

　　秋实：独——（开心地笑了）我也是个独身主义者，不过现在两个独身主义者加在一起，不正好吗，负负得正！

　　雪妮：我脾气古怪。

　　秋实：我能改变你！

　　雪妮：我身体不好。

　　秋实：我可以照顾你。

　　雪妮：那——你会跟我离婚吗？

　　秋实：（笑得更开心）哪个男人谈恋爱是为了离婚？

　　雪妮：结婚前都很好，日后抛弃妻子的有的是！

　　秋实：你很清楚我不是那种人，要不然我也不会等到三十六！

　　雪妮：那你答应我，我们不要孩子。

　　秋实：为什么？

　　雪妮：孩子是无辜的，万一咱们……小时候我都尝够了，我不能让一个小生命再去尝我尝过的那些。

　　秋实：（喃喃地）明白了，……苦苦缠住你的是这个。我真想诅咒他们。诅咒那些不顾孩子们的父母！雪妮，放心吧，你会重新得到一个完整的家，我们也会有孩子，她的童年绝不会像她可怜的妈妈那样。

　　　　　　　　　　　　　　　　　　　（中央人民广播电台广播剧节目播出）

　　这段戏主要表现秋实想试探雪妮的真实想法。从秋实进门到两人情感交融，经历了一系列心理交锋，秋实是欲擒故纵，继而是步步紧逼，最终取得了胜利。而雪妮则初始意想不到，而后，又步步退守，最终不得不束手就擒。在此，经过了几个回合，就形成了这段戏的几个层次：

从开头秋实说："对不起，我今天来晚了。"到雪妮说："……再也不会有了，不会有了。"为第一层，可将其概括为"试探"。

从秋实问："那你为什么要这样？"到雪妮说："我不能让一个小生命再去尝我尝过的那些。"为第二层，可概括为"原因"。

从秋实说"明白了"到这段戏的结束为第三层，可概括为"交融"。

通过这样的层次划分，可以理解为秋实通过试探，了解了雪妮的心结，而雪妮也更加了解了秋实的为人，所以才有了二人最后的交融。反之，我们如果不是这样按剧情的发展、人物的心理、情感的变化为线索去合理划分层次，只一味的一人一句走台词，既反映不出本剧的情节发展，也表现不清人物的心理和情感的变化脉络，最终只能是混沌一片。总之，没有合理的层次划分，演播者心里便没有底，就不能产生合理的台词主线及停顿、转换或递进等表达处理，听众自然也就听不清楚。

综上所述，演播者在演播前，应对所播作品有总体把握和细致揣摩的过程，不但要了解作品背景，获准作者意图，掌握作品风格，更要按照具体作品的体裁、内容划清层次，找到表达的落脚点，才能更好地体现作品的内涵与形式。

第五节　把握人物　外化贴切

人物，是文艺作品演播中的重要内容。文艺作品中的人物大多是以第一人称"我"的面目出现。他们都应当也必须有其特定的身份和身份感、思想和情感，有着自己的年龄、经历、性格、外貌、文化、职业、兴趣爱好、审美情趣和语言习惯等。对这些因素的了解和把握直接影响到演播的贴切与否，是否准确、对味。比如，同是爱情上失意的几个女性形象：如《毕业歌》中的"刘燕燕"、《杜十娘》中的"杜十娘"、《法尼娜·法尼尼》中的"法尼娜·法尼尼"以及《雷雨》中的"繁漪"，她们所处的时代、地域、境遇及本人的年龄、气质、对待爱情的态度等却迥然不同，在演播中必有较大区别。"刘燕燕"是个二十出头，即将大学毕业的女学生，她家境良好，清高浅薄；"杜十娘"是中国古代的烟花女子，但她又与一般妓女有所不同，少一分堕落与虚荣，多一分痴情与追求；"法尼娜·法尼尼"则是19世纪意大利的一位痴情、高傲的贵族女子，她不像一般纯情女子往往以自己的牺牲去实践自己的爱，而是以毁灭对方的事业来达到自己占有对方的目的，足见其性格特质；"繁漪"又是旧中国20世纪30年代具有新思想的女性，但却生活在封建、虚伪的氛围之中，现实与理想的矛盾构成了她悲剧的命运，雷与火一样的性格又平添几分悲剧色彩。毫无疑问，演播这几种不同的女性，在用声、语言味道和气质等方面都不相似，甚或相去甚远。

要想把握和演播好作品中的人物，首先，应当给他们做"人物小传"，对他们的一切进行想象、联想，做完整、细致的了解与把握。这可从人物自己的言行中、作品介绍的内容中或通过他人的台词间接提供的内容和线索中来了解，以把握具体人物，对其内心与外貌、历史与现状、思想感情与人物关系等各方面都了如指掌，才能很好地、恰如其分地表现他们。此外，从演播者自身的现实生活、个人经历和所见所闻中，也可找出一些相关的东西来补充和丰富对人物的理解和把握。

人物，一般意义上的认识只限于作品着意塑造表现的人物，他们或是广播剧、影视片中的一个角色，或是小说中的一个人物。但笔者认为，在文艺作品演播中，人物的概念外延应当扩大。理由在于，文艺作品中的人物，除去集中塑造表现的以外，那些"叙述者"，他们或是小说的讲述者，或是广播剧的解说者，或是影视剧中的旁白者；有时他们所占分量还很大，无论他们是以"第一人称"还是以"第三人称"出现，他们也都是一个个具体的人物，是作者根据作品需要设计出来的。他们可以是作者本人，也可以是作者虚构的人物，因此，也应在把握的人物范畴之列，也应具有特性、具体性，也应具有人物的内涵与外形，在演播时，不能笼而统之地做一般处理，抹杀其个性，若这样，势必影响到作者创作的整体效应，体现不出作者这种创作处理的独具匠心。为此，演播者在演播前的准备中，也应对作品中的"这种人物"进行相同的了解，剖析与外化这种设计，也要给他们做"人物小传"，进行全方位的把握和体现。唯此，方可避免一般化、概念化的无主体感处理。也只有这样全面、细致地对作品中的所有人物进行了分析、准备，方可称把握了人物，为人物的外化打下了基础。除此之外，还需要有观察、积累、适应的素能。

例如，某电视台曾有一个节目《谁是假的》，内容是让某一工种的真假从业者混编出现在舞台上，接受观众的提问与审视，最终辨别出真假者。这一节目可以考验人们的积累与观察力。在节目中，当人的形象、服装等方面都看不出区别时，语言就成了观察的重点，结果有的观众就从这些人的职业用语中看出了破绽。例如，在某一地区很多医务工作者在说"门诊"的"诊"字时，不是说成规范的上声调值，而是说成阴平，并且咬字很随意，显示出熟练的职业用语常态。同样，一些法律工作者也将"法庭"的"庭"字，不说成规范的阳平调值，而是习惯地说成阴平。当然，有的并不是言者不知道规范字音，而是从俗于本职业本地区的习惯说法。

我们甚至也能从对警察的观察中感觉到：便衣警察与人说话时眼睛多不直视对方；而从事审讯工作的警察说话时却经常两眼紧盯着对方，这缘于各自的工作任务不同。前者不看着对方说话是为了掩饰自己的接头行动及身份；后者紧盯着对方是为了给对方心理压力并观察其反应。

由此可见，人的生活及职业习惯很难改变，并往往表现于一切行为中。我们要表现出作品中的特定人物，就必须熟悉并了解其工作、生活的全部及特点，方可"全方位"化身于人物。

第六节　字音准确　扫除障碍

准备一篇（部）文艺作品，除了分析、理解、感受和设计表达外，还有一项工作应并驾齐驱方可保证我们的演播质量，即读准字音、扫除文字障碍，正确解读作品中的术语及概念。

作为一名演播者，对某个字音的读法拿不准，自己阅读作品无关紧要，因为只要能看懂意思即可。倘若演播作品，表达得不正确便不能容忍，因为不能给受众以正确的信息传递，从而影响演播的整体效果。试想，一位气质高雅、学识丰厚的学者，却一口一个白字岂不令人贻笑大方，也会让人对这个人物形象大打折扣。因此，演播者表达中的读音不准，必定会影响受众对其艺术水平的认可，有时，正是这些细节却让我们的工作大为逊色，因而这个问题不容忽视。

弄清搞懂文艺作品中的术语、概念、相关知识等更不容忽视，因为它往往关系到对作品内容的理解和对表达的处理。表面上看，这似乎属于对作品理解、把握的表层内容，实际绝非如此。有时，对它们的把握正是通向深层理解之路。试举《我希望你以军人的身份再生——致额尔金勋爵》一诗为例，如果我们不知道诗中的"额尔金勋爵"是谁，"僧格林沁"又是何许人也，在表达上，也许会因为对其理解的偏差而形成不恰当的语气色彩。而当我们了解到额尔金勋爵是 1860 年进攻中国的英军首领，是他在大肆抢劫了圆明园之后，又下令烧毁了这座我国用 150 年时间，集"北雄南秀"于一园，占地 10 公里，历经康熙、雍正、乾隆等六朝的仙境园林；如我们了解到僧格林沁是面对 1860 年外国列强进攻时，不得不放弃抵抗从塘沽溃逃的清军首领，便不可能进入到理解作品的深层次中，感悟到：诗中的"额尔金勋爵"不只是指这个具体的人，而是所有帝国主义列强的象征；"僧格林沁"这位清朝武将面对入侵者不是不战，而是当时只有冷兵器战而不能，他的失败是整个中华民族的耻辱与不幸。了解到这些，对"僧格林沁"这一人物的情感色彩，就不应是鄙视，而是无奈。由此理解此诗作者——当代中国军人的内心世界，形成此诗的宏大意象。

具体而言，在文艺作品演播的准备阶段，当我们遇到拿不准的字音或不甚了解的术语、概念、人名、地名时，首先应当查字典、上网，查找有关材料或向内行请教，将其搞清楚。万万不可自作聪明，想当然或凭感觉猜测，那样，往往会闹出笑话，也是对工作不负责任的一种态度。

以上是文艺作品演播进行准备的几方面概述，不同文艺作品演播的准备，将在具体讲解中进一步提及、展开。

要演播好一部文艺作品，除去对作品内涵的分析把握之外，还应注意，有无作品意境的设想与把握，表达是否有意境和语境，语体是否正确这些重要的问题。

下 编

文 体 篇

第九章

散 文 朗 诵

　　散文与其他文艺作品演播相比看似平淡，却是以另一种形式蕴含着深挚的情感与各种人生体味。散文的表达看似容易，实则有一定难度，它要在不显山不露水之中，让人听出作品的内涵与意味。因此，对散文无一定认识、不具备相应的表达功力难以达到。本章将重点探讨对散文的认识与散文的表达方法。

第一节　散文的认识

一、散文的概念

　　散文的概念有广义和狭义之分，广义散文一般指除韵文以外的文章与文学作品。狭义散文是指与诗歌、小说、戏剧文学并列的一类文学体裁。还有一种分法，是将四大文体之一的散文又细化区分成报告文学、传记文学、杂文、散文等，这个散文，才被认为是散文真正的狭义概念。我们这里所涉及的主要是这种散文。

二、散文的种类

　　散文的种类按其内容、形式的不同，一般可分为杂感、小品、随笔、游记、素描、速写等，总体上可分为三大类，即记叙性散文、抒情性散文、议论性散文。
　　记叙性散文，主要是记人、叙事、写景，表现方式主要是叙述、描写。
　　抒情性散文，主要咏物、抒情，强调抒发作者的主观感受。表现方式除了叙述、描写外重在抒情。
　　议论性散文，侧重说明事理、发表议论、表明观点和态度。散文的议论往往与抒情和形象相结合，不同于一般文章的议论。

三、散文的特征

（一）以小见大

散文的篇幅一般都比较短小，它往往通过某些生活片段、社会局部或细小、平凡的事与物、人与情（不一定有完整的故事和人物形象）来表现作者的思想感情或人生体验，间接揭示其社会意义。比如，散文《父亲的汇款单》。

父亲的汇款单
——谨以此文献给我亲爱的父亲

作者 蒙山

大学四年读完了。四年下来，我保留了父亲给我的全部信件，也保留了父亲寄给我的全部汇款单上那张小小的纸片。

那张小纸片是汇款人留言用的，每次父亲把款汇来，我都要写上收款的日期以及金额，把它精心保存起来。四年来，那小小纸片随着岁月的流逝，一张、两张……渐渐地变厚起来，最终成了一小打。汇款的数额也是与日俱增，由最初的每月二十元、三十元，直到毕业前的五十元。

四年前，我成了一名大学生，一个山区穷县五名考入北京读大学中的一名。在接到录取通知书的那些日子，我常常彻夜难眠，因为幸福。

我忘不了，父亲当时喜悦的神态，父亲从电话中得知我考取大学的消息，便兴冲冲地从三十里外的乡下（那是他工作的地点），赶回在县城的家，晚饭他比平时多喝了两杯。

我忘不了，在县城汽车站和家人分别的情景。父亲最终还是不放心，他挤上车，把我送到距县城三百里远的火车站，他是想送我上火车啊！在候车室里，父亲第一次像母亲那样叮嘱起和他一般身高的儿子，我看着父亲，不停地点着头，默不作声。

火车是半夜一点多钟路过的，上了火车还没找到座位，火车便徐徐开动了。父亲在站台上往前走了几步，向在车厢里的我挥手告别，他微笑着，却不说一句话。此刻，看着即将离别的父亲，我的眼眶里涌满了泪水，怕别人看见，便强忍着不让它流下来。父亲变得模糊了，但不仅仅是因为站台上那昏黄的灯光。我把半个身子探出车窗外，向着渐渐远离的父亲招手，不停地招手，直到看不见……我知道，年近花甲的父亲得在车站熬一夜了。

那个夜晚，我第一次感受到了父亲那掩藏在心底里的深沉的不用言语表达的爱。

此后，在大学读书期间，每个月的下旬，我总是能收到父亲寄来的一封信，信中除了告诉我家中的近况，叮嘱我好好学习以外，还告诉他在千里之外的儿子，钱已经汇出来了，信中说：收到他的信后给他回封信，好让他放心。没过两天，学校收发室的小黑板上就会出现我的名字，我知道，父亲的汇款已经到了。

拿着汇款单，看着上面遒劲有力的字迹，我仿佛又看见了父亲那张棱角分明、皱纹渐增的脸，那渐白的双鬓，也深深体会到了父亲那深藏在目光之中的期待。每当我想到全家五口人每月就靠父亲一百一十元的工资生活的时候，看着汇款单上三十元的金额，手中的汇款单和我的心情一样，感到无比的沉重……

日复一日，年复一年，父亲的汇款单伴随着我走完了大学四年的生活道路。

现在，我毕业了，已不再依靠父亲了。但我不会忘记，我是依靠父亲的汇款和国家的助学金，读完四年大学的。

（《北京广播学院学报》发表）

这是一篇情感真挚，运用白描手法书写的记叙性散文，也是作者的亲历。我们从作品中，看到了一位朴实的父亲形象，也感觉到作者的心路历程，触摸到他对父亲感情的升华和深切地人生体验。散文风格质朴（具有朱自清的散文《背影》的意味），内涵丰富，能深深地打动人，并给人以启示。这篇散文以作者保留自己上大学期间父亲寄给他的全部汇款单上的那张小小的留言纸片这一生活小事入手，从而表现了人类自然而伟大的骨肉亲情。

同样，已故著名作家魏巍的散文《依依惜别的深情》则是以中国人民志愿军离朝回国朝鲜人民深情送别的这一局部入手，从而表现了中朝人民深厚的战斗友谊及战争的正义性这一深层含义。

（二）形散神聚

在散文的诸特征中，"形散神聚"是其最重要的特征。散文往往写出互不相关的几个生活片段，或表现几个场景，读来感到零散，但细究，却能看出其潜在的内部联系及神韵，而作者的"情"与"识"便是这种神韵的基础。比如散文《白色方糖》。

白 色 方 糖
作者 马莉

在那淡淡的苦味的杯盏中，他是否获得了一丝儿甜意和温暖……

周末在广九大酒店的"卡拉OK"里听歌，看到一个二十岁的女孩走上台去唱；也许心理准备得不够充足，旋律响起后，她才唱了开头一句：

"雨潇潇……"

这个女孩跟不上旋律，非常尴尬，正不知所措，再也唱不下去了。

有一个大胆的男孩，从座位上站起，快步走到台上，拿起另一只麦克风，站在女孩的身旁。待乐曲重又过渡到开头的时候，跟女孩齐声唱起："雨潇潇，恩爱断姻缘……"唱了这开头的一句后，他放下麦克风，大方地回到自己的坐席上。那个女孩在他的"启动"下，有了信心，拉开了嗓子，大声唱到完。

当时我的心不觉涌出了一种感动。

那一年冬天，我独自走在广州的街上。经过公园前的马路，我正想心事，忽然听到一声响亮的"喂!"接着被一个小伙子拉了一把，一辆红色"的士"飞快地从我面前擦身而过，我被吓了一大跳。当我定下神来想说声"谢谢你"的时候，那小伙子早已跨上自行车消失得无影无踪了。

后来独自逛街过马路，我总会想起这位面影都未曾记着的陌路人。

从前有一个不快活的老头儿，他常来看我。他的老伴儿几年前过世了，唯一的女儿也嫁到了美国。他不习惯那边的日子，不愿意去住。他说："我已是快入土的

人了，还企望什么呢?"

这位孤独的老头儿没有任何企望，非常的节俭，不喝酒也不抽烟，但唯一喜欢喝咖啡。当我把一块白色方糖投入他的杯盏中，用一只小汤匙不断地搅动的时候，他竟感动得流出眼泪来。

偶然一个小小的动作，却触发了他的伤感，真是"可怜天下父母心"啊!

以后每每他来看我，我都细心地为他煮咖啡，并且把一块白色方糖放进他的杯中，为他慢慢地、慢慢地搅动。我不知道，在这个世界上，在这淡淡的苦味的杯盏中，他是否能获得一丝儿甜意和安慰，一丝儿温暖?

爱，有许多种，人类的血缘之爱是天赋的。陌路人的爱没有血缘性，体现了人对同类的关心，和人之为人——这样一个大家族的亲密和温暖。这就是一种博爱，一种比血缘亲情更深刻的东西，它有一种无形的凝聚力，把人类团结在一起。

世上每一个人都需要爱，需要温暖，需要帮助。

别人给予我爱，我当把这爱，也给予别人。

（中央人民广播电台文学节目播出）

这篇散文，作者写了表面上互不相关的几件生活小事与场景，却告诉了我们:人，需要博爱，也需要给予，这样一个大问题。这便是全篇的神韵，也是作者的认识与情感体验所在。

（三）真事真情

散文所表现的基本是真事真情，这一点从近年来的创作中可得到共识。散文不同于小说，它虽也有情节、人物、环境，但不是虚构，一般都是真实存在的。（对散文的"真事"特征有不同看法者，可以商榷，在此暂不涉及。）

任何文学现象都与其所处的社会、时代息息相关，散文也不例外。比如，当下单纯记述、描写旅游风光的游记散文数量不及以前。原因是现在电视等多媒体发展很快，大量报道这方面的内容，人们可以通过诸多渠道得到相关信息。另外，旅游已成为当下普遍的休闲活动，人们对这方面的了解比以前大大增多。

同样，一些当代女作家的散文集很是畅销，原因是她们大都在书中描写了自己生活的真实处境，倾诉了自己的真实内心，抒发了自己的真情实感，在社会变迁的大背景下，她们所表达的一切，都具有现实性、真实性，因此很容易引起读者的共鸣。如宗璞的散文《紫藤萝瀑布》、王安忆的散文《女性之一种》、毕淑敏的散文《写给女儿们的散文》、潘虹的散文《潘虹独语》、倪萍的散文《姥姥语录》等，这些散文都真实地记录了作者的生活、作者的内心，记录了时代变迁、市井人情，其中既有作者的个人生活写照、对他人的观照，也有针对时代特点的潜心思考。我们相信这些散文虽然内容、种类不同但都不是虚构的，而是真事真情。

由于散文写作是文学创作的初入门槛，难度不是很高，有一定文化水平的人都能涉足，以至不少演员、主持人等也都涉足其中。如著名台湾影星林青霞在她息影十七年之后，以笔者身份带来了一本自己的散文集《窗里窗外——林青霞的戏梦人生》，记述了她对事业、家人、朋友的态度以及人生感悟。最值得我们注意的是林青霞说，在文学写作方面给她启发最大的是大陆学界泰斗季羡林。有一次，好友向她推荐了季羡林写的一篇描述人与猫的情感的散文《老猫》，令林青霞茅塞顿开，她说："我于是受到启发：原来写文章不一定要用多少华丽的辞藻和高深的语言，只要把作者的真性情生动表达出来就好。"我们说这就是真事真情对散文创作的意义。

当然，散文所记录、抒发的不只是个体的生活、感悟，也有对时代、社会的观察与思考。我们知道，没有对社会、时代、人生的观察与思考、没有思想的引领、真情的流露，就没有启迪人、打动人的作品及存在价值。因此，无论是记叙性散文、抒情性散文、议论性散文，真实的内容与真情实感是人们所喜欢的，也是当今散文创作发展的一个重要特点。

（四）形式多样

散文的内容丰富，题材广泛，表现形式也自由灵活。无论是重大、微小的题材，还是自然界、人类社会中的各个领域、各个方面都可以作为散文的表现对象。可以说，散文的表现对象是无所不包，无所不在。

散文的表现形式也极为自由、多样。它或着重叙述一件事、描写一处景、一种物、一个人；或着重抒发自己的一种情、阐发自己的一个观点、一种认识。根据散文所表现的内容、题材不同，可以有人物、无人物；可以有情节、无情节；可以相对完整、不完整；可以引经据典文辞优美，也可白描直叙文笔质朴。

比如巴金的散文《我的心》是以个人倾诉的方式，直抒胸臆地表述了理想与现实的冲突、内心的争斗与煎熬，体现出一种人生态度；闻捷的散文《橘园颂歌》以海军大尉这个人物视角及优美的文笔、抒情的方式，记述了后人对共和国烈士深挚的赞颂与缅怀之情；赵鑫珊的散文《我与少女的祈祷》是以一支钢琴曲为线索，记录了作者的人生轨迹、时代脉搏与心灵追求；贾平凹的《丑石》以白描手法，记叙了家人与丑石的一个故事、一段生活场景，从而表现出作者所崇尚的那种伟大却安于寂寞的生存哲理；张正直的散文《狼心、良心》用朴实、自然的手笔记录了一段人与狼的相逢与相处、惊险与温情共存的特殊人生经历，让我们懂得了人与动物的关系，原来狼也有"良心"，从而更强烈地感知：人类应与动物和谐共处于地球，享受大自然的恩赐，尊重自然法则。

（五）具有文采

散文的语言一般比较精致、优美具有文采，虽是散文，但有些文辞却能大致押韵，读起来朗朗上口。散文中，尤其是一些抒情性、记叙性散文，常有对偶、排比等整齐的句式出现，文辞优美、音韵和谐，富于音乐性和形象感，在这一点上，散文很接近诗。如《依依惜别的深情》《秋色赋》《塔下清荷》《橘园颂歌》等散文中的经典片段。

第二节　散文的朗诵

一、理清线索　摸准神韵

一篇散文，或叙述一件事情，或介绍一处风景，或抒发一种情思，或描写一个人物，或点明一个道理，天文、地理、人情、事理，只要是有一定意义的社会生活与自然现象，都是散文表现的对象、题材与内容。表面看来，散文取材广泛，行文自由，笔触灵活，人、情、事、物似信手拈来、随心所欲、即兴而发，实则却魂潜其中，有意为之。可以说，每一篇散文都不同程度地围绕着某个具体的立意，都有一个神、一条线。因而，我们在朗诵一篇散文之前，首先应当理清其线索，把握其神韵，将其注入自己的表达之中，方会使听众从你的表达中不知不觉受到启发和感染，领悟到一些有意义的内涵与人生哲理，或至少与作品产生一种微妙的情感共鸣。

比如，笔者当年在朗诵散文《白色方糖》时，联想到当时社会上有些人只重钱，不重情，缺少爱心，应当给予诱导，而这篇散文正涉及这个问题，提倡人所应有的美德——爱心。于是笔者将自己对这种美德的认同与提倡融于自己的表达之中。事后，编辑讲收到了听众来信，反响很好。笔者认为，这不是自己表达得多好，而是这个作品的内容、这种思想情感是当前社会上所需要的，而这篇散文的表达正适应了这种需要。

又如，散文《塔下清荷》，它是以作者对荷的钟爱之情为线索，描写了作者儿时，青年时代爱荷、伴荷，尤其"文革"以后北海重新开放，作者寻荷、观荷的情景，从而透出了作者爱荷的理由及此文的神韵，表现了作者对理想、人生、世情的体悟与执著追求。再如《橘园颂歌》这篇散文，是以十七位烈士为什么会让人们久久怀念为线索，从而描写了十七位水兵为国捐躯的悲壮场面，以及人们对烈士的深深怀念之情，体现出全文的神韵。在《父亲的汇款单》这篇散文中，以伟大的父爱为线索，描写了父亲的夜站送行，月寄汇款……透出了作者对父爱的深刻体味，形成了此文的神韵。这种立意虽然与《橘园颂歌》之类的散文相比，显得平凡，但它却是作者在现实生活中所获得的深刻感悟，也是很有意义的。因此我们不要一味地认为，凡作品的立意都应很高，要与重大的社会意义挂上钩，而任意拔高作品立意，要知道，这于理解、把握一篇散文有害无益，因为它无法抓住作品具体、真正立意。

应当看到，文艺作品与一般宣传稿、政治性文章是不同的，它往往表现人的生活、人的视野、人的情感与人生态度，并不排除个体差异，即便是体现重大政治、社会意义的立意，也蕴含在作品中人的思想感情、人生态度中。尤其散文多以真事真情为基础进行创作，就更着重于以真人真事说话。在具体创作中，人、事、景、物的原貌不易改变，但选取何种素材则可以主动，它能直接引导我们通过被选取的素材析出神韵，形成作品表达的一定线索这是很重要的，虽然作品的神韵有时视点并不高，但它终究是作者在不同的人生中体味到的有益东西。通过作品使别人了解自己，也可让自己对他人有所启迪，达到更好的人际沟通与情感交流，这就是作者的创作初衷。

在散文的理解、表达过程中，有时容易将一篇散文的表现对象与全文线索相混淆。比如《塔下清荷》的表现对象是荷花，而其线索却是作者对荷的一往情深，这一点朗诵者在分析理解时要分清。如果只从作品文字表面着眼，不触及作品的内在联系，便理不清线索，也抓不准神韵，从而影响表达的准确与得体。

一般散文的神，有的"卒章点志"，集中显现在作品结尾的一、二句话中，成为点睛之笔、点题之句；有的则显现在作品中的某一处；也有的在作品中并没有揭示立意的明显句子，而是将其融于所表现的具体情、事、景、物中由读者自己去体味。总之，我们在朗诵一篇散文之前对这些都应心中有数。

二、表达细腻　点染得体

散文的表达，从总体上讲应细腻、自然、内在、真切。散文的创作特征，决定其语言形式不能像诗歌那样变化多端、节奏鲜明，也不能像寓言、童话那样有所夸张，更不能像戏剧语言那样性格化。原因很简单，首先，散文表现的大多是真人真事。其次，散文表现的往往是作者从生活中撷取的有意义、有意味、触发他们感悟的内容和素材，他们将此表现出来，应让人感到不是为教育别人，也无意渲染什么，只是自己内心真情实感的自然流露。散文是作者强烈地感觉到自己的存在，迫切地想倾诉自己的内心，宣泄自己多种多样情绪的产物，他想与别人对话和交流，表达自己对人世和宇宙的各种感悟与体验。再次，根据写法，散文多用第一人称来表现，所以，表达的大都是第一人称"我"的心态与情感，一切都是自己的所见、所闻、所悟、所感和所动，将这一切娓娓道来，只能用自然、内在、真切的声音和语调，情深意挚地表达，方使人听来真切、舒服。

如果把散文朗诵与小说演播的表达相比较，可以理解为：小说演播是以第三人称为主，讲述别人的事与情为主，而散文朗诵，多为讲述自己的所见所闻、思与情，如表达角度适当，就会口吻统一，基调准确，样态适体。除此之外，散文朗诵也不如诗歌那样内容、语句跳跃性很大；不像戏剧语言那样情感多变、表现出性格化；还不像寓言童话那样表现夸张。散文虽总体上表现人和事、景和物并不完整，但被采用的素材局部却往往表现得较细腻，作品的神韵往往也就蕴含其中。因而我们在散文的朗诵中，应当注意表达细腻。这包括两个方面：一是感觉上的具体、细腻。二是语言处理上的细腻。感觉上的细腻，应注意各种感官与情感的细微体验。比如对《塔下清荷》中，荷的颜色、气味、形态等的体味与表现；对《橘园颂歌》中，海的气势、浪的形态、烈士陵园的景象，尤其是被打捞上来的牺牲在不同岗位上的英雄水兵的形象都要具体看到、听到、闻到、感觉到；对《白色方糖》中，那几件小事的具体场景以及作者每每产生的感动之情，都要细致体会到；对《父亲的汇款单》中，那一张张汇款单，尤其是父亲夜站送行的情景所体味到的一切，都感觉得到。当然，表达要细腻，光有具体、细微的感觉还不够，这只是基础，是体验，还必须外化体现在语言用声上。一般散文表达的用声不宜太强、太高、太实，因为它是来自作者心底的声音，应有时像与人交谈，有时像自己在感悟。总体而言，散文表达应以语缓气舒为主，语言舒展，声音轻柔，气息绵长，用声松弛，这种表达可使内心情感、景物描绘、事件叙述表现得从容、尽致。当然，遇到情感激越的散文内容时也要相应加强声音、气息力度与口腔紧张度。然而，声松气缓、语言轻柔、语速适中的状态毕竟是散文表达的基本状态。

散文表达的细腻、具体，可以为体现融于具体内容中的神韵打下基础。有些散文没有明显的点睛之句，而是靠读者看完整个作品，从作品的素材选择，线索发展或内容的具体描绘中，集合出作者的立意，获得此篇作品的神韵。有些散文作品虽有明显的点睛之笔，也不应放弃对全篇具体内容的细腻表达和铺垫作用。不能仅靠用力凸显点睛之句来达到体现作品神韵的目的，如用过于提高声音、加强力度、放慢语速等方式来体现。那样，只会适得其反，不但不能很好地体现作品神韵，反而会形成空中楼阁、无源之水、无本之木之势。你本想使用这些强刺激手段给听者留下深刻的印象，却不但达不到目的，反而使人生厌、反感、不舒服。应当在细腻表达具体内容时，心中积累下应有的感觉、情感以及由此自然生成的认识、态度，自然而然，顺势而下地将其带入点睛之句的表达之中。语言、用声不必过于悬殊，而重在内心的感觉到位，形成外化点睛之句的有力支撑，这样的表达，使人听来自然、顺畅、有机，又有一定内蕴和深度。反之，如在句子表面硬拔，势必显得生硬、浅白，既破坏了整体和谐，也于体现重点内容不利。一般而言，点睛之句的出现，大都是作品内容有了一定进展，情感的推进积蓄到一定程度时才出现，它是水到渠成之笔。

通常，散文的点睛之笔多为情感浓烈处，认识升华处，因而，表达上也应情浓意切，语言、用声上也会有所体现。具体到表现方式，可以扬起，也可以沉下，但一定是与前边的感觉、情感的有机融合，方适当得体。散文表达细腻、点染得体的要求，完全与文艺作品的创作特性相适应，更贴合散文的创作个性。

第三节　散文朗诵提示

一、表达语言轻柔化

散文表达轻柔化，是相对于广播电视播音主持（尤其是新闻性播音）而言。

散文作品的表达多以第一人称"我"出现，这个"我"，大多是作者本人（也有第三者角度），这样的行文角度，给人亲切、自然、真实之感。如前所述，散文的写作角度、写作方式都决定其表达特征，不应是强烈多变，大起大伏的语言样态，而应似地泉涌出，小溪流淌，好友交心，自悟自感。散文的具体用声和表达应为声低、语轻、内在、真挚、表达轻柔化，语言舒缓。不应声高、语快、音强、语硬，这样的表达，易使人感到不是发自人心底的声音和感觉，而是在有意拔高、宣传、教育人，缺乏真实感与自然感，与作品内容、表现方法、表达角度也不合。

当然，轻柔化，并不是虚声虚气、嗲声嗲气、捏嗓挤喉，也不是一味轻柔，也需依表达内容的需要相对变化，但幅度不能太大。尤其是从事播音主持者，要特别注意播音主持与散文朗诵的区别，不能不顾工作性质、身份、任务，以同一种用声方式和感觉来播这两种不同的东西。否则，结果可想而知，这也是朗诵不好散文的原因之一。因为除去身份、任务的不同，一般播音主持尤其是播新闻、评论的用声，要比朗诵散文声音高，语言硬，语速快，也确实有些许宣传的意味，由于工作性质和任务不同，所以，表达时应将二者区别开来。

二、人物语言写意化

散文根据不同内容有时也会出现人物（虽然不是完整的）。那么，散文作品中的人物语言如何表达才是适当、得体的呢？总体而言，散文中出现的人物语言，表达不应扮演、模仿，而应写意性，即表现人物的精神风貌，适当兼顾其性格、性别、年龄及人物关系（含叙述者）。不宜刻意追求声似、形似，以免陷入到影视戏剧人物、完全性格化的语言中去。散文中的人物语言不同于小说，量多、集中、全面；更不同于戏剧，完全以人物语言、人物行为来表现全部内容。散文中的人物语言往往是点睛性的，多具有重要性。除了以描写人物为主的内容以外，一般散文中的人物语言很少，即便是以表现人物为主的散文中，也多以叙述人物行为、人物经历、事件的语言为多。总之，散文是以叙述语言为主，创作特点决定其表达特点，所以，散文中出现的人物语言只求神、写意，不应浓彩重抹、模仿、扮演，否则，会破坏散文作品表达的整体和谐与自身特点。

散文中的人物语言表达写意化，并不是说与叙述语言无区别，而是指在具体表达中，运用声音的高与低、厚与薄、明与暗，咬字的前与后、长与圆，语速的快与慢及语气的运用等手段，与叙述语言有所区分，使人听得出是某一人物在说话。但应注意这些处理方式运用得"度"，不可求形大于神。

三、文辞美、音声美

散文朗诵，应体现出文辞美、音声美，这是因为散文创作本身具有这一特征。有人称"散文"为"美文"。散文美的基础是文字表达功力，凭借文字本身的光泽，充分表现出语言的魅力。那句式整齐的对偶句、排比句，情感深挚的抒情句，历历在目的描绘句等，这些都应在散文朗诵者的表达中充分体现出来。

比如，散文《秋色赋》中的两句：

秋天，比春天更富有灿烂绚丽的色彩。

秋天，比春天更富有欣欣向荣的景象。

这两句，句子整齐，简直就是诗了。我们在朗诵时，应做诗样处理，语节整齐，有种对偶的感觉，不要播散了。

又如，散文《依依惜别的深情》中的几句：

呵，亲爱的可敬的朝鲜人民！在纷飞的战火中，你是那样刚强！敌人把你的城镇变成了废墟，你没有哭；敌人把你的家园烧成了灰，你没有哭；敌人把你绑在大树上，烧你、烤你，你没有哭。你真是一把拉不断的硬弓，一座烧不毁的金刚！

这几句，是一组排比，内容递进，句式整齐，情感浓烈，音声和谐，朗朗上口，并有很强的节奏感。朗诵时应依据内容，兼顾句式，语言感觉与表达层层推进。

再如，有些句子描绘出了一幅画，展示出了一种意境，例如《塔下清荷》中的一段：

看，那一枝枝亭亭玉立，仪态万方的荷花，一扫羞涩，展露风姿，忘情地开放了。她们有的傲然探出碧海，舒展着粉白镶红的花瓣，一任蜜蜂穿行在金黄色的花芯间，显示自己超群出众的美丽；有的与绿叶齐眉，含情浅笑，展红傲绿，争奇斗艳；有的含苞待放，躲在茂密的翠盖丛中，怯怯地睨视着游人。而那如盖、如伞、如毯、如裙的荷叶，或仰首，或低眉，或俯身，或傲立，簇簇满池，组成一泓碧海，守护着娇花。

在这一段中，出现几组并列句子，作者用生动、优美的文辞为我们描绘出荷池中那多姿多彩的荷花与绿叶，使人见文如观景。我们的朗诵，也应使听者听之如观景。我们可用音长、音色等声音材料做画笔来细致地描绘，不能说"花"与说"叶"一个样，因质地不同；也不应说"仰首""低眉"与"俯身"一个样，因形态不同。总之，语词文采当中的色、形、质、味等特征都要用我们细腻的表达来描画，同时体现文辞的音声美。

在散文表达的抒情描绘中，在声音外形上，大多应节奏舒缓，气长字连，声调完满，重点字上稍有夸张，语调柔和，音色优美。此外，能押韵的要押上韵，兼顾句子的整齐与错落有致感。

散文的文辞优美、音声和谐，作者在创作时是费了一番苦心的，既要表意、表情，又要兼顾文辞美。因此，我们在朗诵散文时，也要很好地将其体现出来。有人说，好的散文朗诵，应当像朗诵一首散文诗，这是就散文创作也同样具有诗的意境和音声美而言。为此，我们可以说，不能体现出散文的文辞美、音声美的表达，不是好的散文表达。

四、叙、抒、描、议

散文朗诵中，往往需要运用叙述、抒情、描绘、议论几种语言样式共同发挥作用，不能只用"叙述"一种语言样态。这是因为作者在写作时，就运用了多种语言方式进行创作。

散文中的叙述，应清楚、诱人、有情，不能干巴巴、欠感觉。语言要舒展、自然，不能句子抖不开，也不应语速偏快。

散文中的抒情，应真挚、内在、有感而发，不矫揉造作、嗲声嗲气和无内容地拖腔拉调。当然，抒情有不同方式，有内在深挚的，也有激越酣畅的。

散文中的描绘，应具体、细致、注重形象的生动、栩栩如生。切忌一种腔调地描绘各种人、景、物、情。应依据不同对象、情感和需要有所变化。

散文中的议论，应依形象而发，带情而议，不宜声高语硬。

散文的创作几乎每篇都少不了这几种语言样式，只是在不同内容、种类、风格的散文中，这几种语言样式的使用情况和作用不尽相同，在朗读每一篇散文时，都应合理使用、有机结合，不可一篇散文只用叙述一种语言样式表达。也不可不分种类、内容，都用一种抒情味来表达。应当该叙则叙、该抒则抒、当描则描、当议则议。不能追求一种所谓的散文味。正确的散文表达，应是一篇作品的基调、风格、语体感和语言样式的正确选择与有机融合。

散文朗诵训练作品

塔 下 清 荷（节选）
作者 吴宗蕙

……

北海劫后开放的第一个仲夏，我曾多少次迎着朝晖，披着暮色，从西郊赶来，漫步在堆云积翠桥上，徘徊于池畔幽径，流连忘返，不忍离去，像是不愿告辞久别重逢的故人。这种眷眷之情，直到今天，不仅毫无减色，反而更为浓烈了。

今夏，在一个雨后初晴的早晨，空气清新潮润，我踏着曙色去寻求旧梦，再访塔下之荷。

六时许进园。园内游人寥寥可数，静极了。我缓缓走近池边，一股淡淡的香气轻轻袭来，沁人心脾。俯视池内，只见娇花朵朵，翠叶飘飘，宛如稀疏的晨星洒落在微波轻飏的湖面上，比之当年的荷池，别有一番令人心旷神怡的景象。看，那一枝枝亭亭玉立、仪态万方的荷花，一扫羞涩，展露风姿，忘情地开放了。她们有的傲然探出碧海，舒展着粉白镶红的花瓣，一任蜜蜂穿行在金黄色的花芯间，显示自己超群出众的美丽；有的与绿叶齐眉，含情浅笑，展红傲绿，争奇斗艳；有的尚含苞待放，躲在茂密的翠盖丛中，怯怯地睨视着游人，而那如盖、如伞、如毯、如裙

111

的荷叶，或仰首，或低眉，或俯身，或傲立，簇簇满池，组成一泓碧海，守护着娇花。那一片片清爽，鲜嫩的叶面上，残留着雨水冲刷的痕迹，滚动着晶莹的水珠，她是如此雅致、清丽、洁净，又如此超尘脱俗！它不正象征着我们经历劫难后的神州大地将会更加秀色夺人、俊逸多姿么?!

我沿着池畔的绿棚缓步而行，沉湎于云烟一般的遐想里。

走着，想着，不知不觉，我转到堆云积翠桥北荷池西侧的一角。

突然，我的眼睛一亮，原来在满池粉荷之中，竟藏着这么一座玉色的宫殿。这里，在翠叶簇拥中，娉娉婷婷伸出一枝枝如棉似雪的白荷，它们鄙视污泥，鄙弃华贵，以朴素的姿容，显示出自身的高洁。我静静地站立在绿棚旁，跟前浮现出种种幻觉，思绪飘忽得很远、很远。想起国难当头时大义凛然、拍案而起的闻一多；缅怀着一腔爱国忧民之情徘徊于月下荷塘的朱自清……这朵朵白荷，不正是他们高洁情怀和不屈精神的写照吗?!

朝阳微露，彩霞渐隐，游人逐渐增多了。

我恋恋不舍地离开这荷池的一角，踱到桥南，凭栏北眺，这时，薄雾全消，远处那皎洁的白塔被如洗的碧空映衬得更加壮丽，塔身环绕着那郁郁苍松，隙间露出斑斑红墙和金色的亭顶；近处是依依垂柳，满池翡翠，绰绰群花；西侧则是洁白玲珑的玉石长桥和微波浩渺的水面。它们构成了一幅层次分明、色彩斑斓的水彩画，清晰、明朗、秀美，又朝气勃勃。这幅画，给我们的生活增添了多少明丽的色彩和浓郁的诗意！

啊，秀丽的北海，那绵绵密密的相依、相映、相扶的塔下之荷，你载着我不尽的情思，记录着我生命的旅程，你是我的诗，我的梦，我的憧憬！

这是一篇以"荷"为感怀对象和全文线索的抒情性散文，它通过作者与"荷"的聚与散，使我们窥到作者的人生轨迹和心路历程并折射出国家命运。散文以抒情为主，通过作者对"荷"的赏与爱，从中展示出作者的人生追求。作品以"赏景"为材料，实则"言志"。这篇散文文辞优美，意境高雅，有情、有意、有形。

处理提示：

1. 这篇散文的写作背景和作者创作心理背景是一致的，而播出背景则可根据时代不同而有所不同。如在"文革"刚结束时播这篇散文，应当更侧重于控诉"四人帮"，赞"荷"的风貌依旧，实则喻"人"的精神不变这一要旨。如现在播这篇散文，则可以根据时代特点，侧重体现学习荷的"高洁精神"这一主旨。

2. 这篇散文的表达身份感，应当是一名成熟的中老年知识女性。从作品提供的内容线索与作者的行文笔触中可体会到这点。

3. 这篇散文的基调应为深切感怀的；风格是典雅、恬淡的。表达似与好友谈心，情感内在。

橘 园 颂 歌

作者 闻捷

风很大，云很低，也许要落雨了。我和海军大尉，沿着海边那条鹅卵石铺砌的小路，并肩向东走去。海军大尉是个非常豪放的人，平日爱说爱笑，现在他却无言地走，我们爬上山坡，便看见一排排竹篱围成的院墙，这就是橘园了，在这里，埋葬了十七个英雄的水兵。

"到了。"说完，海军大尉整理了一下军帽和衣领，双手推开了掩蔽着的竹门。我踏上橘园门口的石阶，不由地回身望去。啊，群山环抱的舰罗港全部袒露在我的眼前，这时，海上那迅疾的风正卷起万堆白浪，不息地冲击着海岸，溅出雪亮的浪花。对面，玉龙山脚下停泊了近千只落帆的渔船，在激荡的水面颠簸。左边，我们来路的尽头，挨着码头，停靠着一列炮艇和战舰。右边，从两山夹持的海口出去那白茫茫的一片就是东海了。多么雄伟壮丽的景色，当年的战斗指挥部就设在这样美丽的地方。

看守橘园的老人迎出来，远远就认出海军大尉，他连连说："哦，哦，你又来看他们了。"他们——十七个水兵在这儿整整睡了三年。

我们穿过结满青色果实的橘林，走到橘园后边陡峭的石林下，那并排着有十七座坟墓，坟上都新培了黄土，碑前的花束还很鲜艳。老人说，有一群远海归来的渔民，昨天刚刚来过。我和海军大尉脱下帽子，默默地低下头来。我的心情异乎寻常，我用心里的声音和他们谈心，安息吧，亲爱的同志，你们睡在这儿是不会感到寂寞的，你们抬起头，就可以看见祖国的山、祖国的海、飞驰的风帆、辛勤的渔民以及他们海洋般沸腾的生活。你们睡在这里，是不会感到孤单的，常常有海上归来的渔民、船夫、水兵、假期中的孩子们来看你们。今天我虽然没有献上常绿的松枝、鲜红的花束，却带来了我满腔的激情和崇敬之意。

我默立在坟前很久很久，我不是期待他们回答什么，我是想起了他们一生中最光荣的时刻。

1953 年的今天，天气阴沉，舰罗港指挥部忽然收到一艘海上巡逻艇发来的急电："我艇在鳌鱼海面发现敌情，敌机……"电讯到此中断了，不知是因为天气干扰呢？还是发报机发生了故障呢？一个钟头以后海军大尉，哦，当时他还是一个炮艇中队的队长，他接受指挥部的命令，立刻带领四只炮艇，载着几十颗焦虑不安的心，迎着风浪、迎着闪电、迎着雷声赶到鳌鱼出事地点。

在鳌鱼浅滩地带，我们的巡逻艇已经完全沉没了，汹涌的波涛上，只漂浮着一层柴油，几顶染有血迹的水兵帽子，几件烧破了的水兵上衣。远处的渔船也扯满风帆陆续赶来救援。渔民们说："不久以前，他们看到四架敌机贴着海面从东飞来，接着，这便响起激烈的战斗声。后来，他们又看见两架敌机尾巴上带着火焰栽进海里，两架敌机抖动着受伤的身子，呼啸着向东逃去。"他们知道的，就是这些。但是，战斗是怎么打响的？战斗是怎么进行的？敌机是怎样被击落的？我们的巡逻艇又是怎样被炸沉的？没有一个人看见，也没有一个人知道。

当天傍晚，在汽笛的齐鸣中，在飘扬的旗海中，在水兵和渔民的泪眼模糊中，沉没在浅滩上的巡逻艇和全部死难者都被打捞出水面。

巡逻艇中了四颗炸弹，机舱的发动机破碎了，艇尾的副炮毁了，指挥台前虽然中了炸弹，前主炮还是完好的，炮筒上裹着水兵的上衣，想必是炮筒打红的时候，水兵们脱下衣服浸透了冷水裹上去的。信号兵腰部受了重伤，他爬过的软梯，也有血迹，他用皮带把自己绑在桅杆上，忍着伤痛、火烧、烟熏发出最后的信号，以致嘴唇全被自己的牙齿咬破了。艇长小腹上中了一排机枪子弹，他没有倒下，一只手攥着望远镜，另一只手臂挎在指挥台上的铁栏杆上，倾斜着身子，睁着眼睛，张着嘴，仿佛还在喊叫射击口令。操作兵头顶上中了弹片，因为有短发覆盖着，所以看不出伤痕。他半闭着眼睛，紧紧地抱着舵子，好像远航归来后暂时的小憩，一会儿，还会醒来。无线电兵和三个轮机兵，他们的遗体已经难以分辨了。八个枪炮兵都赤着膊，他们的胸部完全被射击的时候炮筒喷射出来的硝烟熏黑了。枪炮长胸前更有一片火燎的水泡。他们的遗体，已经被波浪冲击得离开了艇身，是从海里寻找到的。只有炊事兵离开了自己的岗位。他被卡在左舷的铁索上，但他的手里拿的不是饭勺和菜铲，而是一支不知从哪个战友手中接过来的冲锋枪。

巡逻艇的弹药仓中，没有留下一颗炮弹，每支冲锋枪中，没有一颗未出膛的子弹。战斗打得多么激烈！敌人是多么疯狂！但是我们的水兵又是多么的顽强！

他们——参加这次战斗的十七个水兵英勇牺牲的壮烈事迹，很快传遍了整个舰罗港。在渔民的心中，化为了无数动人心弦的美妙传说。有人说，这十七个水兵并没有死，每天还和往常一样，巡行在祖国领海的边缘；有人说，在风起云涌的夜里，曾经听到过他们驾驶的那只巡逻艇，在风浪中奔驰着、呐喊着，带着仇恨、带着血迹前进，而当浪尖上粼光一闪的刹那，就看见那个年轻的信号兵高高地站在指挥台上，挥舞着缀有两条飘带的水兵帽。

是的，他们并没有死，他们永远活在人们的歌声中、传说中，他们是永生的。我为他们而感到自豪！我想，我们的孩子，将来在欢庆每一个胜利的节日的时候，会怀念起这个时代，会怀念起他们和他们一样的革命烈士的。

我怀着崇高的敬意和海军大尉默默地告别了橘园，迈开大步，沿着海边那鹅卵石铺砌的小路往回走去。远处，舰罗港正被迅疾的海风卷起万堆白浪，汹涌地冲击着沿岸，发出呼啸的声音。

这是已故著名作家兼诗人闻捷的作品。作品中所表现的时代离我们已有段距离，但它所反映的精神，在今天仍被称为"主旋律"。

闻捷的作品被称为"激情的赞歌"。在这篇作品中，作家以饱含深情的叙述为我们描绘出特定的情景，讴歌了时代的英雄，将"叙述"与"抒情"完美融合。在叙述中完成特定情感的抒发是其作品创作的显著特征。

处理提示：

1. 表达这篇作品，应抓住倒叙的写作方式，营造一种意境，朗诵者自己要始终沉浸其中，以娓娓道来的方式给听者讲述一个自己也深为感动的故事、一段深刻的体验和一种孜孜的思考。

2. 作品表达应情浓声控，风格质朴，内涵深厚。处理有层次、变化。

3. 表达中除了有叙述，还要体现议论、抒情、描绘的功能及写法。

留在异国他乡的志愿军老兵

作者　魏淑文

我在朝鲜留学的时候，常和同学们一起四处走走逛逛。我们住的地方是一个不大又不太发达的城市，较少现代气息，不过，最令人羡慕的就是那里的大学比比皆是。

我们常去的地方就是农贸市场了，那里用高价能买回新鲜的水果。虽然，农贸市场离我们的住处不算近，得有六七里路。通常，我们都是利用周末结伴去。

有一天，从农贸市场回来，在路上，我们看到一位修鞋师傅，忙用生硬的朝语问价："钉两个皮后跟，'而吗'（多少钱）？"

修鞋师傅望着我们，和善地说："总共留花僧？"即中国留学生的意思。

我们顿时兴奋起来，忙说："耶耶（对）！"

修鞋师傅把其他客人打发走，让我们坐在小板凳上，开始为我们修鞋。我们在心里嘀咕：问了半天价，也没告诉我们。真不知道要多少钱？

工夫不大，几双皮鞋全部修好了。我们问："一共多少钱？"

"不要钱。"修鞋师傅用纯正的中国话字正腔圆地回答。我们傻了，等到醒悟过来连忙问："大叔，您会说中国话？"

修鞋大叔笑眯眯地点点头。

"太棒了！以后，我们有地方说话了。"见到这位会说中国话的朝鲜大叔，我们高兴得不知该说什么好。

给钱的时候，大叔说什么也不要。他说："不要中国人的钱，我愿意为中国人免费修鞋。"

我们说："您不要钱，生活怎么办？"

"家里生活挺好，没问题。"

从此，我们在远离家乡的地方，认识了一位修鞋大叔，他给我们的生活带来了神秘与快乐的色彩。只要有空，我们去他那里，看他修鞋是一大享受，锋利的修鞋刀拿在手上，三下五除二，就把该去掉的皮子去掉，要多薄就有多薄，要多厚就有多厚。长长的锉子看起来笨笨的，握在手上，他就能做出精细的活儿。只是可怜那双大手，无论春夏秋冬，都要暴露在外，皮肤十分粗糙，手背上的三道青筋凸显，所有指甲的四边都被黑色镶嵌，外端指甲尤甚，那黑色已经渗透到肌肤之中。

说来也怪，只要当地人在场，无论我们怎么用中国话与他交谈，他都像没听见一样，一如既往地用朝语和我们交流。当只剩我们几个留学生的时候，他就用中国话与我们交谈。

他详细地问中国的情况，北京的变化，问我们对改革的看法。我们一边回答，一边也询问他的情况。

双方非常珍惜这种交流，每次都觉得时间过得太快……

我们几次提出想与他合影，均以他摇头告终，他不仅不同意和我们一起照相留影，也从不邀请我们去他家做客。

4月5日，我们全体留学生到志愿军烈士纪念墓扫墓，这里葬着108名将士的忠骨。我们把事先做好的白花别在胸前，站好队，向烈士们三鞠躬，表达我们的哀思。然后，围着巨大的坟冢，把我们从北京带来的二锅头酒，洒向每一个角落。

我们想到，烈士牺牲的时候，大多数都是二十几岁的年轻人，他们把自己年轻的生命，献给了朝鲜人民。同时，把自己的躯体也留在了异国他乡的土地上。此时此刻，一股酸楚从心底涌来，我们哽咽地说："亲爱的同志们，今天，我们专门看你们来了，你们好好歇息吧！"

整个墓地，一片呼唤亲人的凄惨哭声。

只有此时，我才真正从书本中走出来，懂得抗美援朝的沉重感，使命感。我才真正理解战争的残酷，战士们的献身。

自从扫墓回来以后，大家都沉默了许多。

几天后，我们又坐在了修鞋大叔的小板凳上，聊起了志愿军，聊起了我们扫墓时流下的泪水，聊起了志愿军战俘，他使劲睁开被岁月磨砺的已经变小的眼睛，专注地望着我们，听我们叙述。我发现他的眼睛装满了泪水，他背过身去，用手背擦去了已流淌下来的泪水。

这时候，我突然问他："大叔，你是记问棍吗？"即志愿军的意思。我们几位都盯着他看。他没有说"是"也没有说"不是"，只是用眼神与我们交流着……向翻译密码一样，我们读懂了那眼神，他就是我们的志愿军，他就是我们的骨肉同胞啊！我们似乎看到了一颗鲜活跳动的心，一名远离祖国多年的志愿军的心和我们亲爱的祖国紧密相连，贴得如此之近，和我们的心紧紧连在一起。

我们完成了预期的学习任务，就要回国了。大家凑在一起商量怎样与修鞋大叔告别，商量来商量去也没有个好办法。我们深知这次告别也可能是我们之间永远的别离。他可能早已更名换姓，然而永远改变不了的是那颗中国心。最后大家的意见是把个人手中的朝币全部集中起来留给他，虽然管不了什么用，但留下的是我们对他的眷恋与关心。有的同学提出："他还像过去不要怎么办？"大家一致回答："扔下钱，我们就跑。"

第二天下午，我们一行十人来到了修鞋大叔的身旁，由班长说明我们是专程与他告别的，希望他以后多保重，别太劳累了！天气太冷或天气太热的时候，就不要出来了，别冻坏自己，别热坏自己，岁数一天比一天大了，要知道照顾好自己……

修鞋大叔满含深情地望着我们每一个人，他露出了坦诚、难舍、忧郁、想对我们诉说一切又不愿意诉说的缠绵的目光，那目光跨越了风风雨雨几十年。

岁月是无情的，它不仅在我们的脸上刻下标记，而且它将冲走以往的记忆中的许许多多的东西，可是我想，只要还活着，我就不会忘记在朝鲜度过的那些难忘的日子，更不会忘记修鞋大叔那离别前坦诚、难舍、忧郁，想说又不能说的缠绵的目光。

这篇散文出自北京女作家魏淑文《上善若水》散文集。作品记述了一段中国留学生在朝鲜留学的经历，介绍了一位前志愿军老兵与他们交往的情景。文中那一个个充满温情与悬念的片段，给人留下太多的不解与感触。这里可能情况复杂，不了解与之相关的背景很难理解，但我们毕竟知道了那人就是我们的志愿军，他始终拥有乡情。

处理提示：

1. 要深究作品涉及的时代背景，了解其前后的一切，对理解作品中的人物有很大帮助。

2. 此作品的基调应深情、悬疑地；要注重把握层级、内在感觉，并有不同的变化。

3. 确定叙述者身份、性别、年龄等，把握好人物的语言、声音、说话方式等。

宇航员之死（节选）

1967 年 4 月 23 日，前苏联著名宇航员弗拉基米尔·科马洛夫一个人驾驶着"联盟一号"宇宙飞船，完成任务之后，正在胜利返航途中。

就在此时此刻，全俄罗斯的电视观众，包括科马洛夫的家人、同事都在电视机前激动、紧张地收看宇宙飞船的返航实况。当飞船返回大气层后，需要打开降落伞以减慢飞船速度。科马洛夫在操作时突然发现怎么也打不开降落伞。

地面指挥中心采取了一切可能的救助措施帮助排除故障，但都没有成功。经请示上级，同意将实况向公民们公布。

电视台最著名的播音员以沉重的语调宣布："'联盟一号'飞船由于无法排除故障，不能减速，将于两小时后在着陆基地附近坠毁，我们将目睹宇宙英雄科马洛夫遇难。"

科马洛夫的亲人被请到指挥台，指挥中心的首长通知科马洛夫与亲人通话。"科马洛夫同志，看见你的亲人了吗？请和他们讲话。"科马洛夫控制着自己的激动："首长，属于我的时间不多了，我先把这次飞行探险情况向您报告……"

　　首长哽咽着说："谢谢你，录音已经准备好了，请讲吧。"科马洛夫开始了急促而有序的讲述，因关系到国家机密，指挥中心暂时关闭了电视直播传递。

　　生命在一分一秒中消逝，科马洛夫目光泰然，态度从容，他整整汇报了几分钟。汇报完后，国家领导人接过话筒宣布："我代表最高苏维埃向你致以崇高的敬礼，你是苏联的英雄，人民的好儿子……"

　　当问科马洛夫有什么要求时，科马洛夫眼含热泪："谢谢，谢谢最高苏维埃授予我这个光荣称号，我是一名宇航员为祖国的宇航事业献身，我无怨无悔！"

　　领导人把话筒递给科马洛夫的老母亲，母亲老泪纵横，心如刀绞，泣不成声。科马洛夫笑着说："妈妈，您的图像我在这里看得清清楚楚，每一根白发，每一条皱纹。您能看清我吗？"

　　"能，看得很清，你不愧是妈妈的好儿子，你放心吧，妈妈一切都好。"老太太难忍悲痛，将话筒递给科马洛夫的妻子。

　　科马洛夫给妻子送来一个调皮而又深情的飞吻。妻子拿着话筒只说了一句话："亲爱的，我好想你！"就泪如雨下，再也说不出话来。

　　科马洛夫脱下宇航服，拿出一支金笔对妻子说："这支金笔随我飞入太空，是我珍贵的东西，我用宇航服把它包好，待会儿的大爆炸，不会对它造成损伤的。请把它转赠给你未来的丈夫，我会在天堂里祝你们幸福。"

　　科马洛夫 12 岁的女儿接过话筒，泣不成声，科马洛夫微笑着说："女儿，你要坚强，不要哭。""我不哭，爸爸，你是苏联的英雄，我是你的女儿，我一定会坚强地生活！"

　　刚毅的科马洛夫禁不住落泪了，他叮嘱孩子记住这个日子，以后每年的这个日子到坟前献一朵花，向爸爸汇报学习情况。

　　……

　　时间只剩最后几分钟了，科马洛夫毅然地和女儿挥挥手，面向全国电视观众："同胞们，请允许我在这茫茫太空中与你们告别……再见了！"

　　永别的时刻到了——轰隆一声巨响，整个苏联一片肃静，人们纷纷走向街头，向着飞船坠毁的方向默默地哀悼。

　　　　　　　　　　　　　　　　　　　　　　（选自语文课文《悲壮的两小时》）

作品背景：

　　这个作品是来自《读者》1995 年第 2 期，原标题为《宇航员之死》。教材的编撰者在将其编入教材的时候，对文章作了删节并改动了标题。

　　2011 年 3 月 25 日的《青年参考》（作者：章鲁生撰文，原题：《"这次飞行我不可能活着回来了！"：官僚政治将苏联宇航员推上"死亡之旅"》）——当飞船绕地球飞行到第二圈时，科马洛夫向地面报告说：飞船左边的太阳能电池帆板没有打开，无线电短波发射机没有工作，飞船处于不规则运行中。"联盟一号"飞船在绕地球飞行第 17 圈时返回地球。

1967 年 4 月 24 日凌晨 6 时 24 分，带着火光的"联盟一号"坠毁于乌拉尔地区奥尔斯克以东 65 公里处，发出猛烈的爆炸声。科马洛夫当场身亡。

科马洛夫的死几乎是可以预见的。遇难后的科马洛夫只剩下一点足骨，身体的其他部分化为灰烬。苏联官方给他以国葬的待遇，骨灰存放在克里姆林宫城墙下。

1971 年 8 月 2 日，"阿波罗" 15 号飞船登月时，美国宇航员带去了一块刻有已故苏美宇航员姓名的铭牌，安放在月球上，其中就有科马洛夫的名字。

处理提示：

1. 应把握主题思想，无论这个事件的背景究竟如何，这位苏联宇航员都是值得人们尊敬的英雄。毫无疑问，这篇作品的朗诵基调应当是深情赞颂的。

2. 表达的叙述语言大气、层次清晰、带有激情。

3. 人物语言重在写意、传神，不要太表演。

狼心、良心（节选）
作者　张正直

弟弟曾在新疆当过兵，杏子将熟的季节，我和弟弟踏上了去新疆的列车。到达库车时多数杏子尚未全熟，弟弟要到原部队访战友，于是，我们便租了一辆越野吉普车，向 250 多公里外部队营房驶去。在离部队还有几十公里远的地方，吉普车突然抛锚，我和弟弟只好抄近路步行去部队。大约走了 10 公里时，天色暗了下来，一钩残月挂上天边。由于离天山很近，雄伟的雪峰将这里映照得白茫茫的。当我们经过一片沙枣林时，忽听林丛中有个异样的声音。

……

这时，从狼群里走出了一只白狼。这只狼身材高大，从前爪到头部足有 1.5 米长，浑身雪白，前额上有一个灰色的倒三角，一对铜铃般的绿眼睛闪烁着凶残的光芒，一条半米长的尾巴高傲地摇来晃去，四周的草木被打得"叭、叭"作响。我的心一惊，经常在书中读到的"狼王"今天真的出现了。狼群见到狼王后，纷纷退到它的身边，仿佛像一群士兵簇拥着它们的元帅一样。我和弟弟自然成了它们唾手可得的猎物，它们想让狼王展现它的捕食绝技，然后分享我们的血肉。

……

狼王高傲地走到离我们十米左右的地方，一双幽绿色的眼睛半眯着，轻蔑地望着我和弟弟。接着，快速后退了两米多。然后，竖起了身上的毛，前腿趴下，身体弯成了一条弧形，一双眼睛死死地盯着我俩，那对长长的白牙露在外面，闪着冰冷的寒光，做出来起跳捕食的形状。狼群站在狼王的身后，嗷嗷嚎叫，以示助威。狼王和我俩相持了大约三分钟，突然长嚎一声，仿佛像一道白色的闪电，突地腾空而起，身子在空中划了一道长长的弧线。几乎同时，我和弟弟都闭上了眼睛，腰刀掉在了地上，因为我俩清楚，在狼王和二十余只狼面前任何反抗都是徒劳的。

就在这千钧一发之际，奇迹出现了，狼王突然停止了攻击，而是落在了我俩面前一米远的地方，怔怔地望着我俩，先前还高耸的狼毛慢慢地倒下了。继而，狼王慢慢地走到弟弟身边，先像孩子似的啼哭了几声，然后，立起身子，温顺地舔着弟弟的手。一双绿莹莹的眼睛也变得温顺起来，在雪光的映照下泛着泪光。

忽然，狼王跑回狼群，仰天长嚎了几声，刚才还凶神恶煞的群狼顿时变得像一只只温顺的家犬，四下走散了，很快消失在茫茫的戈壁滩上。那只刚才欲复仇的母狼也叼着受伤的小狼缓缓地走进了远处的沙枣林。狼王又再次来到弟弟身边，惊魂未定的弟弟似乎猛地醒过来，他冲着狼王喊道："雪龙，原来是你呀！"狼王听到弟弟的喊声，马上像懂事的孩子一样将长长的尾巴夹在腿间，乖乖地趴在地上。我被刚才惊险、离奇、戏剧性的一幕惊呆了！如果不是亲眼所见，我甚至怀疑这是小说里的荒诞故事。

原来，眼前的狼王是弟弟曾经救过的一只小狼。那时弟弟在这里当兵，到农贸市场买菜，看到一个铁笼子里一只雪白的小公狼，腿已被铁铗夹伤。弟弟见此情景，便以170元的价格买下了这只狼崽。弟弟偷偷将小狼藏在部队废弃的猪圈里，又到卫生室要来了药棉、消毒粉、纱布等药品为小狼包扎好。从此，弟弟总想方设法弄来一些肉喂它，小白狼很快恢复了健康。这时，弟弟为它取名为"雪龙"。4个月后，弟弟将"雪龙"在戈壁滩上放生，想不到今天，在这场生死遭遇中又和它意外相逢。

听了弟弟的简短叙述，劫后余生的我猛地抱紧了弟弟，兄弟二人紧紧相拥，泪如雨下，深深地体会着生命的珍贵。狼王围着我和弟弟转了几圈后，突然仰天长嚎了一声，便两步一停、三步一回头地慢慢地向戈壁深处走去。

望着狼王渐渐远去的身影，我猛然想起了"狼心狗肺"这个成语，释义是比喻心肠狠毒或忘恩负义的人。很显然，这是人类对狼的偏见，其实狼更懂得知恩图报。

作品背景：

这是一篇记叙性散文，是一个人与狼的故事。作者在开头写了这样一段话："1995年，我和弟弟到新疆库车去贩白杏，遭遇了一场人狼之间的恶战，最终在一只义狼的帮助下，狼口逃生。十多年过去了，我仍对那次遭遇心有余悸，对那只义狼感念有加……"已闭目等死的哥俩，因弟弟救过狼王，被狼王认出后它竟率众狼依依不舍中离去，没有伤害他们。这是一个人与动物、人与大自然的问题？抑或是世间的因果报应、善行规劝？可能都有，也可能只是一个真实的故事，而它的确带给人们许多思考。

处理提示：

1. 不必人为拔高作品的思想性与目的性，应进入作品的规定情境真实感受。

2. 关注、明确朗诵的层级性、节奏的变化与对比，应真想、真看、真感觉。

3. 朗诵语言是自述性的，用声应小而实，表达要有虚实、快慢等节奏的变化。

第十章

诗 歌 朗 诵

诗歌朗诵，在文艺作品演播中重要而独特。重要，在于它的情感和表达大多变化幅度大，具有丰富的技巧性，这对于学习文艺作品演播技巧，无疑是重要的。独特，在于其创作和表达的形式具有独特性。本章介绍了格律诗和自由诗的朗诵。

第一节　诗歌的认识

一、诗歌的概念

诗歌，是一种具有韵律、句子分行排列、词语高度精练并能创造主、客观和谐统一意境的独特的文学体裁。

二、诗歌的种类

按有无完整的故事情节划分，诗歌可分为"叙事诗"和"抒情诗"。

叙事诗，有比较完整的故事情节和人物形象。而抒情诗，则通过直接抒发诗人的思想感情来反映社会生活，没有完整的故事情节和人物形象。

按有无格律划分，诗歌分为"格律诗"与"自由诗"。

格律诗的形式有一定规格，音律有一定规律，可以有变化，但需按一定的规律变化（绝句可不讲对仗）。而自由诗是由白话写成的诗，语言不讲究格律，诗的段数、行数、字数也没有固定规格，但有节奏并多押大致的韵。

此外，还有兼备诗和散文特点的"散文诗"，它有诗的意境，但又如散文一样不分行也不押韵。

三、诗歌的特征

（一）集括性

"诗歌不像小说和戏剧那样，对作品中所反映的社会生活作全面、细致和具体的描绘，而是通过某个最富有特殊意义的生活片段来表达、抒发诗人的思想感情。"

（引自《文艺小百科》第 54 页）。因此，诗歌对社会生活的反映是高度集中和概括的。

（二）跳跃性

诗歌反映社会生活高度集中和概括，又篇幅有限，分行排列，因此语言必然是精练的，甚至每个字都要反复推敲，使之表现思想感情和描绘形象能够最充分、最经济。集中、概括性的内容与精练化的语言，以及创作运思的快速转换，就构成了诗歌跳跃性的特征。诗人通过强烈的情感与丰富的想象将其独特的感受创造为艺术形象和艺术境界浓缩在诗里面。

（三）音乐性

诗歌语言还具有音乐性，诗歌的音乐性表现在它的节奏与韵律上。诗歌的感情起伏强烈，有一定节奏，有节奏又押韵，音调就和谐、动听，构成音乐性的内涵，形成一种律动的美感，可唤起听者的相应情绪与美感。

第二节　格律诗的朗诵

一、格律诗的说明

格律诗，指中国古典五言、七言的绝句和律诗，格律诗中的"格"是格式，"律"是声律，声律包括平仄和押韵。格律诗对其字数、句数、平仄、押韵和对仗都有严格的要求。根据诗的字数和句数的不同，又可分为三种，即律诗、排律和绝句。

"律诗"有五言、七言之分。五言律诗每首为八句，每句五个字，共四十个字。

"排律"也叫"长律"，至少在十句以上，有长达一二百句的，多是五言，七言的很少。

"绝句"，又叫"截句"，是截取律诗的一半之意。绝句也分五言、七言。五言绝句是每首四句，每句五个字，共二十个字。七言绝句每首四句，每句七个字，共二十八个字。以上这三种都必须讲究平仄、押韵与对仗（绝句可不讲对仗）。

平仄，是根据古代汉语的声调来确定的。律诗的平仄格式是固定的，形成几种格式。"平"，在古代汉语中指"平声"，在现代汉语中则指"阴平"和"阳平"。"仄"在古代汉语中指"上声""去声"和"入声"。而在现代汉语中指"上声"和"去声"。诗歌的平仄交错，可使声调多样化，使人听之和谐悦耳、音韵铿锵。

对仗，就是在一联的出句和对句中，（每两句相配称为"一联"，一联的前一句叫做"出句"，后一句叫做"对句"）把同类性质的词依次并列起来，如名词对名词、动词对动词、形容词对形容词、副词对副词等。（绝句不讲究对仗，用不用对仗都可以。）对仗的种类有很多种。

押韵，指把同韵母的字放在同一位置上（一般都放在"对句"的句尾处），押韵不止是律诗不可缺少的条件之一，也是一般诗歌所应具备的共同特点。

二、划好语节

凡格律诗都有一定的句数和每句的字数，它是用明显的格律来包容凝聚的思想感情。因而我们在朗诵前，应参照诗句的具体语义及每行字数划分为一定规律的语节来表现它。

语节：相似于在音乐中的节拍，每一语节中字数多，字的疏密度就小，反之，字数少，其疏密度就大，这也形成语流速度的不同。中国古典诗歌的节奏比较规整，节拍感很强，它们都体现在语节上，而语节的存在正是格律诗的重要标志。不同的格律诗有不同的语节划分（当然，中国古典诗歌也有非格律诗，如"歌行体"）。因此，划好语节就成为朗诵格律诗的第一步。

顿数：中国古典诗歌中每句都有一定的"顿数"，并有规律可循。

一般，"五言诗"是每句两顿，每顿两个字或一个字，并且主要第三个字或第五个字可以一个字一顿。而"七言诗"则比五言诗增加一顿为每句三顿，其主要是第五个字或第七个字可以一个字一顿。实际上，格律诗的节奏主要在于平仄格律，而平仄的安排又是与"顿"相结合的，在顿与顿之间，就形成了一定的语节。

照此说来，我们朗诵格律诗无须再变化语节了，按照以上划分规律不是就可以了吗？诚然，照此规律朗诵格律诗是可以的，它有较强的韵律感、品味感与吟诵感，有时，还可有力地点指"诗眼"。但有时也会显得生硬，甚至破坏诗句中语义的完整性，因而，从这一角度出发，有些诗可以减少顿数，将五言诗改为一顿，或将七言诗改为两顿。这样，可以使诗的语义完整，让人听得更清楚。

比如，王维的《鸟鸣涧》，这首诗写的是山中春夜的独特景色和幽静的境界。作者王维是写"山水诗"的高手，他的山水诗多给人以情景交融、浑然一体的美感。他往往以疏淡的笔触勾勒出一幅幅深含意境的"山水图"。由于王维信奉佛教禅宗，所以，他的山水诗多用"空""静"等字，难怪有人认为王维的山水诗颇具禅意。

朗诵这首诗，根据诗中字与词所起作用，诗意，语节和顿数的划分，可不同一，请看如下处理，可划分为两种：

鸟 鸣 涧

王 维

第一种：

人闲——桂花——落，夜静——春山——空。

月出——惊——山鸟，时鸣——春涧——中。

第二种：

> 人闲——桂花落，夜静——春山空。
> 月出——惊山鸟，时鸣——春涧中。

具体朗诵时，基调应恬淡、舒缓，语速要慢一些，用语言声音画出诗人脑海中春夜幽静的景象。

又如，李白的《早发白帝城》，据说这首诗是李白晚年因事被流放夜郎的途中遇赦时所作。李白是人们熟知的大诗人，他想象丰富是积极浪漫主义的大师。这首诗道出了诗人遇赦后在归途中愉快、急切的心情，文笔轻快，读来使人产生身临其境之感，有一种开朗豪放之胸怀，勇往直前之形象。

这首诗每句为七个字，按一般规律可以分为四个语节、三个顿。具体处理也可划分为两种：

早发白帝城
李 白

第一种：

> 朝辞——白帝——彩云——间，
> 千里——江陵——一日——还。
> 两岸——猿声——啼——不住，
> 轻舟——已过——万重——山。

第二种：

> 朝辞——白帝——彩云间，
> 千里——江陵——一日还。
> 两岸——猿声——啼不住，
> 轻舟——已过——万—重——山。

以上的五言诗和七言诗的语节、顿数究竟哪一种划分更合适，以笔者之见，可根据具体情况而定。如果用于古典诗词赏析的讲解中，可采用第一种，因它能较好地体现中国古典诗歌的特征。如果是古诗词欣赏中的朗诵，采用第二种划分较好，因它能较完整、清楚地体现诗意，朗诵起来也不过于死板。尤其是诗句最后三个字关系较紧时，应形成"三字脚"（启功语）即句末三个字要与前边的几个字分开。"三字脚"可处理为"一、二式""二、一式"或"一、一、一式"。

三、押住韵脚

在诗句末尾韵母相同的字称为韵脚。马雅可夫斯基曾说："没有韵脚，诗就会散架子的。韵脚使你回到上一行去，叫你记住它，使得形成一个意思的各行诗维持在一块儿。"韵是诗歌语言音乐性的重要条件。押韵可以使诗歌具有优美、和谐的音声美，以此抒发诗人内心的情思，使听者更好地欣赏它。韵脚的呼应还可以形成一定的节奏。因此，在朗诵格律诗时，一定要重视韵脚、押住韵脚，予以显现，不可"藏韵"或者"跑韵"。"显韵"的方法可将韵脚的音韵读得夸张一些，给予凸显。

比如，孟浩然的小诗《春晓》，唐朝著名诗人孟浩然，是以隐居终其一生的。诗人洁身自好，把感情倾注于山水自然景物之中，孟浩然的创作平淡自然，却情致不凡。《春晓》这首小诗，写出了诗人担心风雨使花儿飘零，却对此无奈，诗人有种惜春和爱怜之情，所叹的是春光易逝，风雨无情。

春 晓

孟浩然

春眠不觉晓，　　　"晓"（xiǎo）
处处闻啼鸟。　　　"鸟"（niǎo）
夜来风雨声，　　　"声"（shēng）
花落知多少。　　　"少"（shǎo）

此诗的"闻"字可作为诗眼。

这首的特点是"遥条辙"的韵，一韵到底。仅第三句末尾的字音脱韵，这是格律诗创作所允许的。在朗诵时，为了凸显其韵脚使之"显韵"就可将"晓""鸟""少"三个字读得"上声"音调更完满，"韵母"拉得更开，用气托住，此字的声音时值要明显长于句中的其他字音。如此处理便可达到夸张、凸显的效果了。此诗韵脚的定位呼应又形成其节奏，读来有种声音、诗形迴环之美。

四、音韵夸张

由于格律诗的每个字或词都含有相当的容量，诗人炼字很精，因此，在朗诵时，音韵一般都发得较完满甚至夸张些，有种吟诵感，以体现其内蕴与情致，表现一种诗境。尤其在"诗眼"和"韵脚"处，更应夸张点染于声。简言之，格律诗的朗诵，语流不可太快，唯此，方可细细品味欣赏其妙趣、情趣、理趣与谐趣，使听者有体味的过程以引起共鸣。反之，语流过快，朗诵者的体味过程与抒发态势及听者的接收、消化过程都会受到阻碍，于诗歌的朗诵和欣赏都不利。

五、规中求变

格律诗的朗诵有其明显特点即合辙押韵，并有一定节律。如若朗诵起来四平八稳一个劲，便难以抒发诗人澎湃的激情或细腻的情致。因此，我们在朗诵格律诗时，可根据诗的意境与情感运动，在不破坏语节、顿数和显韵的前提下，注意调整语流速度与声音抑扬，使之发生变化，以改变朗诵节奏呆板的状况，更好地抒发诗情。

比如，杜甫的诗《春望》，为了较生动、准确地表现出诗圣杜甫在战乱年代的苍凉心境，我们可以将其诗做如下处理。

春 望
杜 甫

国破山河在，城春草木深。　}　中速、均抑

感时花溅泪，恨时鸟惊心。

烽火连三月，家书抵万金。　}　稍快、稍扬

白头搔更短，浑欲不胜簪。　}　抑、慢、更抑、更慢

　　将此诗做以上处理，以表现诗人内心细腻的变化，情感的动荡。前四句，用下行语势、中速，体现诗人视野所及荒凉的客观外界与其主观的苍凉心境；下面两句，用上行语势、语速稍快，以表现诗人盼接家书的急切、激动之情；最后两句，则仍回到下行语势，并伴以滞重的语速，来体现诗人面对现实的沮丧、沉郁的情状。如果，仅以相同语速、固定语调和单一语势来朗诵此诗，则很难充分、贴切地表现出此诗的内涵和细腻情感。当然，每个朗诵者都可有自己独特的感受与处理，终究"诗无定解"。

　　值得提及，格律诗的朗诵，在我们了解其创作规律之后，不能以此为框，只注意遵循这些形式要求，朗诵死板，成为读字机。而应在了解诗歌背景和充分理解、感受诗歌内涵的基础上，大胆运用语言表达内外部技巧，利用音色、音高、音长、音强等创作材料，发挥语言表达"二度创造"的主动性对诗歌进行阐释。这样的朗诵才是好的格律诗朗诵，也是现代格律诗朗诵所需要的。

　　格律诗的特征在于其形式规整，这便给朗诵好格律诗带来一定的难度。在这种规律之中欲将诗的不同情思与意境充分表达出来是极其不易的，既要注意规律，又要表现个性，既要顾及形式，更要注意内容，这无疑给朗诵者带来很大难度。为了兼顾内外两方面，朗诵者就不能在这种种规律面前丧失表达处理的主动性，尤其可在语速、语调、语势、音色、音高、音强等方面加以调整。不可存在一种糊涂认识，以为格律诗朗诵都有现成固定的格式和调子，朗诵者对此无能为力，由此形成朗诵格律诗呈一种模式，求形大于神。实际上，越有一定之规越显死板，有时更需要朗诵者做适当处理，以显现诗的鲜活个性和听之不厌。当然，这种处理变化不得超出其原则、规律范围。

　　值得提及，除了上述格律诗外，我们还经常接触到"古风""歌行"以及"宋词""元曲"，等等，对它们的朗诵，一方面可参照"格律诗"的处理方式，另一方面也应根据作品的不同形式和语言特点，对语节、顿数进行划分，以体现作品的不同内容与形式。

　　总之，朗诵好格律诗的基础，在于对中国古代诗词的创作规律和艺术表现有所了解，并需要较高的文化水平和艺术修养，方可理解之、驾驭之、表现之。

第三节 自由诗的朗诵

一、自由诗的说明

自由诗也叫现代诗，是诗歌的一种，与古典诗歌相对而言，一般不拘泥格式和韵律。自由诗，就其表现形式而言，完全打破了古体诗在诗体上的种种限制。如它的字、句数完全根据诗的内容叙述和情感的抒发需要而长短不一，参差错落，表现出句无定字、篇无定句的特点。它主要的句式结构为四行一节，行无定字。也有的是两行一节，或三行、五行、六行一节，甚或有时根据内容与情感的需要，而三行、四行、五行、六行等一节交叉使用，如贺敬之的诗《雷锋之歌》的创作等。还有的诗根本不分节，一气呵成。"这种富于变化的句式和结构更适于表现现代人丰富复杂的思想感情以及当今快速变化的社会生活。"但无论怎样变化，都要有诗的形式，林默涵曾经指出："……诗的形式是根据民族语言的特点、社会生活的变化和诗歌创作的发展而形成、演变和创新的，但它具有相对的稳定性。没有诗的形式，也就没有诗，而变成别的艺术品种了。"（引自《诗的技巧》第 296 页）简言之，没有诗的形式，也就没有诗。

自由诗，就其表现内容和创作手法大体可分为：抒情诗、叙事诗、哲理诗、朦胧诗和爱情诗几种。

抒情诗与叙事诗的内涵前边已涉及。哲理诗是包含有哲理意味的诗，其中有典型的哲理诗，也有带哲理意味的抒情诗。朦胧诗，实际上是指一些运用象征、隐喻等手法创作的新诗。爱情诗，顾名思义主要是表现爱情内容的诗。

如何朗诵好一首自由诗呢？它的要领有哪些？

二、深入心灵　激起诗情

一般而言，要表达好一篇文艺作品必首先要理解它、热爱它，才能产生自己的真情实感并激发出表达的强烈欲望和激情。朗诵诗更是如此。

从创作角度讲，诗歌是抒情艺术，不是再现艺术。因而，无论是抒情、叙事、状物、喻理等都源于并带有诗人强烈的主观感受、浓郁的主观色彩及鲜明的个性。诗不同于戏剧、小说，不是靠内容、情节外化作者的认识、感悟与体验，主要靠诗人个体情感的直接抒发，有感而发，构成个体宣泄形态物。一首好诗绝不会是无病呻吟，它是诗人感悟、情动最深的外化物，注入了诗人创作的引源及思维、情感之流。因而，我们要朗诵好一首诗，首先要进入"作者"的心灵，弄清诗人创作的冲动点，理清其创作的"情源"与"情流"。所谓"情源"是指作者由什么引起的创作冲动。如艾青的政治抒情诗《光的赞歌》，据说是诗人在擦台灯时不小心被电了一下，他感到了"电"的威力，由此引起他创作这首诗的冲动；所谓"情流"是指诗人的创作思路、情感的流向途径，是它连缀起一个个意象、一个个跳跃的思维点，抓住了它便可理清诗人的思脉。通过对诗有关的各种背景的了解，搞清诗中的所指，产生对诗的初步了解，再融入自己的认识与体验，就会对此产生一种接近感与喜爱之情；取得诗人的创作因子，又深植于"朗诵者"的心灵，形成同构、共识，也就自然生发出表达的真情实感和宣泄的激情；最终通过真挚、准确和充满激情的表达便可进入"听者"的心灵，与其产生共鸣。在这里，诗本身作为交流媒体沟通着作者、朗诵者与听者三个心灵。

众所周知，对于诗的理解往往要难于对散文、小说、戏剧等其他体裁作品的理解。原因在于诗歌创作的特征，来源于诗歌创作的思维方式。诗歌是极富想象的艺术，而想象具有感知、情感、理解三要素，"想象基于感知而又改造感知，移情使感知变形，理解化感知为象征。诗的形象思维和小说、戏剧不同，就在于诗人循着想象的逻辑，而不是感知的逻辑来进行构思。因此，诗的世界和日常的世界往往很不一样。唯其'不一样'，它才有诗的特别味道。"（引自《中国现代朦胧诗赏析》第82页）除了诗歌创作中的"改造""变形""象征"以外，诗歌创作的精炼性、跳跃性又会使诗人完整的思维分割成一个个凝结点，显现在文字上，呈单线型的逻辑思维与呈复合型的形象思维构成的诗的意象和情思，注入在诗句中并非序列清晰，充其量它们仅是一颗一颗未经穿起的珠玉，这条连接它们的线，便是诗人的思路。诗创的运思尤其是其形象思维特征决定"它透明而含凝，引导读者透过感觉而去体验情思……它不是真说，而是暗示"（引自《中国现代朦胧诗赏析》第58页）。诗的形象思维"可以无视日常感觉的持续连贯性，以跳跃来'撕裂'感觉。究其原因，诗歌不以传达感知为目的，而以抒发情思为使命。不拘泥于感觉，诗的构思也就比较跳脱空灵。"（引自《中国现代朦胧诗赏析》第58页）诗思不易掌握，诗义更难把握。诗创的独特手段，如象征、暗示、比喻，尤其比喻的相关性与多义性往往使读者陷入迷宫。若对诗人的生平、创作心态及创作背景等诸方面有所了解，无疑是获得了一把打开迷宫大门的钥匙。

毋庸置疑，要朗诵好一首诗，必先透彻地理解之、把握之，把握的关键在于进入作者的心灵。这可以从两个途径入手：一是，从作品本身探寻，二是，从与作者、作品有关的材料（如作者的生平经历、创作思想、创作背景、创作风格等有关方面）中获得。具体讲，可以从与之有关的介绍、评论文章或作者的文集里获得线索。有条件者，还可直接求教于作者本人。

例如，著名诗人艾青的名诗《大堰河，我的保姆》，有不少人凭自己的想当然误以为诗中所写的"大堰河"，是指诗人家乡的一条河流，由此而认定此诗所表现的是诗人对这条养育过自己的母亲河的热爱之情。而当某位著名朗诵者就此向诗人本人求教后得知，原来此诗根本不是歌颂一条河，而是歌颂一个人，这个人就是诗人童年时代一名叫"大堰河"的保姆，一位普通的劳动妇女（由于当时本地妇女无自己的名字，就将其村名叫做自己的名字）。此诗，是诗人在一所监狱里，看到雪而想起自己童年时的保姆所引起的创作冲动，形成了这首诗的"情源"，随回忆又注成了这首诗的"情流"。若朗诵者不对此诗认真追究，搞清它究竟是写"人"还是写"河"的，情感对象便不准确，便会使自己的抒情陷入某种盲目性，甚或解释不通。实际上，也是对此诗的错误阐释。弄清楚诗中的所指，便可循着诗句准确进入诗人的心灵，然进入诗人的心灵，并不意味着朗诵者本人也会自动具有与作者相同的情思与激情，要想使其心灵产生共鸣，是需要有一番交融的。

有人说："作为一种艺术形式的朗诵，却不止是表达；它同时意味着对作品进行解释。仅仅是表达，仅仅是没有曲解，那还不够，它必须给听众更多的东西，是他们用眼睛阅读文字时所得不到的东西，使听众跟随着朗诵者，更快地、更直接地进入作家所提供的情境（意境），作家敞开的内心世界。这就是说，朗诵者不能只是把文字搬到口头，把无声的语言化为有声的语言，而且需要对作品的艺术内容有自己的体验，自己的理解。"（引自《朗诵艺术谈》第4页）这段话明了点出了朗诵的要旨，即朗诵者是对作品的解释者，而唯有从自己的心中升腾起与作品相同的真情实感，才能化为自己的心声更好地代作者而言，产生朗诵的冲动、真情与激情。

以当代军旅诗人李晓桦的力作《我希望你以军人的身份再生》为例，我们来看看这一朗诵创作的过程。初读这首诗，我们会感到全诗洋溢着男子汉的阳刚之气和强烈的军人意识。诗文引导我们联想到了一幅幅相关的画面：是大火吞噬着美丽的园林、是圆明园残败的景象；是大刀、马队与洋枪、洋炮；是骄横的侵略者与倒下的勇士；是新一代年轻的中国军人宣战的形象……这些画面使我们了解到诗中所表现的内容和情感。但这还只是初步印象，由于此诗时空跨度较大，诗的意向极强，诗的构思较独特是面对额尔金勋爵宣战。因而，要掀起朗诵者表达的真情与激情，不对全诗作更深入的理解与把握，不深入作者的心灵并融于自己的心灵难于达到。为此，我们找到作者的诗集《白鸽子、蓝星星》（此诗正出于这本诗集），欲更多地了解作者本人，更接近他的诗作。正是在这本诗集的序言中，同是军旅诗人、他的战友为我们介绍了作者的全貌："他是一个一米八几具有骑士风度的年轻军人。他从七八岁就穿着改小的军装从军队大院跨进了兵营，他穿军装比穿任何其他服装都更合身，他对军队有着儿子般的依恋之情……"了解了作者，我们便会从他的诗中更加看出他有着极强的军人意识和国家观念。军人与国家是分不开的，战争与军人也是分不开的。作者本人也曾经就他的这首诗阐述自己的观点："军人这个职业实际上是很矛盾的，一方面他反对战争，另一方面却只有在战争中才能显现军人的价值，因而从这个意义上讲，军人又只有和战争相联系在一起。"写这首诗，不只是向额尔金勋爵一个侵略者宣战，而是向所有的历史上侵略过中国的侵略者宣战。了解了诗人的风貌，进入诗人的心灵，再反复阅读此诗加以体味，便可以一个当代军人的思维与情感将全诗一个个单个意象与画面形象穿起、吃透：那是一名当代军人，面对被侵略者焚毁的圆明园的残败景象而生发的愤恨之情和对祖国昨天的无奈之情；那是一名当代军人在以自己的勇气和实力向祖国的敌人宣战："从我们这一代起，中国将不再给任何国度的军人提供创造荣誉建立功勋的机会!"显示出中国当代军人的风貌与实力。这便是全诗的意境与情思、情源与情流。它所表现的，不是当代军人的好战，实在是要洗刷昔日耻辱的热望，它所表现的宣战方式不是作者个人英雄主义的膨胀，而实在是诗人气质特征的显现。

了解了作者，理解了作品，深入到作者的心灵，抓住了诗魂与诗貌，并不意味着朗诵者自己就能发自内心产生表达的真情实感与激情。因为作者的所思、所感要变为朗诵者自己的心理和情思是有段距离、有个过程的，要想深入朗诵者的心灵，不能不是其主动渗透交融的结果。这可以从两方面着眼：一是，从理性上找共鸣。二是，从感情上抓刺激。比如，针对这首诗，我们可以这样思考：作者是军人，我不是；作者有强烈的军人意识，我没有。但在国家观念、民族意识和责任感方面我们有着共同的认识。当诗句在我们脑海中展现出圆明园的影像时，我们曾经看过的《火烧圆明园》影片中的镜头，不能不在此展开、补充：那恢宏、秀美、中西合璧的美丽园林，那被外国侵略者大肆抢劫之后又毁于一旦的场面，这种感官的刺激自然会形成理性的冲动；这是我们民族的耻辱! 这是对侵略者的恨! 这更激起我们强烈的国家观念与责任感。我们的这些所思、所感可与作者诗中所表现的情感融于一体，引起自己的真情实感及朗诵这首诗的强烈欲望与激情。

这说明，朗诵的理解、感受与表达的全过程，始终是感性与理性交融、逻辑思维与形象思维的交合状态，你中有我，我中有你，有时某种为主（这要依诗类不同有所侧重），但绝不是某一种单独发挥作用。在诗歌的创作与朗诵中，正是二者的交合作用才引发出创作和表达的冲动与激情，也才能使我们的朗诵既有理性的诱导，又不失感性的鲜活即时感。总之，朗诵是从感性入手，进而启动理性的闸门，从感性入手把握诗，以感性为基础体现诗。当然，这其中不能没有理性的渗透与引导，抽掉它，便只有血肉而无灵魂可言，因而，朗诵应求感性与理性的双重效益。具体讲，诗是最具有情感的艺术，诗注重以情动人。因而我们在朗诵前准备时，不要先从理性入手，一开始就追究此诗的主题、目的、立意何在? 这样是很难进入诗情或诗境中去的，而应先从感性入手，借用诗句文字的诱发媒介作用渗入自己的想象、联想内容，揣摩、体味诗中的情与义。毫无疑问，对一首诗的掌握是要经历一个复杂的过程，在这个过程中，形象画面云集并丰富、活跃，情感与之相伴而行，形成一定的轨迹和趋向，由感性刺激形成理性认识，再回到感性上来，便感之愈深、情之愈热、愈真，进而掀起表达、宣泄的激情。这种朗诵创作激情，才是表达的灵魂之所在。对于诗歌朗诵来说，无激情，便无创作的冲动，无表达的动力与支撑。当然，激情不是凭空而来，它是由诸因素和不同阶段构成：形象画面的生发、活动、刺激，朗诵主体的想象、联想、体味、整合，理性的朦胧到清晰，理性与感性的交合等。不言而喻，诗歌朗诵的基础和真谛在于朗诵主体与诗作的高度契合。不可想象，朗诵者的认识、观点与诗作不同，会情真意切、激情满怀地表达之；也不可想象，朗诵者对诗作如隔雾看花，自己都不甚理解却能很好地阐释之；更不可想象，朗诵者对诗情无深刻的体味和共鸣，却能动心、动情地表现之。

三、思脉清晰　形象依托

在诗歌朗诵理解、表达的具体心路中，思脉的清晰贯通和形象的依托作用是极其重要的。

众所周知的，诗歌的创作离不开意象，意象要求物我情景交融，要象外有意。《美学辞典》中对意象的解释为："指主观情意和外在物象的结合。"明代王世贞认为："诗的意象要外足于象，而内足于意"，要意象"衡当"。这都说明，意象是诗创的核心。诗的语言是由无数意象连缀而成，形成一条思脉，破译了一个个意象便寻见了一条正确的理解之途。而诗的思脉，又要化为具体形象才能更好地让人感知。例如诗人顾城的一首力作《一代人》，全诗仅两句：

黑夜给了我黑色的眼睛，

我却用它寻找光明。

耿建华的分析使我们对这首小诗有了准确、深刻的理解，同时，也使我们看到意象在诗歌创作中的价值与核心作用。他说："顾城的这首诗只有两句，但却在当代诗歌史上具有相当重的分量，以其高度的历史概括性和辩证思维的哲理之光而具有很高的美学价值和强烈的艺术力量。这首诗准确地表达了一代人的感情历程，闪射着强烈的时代色彩。'黑夜给了我黑色的眼睛'，'黑夜'象征动乱年代，'黑色的眼睛'是既指实，又指虚。我们'龙的传人'是黄皮肤、黑眼睛、黑头发，这是实指，黑色又有阴暗、低沉、哀伤的情绪色彩，这又有虚指的意义存在。'文革'十年，在一代人心中，尤其是年青一代人心中，投下了沉重的阴影，留下了累累创伤，造成阴郁、苦闷和哀伤。有人说这一代是沉沦的一代、迷惘的一代，确实有一定的道理。……尽管黑夜给青年一代带来了灾难，使他们沉沦和迷惘，但就是在最黑暗的时候，他们仍未失掉对光明的向往。他们不但是沉沦和迷惘的一代，更是奋起的一代，觉醒的一代，诗人的这种认识概括闪动着辩证思维的光彩……短短两句诗，概括出一代人的心理历程，表达出对黑暗政治的否定，对光明的向往与追求。"在这里，诗人以"黑夜""黑色的眼睛""光明"的意象连缀了全诗，并显现意象的"张力"和"哲理"。这说明，"诗是意象的连环，一环扣一环的意象，组成诗的脉络，诗意必须在意象的联结中得到表现……它的扣，就在于意象的同义性。"（引自《中国现代朦胧诗赏析》第 24 页）情感离开意象也难以成形，所以，诗人常常将自己的思与情定位于具体意象中。

在不同的诗中，不时有意象的变形，意象的张力等，意象的寄托性、含蓄性和哲理性，加之诗的精练性构成诗的跳跃感、模糊性，给朗诵者带来表达的困难。要解决这个难题，主要一点是抓住诗人的创作思脉（感性与理性），在自己的心理视野中，织就一幅清晰的经纬图。在这幅图中，既有感性的材料——形象画面，又有理性的线条——逻辑序列，既有纵向的诗的意象联结与延伸，也有横向的诗的形象、画面的拓展、意象的表现。但织就成形这幅图并不容易，尤其在朗诵时，更需要有这样一幅图存在于朗诵者的心中。这是因为，诗除了其独特的体裁形式外，最显著的莫过于对其内容的表现方式。"诗是某种复杂的感情、含义和心境在语言文字所造成的具体形象中的投射。"（引自《审美心理描述》第260页）诗是人心灵物态化的反映和个体内心世界的折射。诗人往往欲通过诗将自己生动的人生体验传达给别人以引起他人"情感上的共鸣和经验的交流"（引自《审美心理描述》第260页）。诗人往往将所要表达的情思、体验意象化，可以说，意象是诗的语言，它不同于一般陈述性语言，即句法结构缺乏清楚的语言关系和明晰的语义，造成语义上的模糊，而正是这语义上的模糊又反过来将一个个意象表现出来，使意象与意象之间微妙的关系造成一种丰富多样的体验。意象的相关性、多义性造成语义的模糊与不确定性。意象的叠加整体又形成一种表现意味与特质。它们可不受理性逻辑的约束却表现出生动丰富并趋向一致的体验。这正符合诗的表现特质：不在于客观地再现而重在主观的表现，着意于情绪、体验的外化。意象的跳跃、语义的模糊与整体的无序性就是理解、驾驭一首诗的难处所在。为此，我们首先就要结合诗义，在了解掌握与其有关的全部背景下，先破译诗中的每一个意象，得悉所指的内涵。如《一代人》这首诗中"黑"的意象，"黑夜"与"黑色的眼睛"唯有在那动乱年代的背景氛围中，才会使人们体会到"黑夜"的所指与象征。也唯有以被耽误了的一代人的心理出发，才会更准确、深刻地体会到"黑色的眼睛"的意象张力和语义。

其次，我们要用自己的体验和思脉去联结具体、独立的一个个意象，使之产生合理的联系。不能因为诗的意象跳跃、语义模糊，我们的心理也是朦胧一片，跟着诗句亦步亦趋，而应看到，无清晰的心理意向便不会有清晰的朗诵表达。

在《一代人》这首诗中，"黑夜"与"黑色的眼睛"这两个意象，表面上从理性逻辑角度出发本无直接联系，但在人内在体验的心理视野中，二者却可形成一定的联系，因有其共性，即阴暗、低沉、哀伤的性质。若阐释其意应为：由于"文革"动乱的外界现实，使我们的所见所闻不能不带来心理的阴暗、哀伤和情绪的低沉。这种情感体验与心境是每一个有相同经历的人所共有的。然而，此诗的价值在于其最后一个意象"光明"的显现。囿其黑暗却不为其囿，不失对真理、正义、理想的追求，这才是这一代人的主流。在这里，在与诗有关的大背景的衬托下，破译了一个个具体的意象，又在理性与感性的协同作用下形成了清晰、贯通的思脉，便使意象的无序变为有序，体现了诗的要旨。对意象的破译有一定的难度，思脉的趋向更至关重要，它随意象而顺动、反流或迂回，抓住了它，便可统领不同的意象，托现诗的主旨。反之，难免朦胧一片、散乱无序。对重点意象的突现，只在思脉整体的映衬下方更准确。

　　诚然，在思脉的运行中，不能没有形象画面的依托。在朗诵时的感觉中，思脉是其骨骼，形象画面是其血肉，缺一不可。只有血肉没有骨骼会失去支撑，只有骨骼缺少血肉难以成形。此外，凡有经验的朗诵者都知道这样一个事实：有时只有诗中意象本体中的画面不足以启动、支撑朗诵的感觉及意象的过渡、填充，往往需要联想生成一些与之相关的形象画面来帮助启动、支撑朗诵者的感觉。由此形成，有时是激情汹涌的宣泄；有时是轻柔细腻的抒发；有时是感悟很深的倾诉；有时又是睿智幽默的嘲讽。可以说，在诗歌朗诵的过程中，朗诵者的脑海中一刻也不能没有形象画面。同时思维也始终处于积极的运动状态，唯有思维的积极运动才可牵动着思脉的前行与形象画面的活跃。例如，朗诵《一代人》，当朗诵到"黑夜"这个词时，朗诵者的脑海中不会是其表层含义"黑天夜晚"的画面，这毫无意义。而是"文革"动乱中无数可悲现象的典型画面。如电影《小街》中女主角"渝"被疯狂的红卫兵剪去了头发；男主角"敏"又被疯狂的红卫兵强行戴上女人的假发辫毒打，直至眼睛出血失明。这是对那个年代没有法制、没有人性的写照！或是内心视象中看到无数青年风华正茂却不能读书，小小年纪却不得不登上火车走向边疆、去农村充当一名多余的劳力，很多人都受到身心的摧残。我想凡是"文革"中走出的一代人，凡是插过队当过"知青"的人，他们看到"黑夜"这两个字时，一定会迅速、准确地想起这些。没有这种直接经历的人也应有相应的形象及情绪积累。当然，若脑海中无那种揪心的场面与感触，就不易引起我们在朗诵时生动、鲜活的即时感。理解到"黑色的眼睛"意象相伴的形象画面不会是人的生理眼睛实体，有可能是一种触觉上的阴冷，心理上的哀伤之感。这是因为诗具有"多感性"。"所谓'多感性'，就是指诗的语言本身含蕴着形状、声音、色彩、温度、味道等特质，能同时刺激人的几种感觉器官，从而使心灵发生震颤，情感产生共鸣。"（引自《诗的技巧》第275页）因此，人们在阅读或朗诵一首诗时，不仅仅是内心视像，其他生理感官也在不同程度地发挥着作用并产生通感，从而使诗对人形成全方位感染。比如，黑的视觉可以带来冷、硬的触觉感，最终集合成一种暗淡、阴冷的心境。同样，"光明"的意象也不是表层含义中物理属性的一片光亮，它也许是一系列青年人奋斗的情景，如农村小油灯下的苦读、监狱中不屈的面庞等。诗的意象本体和与之相关的形象画面是由思脉接通，因而，思脉的贯通是对诗深层次把握和朗诵时思维积极运动的结果，它制约着形象画面的序列与拓展，有了形象画面的依托和多种感觉，朗诵时才会感觉具体，表达准确，生动可感。

　　值得提及，朗诵的理解、准备阶段与表达时脑海中的形象画面情况不尽相同。

前者丰富，后者精练、典型。原因是，在分析、理解的准备阶段，朗诵者可以在诗文的引发下，多想与之相关的内容，破译难懂的意象，析出最准确的诗义，这时，脑海中的形象画面自然多而丰富，有助于理解。而在朗诵时，朗诵者对全体、具体意象的意义及诗的序列已成竹在胸，便可剔除一些与诗文内容关系不甚密切的形象画面，使少而精的典型画面有力支撑着朗诵时的感觉，分别起到发起、支撑、过渡、转换等作用。

总而言之，朗诵者在朗诵时思脉清晰、思维活跃，便可将表面上缺乏有序联系、跳跃性的诗句有机地整合于表达的整体中，那他朗诵当中的顿歇就不是空白的，而是思维延续、转换的一环，他的情绪色彩变化幅度虽大，却在理性、感性的双重作用下有足够的内心支撑。尤其是一些哲理、朦胧诗，更需要这种思脉的清晰、贯通。心有所旨，才能语有所现。思脉对全诗意象群的联结，是完成诗的意象组接，但却不是表面化的。它所体现的是朗诵者对诗作整体深刻的理解与体味。是从一系列关系疏与密的意象群中析出它们之间的关系、意义和目的。可以说，思脉，是表达诗作的思维潜流，目的是其流向的聚集点。诗的目的是由一个个、一组组诗的意象来体现的，诗的意象又是为其目的而设置的。因此，作为朗诵者应在析出诗中每一意象之后，在目的的统帅下，形成联结它们的思脉，既有对重要意象的着重点指和显露，又不失意象联结的贯通与顺畅。思脉的清晰、连贯无疑给形象的生成、拓展与运动划出了方向和范围。在朗诵创作时，思脉所联结的绝不只是意象的本体，更多的是它所代表、隐喻的那些实体，因而，与之相联的形象画面也是思维联结的内容。究其实质，诗的文字、意象多是引出实义的媒介，在具体朗诵过程中，朗诵者又需用生成的形象画面刺激内心启动表达的感觉与激情。简言之，诗歌的创作特质必然带来朗诵表达对思脉生成与形象托依的高度依赖和重视。

四、运用技巧　表现诗情

在诗歌的朗诵中，对技巧的要求非常高，技巧的运用也非常丰富，因而，对艺术语言表达的训练大多以诗朗诵开始。

在讲运用技巧表现诗情之前，我们首先要明确朗诵者身份定位在朗诵中的作用。

（一）身份定位是朗诵的条件

面对一首首不同的诗，朗诵者应当以什么样的身份感去表达？这是许多初学者的困惑，也是朗诵处理的前提条件。没有适当的身份把握，便无合理的技巧处理与声音运用，不能不影响到朗诵表达的整体。所以，朗诵者在朗诵前，首先应身份定位。

身份定位，可决定用什么样的身份感和语气来表现诗的内容。一般来讲，诗朗诵应当以朗诵者本人的身份感来表现。原因在于，朗诵与表演不同，表演是将自己变为剧中或影视中的某一个具体人物，因而，除了外貌、形体要适应那个人物以外，他的语言、性格、习惯及表达特点等也需符合所扮演的人物，甚至音色也有严格要求。（比如扮演周总理）不允许以演员本人的东西去代替人物的一切。而朗诵则不同（除非是舞台化妆人物台词朗诵，才可以人物的身份出现），大多是朗诵者以自己的面目出现，以自己的身份在说话。他不必将诗中的语言"人物化"，也不必将自己变为诗的作者原型。虽然，朗诵者有作者"代言人"的成分，但其代作者而言的主要是他的思想、认识和情感这些内质，而不是他的口气、声音和外貌。应该看到，朗诵者一旦将诗作理解、吃透，又融入了自己的体验，某种程度就变为自己的认知体验与审美追求了，他只是将作品作为自己朗诵创作的一个基础、一种思情，取其灵魂、骨架，施以血肉、筋脉，给其传播的生命。此时朗诵者所表现的一切都是本我生发的心声。如《风流歌》是朗诵者自己对"风流"一词的所思、所感；《小草在歌唱》，是朗诵者自己对张志新烈士的敬佩与歌颂；《一代人》又是朗诵者自己对"文革"中走出的一代人的看法。实际上这就是将作品融化深入自己心灵的表现。因此，除去化妆的影视、话剧中特定人物的独白朗诵外，一般，朗诵者都应以本人的身份出现来朗诵。即使是伟人诗词或革命烈士诗抄等内容也应如此。不可拿腔作调地去模仿伟人腔调或作者本人的口气，那样，势必影响朗诵的效果。试想，一个二十几岁的青年，硬要去寻找六七十岁的老作者的语气和声音来朗诵能有好效果吗？无论是声音、外形还是气质都不会适应，结果，只会是魂、形不合，求形舍本。即使是《我希望你以军人的身份再生》这首充满阳刚之气的诗，如现在是一个女青年来朗诵它，也应将其变成自己的心声来表达，不但可以表现巾帼英雄的气魄，也能抒发出中国年青一代军人的军人意识与国家观念，同样达到诗作的预期效果。有些诗不分性别、不论年龄，它表现的是一类人共有的心境与观念，这时，朗诵者更可将诗作看成是自己内心一份独特的"发言稿"。

值得提及，诗是最具个性的，因此，朗诵者对诗的选择应有所侧重，尽量找与自己贴近的诗来朗诵（被分配朗诵的诗，也会依据人的气质、年龄、性别等条件有所侧重定人朗诵），这样，朗诵的效果会更理想，本人也能得心应手。

总之，身体定位，可以更好地体现诗歌言为心声、直抒胸臆的特点，也可避免产生替别人说话的心动不真、情动不深之感。还可保持朗诵中的身份感统一。

（二）节奏是朗诵的生命

什么是节奏？节奏是"运动过程的有序化的律动"（引自《有声语言艺术美学》第60页）。有人说节奏是诗的生命。应当讲节奏也是朗诵的生命。生命即活力。活的生物才有运动与变化。因此，要想朗诵好一首诗，必给其注入生命，具有活力，使之有起伏、有变化。诗歌最忌平，创作如此，朗诵也如此。诗朗诵依仗着节奏这一最有力的手段来显其诗形与诗神，故节奏在诗朗诵中有着绝对核心作用。

在语言表达中，节奏是由表达者内心情思运动变化所产生的。但在诗歌中，它却具有两重性：一是，诗体形式所固有的。二是，诗文内容所引起朗诵者内心情思的律动而生成的。也就是说，诗歌的节奏，是由外部与内部双重因素共同构成。具体讲，诗歌大致都有一定的语节、诗行、诗节。（诗歌中"语节"的单位最小，其次是"诗行"，"诗节"的单位最大，它是由几句诗行形成的，相当于文章的一个自然段。）尤其是格律诗，它们的语节、诗行、诗节相同或相似，字数、顿数也有一定之规，这便形成了诗的外部节奏。但是细究起来，这种节奏充其量仅是一首诗的固定节拍，它与诗的内容、朗诵者的情思律动并不直接挂钩，所以我们可以称这种节奏为"诗形节奏"，它是诗歌这种文体所特有的。例如五言绝句《春晓》：

春眠/不觉/晓，处处/闻/啼鸟。
夜来/风雨/声，花落/知/多少。

这首绝句共四行，每行五个字，可以分成二顿形成三个语节：前两个语节两个字（或一个字），后一个语节一个字（或两个字）。

在语节与语节之间便有一顿，这语节和顿数就成为朗诵此诗的节拍。此外，"晓""鸟""少"三个字均在诗行末尾，又形成了"遥条辙"的韵脚需要押韵。这样，此诗的音声、诗形迥环往复便形成了这首诗的节奏，并有种音韵之美。即便诗歌的字数、行数、诗节不一，又不押韵的自由诗也有着相似的语节、诗行和诗节，它的顿数、节拍也需要把握，否则，便无诗味了。诗的形式特征是诗味的重要一点。比如，自由诗《我是中国人》节选：

在无数 \ 蓝色的、\ 棕色的 \ 眼睛之中，
我有着 \ 宝石般 \ 黑色的 \ 眼睛，
我骄傲，
我是 \ 中国人。
在无数 \ 白色的、\ 黑色的 \ 皮肤之中，
我有着 \ 大地般 \ 黄色的 \ 皮肤，
我骄傲，
我是 \ 中国人。

我骄傲，
我是 \ 中国人。
黄土高原 \ 是我 \ 挺起的 \ 胸脯，
黄河流水 \ 是我 \ 沸腾的 \ 血型，
长城 \ 是我 \ 扬起的 \ 手臂，
泰山 \ 是我 \ 站立的 \ 脚跟。

我骄傲，
我是 \ 中国人。

我的祖先 \ 最早 \ 走出 \ 森林，
我的祖先 \ 最早 \ 开始 \ 耕耘，
我是 \ 指南针和印刷术的 \ 后裔，
我是 \ 圆周率和地动仪的 \ 子孙。
在我们的 \ 民族中，
不光有 \ 史册里万古不朽的 \
孔夫子、\ 司马迁、\ 孙中山，\
还有 \ 文学史上永远活着的 \
花木兰、林黛玉、孙悟空 \ 。

（引自中央人民广播电台文艺节目）

从以上诗体中，我们是否也看到了大致的规律？比如，每行的字数略有不同，每一诗节中的诗行也不尽相同，细究每行中的语节与语节中的字数也不相同，但却都有"我骄傲，我是中国人"的词语"定位呼应"，体现出一种迥环、一种有序化的律动，由此形成了此诗的基本节奏。（虽然此诗的后半部将"我骄傲，我是中国人"，改为"我是中国人"打头，也不失其定位呼应的效果。）此外，诗体内其他相同或相似的语词或句式（如对偶、排比句等）的存在，也为诗的语言节拍形成，奠定了一个基础。例如：

我的祖先 \ 最早 \ 走出森林；
我的祖先 \ 最早 \ 开始耕耘；

如上所述，这种诗的外部节奏是由诗体形式所产生是固有的，它不需要朗诵者创造，只需寻到、把握即可。然而诗歌朗诵的节奏不止如此，尤其是自由诗，特别要注意表现通过诗的内容所引起的情思运动而生成的"内在节奏"。也就是说，所谓"诗的节奏"是由"诗形节奏"与诗文内容触及朗诵者内心生成的"内在节奏"二者结合形成。这样，既可显其形，又可表其质。因而，朗诵者在处理一首诗时，应当兼顾这两者，使其完美有机结合一体。

语言节奏的内涵，具有"对比性"与"多变性"。它的材料是声音的高与低、强与弱、快与慢、明与暗、断与连等一对对矛盾，这是节奏的物理属性，运用它们，便可有力地显露诗的内质与朗诵者的心理面貌。在自由诗的朗诵中，特别要注重诗的节奏中各种因素的对比、变化，更有效地体现诗的特征。比如：

我希望你以军人的身份再生

——致额尔金勋爵

作者 晓桦

（1）我佩服你
　　——额尔金勋爵，
　　你敢于发布这样的命令，

把古老东方的京都
投进熊熊大火，
在每片飞灰上写下你的姓氏，
扬遍全世界每处角落。
在每寸焦土里埋下你的名字，
和野草岁岁生长。

（2）我不佩服你
——额尔金勋爵，
你根本没有敌手，
没有敌手却建立功勋的英雄，
比拼杀中倒下的战败者还耻辱。
焚烧一座没有抵抗的园林，
践踏一片不会说话的土地，
那是小孩子的手都能胜任的，
何用军人的膂力。

（3）但你毕竟以你的壮举，
给你的后裔们留下，
足以在餐桌上大嚼永远的威名。
给你民族发黄的编年史，
订上火光闪闪的骄傲的一页。

（4）我好恨，
恨我没早生一个世纪，
使我能与你对视着站立在
阴森幽暗的古堡，
晨光微露的旷野。

（5）要么，我拾起你扔下的白手套，
要么，你接住我甩过去的剑，
要么，你我各乘一匹战马，
离开遮天的帅旗，
离开如云的战阵，
决胜负于城下。

(6) 我更希望，
　　你以军人的身份再生。
　　当然，我决不会用原子武器，
　　对你那单发的火枪，
　　像你用重炮摧毁冷兵器。
　　我希望你是
　　装备精良训练有素的军人，
　　你会满意的，
　　你的对手不再是猛勇而愚蠢的
　　僧格林沁。

(7) 在此，
　　我谨向世界提醒一句：
　　从我们这一代起，
　　中国将不再给任何国度的军人，
　　提供创造荣誉建立功勋的机会！

　　这首诗的第三诗节，表现诗人对无奈事实的压抑之感，于是可用"凝重型"节奏说出较好；而从第四诗节到第五诗节，表现诗人强烈的军人意识和英雄主义气概，这时用"紧张型"节奏层层推进一气呵成，与上一诗节形成层级与对比；第六诗节，又可用"凝重型"节奏朗诵，从容不迫、一字一句地表现诗人冷峻、潇洒的感觉，体现宣战者的坦荡、自信和胜利在握的镇定之感；最后一个诗节，应气势磅礴，以"高亢型"节奏表现出新一代中国军人的精神面貌和强烈的民族意识。当然，此诗的"主节奏"是"凝重型"的，但却有"变化"，"渗透"进其他类型节奏，不仅可以造成主节奏的迴环往复，更能体现诗的内在律动与朗诵者的情感体验变化，没有节奏型的变换与渗透便得不到这一效果。所以，从理论角度而言，我们应当明确：说节奏变化，实际上是指"节奏型"的变换或渗透，并非抹杀一首诗的"主节奏"。

　　以上我们仅大体分析了一下朗诵此诗的部分节奏变化情况。实际上，在每一诗节的处理中，还有一些具体、细小的变化处理，还有其他表达技巧的参与，由朗诵者自己去体味、去设计、去处理。由于节奏是相对作品全篇而言，因此，朗诵一首诗的节奏变化处理也要事先有所设计，其依据是诗的内容、形式以及朗诵者的内心体验与情感运动。大多情况下，自由诗的节奏处理，"诗形节奏"会不同程度地服从于"内在节奏"，更多时候是二者的有机结合。比如《我是中国人》中，第二诗节的处理：

1　我骄傲，

2　我是／中国人！

3　黄土高原／是我挺起的／胸脯，

4　黄河流水／是我沸腾的／血液，

5　长城／是我扬起的／手臂，

⌒6　泰山／是我站立的／脚－跟。

前四个诗行的朗诵都是中速、相同语节，但第五诗行稍加快语速并且将下一诗行中的"泰山"二字紧连于此诗行中，似并入此诗的最后一个语节。这样处理，从语法上分析是不当的，但目的在于打破这四行排比句式的诗，不致语节呆板，语速平均，以适应朗诵者自豪激越的内心情感，使人听来产生同感。最后第六行诗的后面几个语词，再用较慢的语速朗诵出来，可突出这一变化。

如前所述，节奏与内心情感不是完全对位的，不是什么样的情感必用什么类型的节奏来体现，有时相同的节奏可以表现不同的情感。例如"高亢型"节奏，即可表现兴奋，也可表现愤怒的情感。此外，朗诵一首诗的节奏及其他方面的处理可因人而异，没有一个统一的标准，可根据朗诵者本人的理解、体味及个人声音条件与表达特点而定。这是由于诗歌朗诵的节奏，有时，不仅源于诗作，也有朗诵者个人的特性因素在内。比如同一首诗，在允许的情况下，具有不同性格、气质的人或个人理解不同，便可能处理成不尽相同的朗诵。这也说明，朗诵的节奏不是完全固定不变的，在不同条件下，它有独特性。

由于诗歌朗诵节奏的迥环性与对比、变化，在语言声音上可造成一种音乐性，使人们在听一首诗的朗诵时，不仅了解其内质，也从声音形式上得到一种美的享受。著名朗诵艺术家瞿弦和的朗诵体会，便能很好地印证这一点。他说："雷抒雁同志的《小草在歌唱》一诗中，有这样一段：

看，从草地上走过来的是谁，

油黑的短发披着霞光；

大大的眼睛像星星一样明亮；

甜甜的笑，

谁看见都会永生印在心上！

母亲啊，你的女儿回来了，

她是水，钢刀砍不伤！

孩子啊，你的妈妈回来了，

她是光，黑暗难遮挡！

去拥抱她吧，

她是大地女儿，

太阳给了她光芒，

山冈给了她坚强，

花草给了她芳香，……

这一段描述的是作者由于希望烈士重生而产生的一系列幻觉形象，明确地告诉观众：烈士的精神永存。笔者的体会是，朗诵时要真的"看"到张志新烈士向我们走来，看得越具体，读起来越有情。具体的处理是——"'看'烈士一步步走来，光彩夺目的形象越来越高大，节奏逐渐加快，如同充满希望的音乐由弱渐强。读到呼唤女儿'去拥抱她吧'一句，达到节奏的高点，好似乐队在演奏一曲描述人民和英雄重逢的音乐，仿佛我自己看到了这一感人情景。然后，突然停顿，从合奏中出现小提琴独奏，情深缓慢地读出——'她是大地的女儿'，使人感到有一种抑制不住的凄凉感觉，感到在现实中她的确是死去了。紧接着，再由低到高逐渐加强力量，读出'天地日月给了她生命'，使烈士的形象进一步升华，把作品的思想曲尽其妙地表达出来。"由此可见，诗歌朗诵中节奏的核心地位，它不仅能淋漓尽致地表现出诗的内质，同时，也能很好地体现诗的形式给人以音乐美感。因此，我们应当极为重视诗歌朗诵中节奏的运用。

值得提及，在朗诵中，不少初学者或从事播音主持工作的人习惯四平八稳地表达，与播音主持感觉差不多，似在播诗，不像朗诵，他们没有利用节奏的特质、运用节奏来外化自己对一首诗的理解与体验，缺少对听者的感染力，同时，也不符合朗诵的"语体感"。因此，抓住节奏的对比变化，加大其幅度是克服节奏平的有力手段。当然，也要看具体诗作的内容与形式适当使用，杜绝为了变化而变化的无目的乱变，否则，会导致听起来很热闹，却不得要领，这是脱开内容，单纯表现技巧的一种不可取现象。认识明确之后，还应在气息、声音及筋肉控制等诸方面加强锻炼自己的能力，方可适应诗歌朗诵节奏变化的需要，否则，会心有余而力不足。

（三）其他技巧在朗诵中的运用

语言表达技巧除了节奏以外，还有语气、停连与重音。

总体来讲，诗歌朗诵对技巧的运用与一般语言表达的原则基本相同，但相对夸张些，节奏感更强以适应诗歌的创作特征。

1. 语气：语气是表达中神与形的结合体，它最集中地体现着朗诵者对所表达的内容的理解与体味。由于诗作存在的跳跃性、精练性、含蓄性、多义性、模糊性等特点，使得语气在此具有很强的"指向"和"阐释"作用。诗句语义不连贯和不确定时，更需要朗诵的语气使其明确定位，产生相互之间的有机联系，使人明了。

比如，《我希望你以军人的身份再生》一诗的开头一句"我佩服你"的"佩"字，为了体现出作者的反意，就应在"佩"字上形成带有嘲讽意味的弯曲语调来表现。反之，就会使听众对此句的真正用意与指问不甚明了。又如，郑敏的诗《第二个童年与海》：

每个童年都像月光，

为大海涂上神秘的光影。

心在沉醉中随着波涛荡漾，

沙滩变得如此洁白宁静。

然而，童年是短暂的，

只有当成熟使你找到

第二个童年，

海洋才无论有多大的风浪，

却总是紧紧迷住你的心。

这是一首抒情哲理诗，作者在其中凝结了漫长的人生体验，它是用海和童年的原型来展现的，以启发读者体味人生，争取获得第二个童年。但若有人一看此诗充满了大海、童年、月光、沙滩这些浪漫的词语和优美的氛围便以一种甜美、柔和、稚嫩的基本语气来朗诵，便无论如何与作者的创作初衷相去甚远。笔者认为，应当用成熟的阐释语气来朗诵，才符合诗作的立意和作者的情况（作者是中老年者，是一个过来人，有成熟的思想）。对此诗的处理可以有层次和区别。如前半部分，可以渗透些理想美感的色彩；后半部从"然而"之后，便只能以成熟的阐释语气来表达。后半部是重点，也是此诗的价值所在。

在诗歌朗诵中，尤其是意象诗的朗诵，更需要用准确、明了的语气来阐释内容与意象。往往有这种情形，有的诗光看还不懂，但一听朗诵，便对有些恍惚、拿不准的地方变得明确了，懂了并体味出真正的蕴含。这不能不说是语气的作用。

2. **停连**：停连是朗诵中强调重点和形成转换的有力手段。为了体现停连在朗诵中的作用，经常使用的方法是将前面几句诗行连起，在层层推进的语流中突然停下或停顿时间超出语节允许的时长，再放慢语速说出后面的内容。

比如，《我希望你以军人的身份再生》一诗中的最后二行，为了表现中国年青一代军人的豪迈气度可以加速推进语流，直到"功勋的"三个字说出后突然一停，然后，再稳劲地一字一顿地说出"机会"二字，以更好地表现朗诵者内心的激情，也可使此诗的结尾变得稳实。处理如下：

中国将不再给任何国度的军人⌒

⌒提供创造荣誉建立功勋的 \ 机 \ 会！

此种处理在这首诗中还有几处，比如在此诗的第五诗节中，也可以做如此处理，为了表现宣战者的气势，前几句也可语速逐渐加快一气呵成，直到"决胜负"几个字说出后突然中断，再一字一顿地说出后面的内容，以表现宣战者成竹在胸的自信。

又如，《小草在唱歌》最后一诗节中的处理：

⌣⌣ 母亲啊，你的女儿回来了，⌣⌣

⌣ 她是水，钢刀砍不伤；

⌣ 孩子呵，你的妈妈回来了，

⌣ 她是光，黑暗难遮挡；

⌣ 去拥抱她吧，

⌣ 她是 \ 大－地－的 \ 女－儿。

这一诗节的处理，不但有"停顿"也有"连接"。即前边的诗行（都连下来），有标点也不停，一气呵成；后边的停顿，没标点也停造成凸显，在"她是"后面突停后，再深情地一字一顿地说出"大地的女儿"。这种之前的多句"连接"，可以形成内容的连贯和情感的激越；后面的"停顿"，又可有力地突现诗句重点，这种感情停顿更能引起人们的关注，也点出了此诗的主题思想。另外，在《第二个童年与海》一诗中，"然而"这一转折词的后面如不做较长的停顿，就难以达到情感"转换"，充分体现这首诗的哲理性、深刻性。

以上几例停连处理，在一般文章的表达中，按逻辑要求是不可行的，而在诗歌朗诵中，从情感的感染力角度出发却是可行的。这无疑使朗诵处理多了一种表现震撼力和感染力的手段。

3. **重音**：重音有强调之意，在诗朗诵的处理中也有独到的表现。比如《我希望你以军人的身份再生》一诗中的等二诗节开头一句"我不佩服你"的"不"字，为了突现作者对侵略者的指责、痛恨之意，这个"不"字就要夸大显现，用猛然提高、拉长、加重并举的方式来增强对比幅度，体现重点。这种处理也不同于一般文章的表达。一般文章的表达突出重音多以字音音程拉长的方法，即便使用提高声音、加重音强的方法也不会对比幅度太大，以免破坏播讲的平稳性。而诗歌朗诵则不同，有时为了其重点和具有较强的震撼力与感染力，朗诵者就要在语速、音强、音高上尽力加强对比、渲染，造成听者感官上强有力的刺激，以触及其心理产生效果。因而利用加重、拉长、提高的方法，加强对比幅度来体现重点，是朗诵中的常用方式。

总之，由于诗歌体裁形式的独特和创作特征，必然带来朗诵表达技巧运用的独到之处。

第四节　集体配乐朗诵

诗歌朗诵，除去个人朗诵以外，还有双人、多人、配乐朗诵。目的有以下三点：

1. 使诗歌朗诵表达处理更丰富；
2. 使诗歌朗诵更有气势；
3. 使诗歌朗诵更具表现力。

一、集体朗诵的选择原则

集体朗诵，可分为双人、多人两种形式。（集体朗诵，也有个人领诵、多人领诵。）究竟一首诗歌是一人朗诵好，还是双人、集体朗诵好，首先要看诗歌的内容与写法，它们是选择何种朗诵形式的基础。但也不排除有时同一首诗既可以个人朗诵，也可以双人或多人朗诵，这需要依具体情况而定。

例如，《我希望你以军人的身份再生》这首诗就不适合多人或集体朗诵，因为它的诗创角度是个体军人；《四月的黄昏》适合双人朗诵，而且是男、女二人朗诵为好，因为它表现的是一对恋人的内心与交流；而《风流歌》则较适宜双人或多人朗诵，因为它表现的是一代人的心声；而《光的赞歌》从表面看诗创无特殊人称要求，然而，诗的内容气势宏大，语言节奏感强，因此，很适合多人集体朗诵，以体现诗作的内涵与气势。

（多人）集体朗诵，朗诵者的内容分配原则：

1. 按朗诵者的声音条件；

2. 按朗诵者的气质特点；

3. 按朗诵者的感受力；

4. 按朗诵者的表达技能；

5. 按朗诵者的舞台形象。

（多人）集体朗诵，朗诵内容的分配兼顾：

1. 看诗句内容、节奏力度适合何种性别朗诵为好；

2. 看诗句内容的重要程度决定是领诵，还是合诵；

3. 看参加朗诵人数多少相对平衡分配朗诵词；

4. 兼顾诗意、主次、变化的多重处理。

二、集体朗诵的分配原则

集体朗诵，主要有两种内容：一是，叙事诗，人物性的。二是，政治抒情诗，非人物性的。我们先以叙事作品《知青纪事》为例，来看一下有人物的朗诵词分配具体情况：

《知青纪事》是根据一个真实故事改编的朗诵材料，它表现了男主人公"秋石"和女主人公"冬阳"这两位昔日的同窗与恋人，在"文革"扼杀人性的年代里不得不分手，今又重逢的人生经历与情感历程。这个作品内涵丰富、情感深挚、朴实无华。

这个作品可分为四个部分，可命题为：1. 美好相识；2. 动乱岁月；3. 兵团分手；4. 别样相见。这是男女生合作朗诵的作品，由于作品较长，也可将其分为四对男女生分段合作（头尾多人）的朗诵。具体处理如下：

1. 美好相识：根据朗诵内容，可选择一对声音较年轻、性格较活泼、形象较靓丽的男女生朗诵。因为这段内容表现的是男女主人公在中学时代，正值青春年华，又美好相识，生活中充满幸福和活力，呈现出亮色。

2. 动乱岁月：根据朗诵内容，可选择一对情感细腻、感受力与表现力较好的男女生朗诵。因为这段内容表现的是"文化大革命"年代，两人经历了动乱的苦难和上山下乡痛别时的悲情场面，生活中充满暗淡的色彩。

3. 兵团分手：根据朗诵内容，可选择一对内涵较深、声音稳实的男女生朗诵。因为这段内容表现的是男女主人公分隔两地去兵团农场接受"再教育"，受到当时环境的重压、承受着心灵上的煎熬与搏杀，生活与心灵被扭曲，最后两人不得不分手，呈现出浓浓的暗色。

4. 别样相见：根据朗诵内容，可选择一对声音较厚实、形象较成熟的男女生朗诵，因为这段内容所表现的是男女主人公分手后，各自成了家却并不如意又不得不离异，虽然返城、事业有成，但内心深处却潜藏着那抹不去的情感记忆。

这样的分配处理，可以表现男女主人公人生不同阶段的生理、心理特点，益于朗诵内容的处理，也具有朗诵表达的丰富性和表现力。

三、集体朗诵的配合原则

（多人）集体朗诵，除去划分朗诵词、选择朗诵者之外，还有朗诵配合的问题，那么，朗诵配合的条件是什么呢？

1. 以朗诵词意思的相对完整为前提；
2. 以朗诵内容的互补、叠加为基础；
3. 以朗诵情绪的推进、强调为目的。

比如，《光的赞歌》这是著名作家艾青的一首充满革命激情的力作，诗中饱含着哲理与激情，使人读来心潮起伏、热血沸腾。加之，诗作很有诗味，诗句朗朗上口、很有气势，很适合多人、集体朗诵（此诗的朗诵内容分配及处理，见于"配乐朗诵"一节中）。由于这首诗力度较强，因此，男生多人朗诵较好，音色比较统一，能显现音声美、力量美、和谐美。

许多艺术实践表明：一个作品只有好的内容还不够，还必须有好的表现形式、好的艺术处理，方可形成完美体现。

总之，（多人）集体朗诵的成功，不但有朗诵的正确诠释、深挚的情感，还具语言的音乐美与震撼力，这是个人朗诵所无法比拟的。

第五节　配乐朗诵

将一首诗歌的朗诵配上相应情绪的音乐，烘托其表达，使诗情、诗境得以展现，既能给人以美的享受，又能帮助人们很快进入诗的意境，令其更吸引人，更有艺术性，这，就是配乐朗诵的魅力所在。（当然，能配乐朗诵的不只是诗歌，散文、小说等也在其中。）

一、配乐朗诵的要旨

配乐朗诵离不开对音乐的选择与配合。若选择音乐不适、音乐长短不当、朗诵与配乐不和谐，都不能取得良好效果。那么，配乐的功能是什么？如何选择配乐？怎么与配乐融合？这些都是我们下面要探讨的问题。

1. 配乐的功能：在朗诵中配乐，能充分发挥音乐"表情性"强的作用：使其发挥引入诗境、表现诗情、烘托气氛、发展诗意的作用。

2. 配乐的选择：配乐的风格、情绪、节奏甚至配器都应与朗诵的内容、意境、情感相适应。

3. 朗诵的融合：配乐朗诵，要能合上配乐，能合上配乐的段落、音量、情绪等，使之自然和谐。为此，朗诵要有"等""抢"配乐的调节能力。

具体而言，要想做好配乐朗诵，第一，要有良好的音乐素养，懂得音乐的性质，平时多听音乐，有配乐积累；第二，了解音乐的风格、情绪、节奏、配器等知识；第三，应具有剪接编辑配乐的能力。绝大多数配乐都是从现有音乐中剪裁而来，真正为一首诗专门作曲的很少；第四，朗诵能从音高、音强、音长、音色等多方面与配乐契合，成为一个有机的整体，具有较强表现力，并给人以美感。

比如著名朗诵艺术家、非常敬业的张家声老师就曾为自己的多部朗诵作品设计了优秀的配乐，朗诵与配乐完美结合，带来了最佳效应，为自己的朗诵增色不少。例如，他为一首怀念前苏联卫国战争期间牺牲的烈士而写的抒情小诗，配上了充满俄罗斯风情、舒缓哀伤的哼唱配乐，很快将人们带入那特定的环境，使人仿佛看到战后开满野花、掩埋烈士的那片土地。诗的内容与朗诵情感伴随着特有的配乐深深触动了我们，使我们意识到不能忘记那过去的岁月，不能忘记长眠于此的烈士们。这种效果离不开音乐的功能。又如，张家声老师朗诵的《人民万岁》，这首诗的配乐与其朗诵完美契合。凡是看过、听过这首诗的人都不会忘记张家声老师对诗作准确的理解与阐释、高超的朗诵技巧及与音乐配合的完美精准。这首诗的配乐在朗诵中起到：衬托叙述、抒情描绘、渲染激情等作用，以及配乐的停、起、强、弱等艺术设计及处理作用。

《人民万岁》这首诗，是诗人王怀让在毛泽东一百周年诞辰之际而作。结合时代背景，有人认为这首诗就是对毛泽东的纪念与歌颂。也有人却看出这实际上是一首歌颂人民之作。我们可以从诗的后半部内容看出这点，它在力图表明：人民可以载舟，亦可覆舟，革命干部要永远牢记今天的江山是人民帮助打下的，要永远为人民着想，为人民服务。理解不同，会有不同的朗诵处理。

《人民万岁》这首诗的配乐处理很成功：诗的前半部是对毛泽东革命历程的回

顾，音乐是叙事性的，配乐声中朗诵进入；诗的后半部是力陈人民高呼万岁的真正内涵，朗诵在激越的音乐声中诵出；诗的结尾部分，当朗诵到"呼人民万岁的人"时，配乐突然停止，待朗诵轻声、缓慢地诵出"他死了，他的思想，却可以万岁！万万岁！"时，音乐又骤然响起，再激情朗诵出最后一句："人民万岁！"这里的配乐与朗诵配合得和谐、完美。这是朗诵者自己成功的设计与表现，它增强了这首诗的艺术表现力。

又如，我们曾经听到过某一版本男女对诵的《四月的黄昏》，这是一首朦胧诗，也可以看作爱情诗，感情真挚。诗中表现了一对青年男女的恋情由朦胧到明晰的过程，我们也从中了解到他们有限的人生。诗作内容虽然朦胧，却足以使我们体会到女主人公受伤的初恋和对真爱的渴望。朗诵处理情感深挚，语言内在，节奏舒缓，基调沉凝。这首诗男女两人共同朗诵，使之更富有表现力与感染力，随内容推进，有时可以处理成接诵、叠句形式。

配乐方面，这一首诗的前半部，用了理查德·克莱德曼的钢琴曲《爱的协奏曲》配乐，诗中的情感与音乐的感觉一致，清丽、安静的钢琴曲不会干扰、湮没娓娓道来的朗诵语言。这首诗的后半部接近尾声，诗作表现两个年轻人内心的激动情感，朗诵情绪也随之扬起，此时再用《爱的协奏曲》配乐，便显得不合，情绪、节奏跟不上了，于是，改用了与朗诵情绪相适应的节奏稍快、力度稍强的另一段配乐，使音乐与朗诵相互融合，共同营造出诗的意境。

下面，我们来看《光的赞歌》这首诗的集体、配乐朗诵二者相结合的处理：

《光的赞歌》是诗人艾青创作的一首政治抒情诗，它表现了诗人对革命事业始终如一的热情，充满理性的思考和永不衰退的激情。

《光的赞歌》第一节：表现诗人对光的理性阐述与感情抒发，从全诗角度看情绪相对平缓，后面力度逐渐加强，发展成激情。于是，我们可以从记忆的宝库中搜寻出与之情绪、节奏、相应的音乐作为这节内容的配乐。交响诗《雪里梅园》其抒情乐段情感深挚，节奏舒缓，与我们要朗诵的描绘、歌颂的内容情绪相符，比较适宜作为这第一节内容的配乐。由于音乐不是专为具体的诗歌朗诵所创作，其中难免有小的不甚相合之处，这就需要我们在朗诵时运用等、抢、拉开等技巧，朗诵伴随音乐，时而加快、时而语言拉开稍等，以与音乐的情绪、节奏相合，但在"关键语""重点处"一定要与配乐准确对位（包括朗诵的进出、情绪地扬起、抑收等），否则，会造成配乐与朗诵的错位，或预设中借助音乐形成的高潮落空，使配乐起不到烘托、渲染的作用，反而造成混乱，削弱了配乐应起的作用。

《光的赞歌》第二节：是控诉中国"文化大革命"的非常时期，因而可不必配乐，体现朗诵语言本身的内涵、力度与节奏，用沉凝的情感、逐渐扬起的情绪，显现朗诵语言自身的魅力。同时，也体现出配乐技巧，通常一首诗不能从头到尾都填满了音乐，要有"停歇"与"转换"音乐的时间和空白处，当然，应在可以不

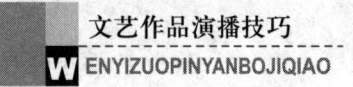

配乐的地方进行。

《光的赞歌》第三节：是表现诗人对人生哲理的阐述，有与前面内容、情感的回环相衬，因此配乐也可再使用前面适用的乐段，既符合此时的诗情与朗诵的心理，又从配乐上造成一种迴环，体现了诗歌创作和诗歌朗诵的迴环美。

《光的赞歌》第四节：表现了以光为寓象，歌颂中国人民争取自由和充满信心展望未来的激荡豪情。朗诵逐步推进，节奏由紧张型变为高亢型。在第三节结尾处扬起的诗情中巧妙融进新的配乐，选用我们大家都熟悉的管弦乐曲《红旗颂》的主旋乐段是再合适不过的。于是升腾的诗情与激情的朗诵、伴随《红旗颂》主旋乐曲那舒展激越的旋律融合交织于一体，尽情地抒发着诗的内涵、诗的情绪、诗的意境。结尾处让恢弘的音乐在朗诵内容完了之后再发展一段结束，更能体现配乐为朗诵担当尽情抒发的角色及配乐创作的整体性。具体处理如下：

光的赞歌（节选）

作者　艾青

一

（《雪里梅园》音乐主旋律抒情乐句弱出一小节，将人带入诗境。七名男生集体朗诵。）

男一：每个人的一生（带有哲理的阐述感）
　　　　不论聪明还是愚蠢，
　　　　不论幸福还是不幸，
　　　　只要他一离开母体，
　　　　就睁着眼睛追求光明。

男二：世界要是没有光，
　　　　等于人没有眼睛，
　　　　航海的没有罗盘，
　　　　打枪的没有准星，
　　　　不知道路边有毒蛇，
　　　　不知道前面有陷阱。

男三：世界要是没有光，
　　　　也就没有扬花飞絮的春天，
　　　　也就没有百花争艳的夏天，
　　　　也就没有金果满园的秋天，
　　　　也就没有大雪纷飞的冬天。

男一：世界要是没有光，

男四：看不见奔腾不息的江河，（下面几句逐一加快）

男五：看不见连绵千里的森林，

男六：看不见容易激动的大海，

男七：看不见像老人似的雪山，

男一：要是我们什么也看不见，

男合：我们对世界还有什么留恋。（朗诵放慢）

二

男六：只是因为有了光，（展开、翻上去）
　　　我们的大千世界
　　　才显得绚丽多彩，
　　　人间也显得可爱。

男七：光给我们以智慧，
　　　光给我们以想象，
　　　光给我们以热情，
　　　创造出不朽的形象。

男三：那些殿堂多么雄伟，
　　　里面更是金碧辉煌。
　　　那些感人肺腑的诗篇，
　　　谁读了能不热泪盈眶。

男五：那些最高明的雕刻家，
　　　使冰冷的大理石有了体温。
　　　那些最出色的画家，
　　　描出色授魂与的眼睛。

男四：比风更轻的舞蹈，
　　　珍珠般圆润的歌声，
　　　火的热情、水晶的坚贞，
　　　艺术离开光就没有生命。

男一：山野的篝火是美的，（下面逐一加快、叠加情绪）

男六：港湾的灯塔是美的，

男七：夏夜的繁星是美的，

男一：庆祝胜利的火焰是美的，

男合：一切的美都和光在一起。（音乐、朗诵同时展开）

四

男二：但是有人害怕光，（揭露性）（音乐减弱）

　　　有人对光满怀仇恨，

　　　因为光所发出的针芒，

　　　刺痛了他们自私的眼睛。

男五：历史上的所有暴君，

　　　各个朝代的奸臣，

　　　一切贪婪无厌的人，

　　　为了偷窃财富、垄断财富，

　　　千方百计想把光监禁，

　　　因为光能使人觉醒。（音乐渐止）

男四：凡是压迫人的人，

　　　都希望别人无能，

　　　无能到了不敢吭声，

　　　让他们把自己当做神明。

男七：凡是剥削人的人，

　　　都希望别人愚蠢，

　　　愚蠢到了不会计算，

　　　一加一等于几也闹不清。

男六：他们要的是奴隶，

　　　是会说话的工具，

　　　他们只要驯服的牲口，

　　　他们害怕有意志的人。

男一：他们想把火扑灭，

　　　在无边的黑暗里，

　　　在岩石所砌的城堡里，

　　　永远维持血腥的统治。

　　　他们占有权力的宝座，

　　　一手是勋章、一手是皮鞭，

一边是金钱、一边是锁链，
进行着可耻的政治交易，
完了就举行妖魔的舞会，
和血淋淋的人肉的欢宴。

男三：回顾人类的历史，
　　　曾经有多少年代，
　　　沉浸在苦难的深渊，
　　　黑暗凝固得象花岗岩。
　　　然而人间也有多少勇士，
　　　用头颅去撞开地狱的铁门！

男四：光荣，（男合）属于奋不顾身的人！
男四：光荣，（男合）属于前赴后继的人！

男一：暴风雨中的雷声特别响，（逐一加快、叠加情绪）
男五：乌云深处的闪电特别亮，
男二：只有通过漫长的黑暗，
男合：才能喷涌出火红的太阳！（声音、情感全都放开）

七

（《雪里梅园》抒情性音乐主旋重新进入，声音稍大于开头配乐，乐稍出，朗诵出）

男六：每一个人都是一个生命，（哲理阐述感）
　　　人是银河星云中的一粒微尘。

男七：每一粒微尘都有自己的能量，
　　　无数微尘汇集成一片光明。
男六：每一个人既是独立的，
　　　而又互相照耀，
男七：在互相照耀中不停地运转，
　　　和地球一同在太空中运转。
男一：我们在运转中燃烧，（《雪里梅园》音乐，描写革命历程的乐段，有力度、有情感）
男合：我们的生命就是燃烧。

男一：
男二：　我们在自己的时代，
男三：　应该像节日的焰火，

男四：
男五：　带着欢呼射向高空，
男六：　然后进出璀璨的光。
男七：

男二：即使我们是一支蜡烛，（深情地抒发）
　　　　也应该"蜡炬成灰泪始干"。
男五：即使我们只是一根火柴，
　　　　也要在关键时刻有一次闪耀。
男四：即使我们死后尸骨都腐烂了，
　　　　也要变成磷火在荒野中燃烧。

八

男六：作为一个微不足道的人，
　　　　天文学数字中的一粒微尘，
　　　　即使生命像露水一样短暂，
　　　　即使是恒河岸边的一粒细沙，
　　　　也能反映出比本身更大的光。
男七：我也曾经用嘶哑的喉咙歌唱，
　　　　在不自由的岁月里我歌唱自由。
　　　　我是被压迫的民族，我歌唱解放。

男三：在这个茫茫的世界上，
　　　　为被凌辱的人们歌唱，
　　　　为受欺压的人们歌唱，
　　　　我歌唱抗争，歌唱革命。
　　　　在黑夜把希望寄托给黎明，
　　　　在胜利的欢欣中歌唱太阳。

男五：我是大火中的一点火星，
　　　　趁生命之火没有熄灭，
　　　　我投入火的队伍、光的队伍，
　　　　把"一"和"无数"溶合在一起，

为真理而斗争。

和在斗争中前进的人民一同前进，

我永远歌颂光明！

男一：

男二：} 光明是属于人民的，（下面朗诵加快，由收到放）

男三：

男四：

男五：

男六：} 未来是属于人民的，（配乐转接《红旗颂》描写战斗历程的乐段）

男七：

男合：任何财富都是人民的。

男一：和光在一起前进，

男四：和光在一起胜利，

男合：胜利是属于人民的，

　　　和人民在一起所向无敌！（配乐结束一个乐段）

九

（配乐变为《红旗颂》中的进行曲节拍，再入朗诵，配乐与朗诵严格对位）

男一：我们的祖先是光荣的，

　　　他们为我们开辟了道路，

　　　沿途留下了深深的足迹，

　　　每个足迹里都有血迹。

男二：现在我们正开始新的长征，

　　　这个长征不只是二万五千里的路程，

男三：我们要逾越的也不只是十万大山，

男七：我们要攀登的也不只是千里岷山，

男五：我们要夺取的也不只是金沙江、大渡河，

男四：我们要抢渡的是更多更险的渡口。（下面朗诵渐慢、凝重有力）

男六：我们在攀登中将要遇到，

男合：更大的风雪、更多的冰山……

男四：但是光在召唤我们前进，（音乐转成抒发性乐段）

　　　光在鼓舞我们、激励我们，

　　　光给我们送来了新时代的黎明，

　　　我们的人民从四面八方高歌猛进！（音乐推出《红旗颂》歌颂性主旋乐

段、展开）

男二：让信心和勇敢伴随着我们，
　　　　武装我们的是最美好的理想，
　　　　我们是和最先进的阶级在一起，
　　　　我们的心胸燃烧着希望，
　　　　我们前进的道路铺满阳光！

男一：让我们的每个日子，
　　　　都像飞轮似的旋转起来。
　　　　让我们的生命发出最大的能量，
　　　　让我们像从地核里释放出来似的，
　　　　极大地撑开光的翅膀，
　　　　在无限广阔的宇宙中飞翔。

男六：
男七：} 让我们以最高的速度飞翔吧，

男一：
男三：} 让我们以大无畏的精神飞翔吧，

男二：
男五：} 让我们从今天出发飞向明天，

男合：让我们把每个日子都当做新的起点。

男四：或许有一天，总有一天，
　　　　我们这个古老的民族，
　　　　我们最勇敢的阶级，
　　　　将接受光的邀请，（音乐高潮扬起）

男一：
男二：} 去叩开千万重紧闭的大门，
男三：

男四：
男五：
男六：} 访问我们所有的芳邻。
男七：

男一：
男四：} 让我们从地球出发，

男合：飞向太阳！

　　　　　　　　　　　　　　——（《红旗颂》音乐发展、结束）

二、朗诵与配乐的配合

从以上这首诗的配乐及朗诵词的分配、处理来看，我们是否可以得到这样几点启示：

1. 配乐诗朗诵，不是"诗配乐"，而是"乐配诗"，因此应以朗诵的节奏为主，配乐为辅。当然，朗诵中也不能只管朗诵，不顾配乐，应当兼顾配乐，有机融合，追求最佳效果。

2. 配乐朗诵，不能在音乐声中（尤其激情朗诵中）只用强声、大喊来显现自己的激情。应在音乐声中较好地体现出朗诵处理的层次与对比，体现朗诵的艺术性。

3. 集体配乐朗诵中的朗诵，不应不关注别人的朗诵内容与处理，全力拼声音，只追求声音效果。应当明确自己在朗诵整体中居什么位置、起什么作用，根据朗诵内容该低声沉下处理时绝不能高声大喊，以求朗诵处理的层次与对比，体现和谐性、整体感与表现力。

4. 在配乐朗诵中，注意把握朗诵本体的节奏，绝不应让不适当的配乐节拍拖平了朗诵的本体节奏。

5. 配乐朗诵，一定要熟悉配乐的所有乐段、朗诵与之配合的位置和方式，以时时调节朗诵与音乐的配合。

6. 配乐朗诵，自己要懂配乐、会配乐。如配乐转换时应弱接，某些不同情绪、节奏的配乐转换，可在朗诵声中过渡，这样不显生硬。

此外，选择配乐的乐器与配器也很重要。一般而言，古典诗词的配乐多以民族乐器演奏的民乐曲为好，古色古香，古韵缭绕，容易把人带入遥远的时空，产生相合意境；抒情性小诗的配乐，不宜用大乐队演奏的音乐，因为诗的表现内容是人内心细腻的情感，朗诵语言轻声细语，音乐声太大容易淹没朗诵语言，不合意境；选择配乐，还要看音乐的时代、地域是否与所朗诵的诗歌吻合，（即古、今、中、外的音乐）看其与自己朗诵的诗的时空感是否相合。

在配乐中，有时同一首乐曲，根据需要可以为不同的诗歌配乐，只要是风格、情绪、节奏等吻合。例如，我们上述提到的交响诗《雪里梅园》的音乐，它不仅可以为《光的赞歌》一诗配乐，还可以为《周总理办公室的灯光》一诗配乐，情绪、节奏、风格也很吻合，效果同样好。而管弦乐曲《红旗颂》更不知为多少诗朗诵当做配乐。

另外，有时一首乐曲由于几个乐段的情绪、节奏不同，可以拆开来为不同内容、情绪的作品配乐。如散文《依依惜别的深情》片段的朗诵，就可以用《红旗颂》乐曲中的抒情慢板乐段配乐，以适应朗诵内容的深情抒发；而《光的赞歌》片段的后半部则用《红旗颂》乐曲中的主旋律歌颂性乐段配乐，更能体现激越地情感抒发性质。

三、配乐朗诵提示

1. 应选择性配乐：不是所有的诗朗诵都适合配乐，一首诗是否配乐这要看诗的内容、形式而定。例如，一般哲理诗便不适宜配乐，因为其朗诵需要揭示诗的深刻内涵，给出理解、消化的空间。

2. 配乐不能填满全诗：有的人将整首诗都填满了音乐，这是因为尚不明白配乐与朗诵的关系。配乐是辅助朗诵表达的，应有"主次感"并"时有时无"，与朗诵有机配合。

3. 配乐节奏不应单一：有的人为诗朗诵配乐，只选择一首乐曲，节奏单一，这样缺乏变化。一般音乐的某一乐段节奏相对稳定，对朗诵的节奏有种制约，不能细致对应变化着的朗诵情绪与节奏。

4. 配乐要适合朗诵内容：有的配乐与朗诵的内容、风格、情绪、节奏不相符，导致所用配乐不能将人带入特定的意境、起不到烘托情绪的作用，反而呈现"两张皮"的游离、脱节感。为此，应当储备足够的音乐资料，认真筛选适宜的配乐资料。

5. 配乐音量应适当：有的配乐音量过大或过小，与朗诵的声音不合比例。配乐声音太大，会干扰朗诵语言的有效传达；配乐声音太小，起不到烘托朗诵气氛、强化情感的作用。因此，应掌握好配乐与朗诵声音的大小比例，不致影响朗诵的整体完美。

6. 配乐长短应相合：有的朗诵配乐剪裁不当，过长或过短。配乐过长，会形成朗诵语言"拖""等"音乐的局面；配乐过短，会使朗诵表达不充分或赶音乐的情形，这些现象都让配乐占据了主要地位。因此，应懂得文艺编辑，较好地把握朗诵与配乐的关系，使二者有机相合。

7. 把控变化配乐音量：有的配乐缺乏音量大小的调控，表现为配乐音量始终如一，影响对朗诵的衬托作用。通常，应在朗诵高潮或诗的结尾处加大配乐音量，以烘托诗情、渲染气氛；而当朗诵情感内在、声轻语细的内容与情感时，则应适时拉小配乐音量，以达到动态、有机的配合效果。从某种意义上讲，配乐音量的大小，也具有表现力。

8. 朗诵应会适应配乐：有的朗诵者缺乏配乐朗诵技巧，表现为不会在朗诵中兼听音乐并与之吻合。因此，朗诵者应当具有合理微调朗诵节奏的技能。在二者发生少许错位时，能适当调整语言的快慢、强弱、刚柔等元素，不使其错位，背离创作预设。

总之，配乐朗诵，最忌讳朗诵跟着现成音乐的节奏不紧不慢地拖着走，它会为了适应音乐节拍而弱化朗诵自身节奏，削弱了朗诵的表现力与感染力。有必要再次强调，配乐朗诵应是"乐配诗"，而不是"诗配乐"。

第六节 诗歌朗诵提示

一、关注朗诵作品的选择

这里是指朗诵者在选择所朗诵的诗歌作品时，应尽量符合自己的性别、年龄、身份、气质、声音条件以及外形与内在条件，使它们都与所选诗歌的内容、情感、表现形式相合、相近，这样朗诵者一出台或一出声便能得到人们的基本认可。因为，朗诵必定是主体抒发个人（即作者）情感的外化。如若不顾这些条件，只凭自己的个人喜好随意选择朗诵的作品，自己又与其相差较大，必定不会得到受众及专家（朗诵比赛评选）的认可，会很快失掉重要的印象分。同时，对自己的理解、感受、表达处理也不利。因而，以笔者之见，朗诵必须关注本人与作品的适合度，这也是获得诗歌朗诵成功的要件之一。

二、区分诗类，注意风格

诗歌朗诵若想成功，除去准确、深入的理解与体验、具备丰富的表达技能，对诗类及风格的把握也不容忽视。不同种类和不同风格的诗有不同的表现形式，朗诵处理应区别对待，选择最适当的表现方式。

政治抒情诗，一般在表达上要充满激情，声音饱满，音高、音强、音长方面变化比较丰富，节奏起伏较大，多用层层推进的方式来体现内心的激情；朦胧诗、哲理诗的表达则与此有别，多声音稳实、节奏对比幅度一般不大、语速较缓、多停断，以引发人们跟着朗诵思考、体悟诗义内涵；爱情诗的表达可声音柔美，情感细腻，音量不宜过大，声音也不宜过高、过强，以利于表现诗作的内在情致；叙事诗多有情节内容，应朗诵得自然、真挚，既有诗的基本节拍，也有讲述的自然感，节奏随内容、情节的变化而变化。

此外，还应注重诗的风格的把握与处理。有时，一首诗在理解上不会有多大出入，但在表达风格上却不尽相同。比如《我希望你以军人的身份再生》，这首诗，可有不同风格的表达，既可处理成冷峻、蔑视、傲然的；也可处理成充满激情的；还可处理成不失冷峻、蔑视、傲然又带有激情的。其实，从诗作本身出发，这几种处理都无可厚非，只要理解准确，可以有不同风格，并带有一些朗诵者的个性特征。当然，朗诵一首诗更有必要参考作者的性格、气质与创作风格来处理。具体到这首诗，笔者以为第三种处理更接近作者年轻、潇洒的骑士风度。诚然，成熟的朗诵者应具备表现各种不同风格作品的能力。

三、不模仿他人

这里是指不模仿曾因朗诵此诗而成功的人或在朗诵方面已有一定名气的名家。原因在于，别人的表达处理是他本人的性格、气质、修养、思想、情感、理解、体味等诸方面的集中体现，他的声音是他那个主体所具有的，他的表达处理是他自己所独有的。你若与其相合也罢，若不是，只是一味将人家的表达形式拿来套用，或模仿他人的声音，也可能表面听来有那么一点意思，但细究起来却欠内质，有形无魂，这种朗诵称不上成功，也不可能成功。若是从人家的外化处理、技巧运用中，反推其内心感悟，为自己指引了思考、感悟的途径，再启动自己的内心去表达是可行的，这是学习与借鉴。其实，任何技艺都需要有个模仿、学习的过程。闻其好，方欲学，学之后，才可化为自己的技能。但那种单纯模仿朗诵形式的做法是不可取的。

四、不上调，要自然

所谓"上调"，是指不动心，不与表达内容相贴的固定唱调和拖腔拖调。由于诗歌具有节律、音韵方面的特点，因而有人朗诵爱上调，以为没调就不是诗朗诵，这种朗诵几乎形成一种模式，让人听了很反感。总体上讲，诗朗诵虽然也要注意节律和音韵的显现，但在心理上应当有种说话的感觉，表达要自然、不上调。比如《风流歌》一诗的开头有这么两句：

风流哟，风流，什么是风流？

……

风流哟，风流，谁不爱风流？

……

这样的诗句在朗诵中，如果不注意内容只专注于音韵、节律是很容易上调的。若不但兼顾特点，又加强内心思考、交流的感觉，便会给人于思考中发问的真实感，反之，会给人空泛、不动心的感觉。尤其是句式相同，词语相似的回环句在朗诵中更容易上调。比如《我骄傲，我是中国人》一诗中，它的每一句"我骄傲，我是中国人"和"我是中国人"的回环句，都不能不动心以雷同感觉顺口说出，而应与下面诗句的内容感觉紧密相连，以具体阐释的语气说出这每一句，这样就不会有千篇一律及朗诵上调的感觉了。

凡此种种，朗诵中都不应用一种大致的调子"唱"出。要知道，自由诗的朗诵与古典诗词的吟诵是有区别的。因为自由诗的语言是白话文，较少受诗词格律、音韵的制约，它更接近于散文语言，所以，上调朗诵是极不相宜的。

五、注意"啊"的处理

诗朗诵中还有一点要注意，就是感叹词"啊"的处理（不论写成何字）。诗歌是抒情的语言艺术，又最具个性，因而，诗人往往用"啊"来抒发自己内心的情感。如果朗诵者体会不到或表达功力欠缺，都不能恰如其分地处理好"啊"的各种内涵，只会以一种样式来表达，这势必衰减其表现力。因此，我们在朗诵中如遇上"啊"这个感叹词，不要草草处置，要结合上下文揣摩准它的内涵，并且用一定的技巧将每个"啊"都处理得各有其貌，使人一听便知其意。并感觉与诗的内容融为一体，既有机，又有味，更有表现力。当然，表达功力不够者，要努力锻炼、提高自己的能力，方能处理得得心应手。

比如，《风流歌》第一诗节中有这样两句：

遐想时，我变成一只彩蝶：

"呵，风流莫非指在春光里嬉游？

朦胧中，我化为一只蜜蜂；

呵，风流好似是在花丛中奔走。"

这中间就有两个"啊"字，细分析，这几句诗是在探究"风流"的真谛，因而根据诗的内容，第一个"啊"可以处理成探究的语气，所以"啊"音的语调曲折上升；第二个"啊"似明白了什么，于是这个"啊"语调可曲折向下，这里都有一个"悟"的感觉。如若将两个"啊"都处理成一种模式或只会一种表达方式，这都不适用。可以说，有多少个"啊"，便有多少种不同的含意与表达形式。

六、朗诵感觉具体

诗歌由于创作需要，具有精练、跳跃、意象化等特点，这对于读者来说理解上就有一定难度，对于朗诵者来说，更多了一层，即难以表达。因此，除去前边已涉及的加强理解和表达功力以外，更重要的和有效的一点是加强朗诵者朗诵时的自我体验与具体感觉，这样，就可以帮助朗诵者迅速、真实地进入朗诵氛围并准确、个性化地表达出具体意象、环境与情思；避免诗句是概括、含蓄、多义的，朗诵者的感觉也空乏、朦胧、不具体，不能有效地引发朗诵者朗诵时的具体、真实感，从而难于激发朗诵的真情、热情与激情，也不利于将听众带入应有的诗境，准确理解诗义。朗诵感觉的具体，应为朗诵者对每首诗的时间、环境、人物（作者本人也是一个主体）、心态、象征的本体与喻体特质等都心中有底，这样方可清晰、有效地表达。

感觉具体，应当细致到此诗、此句表现的是什么时代、地域、环境、人物心态：是在战争年代还是和平环境中；是在热恋中还是失恋时；是在夏季还是冬季；是在白天还是夜晚；是在海边还是山中；是心情欢悦兴奋时还是悲哀沮丧时；是象征刚毅还是柔软的性质等，因为这些极为具体的感觉会导致朗诵语气的细微区别与不同态势，会给朗诵者提供选用不同表达手段与技巧的主、客观依据。比如，一般夏季给人的感觉是热烈、明丽的，而冬季给人的感觉则是阴冷、暗淡的，那么在语言的处理上就不相同，前者可高亢、轻快，后者可凝重、低沉，语言色彩及语势趋向都不相同。又如，白天往往给人的感觉是热闹、喧嚣，而夜晚则给人以宁静、沉寂的感觉，因此在用声的音量大小及朗诵感觉上就不相同。再如，鲜花的象征是柔美，也要用柔美的音色和情感来表现；而雄狮的象征是勇猛，宜用坚实的音色和刚毅的感觉来表现。凡此种种，不一而足，但都说明了诗朗诵中感觉具体的重要意义。当然，感觉中这些具体性质大多不在诗体中出现，而是朗诵者在分析、理解、朗诵一首诗时，凭借生活经验与艺术体验自己品味出来的。在这一过程中，视觉、听觉、触觉等各种感觉活动始终伴随，有了这些具体的感觉支撑，才有朗诵的感觉具体。

诗歌朗诵训练作品

人 民 万 岁

作者　王怀让

你从韶山水田的
黄色的阡陌上走来，
你从安源煤矿的
黑色的巷道里走来，
你从湘乡的那棵垂挂过
许多苦难的老槲树下走来，
你从长沙的那口映照出
许多血泪的清水塘畔走来——

你走来，径直走上天安门城楼，
向着创造历史的人民
用深沉的湖南口音高呼：
人民万岁！

你从能够望到民族志气的
上海望志路走来，
你从可以看穿世纪烟雨的
南湖烟雨楼走来，
你从八百里井冈的很有特色的
中国的秋收里走来，
你从二万里长征的很有气魄的
中国的长跑中走来……

你走来，大步走上天安门城楼，
向着改造历史的人民

用洪亮的湖南口音高呼：
人民万岁！

你从万里雪飘的
北国风光走来，
你从顿失滔滔的
大河上下走来，
你从《史记》里的
秦皇汉武的赫赫武功中走来，
你从《资治通鉴》中的
唐宗宋祖的熠熠文采中走来……

你走来，很现实地走上天安门城楼
向着扭转乾坤的人民
用可以穿透乾坤的湖南口音高呼：
人民万岁！

你从照耀人民智慧的
《西江月》辉中很抒情地走来，
你从奔腾人民力量的
《满江红》浪里很激情地走来，
你从《送瘟神》的
浮想联翩的兴奋的韵脚中走来，
你从《到韶山》
夜不能寐的振奋的平仄里走来——

你走来，很浪漫地走上天安门城楼，
向着叱咤风云的人民
用能够驾驭风云的湖南口音高呼：
人民万岁！

你走上天安门城楼
是为了高呼人民万岁，
人民才用自己的身躯
把天安门托得如此峨峨巍巍；

你走上天安门城楼
是为了高呼人民万岁，
人民才用自己的血汗
把天安门染得这样如描如绘……

——这，就是你留给我们的真理，
呼人民万岁的人，
他活着的时候，
人民才会向着他高呼万岁！

你走上天安门城楼
是为了高呼人民万岁，
把握历史的人民
才让你在史册中永放光辉；
你走上天安门城楼
是为了高呼人民万岁
主宰世界的人民
才让你在世界上万古永垂……

——这，就是你留给我们的哲学，
呼人民万岁的人，
他死了，他的思想，
却可以万岁！万万岁！
人民万岁！

作品背景：

这是诗人王怀让创作的又一部力作，写于毛泽东诞辰一百周年之际。细细品来，此诗不仅是歌颂毛泽东，更是歌颂人民的。诗作力图阐明这样一个真理：水能载舟、亦能覆舟，热爱人民的领导才会受到人民的拥戴。主旨深蕴，针对性强。

训练提示：

1. 此诗既有强烈的思想性，又有较强的诗歌特点，句式整齐，节奏性强，激情四溢，朗朗上口。

2. 朗诵此诗，首先要理解准确、深刻，明了其目的、重点；其次要表现真情，不能感觉空泛、从头喊到尾。

3. 此诗既可个人朗诵，也可设计处理成集体配乐朗诵，以更好地营造诗境、加强表现力与感染力。

致 大 雁

作者 赵丽宏

题记：为了心中的信念，毕生飞翔，毕生拼搏。

（一）

在澄澈如洗的晴空里，你们骄傲地飞翔……

在乌云密布的天幕上，你们无畏地向前……

在风雨交加的征途上，你们欢乐地歌唱……

秋天……向南；春天……向北……

仰起头，凝视你神奇的雁阵，我总会有一阵微微的激动，有许多奇妙的联想，有一些难以得到解答的疑问……

大雁啊，南来北去的大雁阵，你们愿意在我的窗前小作停留，和我谈谈吗？

（二）

有人说你们怯懦……

是为了逃避严寒，你们才赶在第一片雪花飘落之前，迎着深秋的风，匆匆地离开北国，飞向南方……

是为了逃避酷暑，你们才赶在夏日的炎阳烤焦大地之前，浴着暮春的雨，急急地离开南方，飞向北国……

是怯懦吗？

为了这一份"怯懦"，你们将飞入漫长而又曲折的征途，等待你们的，是峻峭的高山，是茫茫的森林，是湍急的江河，是暴风骤雨，是惊雷闪电，是无数难以预料的艰难和险阻……然而你们启程了，没有半点迟疑，没有一丝畏惧，昂起头颅，展开翅膀，高高地飞上天空，满怀信心地遥望着前方……

是什么力量，驱使你们顽强地做着这样长途的飞行？是什么原因，使你们年年南来北往，从不误期？

是曾经有过山盟海誓的约会吗？

是为了寻找稀世的珍宝吗？

告诉我，大雁，大雁告诉我……

（三）

如果可能，我真想变成一片长满芦苇的湖泊，铺展在你们的征途中，夜晚，请你们停留在我的怀抱里，我要听听你们喁喁私语；听你们倾吐遥远的思念和向往，诉说征程中的艰辛和欢乐……

　　如果可能，我真想变成一棵枝叶葱郁的大树，屹立在你们的宿营地，让你们在我的丛生的臂膀上栖息。也许当我的温柔的绿叶梳理过你们风尘仆仆的羽毛，掸落你们翅膀上的雨珠灰土之后，你们会向我一吐衷曲，告诉我许多不为世人所知的隐私和奇遇……

　　当然，我更想变成你们中间的一员，变成一只大雁，我要紧跟着你们勇敢的头雁，看它是如何率领着雁阵远走高飞的。我要看看……

　　在扑面而来的狂风中，你们是如何尖利地呼号着，用小小的翅膀，搏击强大的风魔……

　　在倾盆而下的急雨之后，你们是如何微笑着抖落满身水珠，重新窜入云空……

　　在突然出现的秃鹫袭来之时，你们是如何严阵以待，殊死相搏……

（四）

　　猛烈凶暴的飓风和雷电，曾经使你们的伙伴全军覆没。

　　我知道你们曾悲哀，你们曾流泪，然而你们会后悔吗？你们会因此而取消来年的旅程，因此而中断你们的追求吗？

　　不会的！不会的！

　　当春风再度吹绿江南柳丝的时候，你们威严的阵容，便又会出现在辽阔的天幕上，向北，向北……

　　当秋风再度熏红塞外柿林的时候，你们欢乐的歌声，便又会飘荡在湛蓝的晴空里，向南，向南……

　　你们怎么会后悔呢！你们在追求，千年万载地延续着，从未有过中断！

　　我想像你们刚刚啄破蛋壳的雏雁，当你们大张着小嘴嗷嗷待哺的时候，也许就开始聆听父母叙述那遥远的思念，解释那永无休止的迁徙的意义了。而当你们第一次展开腾飞的翅膀，父母们便要带着你们去长途跋涉了……

　　我想像你们耗尽了精力的老雁，当秋风最后一次抚摩你们衰弱的翅膀，当大地最后一次向你们展示亲切的面容，当后辈们诀别你们列队重上征程，你们大概会平静地贴紧了泥土，安心地闭上眼睛的——你们是在追求中走完了生命之路啊！

　　大雁，渺小而又不凡的候鸟家族啊，请接受我的敬意！

（五）

　　雁阵又出现在湛蓝的晴空里。

　　我站在地上，离你们那么遥远。然而我觉得离你们很近。我的思绪，常常会跟着你们远走高飞……真的，我真想像你们一样，为了心中的信念，毕生飞翔，毕生拼搏！

作品背景：

这是上海作家赵丽宏创作的一首散文诗。有人评价作者："人和他的文是那么一致：真诚的、清新的、诗意的，同时也是深邃的、悠长的。""如果你用心去读作品，能够感觉出作者的憧憬和他的期冀。"作者曾是"老三届"，插过队，有过较多的基层体验，因而对生活与人的思考，更朴实、更深邃、更真诚。

《致大雁》作品中"大雁"的形象就是作者本人，是有追求的"老三届"一代人的写照和象征。这种对事业、生活的追求精神，对于今天照样适用，也有激励作用。

训练提示：

1. 分析、弄清作品的主旨及几个层次，朗诵此作品，突出思考与歌颂性质。
2. 表达基调，随具体内容高亢加凝重。
3. 朗诵不要带调子，语言抒发感更强。

微 笑

微笑是世界上一朵永远不会凋谢的花，

它，不分四季，

不分南北，

越是高洁的心灵，

微笑就越美丽。

微笑是世界上一种最美妙的语言，

不论是什么语言，

都比不过微笑的美妙。

微笑，犹如阳光斜照大地的温暖；

微笑，犹如清风抚摸森林的清凉；

微笑，犹如夕阳燃烧天空的炽热；

微笑，犹如浪花冲刷礁石的激情；

微笑，犹如雨水淋漓大地的温润；

微笑，犹如夜色亲吻鲜花的芬芳。

给伤痛一个微笑，伤痛会悄然溜走；

给邪恶一个微笑，邪恶会瑟瑟发抖；

给善良一个微笑，善良会发扬光大；

给眼泪一个微笑，眼泪会变得坚强……

用最真诚的心，

将你最灿烂的微笑，
播散到全世界的角落，
散布到生活的空间……

跌倒时，它给人阳光般的帮助；
迷失时，它给人波涛般的勇气；
失落时，它给人清风般的慰藉；
冲动时，它给人天空般的胸襟……

微笑，就是寒冷时的太阳；
微笑，就是酷热时的清风；
微笑，就是饥饿时的佳肴；
微笑，就是干渴时的甘露；
在人需要的时候，
如天使、仙女般翩翩降临，给予你帮助。

人生的乐趣莫过于用微笑面对一切，
微笑是一种态度，
微笑是一种领悟，
微笑是一种修行，
你可以自信而不轻狂，
老而不僵化，
青春而不摇滚。

把微笑带给生活，
用生活去点缀生命，
用微笑赶跑忧伤，
不用去寻览快乐，
不要祈求阳光般的帮助……

微笑吧，
将微笑酿成幸福的美酒，
享受一生。

微笑吧，

让所有人都跟你一样，

微笑着走过一生，

你会发现，

微笑是如此美丽。

训练提示：

1. 这是一首具有诗歌创作特点的哲理抒情诗，朗诵时应透出哲理与抒情的意味。

2. 这首诗的朗诵基调，应为劝导、亲切的；朗诵不应带所谓的朗诵调，应处理成谈心式。

3. 朗诵应注意分清层次，表现不同的内容、情感及态度，不能处理成一片。

4. 朗诵应注意表现出诗节、排比等，使其更有诗歌朗诵的特点。

5. 朗诵这首诗，总体上语速不宜太快，要给人以思索和回味的时间，但也要有相应的节奏变化。

青春的天空

作者 舒婷

青春的天空，

有时是蓝色的，

蓝得像一幅画，

画里有我们蓝蓝的梦，

蓝蓝的梦里，

有我们青蓝色的童话。

青春的天空，

有时是银白色的，

圆圆的明亮的月亮啊，

你能否读懂那少年游子青涩的爱情，

能否传达那少年游子悠悠的乡思，

善良的星星啊，

青春的祈愿洒在你的光辉中，

不知能否美愿如偿？梦想成真？

青春的天空，

有时是红色的，

红色的天空下，

远方初升的太阳呵，

在为世间万物注入新的尘机活力。

群鸟呵，

奋勇腾飞击东方，

晨跑的少年郎，

软软的沙滩上，

留下你串串的青春足迹。

啊，青春美好，美好青春。

训练提示：

这是一首表现青春的诗，它体现了青春的特点、青春的色彩。诗无定解，但我们也许能感觉到那蓝色的憧憬、纯洁的心灵、红色的热情。青春美好，青春是梦开始的日子。

1. 理解较具体、有自身感受。

2. 表达基调热情、明朗。

3. 朗诵随内容有调整、变化。

永生的和平鸽

作者　刘擎　王嫣

女：无数次，

在天空和大地之间的一棵棵橄榄树旁，

我伸开手掌放飞一对年轻的洁白的鸽子。

男：无数次，

在太阳被地平线颤抖地举起又颤抖地沉落的一个个早晨和黄昏，

我向着遥远的南方，唱一支深情的无词的歌。

女：就在亚热带丛林中那片不知名的小草上，

他最后一次站起身，向祖国致敬。

红色的生命之泉奔涌着，再也没有停歇。

于是，那天的晚霞很红很红。

男：就这样，他在那片小草上，

献出最后一次脉搏，最后一次呼吸，

献出二十二岁的年龄。

就这样，他在青春里永恒，

女：于是，他的生命永远年轻。

男：他是个普通的人，

女：普通极了，

男：是我们儿时的伙伴，

女：我们青年时代的朋友。

男：他并不曾编织过关于英雄和元帅的光荣梦想，
　　甚至并不特别喜欢那些打仗的故事。

女：他迷恋着他的鸽子，
　　他的洁白、美丽的鸽子。
　　每一次当白鸽从他肩头起飞的时候，
　　总会听到他对着蓝天吹响那嘹亮的无比洒脱的哨音。

男：可是，有一天他说他要去参军，
　　他要去南方的前线。

女：于是，在一个雾气蒙蒙的早晨，
　　他打好背包，向我们告别。

男：他说，南方有一对白鸽子死了，
　　因此总有人要走上前线。

女：是的，总有人要走上前线。

男：他说，他是爱鸽子的，
　　所以他要上前线。

女：他爱鸽子，因此他要上前线。

男：他说，你们生活吧！奋斗吧！幸福吧！相爱吧！

女：他说，你们要幸福！要相爱！

男：他说，洒尽鲜血是为了开放出阳光和爱情，
　　开放出大片大片和平的天空。

女：是为了让所有的白鸽永远不死，自由地飞翔。

男：这时候，你哭了，你的脸上挂着泪珠。

我：我哭了，我的脸上挂着泪珠。

男：他说，你还是一个小丫头，一个傻乎乎的小丫头。

女：他说，我是一个小丫头，一个小傻丫头。

男：他微笑着，吹响一声长长的口哨，

女：一声口哨，一声无比优美的口哨。

男：然后，眼睛和眼睛相互凝望着，

女：凝望了许久，什么也没说。

男：最后，他拿出那对雪白雪白的鸽子，
放到我们手上，

女：转过身，踏上那条弯弯曲曲的小道。

男：从此，他再也没有回来，

合：永远也不会回来了……

男：那一天，

女：那一天，

合：我看见晚霞很红很红；

男：那一天他在青春里永恒，

女：他的生命永远年轻！

合：鸽子飞翔着，飞翔着，

男：牵出长长的弧线，

女：牵出长长的没有尽头的怀念。

男：我的歌回旋着，它是低低地、低低地。
可我总相信，在那遥远的亚热带丛林中会有一片小草听到这歌声，

合：和我们一起怀念。

女：于是，当我们无数次面对湛蓝湛蓝的天空和血红血红的霞光，
总觉得有一个掩藏的故事，还不曾诉说。

男：总觉得有一阵嘹亮的鸽哨，在久久地回荡！

女：无数次，我们伸开手掌，

合：放飞一对年轻的、洁白的鸽子。

男：无数次，我们向着遥远的南方，

合：唱一支深情的、无词的歌。

训练提示：

这是一首感人的朦胧诗。在诗情中，我们隐隐读到了一个故事，感到了一种情感，更看到了一名普通、年轻的士兵，为了祖国而舍弃一切的爱国情怀。此诗写法含蓄，具有意境，意味深至。

1. 对诗歌的分析要准确、细致，找到其前后呼应的结构与层次。
2. 朗诵处理应内在、深情。
3. 朗诵虽然以轻柔为主，但也应根据内容有相应变化，切忌节奏"平"。
4. 此诗既可以对诵，也可以单人朗诵，有配乐处理。

第十一章

寓言、童话的朗诵

　　寓言、童话的创作与表达也有其独特性，它是以比喻、拟人等手法和夸张的表现来讲明一个道理，表现一个立意。怎样能够恰如其分而又鲜明、生动地表现其形象及内涵、寓意与立意，既不哗众取宠，又避免平淡无味。本章重点探讨了这方面的问题。

第一节　寓言、童话的认识

一、寓言、童话的概念

　　"寓言，是文学作品的一种体裁，是带有劝谕或讽喻的故事。结构大多简短，主人公可以是人，也可以是生物或无生物，主题都是借此喻彼、借古喻今、借远喻近、借小喻大、寓深刻的道理于简单的故事之中。"（引自《辞海》"文学分册"第15页）

　　"童话，是儿童文学的一种。它是通过丰富的想象、幻想和夸张来塑造形象、反映生活，对儿童进行思想教育。一般故事情节神奇曲折，生动浅显，对自然往往做拟人化的描写，能适应儿童的接受能力。"（引自《辞海》"文学分册"第15页）

　　有的人将寓言、童话归为一类。

二、寓言、童话的种类

　　寓言可分为正面劝谕与反面讽喻两种。

　　童话可分为短篇与中、长篇两种。

三、寓言、童话的特征

　　寓言、童话的篇章一般比较短小，童话有些篇章较长。作品文字通俗，表现生动。

　　寓言、童话的创作，通常运用拟人、夸张、比喻、影射和象征等手法。

第二节　寓言、童话的处理

一、寓意与立意的把握与表现

把握准寓言、童话的寓意与立意、理解作品的创作目的，是朗诵好寓言、童话的基础。一般而言，了解到作品中塑造的形象意义及故事情节后，再与我们现实生活中的人和事相对应，产生一定的联想，就能够知道作者想通过作品告诉我们一些什么道理，也就能抓住作品的寓意和立意了。

比如，寓言《猴吃西瓜》是揭露教条主义和人云亦云的人；《一头学问渊博的猪》是嘲讽愚昧无知又自作聪明的人；《谦虚过度》是影射搞形式主义的人；童话《聪明的小兔子》则表现了机智勇敢、以弱胜强、正义战胜邪恶的立意；《猫和老鼠做朋友》抨击了背信弃义的人，并嘲讽了交友不择的蠢人。实际上大致了解寓言、童话的寓意与立意并不难，但要抓准其有一定难度，切勿模棱两可，模糊不清，或超越寓意与立意任意拔高。

一般来讲，寓言、童话的寓意与立意多自情节、形象中透露出来，由读者自己去领会。但有的寓言却在开头或结尾处予以"点指"，有的在中间插有"议论"，言少意重，富于哲理、揭示寓意。

比如，寓言《乌鸦与狐狸》的开头一段话："世人不知受过多少次劝告，说阿谀是卑鄙而有害的，但一切都是徒劳，阿谀的人总是能够钻到空子的。"这，便是在开篇伊始点明了此文的寓意：爱听恭维话的难免上当。篇中随后，用乌鸦与狐狸的形象与行为形象化地展示了这个寓言的内容与情节：狡猾的狐狸为了得到乌鸦嘴中的奶酪竟甜言蜜语、言过其实赞美乌鸦多么美、嗓音想必似天使般婉转，极力鼓动乌鸦开口唱歌。乌鸦被恭维得飘飘然了，竟真想显露一下自己的才华，谁知刚一开口，嘴中的奶酪便掉下来了，狡猾的狐狸带上奶酪就跑掉了。又如，寓言《木偶探海》在形象地展现了木偶做事浮在表层的事实之后，在寓言的结尾有这样一段话："怎么能和一个对一切事情都浮在表面的人说得清楚呢？他以为自己什么都知道了，可是他却不明白，要想真正知道，就得钻进去，只浮在表面上是不行的。"这，也揭示了本文的寓意：人做事切忌浮在表面，深入实际才能把问题认识得全面、准确。

由此可见，议论在寓言中有举足轻重的作用，在处理这种起揭寓作用的议论时，表现方法与内心状态不同于表现"形象化主体"（即作品中塑造的形象）。原因在于，揭寓的议论是理性的点指，它是以逻辑和理性的方式启示人、引导人的。而"形象化主体"则是以具体、形象、生动、活泼的感性力量来展示寓意，启迪人、教育人的。因而，对它们的表达处理当然不应相同。对揭寓作用的议论，表达处理，根据作品需要，有的可幽默诙谐，有的则宜严肃、稳实、语重心长、发人深省，处在"开头"的议论可以启示性更强，处在"结尾"处的议论应当结论性更强。总之，有揭寓作用的议论，在表达时，不应有一带而过的忽略感，语言不可轻飘，应当稳实、从容，以显示这种议论的重要性。而对寓言、童话中的"形象化主体"（即作品中所塑造的形象）的表达，则要清楚、具体、生动、鲜明，成为作品揭寓性及表现立意的有力的形象化展示。当有揭寓性议论呈现于作品中时，表达要注意二者的区别与转换，不可一种处理，否则，会导致议论无力，形象化主体的展现也不鲜明、不生动。

在朗诵没有揭寓性议论的作品时，应显现寓言、童话创作的特点，充分展现形象化主体的形象性、生动性、鲜明性及寓意性。表达时不能板着面孔客观地叙讲，或以教育者的说教感来朗诵，这样，朗诵会干巴巴，无情趣可言，因而，也必将失去感染人、启迪人和教育人的作用，削弱作品的预期效果。当然，也不能忽视表现形象化主体的本质特征，不应只追求表现各种形象的外部特征，追求喜剧效果。应当心中始终不失朗诵目的，给人以较强的情感渗透与理性启示，最终以内容和形式两方面都完美地体现作品主旨。

二、丰富、合理的想象

寓言、童话大都通过作品具体塑造的形象的行为来表现所要说明的问题，因此对形象的想象就非常重要。想象的视野里，不仅要有作品中所具有的动物、植物等生物或油饼、板凳等无生物的具体外形；更重要的是，要感受和想象出具体形象的行为、心理、情感、神态相互间关系以及语言声音形式等特点；同时，还应感受和想象出作品中的时间、地点、环境等相关条件。要看得见、感觉得到这一切，这也是表达的基础。除此以外，很重要的一点，就是要将作品中的所有形象"人格化""性格化"。有人向中央电电视台《动物世界》的解说者赵忠祥讨教：为什么《动物世界》解说得这么好？赵忠祥讲，他将动物哪怕是小虫、小鱼之类的小生物也都当人看待，冠以人的心理，人的行为和人的关系等，将它们人格化了。这样，就会深入到它们心中，理解它们并关心它们的命运，解说便具有情感性了。这正表明，将各种形象"人格化"的重要性和实际意义。除此之外，将作品中着力塑造的形象主体"性格化"也是十分重要的，因为它寓含着不同形象的塑造意义，可以参照人类社会，将每一形象化主体性格定位，使其各有其貌。

比如朗诵《猴吃西瓜》这篇寓言，我们就可首先把作品中所涉及的猴王"人格化""性格化"。根据作品中的描写，我们可把"猴王"想象为外强中干、官僚气十足的领导；把"短尾巴猴"想象为简单、教条的形式主义者；把"小毛猴"想象为天真、率直的小青年，把"老猴"想象为迂腐、倚老卖老的老学究；而那些随声附和的"小猴"则可想象为缺乏主见、知识不多的人云亦云者。有了这些具体、鲜明的区别，那我们在朗诵这些内容时，就不会感到是在表现猴的语言，一味去模仿猴的声音，而会感到这是在表现人类社会的一个个不同人物的语言。心有所依，语有所形。这样的表达势必清楚、得体、鲜明、生动，听者也乐于接受。又如朗诵《猫和老鼠做朋友》这个童话，应当注意到，以往猫的形象是可爱的，而老鼠的形象多是可憎的。但在这篇童话中，根据作品内容，猫却是狡猾、奸诈、对朋友不忠的反面形象，它不但用承诺一次次欺骗老鼠说有人请它去做"干爹"继而偷吃光了它们共同收藏、准备过冬的所有猪油，而当老鼠发现了这一卑鄙行为指责它的背信弃义时，它却一口将可怜的小老鼠吃下去了。而小老鼠在这篇童话中，却是糊涂可怜的。由于它轻信了猫的话，没有丝毫的防备之心，因而，落得了一个可悲的下场。我们在演播这个童话时，也要将这两个动物形象"人格化""性格化"。如可以把"猫"想象为一个甜言蜜语、心怀叵测的"伪君子"；可以把"老鼠"想象为一个善良、柔弱、不敏的人。在演播这个童话时，尤其在叙述和解说语言中，对"猫"的行为可表现出些许揭露感。而对"小老鼠"的行为，则可有种同情感，不应将嘲讽的意味注入其中，否则会使表达呈现混乱的色彩，不利于揭示其立意。实际上，这种嘲讽的意味应是在受众听完整个故事情节之后自己品味出来的。

值得提及，在寓言、童话的朗诵、演播中，应当特别注意保持特定形象的"稳定性"与"统一性"，即"猫"的语言始终是"猫"，不能某几句话变为"小老鼠"在说，或是"大老虎"在说了。应保持"形象主体"的"属性定位"及与其他形象相互间的"关系定位"，因而，在此篇作品的表达中，不管是什么情状、色彩的话，都应始终体现作品中这只特定的猫的性格及表现特点，不能变为其他动物或其他性格的猫在说话。否则，受众接收容易发生混乱，也影响表达质量。当然，这需要一定的内、外部技术与表达功力做保证。

值得注意，要想使表达的"形象化主体"性格稳定、语言统一，在表达时，也要始终保持自己的内心视象和内心感觉是那个特定形象的，感觉到其心理与外部特征。一旦失去这些，说出的话便会走味、不统一了。如"猫"或"小老鼠"的内心视像消失了，说出来的话便会走味、不统一了。这需要我们在理解、想象和表达外化阶段，具体形象始终存于内心中，以不断提示自己的表达感觉，确保"形象主体"的稳定性和统一性。

如前所提，在寓言、童话朗诵，演播的想象中，除了对具体形象要有准确，鲜活的丰富想象以外，与之相关的时间、地点、环境等因素也应想象具体、合理，方可表达准确、生动。

比如，寓言《猴吃西瓜》根据文中提示"……把所有的猴都召集起来了"，我们不妨将此举想象为"开会"，并可以进一步想象为是在野外的山头上（因为猴子是生性好动的动物，它们肯定不会总在山洞里，除非休息），同时还可以将开会的时间想象为白天（当然，将开会的时间想象为晚上、将开会的地点想象为山洞里也不是不可以，但其合理性就会相对差一些）。由于想象的不同，表达中的距离感、用声幅度等便不尽相同。如白天在山头上开会，环境开阔，猴们都会分散而坐，离得相对远一些，表现猴的语言，就可声大一些、拉开一些。如想象在山洞里开会，那么，用声就可相对小一些，距离感近一些，因洞内毕竟不如野外宽敞。在处理有些小猴急于吃瓜，跟着起哄嚷"吃西瓜吃皮"时，我们又可以想象在野外山头上开会，声音来自高、低、远、近的不同处和不同的猴。为了烘托"人云亦云"的影响使"猴王"最后做出自以为正确的决定，我们也可以将"吃西瓜吃皮"的嚷嚷，处理成你一言我一语，来自高处，又来自低处，先来自近处，再来自远处，最后，形成众口一词有节拍的喊叫"吃西瓜，吃皮！""吃西瓜，吃皮！"以显以小猴们的无知、起哄、着急的情状和气氛。又如《乌鸦与狐狸》中，由于狐狸是在树下与乌鸦说话，因而在表现狐狸的语言时，可有种抬头向上的形体感觉和距离感渗透在它阿谀奉承的语言、情态中，这就更准确地表现出狐狸的情状，显得生动。

寓言、童话中，各种形象相互之间的关系也在我们朗诵者的想象范围之内。诚然，各种形象的关系，有些是文中所明确的，但更多的却是需要我们朗诵者、演播者通过文中的线索以及人际关系，人之常情来揣摩、合理想象出来，对此的关注与理解，直接关系到表达的准确与否。

比如，童话《聪明的小兔子》中，小兔子与大象和狮子的关系都是弱者对强者的关系，有种惧怕感，这就决定了它们不同形象说话的基本语气及"用声"绝不相同（大象与狮子相近）。大象与狮子说话是居高临下、声色俱厉的；小兔子与它们说话则是谨慎、小心，赔着笑脸，有种惧怕感。又如，寓言《一头学问渊博的猪》中，猪与八哥的关系，开始时，八哥对猪有种崇拜感，但后来当它了解到这头猪原来是一个不懂装懂、愚昧无知的家伙后，便从求教者变为指责者了，它的语言感觉也势必前后有很大差别。

总之，对寓言、童话的想象具体、全面、合理，才会对"形象化主体"表达准确起到积极作用。

三、夸张、渲染的方法

寓言、童话的创作都具有夸张、渲染的艺术特性。它们往往将动、植物或无生物冠之以人的性格特征与行为，兼顾人与物的特性，却又入情入理。在寓言、童话中，作者大都将人与物等各种形象表现得十分典型、鲜明而又夸张，但却不失生活的本质意义、真实性和可信性。作者运用夸张、影射等的手法来表现形象，目的是求得形象的鲜明，因而也带有很强的喜剧色彩。例如，（那头）愚蠢无知的猪；（那只）想学美名却形而上学的狐狸；（那只）糊涂的小老鼠；（那头）凶猛、简单的狮子，它们各自的形象都显得那么夸张而又可笑，却又不禁使人惊叹它准确地体现了生活的本质和形象的特定意义。

夸张的艺术内容，一定用夸张的艺术形式来体现。运用夸张、渲染的手法来表达，是寓言、童话表达的一个特点。因此，我们在寓言、童话的朗诵中，要大胆运用这一艺术手法，使我们的表达有声有色、活灵活现，增强作品的艺术情趣与艺术魅力。

比如，童话《聪明的小兔子》中，开头一段解说，就可以用夸张、渲染的语气来介绍：

"大海的旁边有一座高山，山顶上住着狮子，山腰里住着大象，山脚下住着小兔子。小兔子住的地方可好啦，有花，有草，还有水，狮子和大象都想占有这块地方。"

我们在表达中就可以拉开"山顶上""山腰里"和"山脚下"的地理位置对比，也可拉开"狮子""大象"和"小兔子"的形象、特点对比。具体处理可以是这样的感觉和形式；

山顶上 　→　 山腰里 　　　 山脚下
狮子 　　　　 大象 　→　　 小兔子
（凶狠感）　 （庞然大物感）　 （小巧、灵活、可爱感）

在解说到"山顶上"时，语势和感觉都是上扬的；在说到"山腰里"时，语势和感觉都是平拉开的；在说到"山脚下"时，语势和感觉都是下行的，并且语音拉长，语调夸张，以加强对比。在说到"狮子"时，想到其食肉、凶猛的特征和作品中的表现，因而，用种惧怕感来表现，反衬它的凶狠；在说到"大象"时，想到其个子、体重的特征，可以用笨重、凶横感来表现，在说到"小兔子"时，想到其小巧灵活的特征和胆小、可爱的本性，可用一种亲切、灵活感来表现。内心感觉不一样，声音使用和语言形式也会有很大的区别。例如，说到"狮子"，可用气强声虚的方法来渲染它的凶狠和言者的惧怕感；说到"大象"，可用语硬声重、声音拉长来体现其笨重的外形和凶横感；说到"小兔子"，可用色明、音短来体现其灵活、好动、可爱的形象。在寓言、童话的表达中，用声和语言形式上比表现其他作品更要夸张和渲染，声音的物理性对比更加强烈。有了这样的夸张、放大，不同事物的特点就会被明显地突现，形成鲜明的对比，使受众容易接受并形成深刻印象。

值得提及，夸张、渲染不同于出洋相、卖噱头，虽然其语言、声音外形对比强烈，变化幅度大，色彩浓，但在表达时，朗诵者的内心一定具备高度的真实感和信念感，唯有这样，才能产生艺术真实的感染力和表达的高度准确性。有了这种内容与形式的统一，应有的喜剧色彩往往会自然溢出。

比如，童话《猫和老鼠做朋友》中，当猫又一次骗了老鼠偷吃了它们共同收藏的猪油回来后，老鼠问猫："这个孩子叫什么名字呀?"猫说："叫，叫吃一半儿。"**老鼠说："什么?! 吃一半儿? 哎呀，这个名字我从生下来就没有听说过，我敢打**

赌，连历史书上都没有这个名字。"事实上，在表达老鼠说这些话时，越表现它认真的神情和惊讶不解的心态，就越能体现它的糊涂、好笑。同时，也反衬出猫背信弃义的丑恶面目，有利于揭示作品的立意。但在这里，如在语言外形上夸张，内心却没有真实感受，那么，这种表达便失去其应有的艺术效果，变为哗众取宠了。

朗诵好寓言、童话，运用好夸张的手法并不是轻而易举的事，要求朗诵者具备一定的内、外部技巧，将真实、可信与夸张有机结合起来，产生准确性。然而，若不运用夸张、渲染的艺术手法，对于寓言、童话的表现又是万万不能的。对此，我们要求寓言的朗诵、童话的演播中，有夸张渲染但不失真实，有活泼风趣而不失含蓄，从而创造出既鲜明、生动又真实、可信的语言形象。

四、化神为形、准确造型

寓言、童话朗诵，不可忽视作品的目的，而将"形象化主体"的表达搞成滑稽表演。如表现得区别不大、平淡无趣，也不适应寓言、童话的创作特点和表现方式。因而，我们在朗诵寓言、童话前，应当对作品中出现的各种形象进行一定的造型设计，使其从内到外都有所区别，形象鲜明、生动，使受众容易接受，更好地揭示主题。

为各种形象造型涉及的因素较多，首先，是对形象的理解要准确，对其性格特征、生理特点、在作品中的定位（是正面还是反面形象）、以及与其他形象的关系等都要参考在内。其次，是用声音、气息、咬字以及各种语言技巧参加造型。下面，我们用几个例子来说明。

比如，《谦虚过度》中，所涉及的形象比较多，我们可以根据作品中形象的本质与外形特点来进行一番设计，为它们一一造型。我们可以运用声区、语调、语速的不同；咬字长、圆、粘字、跳字等不同的方式来加以区别。在这个作品中，狐狸是被嘲讽的对象，又根据其狡猾的自然特征，我们可以把它设计成语调华丽的女高音（或男高音），说话粘字、甩腔，还可以再加些鼻音；水牛是被肯定的形象，又是长辈，加之实干的特点，我们可以给它设计成憨厚的男低音；小老鼠辈分低、又长得小巧，所以我们可以给它设计成尖音细嗓并咬字小巧、靠前，来与它小小的自然外形相匹配；小白兔和小山羊虽然在整个作品中都各有一句话，但也要有所区分，我们可以根据小山羊的叫声、特点和它在作品中的表现，将它设计成温柔的小高音，并且说话粘字、语速较慢；而小白兔，我们可根据它灵活的体态特点，将它设计成伶俐的小高音，并且语速较快，说话跳字。在《一头学问渊博的猪》中，我们可以根据作品中猪的可笑行为以及它的自然长相猪嘴的特点，将其设计成说话稍有点噘嘴，吐字有些含混，发声上鼻子的中低音。在一个作品中，当两个形象比较接近时，也要注意它们各自的最主要特点进行造型区分，使人听得清楚、有所区别。比如《聪明的小兔子》中，狮子与大象这两个形象在作品中所起的作用相同，都是被评击的对象，它们都想霸占小兔子的住地、欺负弱者，但最后都被聪明的小兔子给机智地消灭了。在演播这两个形象时也要有所区分，才能使受众听得清楚，分辨得开，更好地接受其内容。为此，我们不妨抓住狮子的凶狠特征造型，将其设计成语调凶狠、咬牙说话的男中音；而对大象则主要抓住它笨重，凶横的特征，将其设计成扩着后声腔、拉长声音说话、共鸣深厚的男低音。

总之，有了一番精心、准确的设计与造型，便可使我们朗诵、演播的语言形象鲜明、生动并有所区别，能很好地为表现作品内容服务。

第三节 寓言、童话朗诵提示

一、抓形象核心

寓言、童话都是以人、动物、植物或无生物作为形象化主体表现作品寓意与立意的。具体形象的鲜明、生动、夸张可以给人留下深刻的印象，对表现作品主旨有益。然而，若忽视抓作品形象的本质，只求其外部的生动、逼真以获取表层的喜剧效应则不可取。比如，有的人在朗诵寓言《一头学问渊博的猪》时，为了追求声音形式像猪，便除嗷着嘴说话以外，还不时地加上些猪哼哼，以显示其学猪的本领，引起观众的笑声。这无形中冲淡了受众对这头"猪"的形象本质接受与思考，削弱了这一形象的塑造意义。正确的做法，应当对猪的外部特征有所兼顾，有些相应的设计和造型，而重在对猪这一形象的本质核心——愚昧、不懂装懂进行充分揭示，用盲目自信的语气和真实的自我感觉来表现。如此处理，便会引起受众对这一形象本质的领略与认识，产生对其嘲讽的评判结论，实现其形象塑造的意义。

因而，朗诵寓言、童话，一定要以抓形象本质、核心意义为主，尽量做到形神兼备。对其外部特征可以有所兼顾，但不可本末倒置。

二、加强夸张、对比

寓言、童话的朗诵根据创作种类、风格的不同，在处理上可有不同。比如，有的作品以叙述为主；有的作品人物语言较多；有的是劝谕；有的是嘲讽，然而，无论何种，语言表达的夸张、对比都要强于其他作品，这是由寓言、童话的创作特点所决定的。

值得提及，"夸张"，不单指语言外部形态的放大与强调，还要有高度的真实感与信念感，否则，缺乏说服力和感染力。不要为了夸张而夸张，要有充分的内心依据。

"对比"在寓言、童话的朗诵中，主要是指对不同形象的塑造区别要大。寓言、童话的朗诵，往往是一个人除去叙述以外，还要用自己的语言表现几个不同的形象，只有加大对比，方可区别，使人听而辩之。同样，对比，也不可只在其外部形态，也要加强内心的对比感，抓住每一形象的不同，加以放大与强调，方可内外相贴、形有所依。

总之，在寓言、童话的朗诵中，必须运用夸张、对比的手段，注重形与神相合才能对路、有效。反之，混同于一般作品的表达，朗诵不好寓言与童话作品。

三、要灵活造型

在朗诵寓言、童话的每一篇作品时，都要根据本作品中对某一形象的刻画和它的自然外形特征来考虑其造型，不应将一篇作品中的某一形象的造型原样搬到另一篇作品中。因为同一形象，在每一篇作品中所起的作用不尽相同。比如，在《谦虚过度》这篇寓言作品中，"水牛"是正面形象，而在另一篇作品中，它恐怕就是反面形象。在这篇作品中，"水牛"是长辈，但在另一篇作品中它有可能成为晚辈了。因此，我们的造型与表达也绝不应雷同，要根据作品需要，灵活造型、确切表达，以保证朗诵创作的准确性。

四、注重讲述身份感

在寓言、童话的朗诵中，各种形象与情节很具吸引力，也很能表现朗诵者的艺术功力。因而，有的朗诵者便在朗诵中表现各种形象时活灵活现、生动诱人，而在叙述时，却语言平淡、客观、不入心，这种处理也是不可取的。

因为寓言、童话的朗诵中，叙述有着重要作用与意义，每一具体形象仅是表现的一个局部，无数局部集合成一体，方成作品的全貌。叙述正是缀连局部的必然和重要所在。因此，讲述者的心态感觉不应弱于表现具体形象的感觉。

此外，注重把握讲述身份感，可使朗诵表达者有正确的主次感和整体感，有助于把握准作品的"形象化主体"的表达分寸和作品整体要旨。

寓言、童话朗诵训练作品

谦 虚 过 度

水牛爷爷是森林世界公认的谦虚人，很受大家尊重。小白兔夸它："水牛爷爷劲儿最大了！"小山羊夸它："水牛爷爷贡献最多了！"它就说："哎，不能这样讲了，奶牛吃下的是草，挤出来的是奶，它的贡献比我多。"

狐狸艾克很羡慕水牛爷爷谦虚的美名。它想："我也来学一下谦虚吧。这谦虚太好了。"它想："水牛爷爷的谦虚不就是这两点吗？一是把自己什么都说小点；一是把自己什么都说少点儿。对！就是这样。"

一天，艾克遇到一只小老鼠。小老鼠看到艾克有一条火红蓬松的大尾巴，不禁发出了由衷的赞美："哎呀，艾克大叔，您这条尾巴真大呀！"艾克学着水牛的语气，歪歪嘴："哎，过奖了。你们老鼠的尾巴比我大多了。""啊，什么？"小老鼠大吃一惊，"你长那么长的四条腿，却拖根比我还小的尾巴？"艾克谦虚地说："哎，不能这么讲了，我哪有四条腿，三条了，三条了。"小老鼠以为艾克得了精神病吓跑了。

艾克的谦虚没有换来美名，倒换来了一大堆谣言。大家说："唉，森林世界出了一条妖怪狐狸，只有三条腿，还拖一根比老鼠还小的尾巴……"

（中央人民广播电台少儿节目播出）

训练提示：

1. 这是一篇饶有趣味的寓言故事。一个人朗诵时，应注意对不同形象的语言造型与处理。如狐狸艾克的可笑、老水牛的宽厚谦逊。

2. 注意叙述语言与角色造型语言的不同处理及转换。

猴 吃 西 瓜

猴王找到个大西瓜。可是怎么吃呢？这个猴王从来也没吃过西瓜。忽然他想出一条妙计，于是就把所有的猴都召集来了，对大家说："今天我找到了一个大西瓜，这个西瓜的吃法嘛，我是全知道的，不过我要考验一下你们的智慧，看你们谁能说出西瓜的吃法，要是说对了，我可以多赏他一份，要是说错了，我可要惩罚他！"小毛猴一听，搔了搔腮说："我知道，吃西瓜是吃瓤！"猴王刚想同意，"不对，我不同意小毛猴的意见！"一个短尾巴猴说，"我清清楚楚地记得我和爸爸到我姑妈家的时候，吃过甜瓜，吃甜瓜是吃皮，我想西瓜是瓜，甜瓜也是瓜，当然应该吃皮啦！"大家一听，有道理，可到底谁对呢，于是都不由得把眼光集中到一个老猴身上，老猴一看，觉得出头露面的机会来了，就清了清嗓子说道："吃西瓜嘛，当然……是吃皮啦，我从小就吃西瓜，而且是一直吃皮，我想我之所以老而不死，也正是由于吃西瓜皮的原因！"

有些猴早等急了，一听老猴也这么说，就跟着嚷起来。"对，吃西瓜，吃皮！""吃西瓜，吃皮！""猴王一看，认为已经找到了正确的答案，就向前跨进一步开言道："对！大家说得都对，吃西瓜吃皮！哼，就小毛猴崽子说吃西瓜吃瓤，那就叫他一个人吃瓤，咱们大家都吃西瓜皮！"于是西瓜一切两半，小毛猴吃瓤，大家伙是共分西瓜皮。

有个猴刚吃了两口，就捅了捅旁边的猴说："哎，我说这可不是滋味啊！"

"咳——老弟，我常吃西瓜，西瓜嘛，就这味……"

（引自《舞台语言基本技巧》上册第 260～261 页）

训练提示：

1. 朗诵作品前，要将各种猴的形象都"人格化""个性化"。

2. 朗诵中落实各种猴的语言声音造型，但不要脸谱化，表达要真实。

3. 叙述语言与角色语言有所区别，但二者要有机。

一头学问渊博的猪

一头绝顶聪明的猪，住在一个非常有名的图书馆的院子里，它深信自己由于多年图书馆的生活，已经成了渊博的学者。

有一天，一只八哥来访问。这头猪立即按照惯例，对客人进行自我介绍。

"朋友，相信我吧！"它说，"我在这个图书馆里待的时间很长了，我对这儿的沟渠、粪坑、垃圾堆，都有着深刻的了解，甚至屋后山坡上的墓穴，都叫我拱翻了好几个。谁要是想在这个图书馆里得到知识而不找我，那他算是白跑一趟。"

八哥说："你所说的都是图书馆外面的事，那里面的东西也了解吗？"

"里面？那我最清楚不过了，里面无非是一些简单的木架子，上面堆满了各色各样的书。"

"你对那些书了解吗？"八哥问。

"怎么不了解呢？那是最没意思的了，它们既没有什么香气，也没有什么臭气，我咀嚼过好几本也谈不上有什么味道，干巴巴的连点水分也没有。"

"可是人们老在里面待着，据说他们在探求知识的宝藏呢！"八哥又说。

"人们？你说他们干什么？他们确实是那样想的，想在书里找点什么东西。我常常看到许多人把那些书翻来翻去。结果什么也没有得到，还是把书丢在架子上又走了。我保证他们在里面连糠渣菜叶都没有得到一点，还谈什么宝藏！我从不做那种蠢事，与其花时间去啃书本，还不如到垃圾堆翻几个烂萝卜啃啃。"

"算了吧！我的学者。"八哥说，"一个从垃圾堆里啃烂萝卜的嘴巴，来谈论书本上的事，是不大相宜的，还是去啃你的烂萝卜吧！"

（引自《舞台语言基本技巧》第263页）

训练提示：

1. 这是一篇讽喻寓言。在一人朗诵时，应注意对两个主要形象猪和八哥的心理活动及动物生理特点的把握与处理。

2. 为了表现"猪"的"愚蠢"，必须表现出它的"得意"。

3. 要表现出"八哥"的几个心理阶段：不解、怀疑、质疑、愤怒。

4. 还要注意叙述语言与角色语言的区别。

聪明的小兔子

解说：在大海的旁边有一座高山，山顶上住着狮子，山腰里住着大象，山脚下住着小兔子。小兔子住的地方可好了，有花，有草，还有水，狮子和大象都想占有这块地方。

有一天，狮子走下山来了，它张着大嘴对小兔子说：

狮子：小兔子，我只要龇一龇牙就能把你咬成碎末，你信不信呢？

兔子：怎么不信呢，您要吃我当然可以。（狮子大笑）不过，不过，在您吃掉我之前，我想先问您一件事情。

狮子：你问吧。

兔子：您说，谁是野兽当中的大王呢？

狮子：哼，那当然是我了！

兔子：恐怕不是吧。

狮子：怎么？！

兔子：昨天，昨天我碰见大象了，大象说它才是野兽当中的大王呢。

狮子：什么？！它真是这样说的么？！

兔子：嗯！

狮子：它想当野兽中的大王，哈哈哈，我非得让它知道我的厉害，小兔子，你给我出出主意，我该怎么教训教训它呀？

兔子：这好办呀。明天您就在家里装病。

狮子：装病？

兔子：嗯，我去把大象领来，等它走近你的身边，你就跳起来一口咬死它！

狮子：好，哈哈哈。

解说：第二天一大早，小兔子就跑到山腰去找大象。

兔子：啊，你好。

大象：啊，你好，小兔子，你来得正好，快，把你住的那块宝地给我让出来！要不然，我就用我的大鼻子，抽死你！

兔子：啊，可以，可以，不过……

大象：不过什么？

兔子：我今天来，是向你报告一个好消息的。

大象：什么？好消息？你说吧。

兔子：告诉你，狮子病了。

大象：是吗？

兔子：嗯，病得很厉害，快要死了，你要是在这个时候用大鼻子再抽它两下，准能送了它的命，这样，你不就可以当野兽中的大王了吗？

大象：哈哈哈，太好了！是个好消息，小兔子，快给我带路。

兔子：哎，好吧。

解说：小兔子把大象领到了山顶，大象刚走到狮子的身边，狮子突然跳起来，几口就把大象咬死了。

狮子：哈哈哈，就你这么个蠢东西，还想当野兽中的大王，这回，你知道我的厉害了吧。小兔子，还在这愣着干吗？快滚吧！我再让你多活两天，等我吃完了大象 ，再来吃你！

解说：过了几天，小兔子主动跑到山顶，去找狮子。

兔子：大王，你好！

狮子：小兔子，你倒真乖呀，知道我把大象吃完了就自己送上门来了。

兔子：大王，你要吃掉我，是再容易不过的事了，可是，可是我今天在海边见到了一个怪物。

狮子：怪物？

兔子：啊，它说，它才是野兽当中的大王呢。

狮子：啊？！怎么？！又出来一个找死的！小兔子快给我带路，我要去看看它到底是个什么怪物敢来吃我？！哼！

兔子：哎。

解说：小兔子把狮子带到海边一块很高很高的大石头上，它指着映在海水里的狮子的影子说。

兔子：你看，就是它。

狮子：让我看看，它在哪儿？

兔子：就在海面上，你往下看呢，在那儿。

狮子：啊！还真是个怪物，一头大红毛，嘿，看你长得那难看样，还想当野兽中的大王，我吃了你！

兔子：哎，大王，你看，它也向你龇牙咧嘴呢，它要吃你了！

狮子：吃我！看咱俩谁先吃谁。

解说：狮子大吼一声朝大海里扑去，溅起一片海花后就什么也没有了。从此以后，小兔子幸福地住在山脚下，再也没有人敢欺负它了。

（引自《世界著名童话》录音专辑）

训练提示：

1. 这是一篇童话故事。表达时，可以由几个同学分工合作演播，分为：小兔子、狮子、大象、解说。注意把握不同形象的内在与外形特点及语言声音造型。

2. 应关注作品中几个形象的心理过程和相互的关系与交流形式。

3. 特别要表现出作品中的正面形象小兔子的聪明，不可处理成"呆兔"或"狡猾"的坏兔子。

4. 解说也要进入故事的规定情境，是一个知情者。不能客观表达，不入语境。

猫和老鼠做朋友

解说：有一只猫认识了一只老鼠，这只猫三番五次地说是多么的喜欢这只老鼠，愿意跟它做个朋友，老鼠终于相信了猫的话，就同意跟它住在一起共同生活了。

眼看秋天就要过去，冬天就要来了，一天猫对老鼠说：

猫：亲爱的老鼠，我们应当准备些冬天吃的东西了，要不我们就该挨饿了。可是，亲爱的，我不想让你到处去冒险，因为我怕你让人逮住，所以——

鼠：你心眼真好，谢谢你了！那么，那么我们就买一罐猪油吃好吗？

猫：好主意。可是，我们把它放在哪儿保险呢？

鼠：是呀，放在哪儿好呢？

猫：再没有比教堂更保险的了，谁也不敢到那儿去偷东西吃，我们不到最重要的时候也不要去动它。

鼠：啊，好极了！好极了！我这就去买油。

解说：老鼠买了油，猫就和它一起把油罐藏在教堂的祭坛下了。可是没过多久，猫就想吃那罐猪油了。

猫：亲爱的老鼠，我告诉你一件事，我的表姐它生了一只小公猫，它要请我去做干爹。对，这只小公猫的毛是白的，它没有一点杂毛，我要抱它去受洗礼，所以，今天得出去一趟。

鼠：好的，上帝保佑你去。如果你吃了好吃的东西请想到我，产妇喝的红葡萄酒我也想喝一点呢。

猫：啊，知道了。

解说：没等老鼠说完，猫一溜烟儿就钻了出去。可是它根本没有到什么表姐家去，它就没有表姐，更没有谁请它去做干爹。它呀，一直跑到了教堂，悄悄地爬到那罐猪油旁边去了。它伸出舌头朝油罐里舔了几下，一层厚厚的猪油皮儿就全被它舔光了。

猫：啊，太香了！我该找一个地方美美地睡上一觉了。

解说：猫在城市的屋顶上悠闲地散了会儿步，就躺在阳光底下睡开大觉了。梦里头它还不停地舔着自己那几根沾满了猪油的胡子呢。就这样，猫一直在屋顶上躺到了太阳落山才懒洋洋地回到了家里。

鼠：啊，你回来了！你一定快快乐乐地过了一天吧？

猫：过得挺好。

鼠：哎，那孩子叫什么名字呀？

猫：叫，叫"舔了皮儿"。

鼠：啊？"舔了皮儿"多奇怪的名字呀，哎，你们常用这个名字吗？

猫：这有什么稀奇！比你们的干爹叫什么"偷面包"好听。

解说：没过多久，猫的嘴又馋起来了。它向老鼠说：

猫：亲爱的，你还得帮我点忙，自己看会儿家，人家又请我去做干爹了。因为，因为那个孩子脖子上有一道白圈，所以我不能推辞。

鼠：好吧。

解说：善良的老鼠又同意了。这次，猫悄悄地从城墙后面爬到了教堂里边，一下子把罐子里的猪油吃了一半。

猫：单独吃东西的味道是再好没有的了，心满意足了，现在可以溜溜达达地回家去了。

鼠：啊，你这么快就回来了！哎，这个孩子叫什么名字呀？

猫：叫，叫"吃一半儿"。

鼠：什么?!"吃一半儿"？哎呀，这个名字我从生下来就没听说过，我敢打赌，连历史书上都没有这个名字。

猫：哼！

解说：不久，猫想起了那罐好吃的东西，嘴里又流出口水来了。

猫：亲爱的老鼠，你看好事成三，又有人请我去做干爹了，那孩子、那孩子，它除了爪子是白的以外，全身都是黑的，没有一根白毛，这可是几年才出现一次，你让我去吧，啊——

鼠：哼，"舔了皮儿""吃一半儿"，都是非常奇怪的名字，实在让我想不通，这回呀，不知又要起什么怪名字了。

猫：你坐在家里，穿着这身深灰色的粗布外套，拖着长辫子胡思乱想当然想不通，谁要是白天不出门就会这样的，再见吧！

解说：猫又一转身就跑掉了，老鼠在家里头把房子打扫得干干净净的，把东西收拾得整整齐齐的。可是猫呢，它这次溜到教堂里头，把一罐猪油都给吃光了。

猫：嘿嘿嘿，一罐都吃光了，我才安点心。

解说：贪吃的猫打着饱嗝，挺着圆鼓鼓的肚子，直到半夜才回到家。老鼠一开门，马上就问它这第三个孩子叫什么名字。

鼠：这回，这个孩子叫什么名字啊？

猫：名字嘛，也是你不愿听的，它叫"一扫光"。

鼠：什么?!"一扫光"，这是什么意思呀，真想不通。

解说：糊涂的老鼠还是不明白。它叹了口气，摇了摇头，无可奈何地蜷成一团，躺下睡觉了。从此以后，自然再也没有人请猫去做干爹了。

冬天到了，田野里一片白茫茫的，什么吃的东西也找不到了，这时候，老鼠想到了它们藏的那罐猪油。

鼠：啊，亲爱的，起来吧，咱们去拿那罐猪油来吃好吗？那东西，一定很合口味啊。

猫：嗯，是的，很合口味。

解说：它们动身上路了。到了教堂里面一看，只见罐子还在原来的地方放着，可是已经空空的了。

鼠：哎呀！我知道了，现在我都明白了！你不是我的好朋友，你去做干爹的时候把什么都偷吃光了，最先是什么"舔了皮儿"，以后又是"吃一半儿"，再后来——

猫：你要是再说一个字，我就吃了你！

解说：尽管"一扫光"三个字还没有从可怜的老鼠嘴中蹦出来，猫还是跳过去抓住它一口吞下去吃了，并且，很合口味。

（引自《世界著名童话》录音专辑）

训练提示：

1. 这也是一篇童话故事。也可以几个同学分工合作演播，分为：猫、老鼠、解说。

2. 演播猫时应抓住"猫"狡诈的心理及语言特点，有种"带着笑的害人"感；演播老鼠时，应抓住"老鼠"的天真、善良与傻乎乎的特点，语言真诚。

3. 解说也应进入规定情境，有变化、有感受；表达不可太过于谴责性，应让人听完故事，自己品味出作品意义。

第十二章
小说演播

小说演播难度很高，因为它既需要有较高的叙述能力，又需要有丰富的人物语言造型本领，使人听来，既清楚又生动。这究竟需要哪些方面的素养及语言功力？有什么具体要求？本章将探讨这些方面的问题。

第一节 小说的认识

一、小说的概念

"小说是文学的一大样式。它通过完整的故事情节和具体环境的描写，塑造多种多样的人物形象，广泛地、多方面地反映社会生活。"

（引自《辞海》"文学分册"第 17 页）

二、小说的种类

小说，按其内容广狭、篇幅长短，可分为长篇、中篇、短篇和微型小说。按其创作手法，也可分为古典小说、现代意识流小说和一般小说。

三、小说的特征

（一）有丰富的人物形象

小说能运用各种手法和通过各种途径塑造各种各样的人物形象，具体地展现各种人物丰富、复杂的内心世界。小说在这方面不同于其他文学样式有很大的优势，它能从多方面表现人物，细腻刻画人物性格，它除去人物对白、独白之外，还能运用肖像、心理描写、行为刻画及概括交代等方法来塑造人物。

（二）有完整的故事情节

小说通常有生动、完整的故事情节，能引人入胜。"它能够细致入微地展示人物与人物之间、人物与环境之间，错综复杂、具体微妙的矛盾与冲突。"（引自《文艺小百科》第 52 页）它比其他文学体裁的情节更完整、更具体、更丰富、更复杂。

（三）有精细的环境描写

小说大多有精细的环境描写，能够具体地展现作品中人物活动的环境。有了真实，精细的环境描写，才能使作品中的时代、社会风貌得到充分的反映，才能使人物生活在具体的环境之中。

总之，小说比起其他文学体裁手段更丰富、表现途径更多，通过叙述和大量的人物语言，在具体的情节、环境中全面、细致地塑造人物，充分显示社会生活的各个方面。

第二节　小说的演播

一、把握基调

演播好一篇（部）小说，对于基调的把握是必然和重要的，否则会杂乱无章，不见主旨。由于小说有生动、完整的情节和具体、逼真的人物，所以，极易使人在阅读欣赏中，陷入局部当中，或对作品、人物有自己的独特见解。这对于一般读者来说无所谓，因为文学作品本身就具有隐蕴性与多义性，允许读者在阅读欣赏时，驰骋想象、联想，以自己的基点和方式去理解、阐释作品、寻找沟通、引起共鸣，文学的价值也在于此。而作为一名演播者却不尽然，因为小说演播是一种"二度创作"，虽然能在这一环节中加进演播者自己的独特感受，但毕竟有限。所以小说演播者应从作品的主题、内容出发，着眼全篇，并把准作者的创作动机、志趣，才能形成自己的演播基调。也就是说，演播者要以作品的"一度创作"为基础来探寻、把握演播基调，才是适当的。此外，演播者还要从作品全篇（整部）着眼，不为局部所迷惑，这样形成的演播基调才是正确的。

演播一篇（部）作品基调准确与否是演播成功与否的关键所在。已故著名演员金乃千在谈及这个问题时说："……调子错了，格格不入；调子对了，全书皆活。"这里所说的"调子"我们理解就是指"演播基调"。诚然，小说演播的基调来自对作品的正确理解与把握之上。小说的分析、理解也遵循一般语言表达中对文章的分析、理解原则。所不同的是，小说的分析、理解和对主题、立意的掌握是在一定的内容、情节与人物行为之上间接揣摩出来的，是从感性入手，再上升为理性，有一个复杂的过程和一定难度。因而，我们对一篇（部）小说主题、立意的把握是在不断地形象感受和思维、情感活动中逐渐积累而成的。比如，长篇小说《青春之歌》的主题，就是我们精读过作品，了解了作品的情节、内容、时代背景、主人公林道静的人物命运、人生经历与情感历程之后体味出来的：即小资产阶级知识分子，在民族解放的斗争中，只有投身革命才有出路。这样的理解，必然带来相应的演播基调。当然，由于文艺创作的特性使然，我们要真正理解一篇（部）作品，有时必须反复阅读，细细品味才能从局部与某些表面情节中站出来，看清作品的整体面貌与立意要旨。

在演播长篇、中篇和短篇小说节选时，也应当阅读全篇，对作品整体有所了解，这样才能充分认识和确切把握节选部分与全篇是什么关系、居于全篇的什么位置、在什么意义上有其独立性、主要人物的思想发展到什么阶段、人物性格揭示到什么程度等。此外，还要知道主要人物的命运如何、起始如何、走向如何、人物之间关系如何。若仅限于对作品节选部分的了解，而对作品的情节、人物的来龙去脉并不十分清楚，就无法演播好小说作品。

比如，长篇小说《青春之歌》中的"启发"一段节选，它表现了林道静，这个小资产阶级知识分子，第一次从革命者卢嘉川那里受到启迪，明白了什么是革命和为什么要革命的道理。从而，使她的人生之路发生了根本改变，走上了革命道路。我们在演播这一节选时，就要注意，此时主人公林道静还是小资产阶级味很浓的善良、纯真的女性。比如她羞于让人看到自己在干琐碎的家务，对革命的真正含义还不很理解，她有革命的愿望和可能性，但又不懂革命的艰苦性和真正意义。所以，在演播这一节选的片段时，对她的表现就应不同于在这之前和在这之后：前者是天真、悲凉与麻木，后者是成熟、热情与坚定。因为在这之后，她经历了革命者卢嘉川的牺牲、林红大姐的牺牲和自己的被捕、下乡等革命实践活动，在斗争中逐渐成长和成熟起来。目前的这一节选，正是林道静正式走上革命道路的前期边缘。此时的她，刚刚接触到革命，看了一些革命理论著作，精神为之一振，正充满了对革命的向往与追求，所以此时的她，应为热情、冲动。

总之，欲演播好小说节选，必须通读、了解作品全篇（部），并把握好节选部分相对独立意义的"基调变奏"。

二、选用样式

小说有长篇、中篇、短篇及微型小说之分；创作手法有古典章回式、现代意识流之分；内容有回忆录、自传体、刑侦、科幻之分；风格有讽刺幽默、正剧、悲剧之分等，这些构成了小说丰富的创作样态。想演播好各式各样的小说，没有足够的文化艺术修养和艺术表达功力无从谈及。在此，我们重点探讨一般小说的演播样式。不涉及古典章回小说和现代意识流小说的演播。

众所周知，文如其人，每篇（部）小说无论篇幅长短，都有一定的风格、样式，也不同程度地体现作者的理解追求与艺术追求。众所周知，风格是作者在创作中处理题材、表达主题、驾驭体裁、描绘形象、安排情节、表现手法和运用语言等方面所表现出来的艺术特色和创作个性，而且还会受到时代精神、社会风尚和民族传统等外界因素的影响。不同内容、风格的小说，必然选用不同的演播样式来表现。

对演播样式的驾驭及体现，又关系到演播者的演播风格及演播功力。

在众多的小说演播中，我们凭直觉就能听出其各不相同，有的抒情味较浓，有的京腔京味，有的洋味十足，也有的似评书有韵味，还有的不动声色中淡淡道来……这些不同的演播处理，一方面体现了作品本身的内容、风格、样态，另一方面也显示出播者的表达优势及演播风格。比如曹山演播的《李自成》是说书式，夸张、渲染；赵琮捷演播的《许茂和他的女儿们》抒情味很浓；王刚演播的《牛虻》又洋味十足。然而，并不是说这些演播者只会一种小说的表达。如王刚演播的小说《夜幕下的哈尔滨》与《亮剑》也抒情、生动，播起古典章回小说也评书味十足、夸张、有韵味；赵琮捷演播的《四世同堂》也京腔京味、人物鲜明、活灵活现；曹灿演播的儿童故事也生动活泼；特别是已故著名演播家董行佶的演播风格有人称是"红装素裹"派，恬淡而深蕴，而他演播的短篇小说《鼓》却也具很强的说书味。凡此种种，说明小说演播者的表达不能有定势，表达功力应全面，这样才能做好这个工作。在小说演播中，应既体现作品的创作风格，也体现表达的演播风格，既表达优势，但又不为其囿，应掌握各种演播风格和演播样式，播什么作品，用什么方式，这便是小说演播工作的要求，否则会封闭自己的创作天地，形成一种定势，不利于演播工作的需要。

文艺作品演播的实践表明，演播好一个作品，只对基调正确理解与准确把握还不够，还必须将作品的风格定位，并以其特有的韵味，恰切形成基本语气，融入演播基调中，体现在声音形式上，才是表达所需要的。若演播样式选用不当，势必影响到演播整体的准确。例如，用演播中国古典小说的说书样式来演播外国小说（对此，有人做过示范，听来令人捧腹不止）。由此看来，小说的演播样式，来源于小说的时代、地域、内容、创作手法和风格等诸多因素。如我们演播样式的选择有悖于以上因素，后果便不言而喻。

小说演播样式有几种呢？笔者大致将它们分为两种：即播讲式和表演式。（再细分，又可分：土味和洋味。）

播讲式：这种演播样式的优点是自然内在。播讲式即演播者站在第一或第三者位置上，以叙述、转述的方式将情结、人物讲得很清楚并很自然；人物语言取其神为主。这种样式适合演播回忆录，自传体，人物语言少，重在讲述情节内容，或抒情性较强的小说。如小说《山楂树之恋》等作品。

表演式：这种演播样式的优点是生动、形象。它的特点是表现人物形神兼备、造型生动，对人物语言的处理表演成分较大，除了取其神，还尽量合其形（男女声局限除外）。它适合演播人物语言集中、较多、又生动的小说。演播这种样式的小说，为了追求与书中人物的相像，除去语言造型外在演播中也糅进其他艺术形式和手段来帮助其生动体现。如说方言、讲外语、唱曲艺、唱歌，特别注重"非语言表情声音"的运用，如哭、笑及各种气息表现等。如《夜幕下的哈尔滨》等小说，都可以使用这种样式来演播。

土味：这种演播样式是在语言表达中，糅进某些方言味或农村平民的通俗语，让人听出浓郁的地方味道。如老北京腔、山西、河北方言味、东北方言等。它适合演播地域色彩较浓的作品。它的演播有较浓的地方味道，但并不是要用方言去演播，这种味道只体现在演播的基本语气、个别语音或某些有代表性的词语上。它的特点是表现地域特点鲜明。如小说《四世同堂》的演播。

洋味：这种演播样式是在语言表达中，糅进一些洋味，让人一听便知是外国作品。它的演播语言特点是语尾多往上翘起，语调有些弯曲，上飘，有种独特味道。但是，演播外国小说也不能每句话都追求洋味带调，要从内容出发，使内容与形式完美结合，使人听得清楚，听得有味。洋味也体现在演播的基本语气中。它的特点也是地域特点明显。

以上仅就一般小说的演播样式进行了简单说明，其实，小说演播还有"混合样式"，即播讲式＋土味、演播式＋洋味等各种组合。总之，小说演播的样式、取何种样式演播一个作品，主要取决于作品的内容、风格、时代、地域、创作方式等各种条件而定，没有什么硬性规定。然而，作品的演播成功，演播样式得当与否，确确实实起着非同小可的作用。不可想象用播《李自成》的演播样式去播《牛虻》，也不可想象用播《四世同堂》的演播样式去播《青春之歌》，或用播《家》的样式来演播《西线轶事》等作品。事实上，每个作品都有其独特的风格、情调和语言特点，这就需要我们演播者多实践，多体会，多学习，多总结，增强我们的判断力与演播能力。

小说演播可选不同样式来播，但选取何种演播样式，也与演播者本人的各方面修养及艺术功力有着密切的关系。比如，王刚如果没有一定的外语基础，也就不敢在演播《夜幕下的哈尔滨》和《神秘岛》中选用表演式的演播样式：在表现日本人裕治雄一同裕治一郎叔侄俩单独对话时，用日语处理；而在演播外国小说《神秘岛》时说英语、唱英文歌；在演播《夜幕下的哈尔滨》中，为了更好地表现小翠仙向戈明理哭诉的一段，漫画这个人物形象，他竟结合其人物身份真刀真枪地唱了几句书中所写的李金顺的"大口落子"，活脱脱地表现出此人的特点，情态逼真而吸引人。而已故著名演播家董行佶如没有深厚的艺术功力，也不敢选用较平淡的播讲样式来播小说，若没有演播者的深刻理解感受及淡而深的演播功底，是抓不住听众的。这种播讲方式，听众在此主要不是听其人物像不像，而是从淡淡的形式中听出其深蕴的内涵，获得理性的启迪。赵琮捷若不是演谁像谁，也不会把《四世同堂》里的"胖菊子""大赤包"和《芙蓉镇》里的"芙蓉姐""五爪辣""李国香"等作品里的不同人物表现得活灵活现引人入胜，较好地表现出各种人物的不同风貌，从而更好地揭示了作品的主旨、立意。由此可见，要演播好小说必须加强全面素质修养，尤其是艺术语言表达功力。否则，有的人能演播其他体裁的文学作品，却播不了小说，或者能播小说，也仅限于一种风格、样式，这都不适应我们的演播工作需要。

三、驾驭叙述语言

在小说演播中，语言可分为"叙述语言"和"人物语言"两大类。小说中的叙述语言有很大作用，它可以介绍人物、事件、情节；描写时代背景、自然环境；还可以帮助塑造人物形象，表现人物行为、内心活动、回忆与幻想等极其丰富的内容。可以说，叙述语言几乎无所不能，是小说演播中的主要成分。

叙述语言大体分为三类：

第一类是"描写环境"的叙述语言。它包括时代背景、社会状况及自然环境，作品中的环境描写，无论是"社会环境"还是"自然环境"，都与作者反映的社会生活和塑造人物形象有着密切的关系。

比如中篇小说《西线轶事》片段中的开头一段，它叙述、介绍了主人公陶坷见到儿时伙伴刘毛妹遗体的时代背景与自然环境：那是 1979 年，中越自卫反击战期间，在越南境内的我军某基地指挥所伤员和烈士遗体转送处。播这类叙述语言，要求介绍清楚，语速不可太快，要从渲染环境的整体氛围着想来设计这些段落的具体基调，与此段落的内容、情节及情感相适应。应在缓缓的语流中，将人们带入特有的环境、气氛中去，以便更好地展开后面的具体情节和内容。对特殊的环境、气氛应注意加以渲染，造成应有的氛围感。

第二类是"塑造人物形象"的叙述语言。它包括两个部分：

一部分是对人物进行初步的"概貌介绍"。是在对人物具体、细致地刻画之前，在人物没有进入到复杂、激烈的矛盾冲突之前，对其身世、外貌、人际关系等进行的简单介绍，以使听众对人物有一个大体印象，为人物以后的行为有个铺垫。在演播这类叙述语言时，应注意要将人物及称呼特别强调出来，加深听者的印象。

比如，微型小说《时装模特》中开头一段的叙述，就是对人物的概貌介绍：

"柳茵茵是滨海医院最漂亮、也最爱打扮的姑娘，她每个月那几十块钱工资，几乎全花在衣着上了，同宿舍的刘云看不惯，常叫她'时装模特'，她不但不恼，反而还挺得意。"

像这样的叙述就应把"柳茵茵"和"时装模特"的称呼强调出来，以醒人耳目，尤其是"时装模特"的称呼，因为它与主题有着密不可分的联系。

又如《西线轶事》中对"刘毛妹"的介绍：

"在户口本上，刘毛妹登记的并不是这样一个十足女性的名字。因为生得白净头发鬖鬖的，又是那么文静，活活像个小姑娘，院里的人都喜欢喊他'毛妹'，喊来喊去成了正式的名字了。"

同样道理，在这里也要将"刘毛妹"这个名字的来龙去脉介绍清楚，以解开人们对此的不解。这种人物的"概貌介绍"，有时不仅是叙述，中间还会穿插一些人物语言或对话。这时演播者在演播时，也应以叙述的基本语气为主去表现人物语言，可以"取其神似"的转述语气来处理。因为此时听众的注意力主要集中在对人物的身世、外貌、经历等诸方面的介绍上。若演播者刻意去追求人物语言的生动、形象，便会很大程度地跳出叙述语言的基本语气，有损叙述的连贯、完整，干扰听众对人物总体印象的形成。当然，也不能让人物语言与叙述语言毫无区别。

另一部分是"直接表现人物行为"的叙述。比如，人物在做什么，怎么做的，人物是以怎样的心情和态度在说话，人物与对手的交流中双方的心境、关系、情况如何，以及对人物行为意义的认识与评价等，在播这类叙述语言时，应清楚、有渲染和点指。叙述人物行为的语言又可分为两种情况：

第一种是"人物对话前"的叙述。在此一定要向听众介绍清楚，此时人物的关系如何，为什么要有下面的对话，以及又为什么是这样一种情态分寸等。

比如，《西线轶事》中，陶坷与刘毛妹在部队里见面前的叙述，就讲明了两人关系的来龙去脉，也为下面即将开始的对话提供了表达的情态与分寸：

"陶坷同幼年的朋友一直没有联系，入伍到了新兵团，意外地遇到了刘毛妹。第一次见面，部队在集合，只匆匆握了个手。小时候他们多少次脊背贴着脊背比过个儿，始终不差上下。现在毛妹一下蹿到了一米八二。小陶觉得，刘毛妹除变得人高马大以外，其余什么也没有变。和他握手，涨红了脸，还像个怯生生的女孩子。随后又有几次见面，小陶才感觉到，同她一起长大的这个年轻人变得完全陌生了。那一对眼睛，朦朦胧胧的，失去了原有的明澈光亮。当孩子的时候，衣服总是整整齐齐的，现在倒很不讲军风纪，常常是解开两个纽扣，用军帽扇着风。抽的是五角以上一包的烟，一连串地吐着烟圈。无论说起什么事情，他都是那样冷漠，言语间带出一种半真半假的讥讽嘲弄的味道。不像小时候，对任何事情都有着强烈的兴趣，有着十足的热情。"

这段叙述点明了刘毛妹的变化与现状，为他与陶坷对话时的情状做了很好的铺垫。我们在播这段叙述时，就应播得很清楚，既有层次、对比，也有情感、态度，这些都应从叙述的语言中自然带出。

第二种是"人物对话中"的叙述。它主要是揭示、渲染人物对话时的情状、心态和动作等，以烘托人物对话时的气氛。播这类叙述语时，应将双方人物对话中的反应、运思及动作做些渲染，给人以鲜明的感觉。

比如《青春之歌》中，卢嘉川启发林道静的那段对话中，就穿插了不少揭示、渲染两人交流的情态、反应及动作的叙述语，这种语言一般不会太长，却大量存在，并很零散地分布在人物语言中。这就要求演播者既要表现好人物语言，塑造好人物形象，也要让这种叙述语同人物语言有机融合，帮助塑造好人物形象。例如：

①卢嘉川坐在椅子上，用手轻轻拍着桌子，好像在替道静激烈的言语打着拍子。

他摇着头，刚刚可以觉察到的调皮的微笑又浮现在他活泼的眼色中。

"小林，咱们先讨论个问题——你该把饭锅搅一搅，不然要煳了。你过去和家庭斗争，不满黑暗的社会，现在又想很快去革命、上战场，究竟都是为了什么呢？"

②道静突然被窘住了。她咬着嘴唇沉思着，忘了搅锅，大米饭真的有了煳味。卢嘉川站起身把锅搅了搅端到火炉的一边烤着，她还沉在思索中一点不知道。半晌，她才迷惘地看着卢嘉川讷讷地说："我，我没很好地考虑过这个。……但是我相信我不是为自己。——我讨厌那种自私自利的人。"

"但是，你这些想法和做法，恐怕还是为了你个人吧？"

③道静蓦地站起身来："你说我是个人主义者？"

"不，不是这个意思。"

④卢嘉川的神气变得很严峻，他的眼睛炯炯地盯着道静，"我问你，你过去东奔西跑，看不上这，瞧不起那，痛苦沉闷，是为了谁？为劳苦大众呢，还是为你自己？现在你又要去当红军，参加共产党做英雄，……你想想，你的动机是为了拯救人民于水火呢？还是为满足你的幻想——英雄式的幻想，为逃避你现在平凡的生活？"

⑤道静愣住了。过了一会儿，她又忍不住笑了。卢嘉川的话多么犀利地道破了她心中的秘密啊！她不由得害羞起来，歪着脑袋半天才说："卢兄，你说得很对，过去我只想当个好人——不欺侮人，也不受人欺侮。也许这就叫做'独善其身'？确实，我很少想到为旁人。但是我有一点儿还不明白：我常常省下自己的零用钱，给洋车夫、给乞丐，我喜欢帮助穷人。你能说这也是为个人？"

……

在这段引文中，表现了卢嘉川与林道静的思想交锋，以及卢嘉川这位成熟的革命者是如何对症下药，深入浅出地启发、引导林道静真正认识革命，认识自己的。

这段引文中的①解释了卢嘉川听到林道静要上前线，投身革命的激烈言辞时的沉着、无奈，也表现出他的成熟。在播这段叙述语时，应抓住淡定、轻松的气氛，不必太兴师动众，过于沉重。好为下面对症下药的谈话和轻松自然的气氛做个铺垫。某种程度上，更应突出其轻松、自然的情状，以表现其做思想工作的得心应手；引文中的②揭示出林道静对卢嘉川的话的思考和迷惑。播这段叙述语时，就应渲染林道静的思考情状与不解心情，有机地引出下面人物语言的不解情态；引文中的③虽然仅是一句话，但它对揭示人物此时的心态至关重要。因此，我们在播这句叙述语时，要尽力渲染其人物的动作以披露其内心得到的刺激与震动感；引文中的④表现了卢嘉川看到林道静极为不解和不满的举动后，他的反应。应播得严肃、郑重，以恰切地引出下面一节重要的启发之语；引文中的⑤则道出了林道静听了卢嘉川的启发后的思维及转变过程。叙述时要有层次，态度也应由冷变热，揭示出林道静内心的运思过程与初步转变。

通过以上的分析，我们是否可以得到这样的结论：人物之间对话中的叙述，对于揭示人物接受……判断……反应对方语言的心理过程和与之相关的情状、动作、说话方式等起到重要作用，可使人物形象更鲜明、生动。某种意义上讲，这类叙述语言直接帮助塑造了人物形象。所以，我们在播这类叙述语言时，一定不能忽视它，要抓住其应有的色彩、感觉予以表现。不仅应表现谁在说什么、做什么，更重要的是应显示出谁怎么说、怎么做和为什么说、为什么做。

第三类是"交代情节"的叙述语言。通常好的小说，每每有吸引人听下去的故事情节。有情节的开始、发展、高潮、结束这样一条或明或暗的情节脉络线；有头有尾、连贯自然又波澜起伏。小说中的叙述，有不少是交代情节发展、变化的。这就要求演播者先要弄清此段叙述在作品中是起什么作用的，是起、承，还是转、合。找准其与上下文或人物语言的衔接点和情感、态度的分寸与变化，点指清楚，转换有机，承接顺畅。根据作品的不同写法和情节的需要，选用恰当的手段、技巧予以表达。

比如，微型小说《傻黄》的开头一段叙述，就以"悬念导入"方式给出了情节的发端。提出了柠檬黄色喇叭裙脱销，而精明的店主"阿德"又不甘心放走到手的买卖的矛盾，它是情节发展的导火索。叙述时不应平铺直叙，应带出一种悬念感，以吸引听众的注意力。当精明的阿德心生一计，将自己店里有的"橄榄绿"色喇叭裙吹得天花乱坠，又将黄色喇叭裙贬为过时的"傻黄"之后，做成了这桩买卖。在这个场面之后，又是由叙述语言交代了情节的发展与变化。与此同时，又提出了新的悬念。在叙述时，应抓住前后两种不同的情绪、色彩，进行点指、渲染，前边是"自鸣得意"，后边是"心生疑虑"，中间的转换要明显，用停歇和语气两种手段来共同发挥作用。这段叙述共分为三个小层次：1. 自鸣得意, 2. 积极进货, 3. 心生疑虑。我们在叙述时，既要有相应的小层次感，也要过渡有机，转换鲜明，语言生动，有推进感，这样才能给人以情节发展的过程和推进感。这个小说情节的结束是在最后两段的叙述中完成的。**"我的老天哪，傻黄！阿德一拍脑门子差点儿晕过去。"**这段结尾的叙述解开了听众的疑点，并感觉到作者运思的巧妙及"聪明反被聪明误"的题旨。为了实现作者的创作初衷，更好地阐释主题、表现情节，我们在叙述这段内容时，要结合此小说讽刺幽默的风格，在表达上讽刺的意味要充分，语气夸张，重音强调，加强渲染，给人留下鲜明印象，得到启示，增强小说的抨击力。

播交代情节发展变化的这类叙述语言，特别要注意节奏的运用，利用虚实、强弱、高低、快慢、明暗等对比来加强表现情节的发展、转折与变化，产生不同的表现形式，以免播得平板。在叙述语言中，快慢变化是最常用的，但也要调整适度。慢，不能散、不能拖，要有重点；快，也不能失度，要使人听得清楚，听得舒服，感觉适当。此外，还应特别注意转折时衔接部分的处理。衔接的方式，可以是低收高起，也可以是强收弱接，还可以是快收慢起等各种不同方式，让听者感觉出变化，原则是在符合内容与情感的前提下。

在小说演播中，有不少是表现时空转换的叙述。有时是从现在进入回忆或从回忆转回到现实中来。这时，演播者就要特别注意感觉上的转换与表达上的用声虚实结合。就一般情况而言，回忆部分通常播得"虚"一些，因为它是一种回忆，是过去的事情，应给人一种遥距感。回忆转换的间隔可以长一点，根据回忆内容的不同情感、氛围，有的用声可以虚一点、暗一点。比如："那是三十年前，一个难以忘怀的日子，我们告别了北京，登上了神秘莫测的西南之路……"在叙述这段回忆时，在"那是"的前边，上文完了处，可有稍长时间停歇，待"那是"用较虚的声音说出之后，还可将"是"的尾音拖长一些，以把听众慢慢带入到那特定的年代中去，也显出回忆的性质。转回到现实中来，也要有间隔，要让听众回到另一规定情境中来，可改用较实的声音去播以示区别。当然，若现实的内容与感情色彩是暗的、沉的，而回忆中的内容与感情色彩是轻快、明朗的，则可采用慢的、暗的语言来表现现实，而用快的、明的语言表现回忆，但在二者的转换之处，也必须要有较长的停歇，以示不同时空的转换。总之，欲表现现实与回忆的不同时空感，有一个基本原则必须遵循，即二者的时空间转换处必须有稍长时间停歇，在用声上必须有对比变化。

值得提及，播叙述语言，感觉不应是"客观的旁观者"（除个别需要除外），而应是"热情的知情人"，讲述者也应是一个有具体身份和心灵的人物。另外，叙述语言的用声，应在演播者的中声部，即最舒服的自如声区中部。语言表达应自然、有感、流畅、平稳（与人物语言相对而言）。此外，叙述语言也应区分不同内容、风格的作品，有其相应的基本语气。

要播好叙述语言，还有一项工作不容忽视，即为了使语言上口，又听得清楚，在不伤原意的前提下，可对"说明性提示语"做些修改。可做增减、换位处理。比如，为了播得顺畅上口，可将"谁谁说"之类的提示说明语，移动到人物语言之前来说。如长篇小说《家》中，瑞珏关心梅表姐的一段话："**'你在吃药吗？我看这种病应该早些医治，要医断根才好。'瑞珏十分关心地说。**"我们为了播得顺畅上口，可将"瑞珏十分关心地说"的说明语提到她的话前面。又如，**"梅接连地咳了几声嗽"**。像这样的话也可改为"梅接连地咳嗽了几声"。这样，可以使听众听得更清楚，也通俗、易懂。再如，《青春之歌》中："**卢嘉川说着笑了，林道静也跟着笑了。她的情绪随着他的话像小船随着波浪一样忽高忽低。**"这段话中，有两个她、他，一是指林道静，二是指卢嘉川，可演播时听众不易明白，播者也不易说清。因而，我们可以将第二个"他"改为"卢嘉川"。总之，在演播小说时，为了适合听觉习惯，对其中的个别地方做些小的修改，是完全必要和允许的，这也是演播成功的方面之一。

四、表现人物语言

小说要反映社会生活，就不能不描写人物和其所处的环境，人物在小说中往往占有重要地位，它是作品描写的重要对象，又是主题的主要体现者。小说中的人物，不同于散文或其他记叙文中的人物，它要求有鲜明、集中的性格特征和个性色彩，它要求每个人物都有自己的独特风貌。人物语言是显示人物性格特征的重要窗口，所以，要演播好小说，必须演播好人物语言。

（一）从作品出发，确立人物基调

寻找、确立人物基调，在表现人物语言上是第一步，也是最重要的一步。要塑造好人物就要区别不同人物，就要善于捕捉人物全貌，找准人物基调。不同的人物有不同的性格、经历、形象与心理特点，自然具有不同的人物基调。寻找人物基调，首先应立足于作品，从"直接"与"间接"两个途径中着眼。"直接"是指作品中直接描写的人物特征，它包括人物的外貌与内质，客观经历与主观心理等方面。"间接"是指作品中通过他人之口所传达出的与该人物有关的一切信息。同时，还需以现实生活与以往经验作参照物相对应，以活化出一个个具体、可信的人物形象。有了以上的准备过程，我们就可以大致抓住每个人物的基调、特征。为表现他们而打下良好的基础。

也就是说具化、活化小说中的人物，让每个人物在演播者心中成形，都要经过由作品文字提供、社会生活补充、自己记忆储存，再融进个体感受及文化修养糅合而成。

近年来，有一个社会现象很值得注意，一部小说往往是先拍成电影、电视剧，得到人们的认可后，才有极高的购买率，如小说《永不瞑目》《玉观音》《亮剑》《山楂树之恋》等都是这样。有的出版社还将影视剧中的人物照片当做书的封面，就比之前没有此举赢得更高的购买率。从中可见，人们在阅读小说时，脑海中出现的形象往往就是演员陆毅扮演的"肖童"、演员孙俪扮演的"安心"、演员李幼斌扮演的"李云龙"、演员周冬雨扮演的"静秋"和窦骁扮演的"老三"等。这说明，无论是演播者或读者都需要小说中的人物有形、鲜活，才能使自己更好地靠近他们、喜爱他们。为什么同名影视剧成功上映之后，才引来人们要购买原作细细品读的热潮？原因很简单，导演对原作吃透了，选对了演员，演员与作品中的人物比较吻合，并很好地诠释了作品中的人物，人们就喜爱他们并希望了解他们更多。记得有报道称：演员袁莉讲当年导演先选择她演电视剧《永不瞑目》中的"欧阳兰兰"之后，对男主角的选择举棋不定，因为两个候选人都很优秀，问她感觉如何。她提出陆毅更合适，因为他很阳光，被毒品毁灭后，会引起人们心中极大的痛，从而更恨贩毒者。事实证明男演员选对了，这个意图实现了。同样，在电影《山楂树之恋》上映之后，也曾引起热议：有人说原作中的"静秋"是一个比较丰满的女孩，而演员周

冬雨比较瘦小，与原作描写的形象不符。而导演张艺谋的话却让我们看到了什么是艺术家，他指出他之所以选择了周冬雨，是因为她身上有着许多当代女青年所没有的纯真气质，以及战战兢兢的感觉，这些正是书中所描写的人物内核及作品所表现的时代特征所需要的（演员瘦小在银幕上可以放大，这也是电影的特性）。我们看到人们接受了张艺谋导演的这一阐释，体味到这一真谛，也就更加喜爱周冬雨的"静秋"了，因为她体现出了作品的立意、人物基调与形象内涵。由此可见，小说演播让作品中的人物形象具体化，定位准确也是非常重要的。

在寻找、把握人物形象和基调方面，著名小说演播者赵琮捷的体会也能给予我们很强的启示。她说："既然小说主要是写人，演播者也要着力于人物的塑造。小说原作为播讲者提供了人物，详尽地描绘了人物。但是当只有播讲人自己清楚地看见这个人物，吃透了这个人物，听众才能够从演播者的声音表现中，栩栩如生地瞅见这个人物。

《四世同堂》写的是北京一个小胡同里的居民。这部小说，由天津电台的关山同志和我合着播讲的。所以，我就侧重琢磨书里的女性。这里写了安分守己的主妇，写了女汉奸、女光棍，有爱国的女艺人，还有自甘堕落的小姐，有贫苦的老寡妇，有热心的邻里大妈。

在播讲《四世同堂》的时候，我有很长一段时间没有找到'胖菊子'的形象。小说是这样描写她的：'啤酒桶''一块肉''满眼都糊满了脂肪'。糊满了脂肪……黏、粘、黏糊糊的声音能够模仿，但是没有把握到人物，语言仅仅停留在舌头的肌肉上面，那是不活的，那是虚假做状，不能够感染听众。我就想啊，想啊……终于，我想起来了两个人：一位是我小时候在家的邻居大妈，这位大妈胖得连手指豆都是滚圆，滚圆，油汪汪的。她总是半躺在椅子里不动弹，那肉啊，把眼睛都挤细了，嘴巴也都被压扁了。我们从未听过她大声说话，没见她睁大眼睛瞅过人。后来，她就那样没声没息地死了。另一位，是一位胖大嫂：横草不拿，竖草不动，是丈夫的心肝儿、宝贝儿。天刚亮，她就哼哼着对丈夫发号施令：'捅炉子啊''把袜子拿来啊''买豆汁去呀！'等到丈夫把事情都做完了，她还没爬起来呢，哼哼唧唧的：'你倒是把我给扶起来呀。'这两位眼前一站，我心里有了。

《芙蓉镇》里的李国香是个大难点，这个人物如何塑造呢？又怎么体现呢？她人是臭的，模样儿还不算不俊。作者形容她'黑白分明的眼睛，两个逗人的浅酒窝，说起话来和悦、清晰'。作者的描写，决定了不能在声音上丑化她，刻画这个人物在于掌握她的内心。我想起动乱的年代，那形形色色的、污秽的、愚蠢的、道德低下的、卑微的……见过，我都见过。这些人当中，有的是道貌岸然的，有的相貌还挺好看的，有的声音相当好听。但是，他们的思想，他们的灵魂呢？……渐渐地，李国香这个人物对我来说变得具体了。"

从以上赵琮捷的演播体会中，我们是否看到了具化、活化小说中人物的过程与内涵，即每个人物在演播者心中成形，都要经过由作品文字提供，结合社会生活与个体积累储存，再融入自己的感受与经验糅合而成。人物成形，必有其主旋律，这就是人物基调。

小说中人物的基调，在短篇小说和微型小说中，一般变化不大，而在中、长篇小说中，却多有不同程度的变化。这是因为小说篇幅长情节复杂，表现人物完整。因此，人物的成长变化必然带来人物基调上不同程度地改变，我们的演播也应随之有所变化。文艺作品的内容形成"作品基调"，作品中的人物又形成"人物基调"，人物基调的形成比较复杂。因之在演播中应准确判断与把握。

例如，中篇小说《西线轶事》中刘毛妹的人物基调，给人的感觉是灰暗的。但他的遗书却不能这样表现，因它体现了人物深沉的内心世界与骤然的成长：战争教育了人，也铸造了人，它激活了动荡年代坎坷前行的一代人的正直与奋进感。事实证明，在演播情节复杂的作品中，抓不住人物基调不行，没有随人物不同阶段和作品的情节发展而产生的"基调变化"也不行。因为只有基调的"主旋律"而无其相应地"变奏"，难以丰富、准确、完整地表现出一个真实的人。唯有全面、具体地把握了人物基调，方知什么样的人在何种阶段、环境、人际关系中会怎样说出每一句话。如表现刘毛妹入伍后与陶珂的一段对话及他的遗书。

总之，从作品内容出发，熟悉人物全貌，有自己的真切感受和具体人物的形象，便可抓准人物的主旋律和基调变化。

（二）设计人物造型，外化语言形象

著名演播者张筠英曾说："演播小说中的人物语言应当做到两个统一：即语言内在实质与外在体现方式上的统一；视觉形象与听觉形象的统一。在这两个统一中，语言内在实质与视觉形象为基础，必须从语言内在实质出发去寻找外在的体现方式，必须从视觉形象出发去寻找听觉形象。因此，对人物基调确立之后，就要进行人物的语言造型，将其转变为一定的听觉形象。"这话说得很精当，它点出了寻找外化人物语言的途径与关系。

在小说演播中，人物的基调各不相同，人物的性别、年龄、语言习惯等也不尽相同。在此，要做两方面工作：一是，根据人物的不同基调和不同条件来设计其语言声音造型。二是，以不同的咬字发声手段来区分不同人物的语言造型并表现出来。

人物的语言声音造型通常是以生活当中的典型原则为基础。如年轻人的声音较高、清亮、咬字较紧；而老年人的声音较低、沙哑、气散、咬字较松。当然，生活中也有二者相反的情况，只听声音不易分辨出究竟是年轻人还是老年人。又如干体力活的、性格粗犷的男性，发声容易靠后、气足、出字较硬；从事白领工作、性格温柔的女性，声音气息较柔、咬字较软等。具体讲，不同的语言声音造型手段主要有以下几个方面。

1. 共鸣腔不同：有高、中、低之分。主要有鼻腔共鸣、咽腔共鸣、口腔共鸣和胸腔共鸣。共鸣腔的运用不同，可造成不同的音色、音高，可塑造不同年龄、性格的人。

2. 咬字不同：有饱满与不饱满之分；有前咬、后咬、松咬、紧咬、竖咬、横咬等；字有长形、圆形、扁形等不同形状。咬字的不同，可表现不同人物的不同年龄、性格及情状等。

3. 气息不同：有偷气、抢气、提气、松气、托气、撒气、颤气、憋气，有气息的强弱、深浅、长短等不同气势和气状。气息运用不同，可以表现人物的不同生理、心理与情状。

4. 语调不同：有直线形、弯曲形等。语调的不同，可以表现人物的不同气质与内心状态。

5. 特殊造型手段：有加鼻音说话的，有撒气说话的，有下牙前突说话的，有裹唇、扁唇、噘嘴、咬舌、结巴说话的，有撑后声腔说话的等。

以上这些发声、咬字、用气等不同方法与多种组合，再加上不同的语调就可以基本表现出不同人物的语言基调和语言习惯，形成相应的语言声音造型及一定的"听觉形象"。

比如，在《奶奶的爱情》这篇微型小说中，奶奶的语言声音造型，应当以胸腔共鸣为主，字咬得较松，撒气说话，还可以加上点气泡音来帮助体现老年人说话的特点。而孙女的语言声音造型，则用口鼻咽腔为主，咬字较靠前，字咬得小巧，声音甜润，让人一听就知道这是一个年轻、漂亮的姑娘在说话。

又如，在小说《青春之歌》中，卢嘉川和余永泽同是年龄相仿的男青年，区分他们，可主要从人物的气质和语调来把握：卢嘉川热情、坦荡、正直、沉敏；余永泽自私、狭隘、夫子气足，他们的精神气质相差甚远。因而卢嘉川的语言声音，应是音色纯正，语调直形，透出人物的坦率大度和成熟；而余永泽说话的语调可弯曲，还有些拖腔，略带点鼻音色彩，以表现他的为人与夫子气。

一般短篇小说和微型小说中（长篇小说节选也在内），人物较少，我们设计人物语言的声音造型较为容易。但演播篇幅较长、人物较多的作品时，就应先将作品中的人物按年龄、性别、人物色彩等各种条件分门别类进行统筹设计，有的可以用声区不同来区分；有的可以用咬字不同来区别；有的可以用语调、语速不同来区分；还有的可以加上特殊的语言造型手段来区分，或是以几种方式、手段的不同搭配组合，来实现区别不同人物的目的。

一般小说中的叙述语言，即使是第一人称的叙述语言也不用语言声音造型，而用演播者本人的自如声区中部和正常的吐字发声状态来演播。如果作品中的某一人物的语言声音造型与叙述语言所需声音条件相同时，那就应注意在身份、感觉上加以区分和把握，或在二者语言的衔接处，运用虚实、快慢、高低等不同手段方式过渡一下。当然，设计、体现人物语言，不能只注意其外在条件和语言形式，应把主

要精力放在体现人物的内在精神实质上。

（三）处理好人物的对白与独白

小说中的人物语言，分为对白和独白。在小说演播中，对白是最难处理好的。原因有两个：其一，它需要演播者一个人站在不同位置上，表现两个或几个不同人物的性格化语言的直接交流，这就需要演播者在演播时快速转换人物心理，把握其生理表现。其二，演播小说中的人物对白，不仅要转换双方的语言声音造型和基调，更要兼顾人物关系、语言目的、情感状态、形体动作等不同方面及感觉，从内到外，即从内心感觉到外在声音形式，进行全方位的快速转换，才能胜任人物对白的演播。从理论上讲，应当抓住"人物身份感"这一内部技巧，同时具备表演功力。

比如，《青春之歌》中"启发"这一片段，表现的是林道静怎样在卢嘉川的启发、诱导下逐渐认识到了自己的问题，对革命有了进一步认识。因此，在表现林道静与卢嘉川的这番对话中，就不仅要快速地由林道静的语言感觉及声音造型转变为卢嘉川的语言感觉及声音造型，在人物基调上加以调整，还应紧紧抓住两个人的不同心理面貌及发展、变化线，理出各自的语言动作，即语言目的。在这一片段中，卢嘉川的心理过程是：发现……启发，即发觉林道静对革命的模糊认识和小资产阶级情调后，一步一步引导她正视自己，真正认识革命。林道静的心理发展变化是：不解——顿悟，即对卢嘉川的尖锐批评不解，感到委屈，后经对方有理有据的分析、启发、诱导，明白了自己的问题所在。因而在体现双方这番思想、语言交流过程时，要清楚他们各自不同阶段的心理感觉和外化方式。在语言的处理上，要有接受——思索——反应的心理过程和语言形式，每句话，都要准确、细致、有感地体现出来。使人既能听出是谁在说话，也能听清他为什么说和怎样说。

仍以《青春之歌》中卢嘉川启发林道静的那个片段为例：

（1）"小林，咱们先讨论个问题——你该把饭锅搅一搅，不然要煳了。你过去和家庭斗争，不满黑暗的社会，现在又想很快去革命、上战场，究竟都是为了什么呢？"

（2）道静突然被窘住了。她咬着嘴唇沉思着，忘了搅锅，大米饭真的有了煳味。卢嘉川站起身把锅搅了搅端到火炉的一边烤着，她还沉在思索中一点不知道。半晌，她才迷惘地看着卢嘉川讷讷地说：

（3）"我，我没很好地考虑过这个。

（4）……但是我相信我不是为自己。

（5）——我讨厌那种自私自利的人。"

（6）"但是，你这些想法和做法，恐怕还是为了你个人吧？"

（7）道静蓦地站起身来：

（8）"你说我是个人主义者？"

（9）"不，不是这个意思。"

（10）卢嘉川的神气变得很严峻，他的眼睛炯炯地盯着道静。

（11）"我问你，你过去东奔西跑，看不上这，瞧不起那，痛苦沉闷，是为了谁？为劳苦大众呢，还是为你自己？现在你又要去当红军，参加共产党做英雄，……你想想，你的动机是为了拯救人民于水火呢？还是为满足你的幻想——英雄式的幻想，为逃避你现在平凡的生活？"

（12）道静愣住了，过了一会儿，她又忍不住笑了。卢嘉川的话多么犀利地道破了她心中的秘密啊！她不由得害羞起来，歪着脑袋半天才说：

（13）"卢兄，你说得很对。过去我只想当个好人——不欺侮人，也不受人欺侮。也许这就叫做'独善其身'？确实，我很好想到为旁人。但是，我有一点儿还不明白：我常常省下自己的零用钱，给洋车夫、给乞丐，我喜欢帮助穷人，你能说这也是为个人？……"

在演播这个片段中，要有三个不同人物的身份感在不断转换：讲述者、卢嘉川、林道静。（1）开始时，是卢嘉川的人物感觉。他听了刚才林道静那一番冲动而幼稚的话后，已经意识到了非得好好与这个单纯的女孩子谈谈不可，但他不是用直接批评的方式，而是以正面启发的方式来谈，因此他的谈话态度应温和；（2）下面的叙述语言，就要从卢嘉川的人物基调和语言声音造型及心态上转换为讲述者的身份感说出；（3）紧接着林道静的话，又要求我们迅速转换为她的身份感觉、心理与她的语言声音造型，以沉缓的语速，迟疑的态度说出她的第一句话，以表现她的难于出口，毫无准备的状态；（4）林道静的第二句话，应语速慢，思索着说，以表现她的不解之感；（5）林道静的第三句话，表现她的为人坦诚，需用稍快的语速，鄙视的态度说出；（6）林道静的此话出口后，我们又必须马上从语言声音造型和心态上，转变为卢嘉川的，而且是他听了林道静那不解的话后的反应。下面一句卢嘉川的话，虽然态度仍温和，但有较尖锐的指点感；（7）后面一句的叙述语，是林道静听了卢嘉川这话后的反应说明，又要求我们快速由卢嘉川的感觉变为讲述者的感觉，适当说出；（8）再转为林道静的人物感觉，用激动不满的态度情绪快速、有力地说出；（9）然后，再次转换为卢嘉川的人物感觉说出；（10）中间插有叙述语言时，又要迅速转换；（11）这段卢嘉川的话，要用真诚、启发的语气耐心地讲出；（12）这段话后，不要紧接下面的叙述语，以表现林道静接收、思索对方语言内容的过程，我们又要转换回自己讲述者的身份位置，慢开口、缓说出，以适应其语言内容和人物交流的需要；（13）紧接着是林道静的话，前半部也要缓出口，但是语调甜美柔和，以体现出她顿悟、不好意思和心服口服的内心感觉，后半部要用真挚的态度提出自己的最后一点不解。这之后，卢嘉川针对林道静的问题进一步启发、诱导，最终是林道静彻底领悟了其中的道理。打个通俗的比喻：小说演播有些像一个人说"单口相声"，自说，自演，自问，自答，靠的是内外部技术的结合与娴熟。小说演播创作中，不但要将故事情节讲清楚，还要表现出不同人物的心理过程与交流方式。因此，小说演播者的"人称心理"转换要快，加强自我心理刺激，要真听、真想、真交流和有形象感。

从以上这个片段的演播分析中，我们是否领悟到小说演播中"人物对白"的难度、复杂性与技术性？实践证明，唯有对作品理解、感受准确、具体和演播技巧娴熟，才能胜任人物对白的演播。

独白，是小说演播中人物语言的另一种表现形式，它可表现人物的内心活动或书信内容。比如《青春之歌》中卢嘉川对林道静提出要上前线的想法之后的内心活动："这个女孩子把革命想得多么简单呀！"以及《西线轶事》中刘毛妹烈士的遗书等，这些都是小说中人物的"内心独白"。在处理上，它区别于纯粹的叙述语言的语气，应处理为人物的感觉，带有人物语言的基调、特征。在表现人物独白时，一般用声可虚些，因为是表现人物的内心活动。此外，人物"独白"与"对白"一样，也应注意规定情境，让人听出是在什么环境、情境中的人物内心活动。

第三节　小说演播提示

一、区分、把握作品基调与人物基调

在小说演播中，往往会出现这样一个问题，即演播者将不是以第一人称创作的小说，演播成作品中某一人物的基调，这是不妥的。比如，在演播世界名著《复活》时，将演播基调处理成书中女主人公"玛丝洛娃"的，或将演播基调处理成书中男主人公"聂赫留朵夫"的了，都不行。原因在于"作品基调"与"人物基调"是两个概念。演播者是全书整个作品的驾驭者与表现者，他既要叙述情节又要表现人物。若将演播基调混同于人物基调，则缩小了其表现范围，无法驾驭全书的表达。同时，也反映出演播者的文学修养欠缺，对演播理解不清的问题。

因此，我们在演播小说时，千万要注意分清"作品基调"与"人物基调"，不可用后者取代前者（第一人称创作的小说除外）。

二、忌叙述语言与人物语言脱节

在小说演播中，"叙述语言"的表达情感稍淡于"人物语言"是可以理解的，毕竟一个是讲述者，一个是抒发自己的内心。而有的小说演播者为了让人听出叙述语言与人物语言的区别，在演播过程中，一到播叙述语言就用中速、客观、平淡的方式来处理。而一到播人物语言时就处理得活灵活现，情浓意切。这就使得叙述语言与人物语言截然分开，显得生硬、不有机，无法完美体现一部（篇）小说。虽然叙述语言与人物语言应有所区别，但也不是叙述语言就冷、淡、平，人物语言才热、变、活。其实，叙述语言本身也应随所叙述的内容而有所变化，也应有快慢、高低、刚柔、明暗等不同节奏与情感色彩的变化。难道讲述到小说《家》中那美丽、善良的丫鬟鸣凤，为了反抗恶势力保住自己的清白将要投湖的痛苦凄凉的心情时，演播者能不为之动容吗？难道讲述到《青春之歌》中林道静悟到了卢嘉川的真诚帮助时，演播者不由衷地高兴吗？所以，小说演播中的叙述语言不应与人物语言生硬划开，应有机融合，并保持其自身特点及相应变化。

三、人物语言不可求形大于神

小说演播中，演播者既是讲述者，又是人物语言的表达者，要"一人演一台戏"。这就决定了演播者进入人物是有一定限度的，不能全方位扮演，因为完全扮演每一个人物也不可能。事实上，再有技巧的演播者也不可能男生播出女声，女生播出男声。以前有人做过这种尝试，但以失败而告终。既然不可能，也就谈不上完全的扮演了。但为了将小说中人物的性格、行为、语言表达得生动、吸引人，更好地揭示出作品的主题、目的，因而在演播人物语言时，也应力求形神兼备，对语言形式有一定追求，但更主要的是从人物心理和感觉上抓住人物，区分人物和表现人物。切不可求形大于神，那样绝对塑造不出鲜明丰满的人物形象，只会形成"脸谱化"的声音技巧展览。也违反了我们的创作原则。

四、运用语言表达辅助手段

小说演播中，为了求得生动的效果，在人物语言中可以加上"非语言表情声音"，如哭、笑、咳嗽、各种气息声等，以求人物情状的逼真。有时，为了渲染环境气氛可加上一些相应的象声词，如"呼呼"的风声、"哗哗"的雨声、"啪啪"的枪声、打耳光声等。有了这些非语言表情声音与各种相应的象声词，可使我们的小说演播更加生动，更能引人入胜，有种听电影的感觉。此外根据需要，小说演播中还可以加进些唱歌、说唱曲艺、讲方言、讲外语等其他表现手段，如果没有以上这些辅助手段的参与，便会使演播干巴巴的，缺少生气。但也应注意合理使用，恰到好处，以免喧宾夺主、杂乱、肤浅。还应注意，不同的小说，使用这些手段的情况也不尽然。

综上所述，小说演播难度较高。它既需要有较高的叙述能力，也要有较强的人物语言声音造型、内外部技巧及表演能力以及各种文化素养等。

小说演播训练作品

傻 黄

作者 王晓建

又是来买柠檬黄色喇叭裙的！"趋时"时装店的店主阿德暗暗叫苦：柠檬黄色喇叭裙已被姑娘们抢得脱了销，该怎么打发面前这二位呢？告诉她们卖完了？笑话！

上了门的生意岂能放过去！

阿德挠了挠头，忽然心生一计，将一条橄榄绿色喇叭裙捧了出来。他一边以行家才能有的动作将裙子展开，一边说："小姐们怕还不知道吧，那柠檬黄已经不吃香啦，没听见满街上都'傻黄''傻黄'地叫着吗？"

"有这样的事？"

"这是真的？"

两位姑娘顿时傻了眼，她们紧张地小声商量了一阵，其中一位便问："那，现在该穿什么颜色好呢？"

"橄榄绿！"阿德坚决地说，"这是眼下最时髦的世界流行色。今年是国际和平年，而橄榄象征着和平。记得宣传画上的和平鸽吧？和平鸽嘴里总是衔一根橄榄枝的……"阿德鼓起如簧之舌，把手中那条"橄榄绿"吹了个天花乱坠。

姑娘们动了心，一人买了一条橄榄绿色喇叭裙。心埋上获得极大满足地离开"趋时"时装店。

阿德心中好不得意，"嘿嘿，傻黄！"他自己也感到即兴想出来的这个新名词儿怪可笑的，竟至笑出了声。第二天，阿德跑了一天，忍痛多掏了一成价钱，才倒进来二百条柠檬黄色喇叭裙。可说来也怪，接连两天，来买的人却寥寥无几。阿德心中好生诧异，姑娘们是怎么的了？难道黄色真"傻"得不吃香啦？阿德越想越沉不住气，索性踱出店门到街上去看看行情。

只见满街尽是橄榄绿——橄榄绿色的喇叭裙、橄榄绿色的旗袍裙、橄榄绿色的筒裙……简直是一片"橄榄绿"的海洋。偶有一两位姑娘身穿"柠檬黄"走过来，就会有穿着"橄榄绿"的姑娘指指点点道："瞧哎——傻黄，她怎么还穿傻黄呢？真是冒傻气儿！"

"我的老天哪，傻黄！"阿德一拍脑门子差点儿晕过去。

（北京人民广播电台文学节目播出）

训练提示：

1. 这是一篇幽默风格的微型小说，通过对生意人"阿德"做生意不老实的描写，表现了"聪明反被聪明误"的主题。这篇作品的演播基调，应为讽刺、悬疑的。

2. 主要人物"阿德"的语言基调，应为热情、油滑的。

3. 作品中出现的两个女性，也应有相应的语言声音造型和人物性格、身份的定位表现。

4. 作品中"交代情节"的叙述语言，应有层次与意思推进感。

西线轶事（片断）

作者　徐怀中

九四一部队基地指挥所，设了伤员和烈士遗体转送处。烈士遗体要在这里进行登记，清洗过了，换过新军服，然后上汽车送回国。转送处人员不多，主要是九四一部队文艺宣传队的女同志担任这项工作。总机距离这儿不远，女电话兵们下了机也常来帮助照料伤员，清洗烈士遗体。

这天，陶坷、路曼、小肖几个人又到转送处来了。见刚抬下来一位烈士，他的担架上放着一个军用水壶。水壶背带是断过的，打了一个电话兵们所熟悉的丁字结。路曼和小肖一惊。烈士的脸几乎整个缠着绷带，无法辨认。跟担架的一个小战士，失神地蹲在旁边。

"这个水壶，是他的吗？"路曼问小战士，见他点点头又问："他是不是当步话机员的？"

"怎么，你认识我们步话机员？"小战士反问说。

路曼和小肖抚弄着水壶背带，好久不言语。随后她们向小战士问起这位烈士的姓名。

"他叫刘毛妹！"小战士回答说。

听到这个名字，站在后面的陶坷禁不住倒吸一口气，几乎叫出声来。大家连忙让开，陶坷扑上去，凑近脸去看，极力要在这张缠满了绷带的面孔上，辨认出她所熟悉的某些特征来。

陶坷和刘毛妹从小住一个院，相互看着长大的。在户口本上，刘毛妹登记的并不是这样一个十足女性的名字。因为生得白净，头发鬈鬈的，又是那么文静，活活像个小姑娘，院里的人都喜欢喊他"毛妹"，喊来喊去成了正式的名字了。

……

陶坷同幼年的朋友一直没有联系，入伍到了新兵团，意外地遇到了刘毛妹。第一次见面，部队在集合，只匆匆握了个手。小时候他们多少次脊背贴着脊背比过个儿，始终不差上下。现在毛妹一下蹿到了一米八二。小陶觉得，刘毛妹除变得人高马大以外，其余什么也没有变。和她握手，涨红了脸，还像个怯生生的女孩子。随后又有几次见面，小陶才感觉到，同她一起长大的这个年轻人变得完全陌生了。那一对眼睛，朦朦胧胧的，失去了原有的明澈光亮。当孩子的时候，衣服总是整整齐齐的，现在倒很不讲军风纪，常常是解开两个纽扣，用军帽扇着风。抽的是五角以上一包的烟，一连串地吐着烟圈。无论说起什么事情，他都是那样冷漠，言语间带出一种半真半假的讥讽嘲弄的味道。不像小时候，对任何事情都有着强烈的兴趣，有着十足的热情。谈起小学的同学，某人某人现在搞什么工作，刘毛妹说："无所谓，我的看法是干什么都行。因为什么都不干好像是不行。"

小陶问他："既然这样，你何必一定要到部队上来呢？"

"既然你可以来，为什么我不能来呢？"

他们谈起了争取入团、入党的事情，刘毛妹感慨地说：

"一年团，二年党，三年复员进工厂。在知青点上的人和那些没有着落的社会青年看来，这当然是很够羡慕的了。其实又有多大的意思，没劲！"

小陶有几次试着给她幼年的朋友一些劝告，她说："我看见一篇文章上讲，'不能因为第一次飞翔遇到了乌云风暴，从此就怀疑有蓝天彩霞'。你就是这样，因为不相信有蓝天彩霞，干脆剪掉了自己的翅膀。毛妹！别太悲观，我们需要振作起精神来。"

"我也在报上看过一篇文章，上面说：'请正视现实，不必以海市蜃楼里的绿洲，覆盖地上的沙漠。'"刘毛妹逼视着小陶。小陶扭头走了。从此他们没有机会再见面，也没有通过信……

陶坷竟能忍住了眼泪，默默地听那个跟担架的小战士讲述刘毛妹牺牲的经过……沉默了好大一阵，小战士又接上说："我们步话机员这个兵，不是这次到前方来，恐怕人们是不容易真正了解他。只在平时看，你可能觉得他有些特别。怎么个特别法呢？说不出，你只能说，他就是他那么一个人。要讲聪明，人可真是够聪明的。在报话机训练班，别人都发愁密语背不会，白天黑夜地背。他呢，从来不怎么用心去背，到了密语考核，一、二名里总少不了他。

出发之前，别人都忙着订杀敌立功计划，写决心书，他不写，说没时间。可是他花了那么多时间，写了一封长信，不许人看。牺牲以后，在他身上找出来了，是写给他妈妈的。""信呢？给我看看好吗？"陶坷伸出手要。小战士从衣袋里取出信来，说连里特别交代他要保存好，一定要交给烈士的母亲。信是步话机员原来包好的，怕湿了雨水，包了两层塑料纸。陶坷捧着字迹潦草的信，急切地读下去。

亲爱的妈妈：

我以前很少写信，现在想好好写封信给妈妈，可是时间紧张，我只能抓空子陆陆续续写一点，一过红河，恐怕就一个字也不能写了。前年入伍，我是有过犹豫的。听人说，批准我入伍有照顾的因素在内。我一想到自己在享受照顾，心里很不舒服，这是爸爸用他的惨死替我换来的呀！不过我还是到部队来了。我当时也没想到在我服役期间可以捞到仗打，只是觉得在知青户太闷人了，想换个环境，新鲜新鲜。现在马上要开赴前线，我才清楚意识到我是一个革命军人了。这次出去，比起你和爸爸经历过的几次战争，算不了什么，但是我总算参加了战争……

前些年，"四人帮"任意歪曲宣传党史和军史，已经出了不少文章批驳他们。我想，无论从正确的或是错误的观点去看，有一个事实总没有疑问，那就是除去自然死亡之外，先烈们是在两种情况下牺牲了自己生命的。一种是倒在同敌人厮杀的战场上，一种是倒在内部阴谋的残害中。看来这是一条规律，古今中外都是如此。爸爸是在第二种情况下离开了我们，我这次则有条件占据第一种情况。我的好妈妈！如果这样，您一定不要难过，不必像哭爸爸那样为我流泪。您的泪水早流尽了，再为我哭，眼睛里流出来的一定是血。妈妈！您可能觉得我写这些，口气不小，似乎一定可以做出什么引人注目的事情。不是这样，在火线上这很难讲，也许我的心脏正巧碰上一颗流弹，一秒钟之内一切都结束了，随便一个小小的任务也来不及去完成。这就是战争，在意想不到的任何情况下，都可能有人付出最大的代价。即使这样，我也觉得心安了……

亲爱的妈妈！就写这些了，我并不打算寄出，如果您收到了这封信，那一定是战友们替我收检遗物时找出来的。

代问弟弟好，已经没有时间了，就不另外写信给他了。

祝妈妈愉快，再见了！我多么希望能像外国电影里那样，跪下来吻别您啊！生我养我的母亲。

您的儿子：毛妹

于登车出发前

刘毛妹留给母亲的信，陶坷看了两遍。信的内容对她不成为主要的了，主要的一点是信中竟没有一句话提到她。这对她是一个难以接受的沉重的打击。小陶终于忍不住伤心落泪了。不过她很快就镇定下来。宣传队的两个女同志为步话机员刘毛妹清洗遗体，她们默默地退后，让小陶上前去。小陶用纱布蘸着清水，先擦洗刘毛妹的脸。她时不时停下来，注视着死者的眼睛。她觉得刘毛妹是怨恨她，闭着眼睛，不愿意看她……

步话机员的军服、绑带、鞋袜，没有一处是洁净的。泥水和着血，凝结在肉体上，没法子脱下来。小陶用剪刀完全剪碎了，花了很长时间，轻轻地一块块把衣服鞋袜撕下来。她不让别人动手，似乎是怕别人毛手毛脚，触痛了步话机员。清洗过遗体之后，数过了伤口，大大小小挂花四十四处，这个数字，正好是烈士的年龄乘以二。

……

训练提示：

1. 这部中篇小说片断的演播基调，应是深情、凝重的。男主人公"刘毛妹"的语言基调不应是单一色彩的。女主人公"陶坷"的语言基调始终是一致的，应为积极、热情的。

2. 注意把握、处理作品中人物对话的心理、层次与变化。

3. 作品中的人物"书信"表达，应以"内心独白"的人物感觉处理。

山楂树之恋（节选）

作者 艾米

（一）相 恋

一路上，他都牵着她的手，说天太黑，怕她摔跤。两个人的手一直抓在一起，有点汗涔涔的。他问："我牵着你的手，你是不是……好怕？"

"嗯。"

"以前没人牵过你的手？"

　　"没有。"她好奇地问,"你牵过别人的手?"

　　他有好一会儿没回答,最后才说:"如果我牵过,你是不是觉得我是坏人?"

　　"那你肯定是牵过的。"

　　"牵和牵是不一样的,有的时候,是因为责任,有的时候,是因为没别的办法,还有的时候是因为……爱情。"

　　她从来没有听到过别的人直截了当对她说"爱情"这个词,那时说到爱情,都是用别的词代替的。她听他用这个词,感觉很尴尬。她不敢顺着这个话题往下说,不知道他还会说些什么令她尴尬的话来。

　　路过那棵山楂树的时候,他问:"那边就是那棵山楂树,想不想过去看一下,坐一会儿?"

　　静秋觉得有点毛骨悚然:"不了,听说那里枪杀过很多抗日英雄的,晚上去那里好怕……"

　　"那以后有机会再来吧。"他开玩笑说,"你信仰共产主义,还怕鬼?"

　　静秋不好意思地说:"我也不是怕鬼,其实那些抗日英雄就是变了鬼,应该也是好鬼,也不会害人,对吧?所以我不是怕鬼,只是怕那种阴森森的气息。"她突然想起了什么,问他:"我到西村坪那天,你是不是刚好也从什么地方回西村坪,在那棵树下站过?"

　　"没有啊,"他惊讶地问,"我怎么会跑到那里站着?"

　　"噢,那可能是我看花眼了。那天我一回头,总觉得树下站着个人一样,穿着洁白的衬衣……"

　　他呵呵笑起来:"你真是看花眼了,那么冷的天,我穿着件洁白的衬衣站在那里?不冻死了?"

　　静秋想想也是:"可能是我平常听《山楂树》时,老想起那树下站着的两个青年,所以看走眼了。"

　　他一本正经地说:"也许是那些冤魂当中有谁长得像我吧?可能那天他现了形,刚好被你看见,你就以为是我。快看,他又出来了!"

　　静秋哪里敢看,吓得撒腿就跑,被他一把拉住,扯到自己怀里,搂紧了,安慰说:"骗你的,哪里有什么冤魂,都是编出来吓你的。"他搂了她一会儿,又开玩笑说:"本来是想把你吓得扑进我怀里来的,哪里知道你反而向别处跑,可见你很不信任我啊。"

　　静秋躲在他怀里,觉得这样有点不大好,但又很舍不得他的怀抱,而且也的确是很怕,就厚着脸皮赖在他怀里。他在双臂上加了一点力,她的脸就靠在他胸膛上了。她从来不知道男人的身体会有这样一股令人醉醺醺的气息,不知道怎么形容那气息,就觉得有了个人可以信任依赖一样,心里很踏实,黑夜不怕了,鬼也不怕了,只怕被人看见。

她能听见他的心跳，好快，好大声。"其实你也很怕，"她抬头望着他，"你心跳得好快。"

他松了一下手，让身上背着的包都滑到地上去，好更自由地搂着她："我真的好怕，你听我的心跳这么快，再跳，就要从嘴里跳出去了。"

……

他只在她的唇上吻了一会儿，气喘吁吁地问她："你……不喜欢？"

"不喜欢。"其实她没什么不喜欢的，只是很害怕，觉得这样好像是在做坏事一样。但她很喜欢他的脸贴着她的脸的感觉，她从来没想到男人的脸居然是暖暖的，软软的，她一直以为男人的脸冰冷梆硬的呢。

他笑了一下，改为轻轻搂住她："喜欢不喜欢这样呢？"

她心里很喜欢，但硬着嘴说："也不喜欢。"

他放开她，解嘲地说："你真是叫人琢磨不透。"他背起那些包，说，"我们走吧。"然后他没牵她的手，只跟她并排走着。

走了一会儿，静秋见他不说话，小心地问："你……生气了？你不怕我摔跤了？"

"没生气，怕你连牵手也不喜欢。"

"我没有说我不喜欢……牵手……"

他又抓住她的手："那你喜欢我牵着你？"

她不肯说话。他偏要问："说呀，喜欢不喜欢？"

"你知道——还问？"

"我不知道，你让我捉摸不透，我要你说出来才知道。"

她还是不肯说，他没再逼她，只是紧握着她的手，跟她一起走下山去。

（二）约 会

静秋也看清了那人，是老三，穿着一件军大衣，不是草绿色的，而是带黄色的那种，是她最喜欢的军色，以前只看见地区歌舞团的人穿过。老三黑黑的头发衬在棕色的大衣毛领上，颈子那里是洁白耀眼的衬衣领。静秋觉得头发晕，眼发花，不知道是打球打饿了还是被老三的英俊照昏了，她差点从墙上掉下去。

他手里拿着那个排球，球已经被田里的露水搞湿了一些，他脚上的皮鞋也沾了田里的泥土。他走到她跟前，把球递给她，说："跳下去的时候当心。"

静秋接了球，一扬手扔进校内，自己仍坐在院墙上，问："你——怎么跑这里来了？"

他仰脸看着她，带点歉意地笑着："路过这里，我这就走。"

院墙内那些人在急不可待地叫："静秋，坐那里乘凉啊？等着你发球呢！"

她急急地对他说声"那我打球去了！"就跳进校园内，跑回自己的位置上去打球。但她越打越心不在焉，老在想他这么早路过这里要到哪里去？她突然想起，去年的今天，是她到西村坪去的日子，也就是说，是她和老三第一次见面的日子。难道他也记得这个日子，今天专门来看她的？她被自己这个离奇的想法缠绕住了，老想证实一下。

她只想现在谁又把球打出去，她就可以翻过墙去，看看他走了没有，或者问问他到哪里去。但这时好像大家都约好了一样，谁也没把球打出去。她又等了一会儿，眼看练球就快结束了，她再不能等了，就借发球的机会把一个排球打到院墙外去，引来队友一阵不满和惊讶。

她不管别人怎么想，飞快地冲到院墙边，"嗖"地爬上去，二话不说就跳到对面去了。她捡了球，但没看见老三。她把球扔进校内，没有翻墙回去，而是顺着院墙往校门那里走，想看看老三有没有躲在哪个墙垛子后面。

但那些墙垛子都很小，肯定藏不住老三。她 路找过去，一直找到校门了，还没看见老三，她知道他真的只是路过这里了。

那一天，她总是心不在焉，下午上体育课的时候她又把球打出去了几次，还帮别人翻了几次墙，但都没看见老三。

……

静秋跟着钟诚后面往外走，走到水管那里，她正想往右拐，去钟诚家，但钟诚指着左面说："那边有个人在找你。"

静秋一下子意识到是老三在找她，一定是他看见钟诚来水管打水，就叫钟诚去叫她出来的。她对钟诚说："谢谢你了，你去打水吧。别对人讲。"

"知道。"

静秋走到老三跟前，问："你……你……找我？"

他小声说："想跟你说几句话，方便不方便？不方便就算了。"

她正想说话，就看见有人从厕所那边过来了，她怕人看见她在跟一个男的说话，会传得满城风雨，拔脚就往学校后门方向走。她走了一段，弓下腰，装做系鞋带，往后望了一下，看见老三远远地跟着。她站起身，又往前走，他仍然远远地跟着。她走出了校门。他俩沿着学校院墙根走了一会儿，来到早上她捡球的地方，他跟了上来，想说话，她截断他，说："这里人都认识我，我们到远点的地方再说吧。"说完，就又走起来。

他远远地跟着她，她一直沿着学校院墙走，从学校后面绕到学校前门，来到那条小河前。他又想跟上来说话，又被她打断了。她就一直走，一直走，走到渡口了，才想起自己没带钱，她等了他一下，他很乖地跟上来，买了两张船票，给了她一张。两人一前一后地上了船。一直到了对岸下了船，又沿着河岸走了一段，静秋才站下等他。他快步追了上来，笑着说："像是在演电影《跟踪追击》。"

静秋解释说："河那边的人都认识我，过了这道河，就没人认识我了。"

他会心地一笑，跟着她继续往前走，问："我们要走哪里去？别走太远了，当心你妈妈找你。"

静秋说："我知道前面江边有个亭子，亭子里有板凳可以坐一下。你不是说有话说吗？我们去那里说话。"

两个人又回到亭子那里坐下，可能刚吃过东西，似乎不觉得冷了。老三问："还记得不记得去年的今天？"

她心里一动，他真的是为这个来的。但不说她也记得，只淡淡地说："你说有话跟我说的呢？有什么话就快说吧，过一会儿渡口要封渡了。"

他好像把什么情况都摸清楚了，说："十点封渡，现在才八点。"他看了她一会儿，小声问："你是不是听别人说了——我以前那个女朋友的事？"

她更正说："是你未婚妻。"这个词实在是太正规了，但在当地口语里，没有一个跟"未婚妻"相应的土话。如果用"对象"或者"女朋友"来代替，又觉得没有火候，不能体现出问题的严重性。

他笑了一下："好，未婚妻，不过那都是以前的事了，我们早就……不在一起了。"

"瞎说，你自己对大嫂说的，你有未婚妻，你还给了照片给她。"

"我对她说我们在一起，是因为她要把长芬介绍给我。她们一家都对我那么好，我怎么好……直接说不行呢？"他声明说，"但我们两年前就分手了，她婚都结了。你要不信的话，我可以把她的信给你看。"

"我看她的信干什么？你不会编一封信出来？"她嘴里说着，手却伸出去了，问他要信。

他摸出一封信给她，她跑到路灯下去看。路灯很昏暗，不过她仍然可以看出是封分手的信，说老三故意回避她，在外面漂泊，她等了太久，心已经死了，不想再等了，云云。信写得不错，比静秋看到过的那些绝交信写得好多了，不是靠毛主席诗词或语录撑台子，看得出是有文化的，而且是"文化大革命"前的文化。

静秋看了一下落款，叫"丹娘"，她脱口问道："丹娘不是个苏联女英雄吗？"

"那时的人都兴起这些名字，"他解释说，"她比我大几岁，是在苏联出生的。"

静秋听说丹娘是在苏联出生的，敬佩得无以言表，而且一下就把她跟那个拿不定主意爱谁、跑去问山楂树的女孩联系起来了。她自卑地问："她是不是……好漂亮？长芳和大嫂都说她很漂亮。"

他笑了一下："漂亮不漂亮，要看是在谁的眼睛里了。在我眼睛里，她——没有你漂亮——"

……

静秋知道自己不漂亮，所以知道他在撒谎，肯定是在哄她。问题是他这样哄她的目的是什么？可能转来转去，又回到那个"占有"的问题上来了。她四面一望，方圆几百米之内一个人都没有。刚才还在为这个地方僻静欣喜，现在有点害怕自己把自己丢到陷阱里来了。她决心要提高警惕，拿了他的也不能手软，吃了他的也不能嘴软。

她把信还给他，倒打一耙："你把她的信给我看，说明你不能替人保守秘密，谁还敢给你写信？"

他苦笑了一下："我这也是没办法了，一般来讲，我还是很能替人保守秘密的，但是……我不给你看，你就不会相信我，你叫我有什么办法？"

不知道为什么，他这样说，令她很舒服，好像他在赞颂她的威力一样。她进一步敲打他："我早就说了，像你这样的人，能对她出尔反尔，就能对……别的人出尔反尔——"

他急了："怎么能这样看问题呢？毛主席还说不能一棍子把人打死呢，我跟她是家长的意思，不是我自己的意思。"

"现在是新社会，哪里还有什么父母包办的婚姻？"

"我不是说父母包办，我们也没有婚姻，只是两边家长要促成这个事。

说了你可能不相信，所谓干部子弟当中，恰好有很多都是父母的意思，即使不是父母一句话说了算的，也是父母从小注意让他们的子女多跟某些人接触，只跟某些人接触，所以到头来，多少都有点父母的因素在其中。"

"你喜欢这样被包办？"

"我当然不喜欢。"

"那你为什么要答应呢？"

他沉默了一阵："当时的情况比较特殊，关系到我父亲的政治前途——甚至生命，这事三言两语也讲不清，不过请你相信，这事早就过去了，我跟她真的只是——可以说是——政治联姻吧。所以我一直待在勘探队，很少回去。"

静秋摇摇头："你这个人好狠的心哪，你要么就跟她好说好散，要么就跟她结婚，你怎么可以这样……拖着人家呢？"

"我是要好说好散，但是她不肯，两边家长也不同意。"他低着头，嗫嚅地说，"反正这事已经做了，你要怎么说就怎么说吧，但是你要相信我，我……对你是真心的，我不会对你出尔反尔的——"

……

提到毕业，静秋不可避免地想到毕业后的前景，但心底说："我高中读完了，就要下农村了，我下去了就招不回来了。"

"我相信你一定会招回来的——"他刚说完这句，就解释说，"我不是说如果你招不回来我就不爱你了，我只是有信心你一定会招回来的。万一招不回来的话，也没关系，我可以到你下乡的地方去。"

其实这个对静秋来说还真不是个问题，因为在她看来，两个人相爱，并不需要在一起的。关键是两个人相爱，离得远近都没有什么区别，可能离得越远，越能证明两人是真心相爱。

"我不要你到我下乡的地方去，我就要你等我。"

"好，我等你。"

她又得寸进尺："我不到 25 岁不会谈朋友的，你等得来？"

"等得来，只要你让我等，只要我等你不会让你不高兴，我等一辈子都行——"

她扑哧一笑："等一辈子？等到了，人也进棺材了，那你为什么要这么等呢？"

"就是为了让你相信我会等你一辈子的，让你相信世界上是有永恒的爱情的——"

他又低声叫道："静秋，静秋，其实你也能一生一世爱一个人的，你只是不相信别人会那样爱你，你以为自己一无是处，其实你……你很聪明，很漂亮，很善良，很可爱……很……我肯定不是第一个爱上你的人，也不是最后一个，不过我相信我是最爱你的那一个。"

（三）分 别

妈妈说："我们关心静秋，爱护静秋，就要从长远的观点着想，不能只顾眼前。人无远虑，必有近忧。静秋顶职，很多人都眼红，在背后戳是捣非。现在她顶职的事还没搞好，如果这些人看见你们两个人在一起，对静秋顶职的事是非常不利的——"

老三又连连点头："那是，那是。"

沉默了一阵，老三大概觉出妈妈是在等他主动表态，于是清清喉咙，说："张老师，您放心，我这次回去了，就不再来找她了，一直等到她顶职的事搞好了再来找她。"

静秋见老三踌躇满志的样子，望着妈妈那边，大概在等妈妈夸奖他几句。但她听妈妈说："顶职的事搞好了，事情也没完，在转正之前，学校随时可以不要静秋——"

老三沉默了一阵，豪迈地说："那我就等她转正之后再来找她。试用期是一年吧？那我就一年之后再来找她——"然后他做了一下算数，订正说，"一年零一个月左右吧，因为她现在还没顶职。"

不知道妈妈是被他的主动配合还是被他的计算精确感动了，很温和地说："你知道这么一句话吧？'两情若是久长时，又岂在朝朝暮暮。'如果你对静秋真是有这份情的话，也不会在乎这一年多不见面，对不对？"

老三满脸是悲壮的神色，连声说："对，对，您说得对。"然后还加以自我发挥，不知道是在说服谁："也就一年多嘛，我们还年轻，还有很多……一年……多。"

妈妈嘉许说："我看得出来，你是个懂道理的人，响鼓不用重槌敲，别的我也就不用多说了。我并不是那种死封建的母亲，对你们年轻人的心情还是很理解的，但是现实就是这样，人言可畏，我们不得不谨慎一些。"

老三说："我懂，我懂，您这也是为了我们好。"

大概妈妈已经站起身，下了无声的逐客令了，静秋见老三也站起来，他央求说："我去打点水，静秋把脚洗一下，她脚底烂了好些小洞，里面都是煤渣，她自己看不见脚底，不方便，我帮她把煤渣掏干净了，上了药，就马上走，以后这一年一个月，就拜托您照顾她了——"

……

老三把静秋脚上的纱布打开，妈妈捧着静秋的脚看了一会儿，快要流泪了，走到一边，对老三说："那就麻烦你了，我跟静思出去乘凉去了。"

妈妈把妹妹带走了，屋子里只剩下静秋和老三。她不让他帮她洗脚，怕把他左手的绷带打湿了。她自己洗了脚，他帮她擦干，把灯绳打开，把灯泡放低了，向她要了根针，用针屁股那头掏那些小洞里的煤渣："疼不疼？我掏得太深了就告诉我。"

……

他掏出一些钱，放到她床边的桌上，说："我把这点钱留这里，你如果不想我再割我的手，你就收下。再不要到万驼子手下去打工了，如果瓦楞厂有工打，打打可以。如果你不听我的话，又跑到万驼子那里打工，或者打那些危险的工，我知道了会生气的，我不会不理你，但是我会一刀一刀割我的手。你相信不相信？"

她点点头，保证说："我不会再回万驼子那里打工的。"

"那就好，现在你妈妈已经知道我们的事了，基本上也算是同意了，只是个暂时不见面的问题，所以你告诉她这些钱是我留下的，她肯定不会骂你。"

他看看表，说："不早了，我要走了，免得把你妈妈和妹妹赶在外面不能回来。"他在她床边蹲下来，搂住坐在床上的她，交代说，"你自己记得每天搽药，如果药搽完了还没好，自己记得去医院看医生。"

两个人缠绵了一会儿，他毅然决然地站起身，说："我走了，你就坐那里，别起来，你的脚刚搽了药，别搞脏了。"

她就呆呆地坐在那里，听他走出去，开车锁，推车，上车，然后一切复归寂静。

（四）老三走了

她带着满腔疑惑跑到传达室，一眼就看见一个像极老三的军人等在那里，见到她，那个军人走上前来，急匆匆地说："静秋同志吧？我是孙建民，孙建新的弟弟，我哥哥现在情况很不好，想请你到医院去一趟。"

……

军用吉普里只有司机和孙建民两个人。孙建民告诉她，老三从县医院出来后，并没回 A 省，而是待在黄花场那边的三队，一方面可以协助查清勘探队的工作环境是否会诱发白血病，另一方面黄花场离八中农场只有几里地，那条路可以开车，也可以骑自行车，方便老三到农场去看她。

后来她回到 K 市八中附小教书，老三也转到 K 市，住在那家军医院里。他只在春节的时候回 A 省去了一下，春节后又回到了 K 市。他父亲劝他留在 A 省，但他不肯。他父亲只好让他家保姆跟着过来，在医院里照顾他。再后来孙建民也过来了，在医院陪他。……孙建民说："哥哥走得动的时候，我们到八中来看过你，看见你带着一些小女孩在操场打排球。我们也从校外的路上看过你给学生上课。后来哥哥躺倒了，他就让我一个人来看你，回去再讲给他听。他一直不让我们告诉你他在 K 市，也不让我们告诉你他得的是白血病。他说："别让她知道，就让她这么无忧无虑地生活。""

"有他的交代，我们本来是不会来打搅你的，但是他走得太——痛苦，太久。他进入弥留之际已经几天了，医院已经停止用药、停止抢救，但他一直咽不下最后那口气，闭不上眼睛。我们想他肯定是想见你一面，所以就不顾他立下的规矩，擅自找你来了。相信你会理解我们，也相信你会想见他一面。但是你千万不要做什么偏激的事，不然他在天有灵，一定会责怪我们。"

静秋说不出话来，她不知道是不是因为自己这段时间想老三想得太多，想得精神失常了。她一边为能见到老三欣喜，一面又为他已经进入"弥留之际"心如刀绞。她希望这只是一个梦，一个噩梦。她希望赶快从梦中醒来，看见老三俯身看着她，问她是不是做了噩梦。告诉她梦都是反的。

孙建民问："静秋同志，你是不是党员？"

静秋摇摇头。

"你是团员吗？"

静秋点点头。

"那请你以团员的名义保证绝不会做出伤害你自己的事来。"

静秋又点点头。

到了医院，吉普车一直开到病房外面的空地上，孙建民招呼静秋下了车，带着她上二楼去。病房里有好些人，一个个都红肿着眼睛。看见她，一位首长模样的人就迎上前来，问了声："静秋同志吧？"

静秋点点头，首长握住她的手，老泪纵横，指指病床说："他一定是在等你，你去——跟他告个别吧。"说完，就走到外面走廊上去了。

静秋走到病床跟前，看见了躺在床上的人，但她不敢相信那就是老三，他很瘦很瘦，真的是皮包骨头，显得他的眉毛特别长特别浓。他深陷的眼睛半睁着，眼白好像布满了血丝。头发掉了很多，显得很稀疏。他的颧骨突了出来，两面的腮帮陷下去，脸像医院的床单一样白。

静秋不敢上前去，觉得这不可能是老三。几个月前她看见的老三，仍是那个英俊潇洒、风度翩翩的青年，而眼前这个病人真叫人惨不忍睹。

几个人在轻轻推她到病床前去，她鼓足勇气走到病床前，从被单下找到他的左手，看见了他手背上的那个伤疤。他的手现在瘦骨嶙峋，那道伤疤显得更长了。她腿一软，跪倒在床前。

她觉得几个人在拉她起来，她不肯起来。她听见几个人在催促她："快叫！快叫啊！"

她回过头，茫然地问："叫什么？"

"叫他名字啊，你平时怎么叫的，现在就怎么叫，你不叫，他就走了！"

静秋叫不出声，她平时就叫不出他的名字，现在她更叫不出。她只知道握着他的手，呆呆地看着他。他的手还不是完全冰凉的，还有点暖气，说明他还活着，但他的胸膛没有起伏了。

几个人又在催她"快叫，快叫，"她握着他的手，对他说："我是静秋，我是静秋……"他说过的，即使他的一只脚踏进坟墓了，听到她的名字，他也会拔回脚来看看她。

她就一直握着他的手，满怀希望地对他说："我是静秋，我是静秋……"

她不记得自己这样说了多少遍，她的腿跪麻了，嗓子也哑了，旁边的人都看不下去了，说："别叫了吧，他听不见了。"

但她不信，因为他的眼睛还半睁着，她知道他听得见，他只是不能说话，不能回答她，但他一定听得见。她仿佛能看见他一只脚已经踩在了坟墓里，但她相信只要她一直叫，他就舍不得把另一只脚也踏进坟墓。

她不停地对他说："我是静秋，我是静秋……"

她怕他听不见，就移到他头跟前，在他耳边对他说："我是静秋！我是静秋！"她觉得他能听见她，只不过被一片白雾笼罩，他需要一点时间，凭她的那个胎记来验证是不是她。

她听见一片压抑着的哭声，但她没有哭，仍然坚持对他说："我是静秋！我是静秋！"

过了一会儿，她看见他闭上了眼睛，两滴泪从眼角滚了下来。

两滴红色的、晶莹的泪……

（五）尾　声

老三走了，按他的遗愿，他的遗体火化后，埋在了那棵山楂树下。他不是抗日烈士，但西村坪大队按因公殉职处理，让他埋在那里。"文革"初期，那些抗日烈士的墓碑都被当做"四旧"挖掉了，所以老三也没设立墓碑。

老三的爸爸对静秋说："他坚持要埋在这里，我们都离得远，我就把他托付给你了。"

老三生前把他的日记、写给静秋的信件、照片等都装在一个军用挎包里，委托他弟弟保存，说如果静秋过得很幸福，就不要把这些东西给她；如果她爱情不顺利，或者婚姻不幸福，就把这些东西给她，让她知道世界上曾经有一个人，倾其身心爱过她，让她相信世界上是有永远的爱的。

他在一个日记本的扉页上写着："我不能等你一年零一个月了，我也不能等你到 25 岁了，但是我会等你一辈子。"

他身边只有一张静秋 6 岁时的照片和那封十六个字的信。他一直保存着，也放在那个军用挎包里。孙建民把这些东西都交给了静秋。

每年的五月，静秋都会到那棵山楂树下，跟老三一起看山楂花。不知道是不是她的心理作用，她觉得那树上的花比老三送去的那些花更红了。

十年后，静秋考上 L 大英文系的硕士生。

二十年后，静秋远渡重洋，来到美国攻读博士学位。

三十年后，静秋已经任教于美国的一所大学。今年，她会带着女儿飞回那棵山楂树下，看望老三。

她会对女儿说："这里长眠着我爱的人。"

作品背景：

小说《山楂树之恋》是女作家艾米根据原作者静秋的回忆录创作而成，书中的主人公静秋 1977 年根据自己的生平经历，曾写出过一部大约三万字的记述作品。十年后，静秋离开家乡去外地读书，妈妈、哥哥、妹妹相继出国，家里的东西都扔掉了，唯有这篇写在一个日记本里的回忆录被妈妈保存下来，带到了加拿大。2006 年是小说中的男主人公"老三"逝世 30 周年，静秋将回忆录交给了好友艾米，请她写成小说《山楂树之恋》。因而，小说的叙述者是艾米，但其中对话大多是静秋原文中的内容。小说写成后，先是发表在文学网站上，大凡看过该小说的读者，无不为主人公纯真而感人的爱情故事潸然泪下。

纪实性长篇小说《山楂树之恋》被称为"史上最干净的爱情"，它讲述了一个真实的故事——1975 年前后，18 岁的主人公静秋因家庭成分不好而自卑，但很懂事。当时是地质队员的、某军区司令员的儿子"老三"孙建新却给了静秋无私的鼓励和帮助。他等着静秋毕业，等着静秋工作，等着静秋转正……等到静秋所有的心愿都成了真，老三却得了白血病去世，长眠在村边那棵开满花的山楂树下。"我不能等你一年零一个月了，我也不能等你到 25 岁了，但是我会等你一辈子。"——老三这句遗言让许多人肝肠寸断。按照老三的遗言，老三的父亲把他埋在山楂树之下，因为住得远，所以他托静秋多来看看老三。"文化大革命"结束后，静秋出国留学。

她的家乡变了，成为三峡库区，山楂树被水淹没了，当地人也被移走了，但在静秋的心里，山楂树就算在水里也会开花的。她每年都来看望老三。

这部作品表现了纯净、真正的爱情。如今，很多人不相信真爱，不少人迷失在物质世界里，只相信权和钱，爱情的价值取向只剩下铜臭，那些纯洁的爱情早已消逝在回忆里了。这部作品是对纯真爱情的呼唤，对引导人们树立正确的婚恋观，有着重要作用。

训练提示：

1. 这是一部纪实性作品，结合内容、背景，表达基调应凝重、深情地。

2. 演播这部作品，应把握其大小层次与节奏变化，表达不可平、淡、白、一片。

3. 演播这个作品，情感应内在、真挚，语言表达应朴实、自然、平实，注重内心活动的体验与体现。

4. 演播作品中的人物语言，应结合当时的时代背景与内容氛围"抑多放少"。

第十三章

广播剧演播

广播剧是许多人都喜爱的一种广播文艺形式，它是具有广播特点的剧。那么，它由什么要素组成？演播者如何根据广播形式和文艺作品演播对人物的创作要求适当演播好一个具体人物？本章对这些问题进行了探讨。

第一节　广播剧的认识

一、广播剧的概念

"广播剧是戏剧形式的一种，适应广播的特点，用对白，音乐、音响效果等艺术手段创造听觉形象，展开剧情，刻画人物。有时穿插必要的解说词，帮助听众了解剧中情境的人物的活动。"（引自《辞海》"艺术分册"第75页）因此，有人称广播剧为"听的剧"或"播音剧"。

二、广播剧的种类

从剧的长短与技术制作的角度出发，可以将广播剧分为：单本广播剧、连续广播剧、系列广播剧、微型广播剧和立体声广播剧。有人将"广播小说"和"小说剧"也列在其中。

三、广播剧的特征

（一）看不见的剧

广播剧虽然无法看到，但它也是戏剧，也同样具有戏剧创作的主要元素与材料。如表演语言、音乐、音响效果，也同样具有人物、结构、情节等，并有编剧、导演、演员及其他工作人员参与创作。所不同的是，它只以语言声音表现剧情，并以无线电波实现传递。在创作中更适合广播的特点，一般广播剧的转场多于普通戏剧的场幕，却少于影视。

（二）声音的综合艺术

广播剧不能用灯光、布景、道具、化妆和演员的形体动作及面部表情来投入创作，帮助体现。它只能用声音一种手段来进行创作，因此，声音是广播剧创作的唯一手段。在广播剧中，语言是具有一定意义和情感的声音符号；音乐具有多种功能；音响效果更不是一般戏剧中的"配角"，它发挥着不可忽视的重要作用。在广播剧中，声音具有很强的表现力与艺术性。

（三）想象的艺术

广播剧中的声音具有极强的表现力，它可以为人物造型，表现人物的心理、行动、情感以及时空环境等，来塑造人物、揭示剧情。然而，这一切对于听者而言，都必须通过想象、联想方可获知。除此之外，广播剧的创作全过程从编剧、导演、表演（只有语言）到制作都以想象为创作核心。可以说，没有想象便没有广播剧的存在。

第二节　广播剧的三要素

广播剧的三要素是语言、音乐、音响效果。（注：也有人认为广播剧的三要素为：剧本、演员和听众。这一观点本人认为值得商榷。）一般来讲，一部广播剧都具备这三个要素。但由于表现内容与创作手法的差异，对这三种要素的使用会有所侧重，甚或只用其中的两个要素进行创作，表现剧情。比如，有的广播剧只有语言和音响效果两个要素。更有甚者，竟用音响效果这一个要素讲述了一个短小的故事：表现一个逃犯的逃跑复仇与自首的情节。它是用人的跑步声、喘气声、警车声、水声、拨电话声等一系列音响来表现这个故事的。但这毕竟是极个别的创作尝试，表现内容有很大的局限性。所以，一般来讲，广播剧都具备三个创作要素，但根据表现的内容、风格、创作手法的不同，所使用的三要素比例有所不同。

比如，一般音乐广播剧对音乐的依赖性较强，如广播剧《二泉映月》《刘天华》是以音乐来帮助表现主人公的音乐创作道路及人生经历。因此，剧中除去其他配乐外，还使用了瞎子阿炳和刘天华创作或演奏的音乐片断。

又如，一般刑侦广播剧对语言和音响效果的依赖要强于音乐。因为剧中对案情的分析等没有语言根本说不清、表现不出来。音响效果也能更大限度地表现案发的时空和人物的活动。如从音响中可听出是清晨还是夜晚，是什么地方的钟响，案发现场是海边，还是火车站附近，及人物进行搏斗的场面等。

但无论何种情况和创作，"语言"在广播剧中都是最主要的元素。下面让我们来看一下广播剧的三要素在广播剧中所起的作用，以更好地建立我们的演播意识，把握自己的演播创作。

一、语言

语言是广播剧表现剧情、体现人物的主要元素，是一部广播剧的主体。广播剧由于只有声音一个表现手段，因而更离不开语言的重要作用。广播剧的语言分为两大类，一是解说语言，二是人物语言（对白与独白）。我们先来看看解说语言。

（一）解说语言

1. 解说的作用

广播剧中的解说，它既不同于小说中的叙述、电影录音剪辑的解说，也不同于话剧等各种戏剧录音剪辑的解说，它有其自身特征。解说是广播剧创作、表现的一种手段，适合广播特点，它可以配合剧情增强其表现力。但广播剧的解说毕竟仅起配合作用，处于从属地位。也有的广播剧根本就没有解说的参与，所有的人物形象与剧情内容都是由演员用表演语言（音乐、音响效果配合）来体现的。

广播剧的解说主要有三个作用：介绍背景、推进剧情、展现人物。

解说的第一项任务是介绍背景。

广播剧对背景、环境的氛围表现，没有电影、戏剧那种多手段表现的优势。如电影可以依靠画面形象来表现，画面内容可以使观众对影片的时代背景、地域环境、人物形象、事件发生、人的反应，抑或人在做什么、怎么做的等一切都一目了然。戏剧也可以通过布景、道具、服装、化妆、舞台人物行为等来表现。唯有广播剧，没有语言介绍往往使人难以明了剧的背景及正在发生的一切。

例如，儿童广播剧《古墓遇险》开头的解说：

在非洲的埃及，有许多大金字塔，离这些金字塔不远的地方有一座奇怪的古墓。说它奇怪，是因为凡是进过古墓的人，出来没多久就会死去。为什么呢？谁也不知道。所以，大家都管它叫吃人古墓。

这一天，有个名叫吉卡的男孩子在古墓附近出售纪念品，他看见游客里有一个中国小女孩，就朝她走去。

（中央人民广播电台少儿节目播出）

在这段解说中，就给听众介绍出这个"古墓遇险"的故事发生在什么地方、故事的背景以及人物和他正在做什么。如果没有这样的介绍，听众仅通过人物语言是很难有十分清楚的了解。

解说的第二项任务是推进剧情。

广播剧剧情的发展、变化，往往由解说来帮助表现，因为这些内容用人物语言有时不能或不易表现，但它对剧情的推进却有很大作用。

例如，连续广播剧《弘一法师》中的一段解说：

三十九岁的李叔同，放下了从小喜爱的艺术，放下了孜孜追求的教育事业，放下了天津的妻子、幼儿，也放下了十二年相亲相爱的异国情侣樱子。他散尽资财，独自带着薄被单衫来到大慈山虎跑寺，拜了悟和尚为师，正式剃度当了苦行僧，取法名演音，字弘一，从此他僧衣芒鞋、晨钟暮鼓，过着清苦的佛门生活。

艺术界震惊，教育界惋惜，妻儿们无奈，叔同知道唯有樱子是决不会轻易放弃他的，他就是樱子的整个生命，整个世界，樱子对他有超乎寻常的情爱，李叔同没有勇气自己面对樱子，他请好友夏丏尊和学生丰子恺一起到上海转告樱子。

（中央人民广播电台广播剧节目播出）

从以上这段解说中，我们看到了中国近代大艺术家、大教育家李叔同一生的转折点，同时，它也是剧情发展、变化的一个点。

李叔同出生于一个盐商家庭，青年时代赴日留学，学习艺术（主要是音乐、绘画）。他热爱祖国、追求进步，后带异国情侣返回祖国从事教育事业并卓有成绩。他是中国最早介绍西洋绘画、音乐和话剧进入国内的人物。他演过话剧《茶花女》中的女主人公玛格丽特，也是著名的《送别》一歌的词作者，"长亭外，古道边，芳草碧连天……"一直流传至今。据说李叔同的前半生吃、喝、玩、乐、尽情享乐，后半生却突转空门，而且极认真地去做一名苦行僧，直到他安详地归去。这究竟是为什么？至今让人不得其解，也许是他对人的最高精神境界的追求吧。《弘一法师》这部广播剧就较完整地表现了这位传奇人物的一生。剧中人物经历的变化引来剧情的发展变化，因而，解说就在这每一个变化的点上发挥着重要的作用，推进着剧情。

解说的第三项任务是展现人物。

广播剧中塑造人物主要由人物语言来实现，但很多时候，解说也能帮助表现人物的外形，内心和行为。

例如，连续广播剧《啊，昆仑山》中的一段解说：

琪琪送走黄沙之后，一种无名的惶恐、不安混着思念，使她六神无主。夜深了，琪琪坐在桌旁，摊开信纸。她要给妈妈写信，给徐雅彬写信，给向西行写信，可是她给谁也写不下去。

（中央人民广播电台广播剧节目播出）

这段解说，就表现了鲍琪琪这个新一代昆仑山人此时的内心活动和激烈斗争。

《啊，昆仑山》这部广播剧是根据部队作家李斌奎的小说改编。它热情讴歌了老一辈昆仑山军人为祖国的无私奉献，同时，更表现出新一代昆仑山军人的成长历程。剧中的女主人公"鲍琪琪"，是从内地军护学校毕业被分配到昆仑山这艰苦荒凉的地方工作的，当初，她是不情愿的。但当她真正与昆仑山军人相处一段，看到他们艰苦的工作、生活情况和乐观向上的精神境界，尤其是她开始爱上了"向西行"这位可敬的昆仑军人干部之后，她的内心和思想感情发生了很大变化。所以，此时她正为是按照妈妈的安排回上海深造与男友"徐雅彬"相聚，还是继续留在这艰苦的边疆服役而内心发生着苦苦的争斗。当然，在昆仑军人精神的感召下，她最终还是留下来了，并且逐渐成长起来，成为新一代昆仑山军人。

通过以上的例子，我们是否看到，广播剧中的解说的确有其自身特征，具有重要功用，它不但有"说明性"，更有"参与性"与"表现性"。因而，解说往往是广播剧创作的一部分，是创作总体构思中的一环。解说除了以上三个主要作用外，还有描绘景物、抒发情感、阐明观点等具体作用。

2. 解说的种类

广播剧解说的种类，结合解说的身份位置来看，大体分为两类：一是，第三人称的"介绍型"；二是，第一人称的"自述型"。

"介绍型"解说：在广播剧中运用较多。在这类解说中，解说者往往是知情者，但却不是剧中的人物（有的也不妨将其看做剧作者本人），比如广播连续剧《弘一法师》《啊，昆仑山》中的解说正是如此。

"自述型"解说：在广播剧中也不乏其见。在这类解说中，解说者可能是剧中的主人公或是剧中的某一人物，甚或是剧作者本人。比如，广播剧《爱不能言》中的解说，就是剧中女主人公"陆晓芳"自己的自述：

我又一次背井离乡来到异域地方。在地球的那一面，那块生我养我的土地上埋葬着我的生母，还有养父，一位终生爱我、却又不肯做我丈夫的人。若不是这种残酷的情感折磨，他也许不会英年早殇，——哦，他给予我的是怎样的无法表达、不能诉说的爱呀！

（中央人民广播电台广播剧节目播出）

这类"自述型"解说，一般更能接近人物与听众的心理，听来亲切、自然，更能打动人。但却不如"介绍型"解说视角多，灵活自如。

3. 解说的方式

广播剧的解说主要有两种方式：一种是"介入式"，另一种是"客观式"。

"介入式"解说：解说介入到剧中人物的思想情感中去，与剧中人物同悲同喜，与剧中情绪气氛相契相合。除去第一人称"自述型"的解说外，第三人称"介绍型"的解说也大多属于这一类。

这类解说，要特别注意有"现场感"和"带戏出入"，与剧中人物的思想感情融为一体，有情感色彩的相应流露。

"客观式"解说：是解说不与剧中人物的思想情感、气氛亦步亦趋，始终冷静地讲述，我行我素。"介绍型"与"自述型"解说都有用此方式解说的，它不似"介入式"解说与剧中人物、情节融为一体，而有些距离，如广播剧《居里夫人》的解说就是如此。

这类解说，要特别注重"清楚"与"介绍感"。情感不必介入剧的情节和人物情绪中，有其自身的独立作用。

解说无论用何种方式，都应依剧作的写法、风格而适当选择和表达。

解说语言的表达，具有叙述、描绘、抒情、议论，要依不同内容、需要而适当表达与转换，不能一种方式到底。

此外，在"介入式"解说中，应处理好与上下剧的衔接、气氛、节奏，情感要融洽，不应让人感觉解说是硬贴上去的。因此，解说者在开口前，必须了解前后的剧情并调整好内心感觉，这样方可把准解说开口与结束时自己语言的色彩、分寸和节奏，与剧情和人物语言有机和谐。为此，解说者也必须懂戏、会表演，最好也跟演员一起排戏，这样才能使解说与剧情和人物感觉同步，解说表达贴合。

（二）人物语言

1. 人物语言的作用

广播剧的剧情发展、矛盾冲突、人物性格、人物关系等都要由人物语言来体现。因而广播剧中的人物语言具有"性格化""戏剧性""提示性"。

性格化的语言，能使人物鲜活；戏剧性的语言，能使人听来有戏；提示性的语言，又能使人听得清楚。

比如，广播剧《家庭教师》中的一段对话：

（于杯走开，姚云鹏走过来。）

姚云鹏：干吗不理我！

文　辉：我忙着呢。

姚云鹏：嗬，真是个人物了！跟你一起的那个家伙是谁？他就是你请的家庭教师吧！他挺有一套呀，一下子就让你成绩提高了……

文　辉：你要是没别的事，我就走了。

姚云鹏：别……帮我问问那家伙，看他愿不愿意教我……

文　辉：别开玩笑了！

姚云鹏：我没心思跟你开玩笑。都他妈怨你，老师把你的事到处吹，我爸也知道你请家庭教师的事了，非让我也请一个……

文　辉：这不可能……

姚云鹏：别把你当人你就不知道姓什么了！喏，这两本书送给你吧，算是对你的报酬。

文　辉：我说不行就不行……

（姚云鹏已走开）

（中央人民广播电台广播剧节目播出）

从这段对话中，我们是否已了解到这两个中学生之间的关系与矛盾，以及姚云鹏的性格特征。同时这段人物语言又很有"戏"：以前一个霸气、一个柔弱，现在"霸气的"有求于对方，而"柔弱的"在家庭教师的鼓励、帮助下，渐渐地增长了自我意识，不甘受气，不买他的账。"霸气的"只得恩威并施、不甘又无奈，这就有戏了。有性格、有戏的语言就不会平淡无味，会抓住听众的心，引起他们的兴趣，使他们听得清楚、有味。

如果说广播剧中人物语言的性格化、戏剧性,别的戏剧中也有的话,那么,人物语言的"提示性"却是广播剧中所独有的。即在人物语言中体现出人物的行为及场面,可以说是"以言绘形"。比如,**"你搂得我都喘不过气来了!"**这句话在广播剧中由人物说出,会使人清楚地感觉到剧中另一人物的热情和他紧紧搂住说话者的动作,生动形象。而放在影视或舞台表演中,被搂者只要说:**"我都喘不过气来了!"**或**"你轻点嘛"**就可以了。因为对方搂她的动作观众已经看见了,再用语言讲出这搂人的动作,实属画蛇添足,而在广播剧中讲出却是极为必要的。

再如,**"你看她高兴得直流泪"**,或**"那条藕荷色裙子多漂亮啊!"**这些语言都起提示性作用。因为广播剧是以"听觉形象"变为"视觉形象"的,听众通过语言的提示可以自动转化为视觉形象,更好地了解剧中的场面、动作、形象等,进而受到感染。

除此之外,广播剧中的人物语言还能充分、有力地展现人物内心,表现交流情绪。

披露人物"内心活动"是广播剧"人物语言"的又一重要作用,他利用话筒,以"独白""旁白"的形式来体现之。听来使人感到亲切、自然、生动。

表现交流情绪的语言,是广播剧人物语言的一个特点。

所谓交流情绪的语言,就是指对方在说话时,你作为交流对象要有自己的情绪反应并以语言显现出。比如,**"是啊""那后来呢?""太坏了"**等。这些简短的语言,在舞台剧和影视中大多是被省去的,因为在舞台和银屏上这些话中的意思观众通过人物的动作、表情便可知晓。如点头、拍手的动作,甚或斜视的眼神。但在广播剧中却无能为力,只能以一定的语言来表现出你的态度与情绪,同时还可让听众明白你一直在场上,对手是在与你交流呢。如果剧中的交流对手讲了半天话,你只用动作、表情表达自己的情绪、态度,听众看不见便会以为你不在场,或对所谈内容没有态度呢。所以,表现交流情绪的语言是广播剧人物语言的一个特点。值得提及,这一类语言除去剧作中提供,有不少是需要演播者结合剧情,场面及情绪气氛自己加上去的,以示自己的存在或表现自己的态度、情绪。

2. 人物语言的种类

广播剧中的人物语言一般分为两大类,即"对白"与"独白""旁白"。

对白:即剧中两个或两个以上人物间的语言交流。对白是广播剧中人物语言的主体。

独白:即剧中某个人物的内心活动的表露,它是剧中人物内心思维活动的过程。

比如,广播剧《法尼娜·法尼尼》中的一段:

法尼娜:我的上帝,这是多么不寻常的经历啊,我爱米西芮里,可又把他们的组织告发了,要不是为了这个,他也不会自投监狱,他能饶恕我吗?可也是我救下

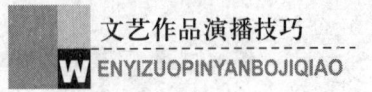
了他的性命呀!

　　他要能和我一起离开意大利有多好,我对米西苪里确是犯了不可饶恕的罪孽,可是这一切,也是由于过分爱他的缘故呀!

(中央人民广播电台广播剧节目播出)

　　在这段独白中,充分揭示了法尼娜·法尼尼这个骄傲的贵族女性内心痛苦、激烈地争斗与企盼,对刻画这个人物有极强的表现力。

　　旁白:即剧中人物在现场对他人行为进行评价的内心活动语言。它的交流对象有时指向对方,有时又指向受众。

　　比如,广播剧《啊,昆仑山》中,有一段是鲍琪琪搭向西行的车上昆仑山,由于晕车吐了,此刻,向西行又想起了自己以前因病去医院,由于失控不小心吐到了鲍琪琪的身上当时她对自己的恶劣态度。于是他有了这样一段心理活动:

　　向西行:"吐吧,吐吧,吐两口你也尝尝是什么滋味啦!看你以后还敢不敢说我们是一群喝汽油爬达坂的野人了。"

(中央人民广播电台广播剧节目播出)

　　人物的独白和旁白,即人物现场思维活动的外化,在广播剧中运用的比其他戏剧形式要多。因为在广播剧中利用话筒,人物可以轻声细腻地表露自己的内心,听众也会觉得亲切、自然、生活,具有很强的表现力和感染力。因而,剧作者在广播剧的创作中,常常选用这一手段来表现人物,以丰富表现角度,充分发挥广播剧的创作优势。

二、音乐

(一) 音乐的作用

　　音乐,很具表情性,它最善于表现和激发人的情感。在广播剧中,适当使用音乐,能增强艺术感染力。广播剧中的音乐具有多种功能,具体为以下几种:

　　1. 描绘环境、景物

　　广播剧不同于舞台剧或影视片能借助于布置或实景,营造符合剧情需要的具体环境和背景氛围,将观众带入特定的环境氛围中。因而,往往需要利用音乐(有时配以音响效果)来表现剧中的背景氛围、地域环境以及特定时空,使听众对剧中人物活动的环境清楚、可感。

　　比如,广播剧《弘一法师》中,李叔同投身佛门之后,樱子来到虎跑寺找他,此时的音乐是佛门性质的,(加上木鱼的敲击声)人们不由得想到寺庙的环境。又如,恐怖的音乐,可以使我们想到谋杀或阴森可怕的现场。

　　另外,一些童话、科幻内容的超现实环境和物品,如宇宙星空、海底龙宫或怪兽、高科技武器等,用特定的音乐形象也可予以表现,使听众对它们有所感知。

　　2. 烘托渲染情感

　　以音乐烘托情绪气氛、渲染人物内心、配合语言增强感染力,这是音乐在广播剧中的重要作用。广播剧中往往在人物或喜或悲的情感高潮或剧的高潮处，配以情绪色彩很强的音乐来烘托渲染这种情感，形成震撼人心的力量。

比如，广播剧《啊，昆仑山》的结尾一段，当鲍琪琪随战友们在漫天风雪中找到了向西行和黄沙，看到眼前这两个紧紧抱在一起的雪人时，她哭喊着：**"向西、向西！黄沙！向西，向西啊，我是琪琪，向西，你看，大家来接你们来了！"**此时的音乐悲痛色彩强烈，再伴以人物强烈悲痛的哭诉，引起人们极大的共鸣。不言而喻，在这里，音乐起到了很好的烘托渲染作用，使这段戏具有极强的表现力与感染力。如果仅靠人物语言是难以奏效的。

3. 推动情节发展变化

广播剧中有时用音乐显现剧情的发展、变化。这种音乐渗透融合于戏剧结构之中，成为推动情节发展、变化的有机一环。

比如，广播剧《红岩》中"接头"的一段戏，当"白公馆"监狱党组织的齐晓轩、成岗正在监狱图书馆的地下室中接头，商讨如何与外边的地下党取得联系进行越狱，正发愁找不到合适的联络人时，上面传来了放风的报警信号，有人吟诵：**"花间一壶酒，……对饮成三人。"**随即一种紧张、恐怖的音乐响起，预示着华子良的到来。这一音乐推动了剧情的发展，表现了华子良的闯入以及齐、成二人对来人的戒备。但当一番审察之后，他们三人的手终于握在了一起时，响起一段激动人心、情感性很强的音乐，它既透出了战友相见的激情，又似告诉人们，监狱党组织发愁与外边党组织联系的问题解决了。从而，推动了情节的发展。

4. 代替语言抒情

用音乐、歌曲代替语言抒发剧中人物的特定情感，这是音乐在广播剧中的又一功用，它可以强化和丰富表现人物内心。

比如，广播剧《丹凤朝阳》中，女主角顾文凤随"美专"的学生一起跟周老师去太湖写生了，她的心情异常兴奋是唱着一首欢快优美的歌曲回家的。此处加上这首歌曲，就将女主人公此时极度喜悦的心境表现得淋漓尽致，这要比语言抒发更有感染力，同时也丰富了表现形式。

5. 衔接转场

广播剧的转场，指剧中人物活动的时空变化，比如夜晚到天明，从室内到列车上。广播剧的转场要比影视少，但却比话剧多，衔接转场的方式也不同，用音乐衔接转场是其中之一。由于音乐是广播剧创作三元素之一，用音乐衔接转场，一方面可以使转场形式多样，另一方面，也可使创作三元素有机融合于整体结构中，使音乐元素发挥其独特功能。

仍以广播剧《丹凤朝阳》为例，顾文凤去太湖写生姐姐送她上路一场戏中，当顾文凤一边答应着远处招呼她的同学向前跑去，一边又回过头来对姐姐喊：**"我一定把太湖的美景都画出来，姐姐，再见！"**姐姐却神色黯然地自语道：**"再见。"**（因姐姐已被恶霸逼得不想留在人世了，她知道自己再也见不到妹妹了）这之后，响起了清脆婉转的笛声，接着竖琴拨动起一串优美的水声，乐队随之而起。这优美的音乐立即把我们带入那风景如画的太湖边。这里，音乐起到了很好的转场作用。

（二）音乐的种类

广播剧中音乐的种类从大的方面可分为两种，即"有声源音乐"和"无声源音乐"。

有声源音乐：是指剧中环境范围内的发声体即收音机、电视机、广播喇叭、电唱机、录音机等所传出的音乐、歌声以及剧中人或剧场内演出者所唱的歌或演奏的乐声。当然，剧中人唱的歌或演奏的乐声大都是由其他专业歌唱演员或演奏员来演唱或演奏，以增强艺术魅力，收到更好效果。比如，广播剧《丹凤朝阳》中顾文凤回家时所唱的那首欢快优美的歌曲就不是演播者自己所唱，而是由一位有名的歌唱演员配唱的。但有时，剧中人物的歌是演播者自己所唱，比如，广播剧《弘一法师》中李叔同填词的那首《送别》歌，就是由樱子的演播者自己所唱。这样可以使演唱同演播的声音和谐、自然，效果真实可信。有时为了发挥唱和说的各自优势，导演会让歌唱演员也来到录音现场，就着演播者的语言和表演情绪来同时录唱，效果很好，也会给人浑然一体的真实感。有的器乐声，如剧中需要的小提琴或其他乐器声，也是如此处理。

又如，广播剧《家庭教师》中，有一段戏是姐姐"文钰"因为上大学后变得空虚无聊，在家打开录音机伴着迪斯科舞曲跳舞，弟弟"文辉"回来了看不惯，就将录音机关上了，姐姐还想跳便又按响了录音机，弟弟不相让，再一次关上了录音机。毫无疑问，这开、关录音机时，音乐就会时起，时断。这就会使人们感到剧中的音乐声来自何处并为什么时起时断了。

有声源音乐在广播剧中并不少见，有人称其为"写实性音乐"。这类音乐与剧情联系紧密，是不可或缺的成分，运用得自然，可增强广播剧的真实感。

无声源音乐：广播剧中的音乐大多还是无声源音乐。它不是完全写实地再现生活中的声音，而是以音乐来表现剧的创作者对剧的主题思想和人物的评价、态度以及对剧情的艺术体现：用音乐来描绘环境、烘托气氛、渲染情感、表现人物内心活动，等等，有人称这类音乐为"写意性音乐"。"写意性音乐"是广播剧音乐中的主体。

广播剧中音乐的种类，具体又可分为以下几种：

1. 头尾音乐和歌曲

广播剧大多都有头尾音乐，它的作用大体有两个：一是引出全剧的风格、基调，二是给人以开始与结束感。

比如，广播剧《啊，昆仑山》的头尾音乐是用新疆少数民族乐器冬不拉和手鼓奏出的赞颂和怀念性质的音乐，并伴以人声哼唱，此剧的地域特点、音乐风格及剧的基调便鲜明地体现出来了。

又如，立体声广播剧《桃花扇》的开头是一女声悲悠的哼唱，偶有轻疏的弦乐拨音，再伴以淙淙的流水声，不由得将人们带到那悠远的过去，并使人感到一种悲剧的氛围。在导演阐释中，似乎还有一幅扇面被打开的形象感。结尾是男、女声哀怨的歌声，乐声悠远轻止，似告诉人们这个故事已结束、打开的扇面已收、掩卷结束了。这部剧的音乐头尾呼应，风格、基调鲜明，给人以完整、和谐之感。

2. 主题音乐

主题音乐大多贯穿全剧，根据情节发展多次出现，其旋律帮助展示、表现剧的主题，给人留下深刻的印象。

比如，广播剧《月夜》表现的是一个凄婉的爱情故事，剧中就是用众所周知的小提琴协奏曲《梁山伯与祝英台》作为主题曲。无论是剧中的有声源音乐、人物拉出的小提琴独奏，还是无声源音乐，此曲在剧中几次出现，较好地推进了剧情发展，也揭示了剧的爱情主题。

3. 抒情音乐

抒情性音乐在广播剧中运用的比较多，它除了替剧中人物抒发内心情感外，还为剧中的解说、书信朗读烘托气氛、渲染情绪，产生相应的意境。

比如，广播剧《千古流芳彭元帅》的结尾解说，它告诉了人们彭元帅去世的消息并颂扬了这位不朽的革命家。伴随着这段解说的是大家熟知的哀乐，这就造成了一种沉痛缅怀的意境。

又如，广播剧《西线轶事》中表现刘毛妹遗书一段，随着刘毛妹的演播者念这封遗书，音乐的旋律伴着遗书的内容在展现、渲染，给人很强的启示力与感染力。

4. 介绍性音乐

介绍性音乐能对场景和时空变化进行描绘与展现。使听众对此有所感知，帮助人们进入具体情境之中。这类音乐多是描绘性的，对场景、环境和氛围给予介绍、展现，引人入境。（前例所示）

总之，音乐在广播剧中有着多种功用，并发挥着自身的优势。它帮助语言描绘环境、渲染气氛、体现形象、抒发情感并融合于剧的情节结构中发挥其作用。由于音乐具有很强的表情性、表现力、感染力，所以，绝大多数广播剧都不同程度地结合剧情，运用音乐这一有力的艺术手段。

三、音响效果

音响，这一概念有广义与狭义之分。广义泛指声音（因此，有人将广播剧的三要素：语言、音乐、音响效果都看成是音响）。狭义指除语言、音乐之外的一切声音（我们这里就取其狭义概念，这样可以更有利于分清各种声音元素的不同功用，利于探究）。

（一）音响效果的作用

音响效果，在广播剧中的作用尤为重要，因为人们欲将广播剧中的听觉形象转化为视觉形象，只有语言和音乐是不充分的，有了音响效果便可给人多种感受和具体形象。音响效果可以给人以现场感、时代感、地域感、时空感、方位感、距离感等，它也具有象征力。具体讲，音响效果的作用可分为以下几种：

1. 交代剧中的时间、地点

在广播剧中，有时只用音响效果便可告诉听众剧中的时间、地点甚至空间位置如何，可增强听众的现场感。

比如，蛐蛐、青蛙的叫声便可告诉人们这是夜晚，而鸡鸣又可告诉人们这是清晨，当然，这是表现农村的典型环境。如表现城市的清晨和夜晚又可以有不同于此的效果声：如早上的广播中的中央台"早报摘"声、晨练声、鸟鸣声、车流声等，晚上的中央电视台《新闻联播》的电视声等。此外，列车的行进声可以让人感觉在旅途中，远处的汽笛声可以使人感到附近有火车道或海港等。凡此种种"声景"，都是由人们熟悉的日常生活中的音响所构成。这种音响声景就会使听众了解到剧中情节、事件发生的环境、时间和地点，有身临其境、亲眼所见之感。

2. 表现人的形象、动作、情绪、性格及人物关系

在广播剧中，有时用音响效果也可表现人物的形象、动作、情绪、性格及人物关系等。

比如，在正常情况下同是脚步声，音响效果声重的，表现的是体力劳动者或男性；声音轻的表现的是性格温柔的女同志；步履蹒跚的表现的是老人或病人；脚步轻碎的是个小孩等，它表现出剧中人物的不同形象。又如，啪啪的拍球声，告诉听众剧中人在打球；哐哐的锤击声，又告诉听众剧中人在干活；扑通一声又使听众明白剧中人摔倒了，这些声响表现了剧中人物的不同动作。再如，同样是敲门声，剧中人紧张、害怕时，会敲得急而快；剧中人性格豪爽或与主人关系密切的会敲得重；剧中人对屋内的人敬畏会敲得轻而慢，这些不同的音响效果又可表现出剧中人物的性格、情绪和人物间的关系如何等。

3. 替代解说、转换场景

运用音响效果实现转场，也如运用音乐实现转场一样，可以使转场方式自然、多样。

比如，广播剧《家庭教师》，此剧既无解说也无音乐（只有少量有声源音乐），所以，它的转换场景几乎都是由音响效来实现的。例如，有一段剧的结尾是文辉的父母夜晚躺在床上交谈，下一段剧是在文辉上课的教室中，于是音响效果在这里起了主要作用。上一场景是在家里的床上，于是有床上翻动的效果声，之后，此声渐隐，传来下课的铃声和教室里的喧闹声，桌椅、书本的响动声，自然而然地把听众由家里带到了学校，既自然又生动。

除此之外，音响效果还能揭示出不同时代背景、地域环境的风貌以及不同场景的背景、氛围情况，甚至带有某种象征意味。

总之，音响效果能给人以真实感，现场感和视觉感，这些正是广播剧创作的重要支撑。

（二）音响效果的种类

在广播剧中，各种各样的音响效果声所起的作用有所不同，但归纳起来，主要有两大类，即"客观音响"与"主观音响"。

1. 客观音响

客观音响也可以称为"自然音响""现实音响"，它具有写实性，是剧中人物所处的"自然环境"与"社会环境"及人物自身行动所带来的实有音响。

比如，自然界的刮风、下雨、雷鸣、海浪、鸟叫、开关门声，人的脚步声、身上的饰物声、人的起身坐下声、人物的打斗声以及生活中的钟表声、街景声等。这种客观写实音响能够真实地营造剧中环境和表现人物行为。它是音响效果中的主体。

2. 主观音响

主观音响也可称为"幻化音响"，它具有写意性，是剧中现实环境中原本没有的，由人物心理、情绪所致产生的"非现实音响"。这种音响可分为两类：一类是剧中人物原经历过的现实音响的再现、泛起。另一类是剧中人物从未经历过的想象音响。

比如，某个人非常喜爱他的鸽子，每次放飞时，都伴有清脆的鸽哨声。但是后来他的鸽子再也没有回来，他的耳边现在又响起鸽哨的声音，显然这鸽哨的音响代表剧中人对他的鸽子的思念与感情。又如，一个人贪污了一笔钱，要查账了，他的耳边响起镣铐的声音，这一音响很好地揭示出该人此时极度恐慌的心理与情绪。二者中，前者是人物曾经历过的音响，是记忆的泛起，后者是剧中人物没有经历过的音响，是心理情绪所致的想象联想音响。

主观幻化音响还包括此时人物内心想起的某人以往说过的话：这或是已故的亲人，或是曾相爱过的人，或是其他亲朋好友或仇人的话。不过这种话在广播剧中，一般要经过混响处理带有"回声"，它区别于剧中人物现实的语言以音响效果的形式存在。这种音响效果在广播剧中也经常出现，它是人物此时思维活动的一部分，往往对其思考结果起着决定性作用。

此外，广播剧中根据内容、风格的需要，有时还会出现一种描绘、象征性的音响效果。例如，利用音乐或某一乐器声模拟一种怪诞的音响效果，来表现某种机器的声音，或是某种超现实的声响等。

当然，广播剧导演对音响效果的处理是多种多样的、艺术化的、生活化的。有的导演为了追求生活化，在音响效果处理上，不仅采用背景音响，也有前景音响，使剧中的"声景"（相当于摄影的"景别"）。有层次感、纵深感、方位感、距离感，形成立体空间感，让人物活动的环境自然、真实、符合生活的自然状态。而有的导演为了追求艺术化，在音响效果处理上，采用强调、突现性的主观幻化音响或描绘性的"变形音响""象征音响"。例如，加快转速的人的传言音响声或同一句话的不断叠化音响等，前者给人流言之快、之广的印象，后者却揭示烦躁不安的心绪。

总之，音响效果是广播剧导演手中的一张王牌，它犹如影视镜头，把听众带入导演想让你看到和感受的地方，具有较强的视觉性和现场感。

第三节　广播剧的演播

广播剧演播也是一项表演工作。它虽不同于舞台与银屏上的"全方位表演"，但二者对台词的要求却是一样的，即人物语言应该是"角色性""人物化"而非演员本体性的。因而，广播剧中的人物语言应具有"明了性""个性化""感染力"，是表演性语言。然而广播剧中的人物语言对"精确性"与"表现力"的要求更高，这是由于它只有语言这唯一途径，不能以表情、动作相助，也没有灯光、舞美、服装、化妆等其他表现手段来帮助体现。广播剧的演播虽然看不见演播者的表情、动作，却也遵循一般的表演创作原则，有其相应的表情和模拟动作，有其自身的独特性。为此，应做到以下诸方面：

一、化为人物

（一）性格、气质定位，形成人物基调

广播剧演播和其他表演一样，首先要阅读剧本，做案头工作（不是只看有自己台词的部分），应了解全剧，理出人物关系和自己这一人物的整体面貌，从而更好地把握自己演播的这一人物。演播一个人物（哪怕戏不多），首先要使其性格、气质定位，形成人物基调，这样才能从根本上把握住人物个性。

把握性格是创造人物的基石。性格，是人在对人、对事的态度和行为方式上所表现出来的心理特点。也就是说，所谓性格就是一个人的思想、行为的特点，性格可以显现人的独特性，形成个性。个性表现着一个人的特殊性，如人的外貌、气质、习惯、语言、动作等方面。演员创造角色，永远应创造出"这一个"才有生命力。寻找人物的性格特点，应从剧本提供给我们的各种线索信息中去寻找，活化人物的外貌、内心、行为、习惯、兴趣、经历等，分析出人物的个性，抓住了个性便抓住了人物的灵魂，有灵魂的人物其一言一行、一举一动才能有神，有神的人物才能生动鲜活，真可谓"取其灵魂而得其神"。人都有"自然属性"与"社会属性"，有其共性的一面，更有其独特的一面，而这，才使大千世界、芸芸众生中的每一个生灵都各具神态，由此，形成了一幕幕各不相同的人生戏剧。面对相同的机遇，不同的

人往往会有不同的反应、不同的运作，有的成功，有的失败，又形成了不同的命运，这正如莎士比亚的至理名言："**性格即命运。**"因此，性格是决定一个人怎么想，怎么说，怎么做的关键所在。我们抓住了剧本中提供给我们的某些条件和线索（从本人或其他人物的台词中获得）便会顺藤摸瓜地向人物性格靠拢。当然，还要以自己的人生经验和社会阅历为"参照值"来标定。这就是说，我们寻找、把握人物性格，不仅应从剧本、台词提供给我们的一切（哪怕是一个语气词或习惯用语也不应轻易放过，它也是一个参考依据）去体味，还应以自己的人生体验和社会阅历等去补充、去对应方可完满有效。抓取人物性格，在表演艺术中尤为重要，因它决定着表演者、演播者用什么方式、技巧去体现人物，这不是单纯用技能可以解决的问题。

通常，剧本中的同一句台词，不同性格、气质的人往往会有不同的处理。除去性格以外，人的气质也不容忽视。"气质"源于内在而表现于内外部，是人的综合体现。气质创造是人的性格创造的一部分和深入。在表演和演播中，我们抓住了人物的性格和气质，便可基本抓住人物基调，所表现的人物必定呈现一种相对稳定、行为统一的语言、思维方式，演播技巧也会围绕这一轨迹而运用。不会造成几句台词处理成性格倔强的，几句台词又处理成性格温柔的；几句台词处理成性格文静的，几句台词又处理成性格泼辣的；或几句台词处理成气质潇洒的，几句台词又处理成气质萎懦的。总之，演播者将不会根据台词本身的表层意思和色彩来进行表达，而体现出这是什么样的人所说的台词，有其独特的表达处理。

例如，广播剧《红丝带》中秋实与雪妮的一段对话，就反映出抓住人物性格、气质和基调的重要性。

从台词中，我们已能感觉到秋实是位性格开朗、幽默的人，因而，他的思维、语言、行动也都体现出这一特点。所以，他会想出用"分手"这一把戏来试探对方的真情，用幽默加诚恳的语言来宽慰对方。但如果我们没有很好地把握秋实的人物性格、气质与基调，只根据台词表面提供给我们的东西来处理，便会出现其性格、气质不统一的现象。例如，将秋实的话："**你很清楚我不是那种人，要不然我也不会等到三十六！**"处理成一个毛头小伙的赌气语言。在这里，应是一位成熟男子的诚恳心声，他要宽慰对方、说服对方。又如，秋实的另一句话："**独——（开心地笑了）我也是个独身主义者，不过现在两个独身主义加在一起，不正好吗？负负得正！**"这句话典型地表现出秋实这一人物的性格、气质和人物基调，但如果把握不准，将这话处理得轻飘或一本正经，也会使这个人物走了样。此外，雪妮这个人物，也有着典型的性格特征，从剧中的台词中我们了解到，她从小父母离异，父亲再婚，她无意中闯进了父亲的婚礼，年轻新娘头上的红丝带强烈地刺激了她，这促成了她内在、封闭的性格。但同时她又是一个善良、温柔、文静的女性，因此她的台词应以此为基调。如果我们脱离了这点，仅从台词表面之意及色彩着眼，也会使这个人物走了样。比如，雪妮说："**结婚前都很好，日后抛弃妻子的有得是！**"如果脱离了人物基调，有可能会将这句台词处理成性格泼辣者的凶悍的发泄语了。若演播者在把握了人物基调的基础上再做相应处理，就会使人听出应有的味道来。演播者对人物语言的润色、处理和准确把握，丰实了台词，阐释了剧本，创造了人物，也使死的文字变为活的形象，又不是概念化的人物，而是活生生的、独特的"这一个"，以其特有的性格魅力抓住听众的心。

广播剧《啊，昆仑山》中的一个人物——昆仑汽车兵"黄沙"，就是这样一个极富性格魅力的成功形象。从剧本的台词中我们了解到，他是个农村兵，为人正直、开朗、乐观，又似有些玩世不恭，他文化水平不高，却以一个西部军人所特有的气质给我们留下了深刻的印象。我们通过剧情和台词从他的一系列行为表现中可以清楚地看到他的性格内核及其多侧面。

下面我们来谈一谈广播剧《啊，昆仑山》中黄沙这一人物。从剧的几个片段中，我们可看到黄沙的性格内核和多侧面。

比如，他开始出场的第一次亮相时请鲍琪琪吃五香豆时的随便；后来的一些片断中他的"玩笑"和"怪话"（"卷莫合烟"和"背情书"等台词）；即使在他执行任务受阻于了无人烟的风雪昆仑山上、生命垂危之际，他也仍忘不了表现自己生性乐观的一面（如"拍电影"的台词）。在剧中他的性格内核表现得很充分，例如他说话很率直、对指导员向西行的信服与维护，他信服向西行这样的军队干部，为了向西行的身体他与吴院长吵架；在生死攸关时刻他不让向西行再管他，让其独自先走以及他对用他的汽车拉上山的新兵的牺牲的感叹和他促使医务人员上山巡回医疗的激情，等等。这诸多情节与台词活脱脱地刻画出了一个西部军人的内心世界及他性格的"主旋律"与"变奏"，使我们感到这一人物那么真实可信，而又平凡伟大。他好似是我们生活中似曾相识的一个，但又的的确确是"这一个"具体人物。他的行为、言语谈不上概念上的完美与崇高，但却以他独特的真实魅力，使人信服，让人感动。他以他的个性方式来说话，行事。

例加，他说话开口闭口带"他妈的"说话较粗，说话又多从非正面角度说出，如："**你喊个屁！这本来就没法修嘛！……碰见个鬼！连鬼都碰不到了！别说这条路，就是这个昆仑山，也只有咱们这样的孙子辈的才来呢，是人都不到这儿来，来这儿的都不是人！**"又如："**跑吧！只要能喘气，就得开着车跑，除非累死了才算数。妈的，假如进棺材时蹬个腿儿，还得拽起来开车！**"可他一会儿又阴云散去，马上开起玩笑来了，如让向西行给鲍护士留桃子罐头和谈他偷看人家情书之事。

总之，他的一切言行，使人能感觉到他的出身、地位、性格、文化水平、思想情感、职业和地域特点等。这是作者、编剧"一度创作"的成功，使这个人物非概念化，独具魅力，使人感到亲切可信，极富光彩。而演播者如若抓不准这个人物的性格、气质、基调，理解处理不当，便会破坏其应有的艺术魅力。

一般好的剧本提供演播者的大多是"性格化的语言"，演播者就要在分析理解剧本、合理想象人物的基础上演播出"语言的性格化"。这需要演播者具备多方面素质与技能方可胜任。为了演播好、成功塑造出一个个有血有肉的"性格化人物",需要注意以下几点:

1. 塑造人物要有个性特征与性格内核。

2. 人物性格应具有多侧面,但不失其核心。

3. 人物性格定位之后,还应气质定位,方可形成准确的人物基调。

4. 抓住了人物性格、气质,应化为特定形象,始终活跃在自己的脑海中。

5. 对人物性格、气质的想象应以据作为依据,要合情合理。不能以几句话为准,要着眼于全剧。

6. 对每一句台词,都要追究是什么性格、气质的人在说,以选取应有的表达方式。

7. 人物一开口说话,就应把握住其基调,就是这个人物。

8. 即便是剧作中性格特征不明显的人物语言,演播时也要将其做特定人物的性格化语言来处理、来表现。

以上这些,都是初学广播剧演播的人应当特别注意的。

(二)有时代感、地域感

广播剧的演播语言应是自然、生活化的艺术语言,需要有一定的艺术性和语言声音造型能力,这不是演播者本人日常生活中的语言可以替代的。

广播剧的语言造型内涵是多方面的,有年龄、职业、性格、气质等内容,也有时代、地域等条件,这些因素都准确,方可塑造好一个人物。因此,在广播剧演播中,演播者不仅应当注重人物的性格、气质、年龄、职业等方面,还应当参考自己演播的人物所处的时代背景、地域环境如何,找准相应的感觉,因它制约着人物语言的对味与否,并直接产生人物语言的特点和风格。

例如,广播剧《杜十娘》的台词处理,应慢而有韵味,因为她是一个古典女性,她的语言应带有那个时代的特征,不同于现代女性的表达。即便是性别、性格相同的两个人物,由于所处时代、地域不同,也要在语言造型中有所区别。这样,才能使人物语言对味,增强其可信性。即使是时代背景相近的人物,演播中也应体现其时代印记与具体环境的不同。如我国新中国成立初期与"文化大革命"时期的人物语言,无论是台词内容还是表达方式都与现在不尽相同。此外,同性别的人物,古典的与现代的、外国的与中国的语言味道也不相同。例如,广播剧《法尼娜·法尼尼》的女主角是一位欧洲贵族小姐,她的语言就不同于印度少女或中国女青年,应带出其外国的地域特点,语言中有些洋味,仔细体味和表现出其区别。否则,会使演播不对味,影响演播效果。这一点,在影视和戏剧中,观众可以从人物的化妆、服饰、背景、道具等方面有所了解,而在广播剧的演播中,却只能从语言造型这一途径中体现。因此,应更加重视和把握人物语言造型。

（三）人物关系适当

人物关系，是广播剧演播中需要把握和表现的又一重要因素。在广播剧演播中，只知道自己这个人物的全貌还不行，还必须理清自己与周围人物之间的关系，方可准确交流。这需要演播者不仅了解自己这一人物的身份、地位、年龄、形象、思想与情感等诸方面内容，也要了解交流对象的这些情况，才能形成适当、准确的交流。

人物关系，是由人物的年龄、地位、亲疏心理等因素构成。人物关系不同，交流方式也不同。一般而言，人物关系由本人和对象的身份、地位构成，是客观性的。但客观的人物关系也可受主观的亲疏情感所影响，改变其应有的交流方式。也就是说，人物关系有两层含义，它既受客观关系的制约，又有主观情感的影响，人物关系是很复杂的。演播者如果分析理解不透剧本的内容，就抓不住，也抓不准人物关系，就不可能很好地表现人物。在广播剧中，人物关系是通过一定的语言、行为甚至语气、语调表现出来的。例如，著名广播剧导演蔡淑文曾讲她执导广播剧《秋瑾》中的一个例子，就很说明问题。在剧中，有一段剧情是这样的：一天，秋瑾正在家里教丫鬟秀荣写字、念诗，她的丈夫回来了，大门、二门都传呼："老爷回来了!"秋瑾却不去接迎。她的丈夫王廷君到二门不走了，不高兴地问："人呢?"丫环秀荣在里面说："小姐，老爷回来了。"言外之意是我要不要去迎？而秋瑾却不失身份，声音很轻地说："不要去管他，你接着写。"从这一段内容中，我们可以看出三点：一是秋瑾的丈夫是大家族出身，摆谱，二是秋瑾与丫环的关系很好，三是秋瑾与丈夫的关系冷淡。这三点没有几句话便全交代清楚了，也表现出来了。通常人们都知道，夫妻关系是亲密、热情的，而秋瑾与丈夫的关系却是疏远与冷漠的，这自然违反了一般生活规律，具有特殊性。事实上，秋瑾与丈夫的不合主要是二人的认识不同，秋瑾是新女性，她认为："天下兴亡，匹夫有责。"而她丈夫却认为不是"匹妇有责"，于是二人争吵后分手，秋瑾去了日本，走上了革命的道路。

一般而言，广播剧演播对人物关系的把握与交流是以现实生活中的人之常情、常理为基础，演播者若想具有这种分析、把握和表现人物关系的能力，就需要深入生活，体察民情，懂得人的心理，增加社会知识和生活常识，以此作为表现人物关系的依据，使其合情合理。比如，广播剧《爱不能言》中的一段处理，就十分清楚地表明了这一点。此剧讲的是一对无任何血缘关系的兄妹之间的情感故事。他们的父母是再婚夫妻，后又相继去世了。妹妹陆晓芳爱着哥哥，哥哥也很爱她，但惧怕世俗的压力不敢接受这真诚的情感，又找了个叫琼的女朋友，两人关系还可以。但晓芳要夺回她的爱，私自约了琼，于是就有了以下这一片断：

陆晓芳：……琼姐，我想了好久，才下决心找你。

琼：什么事叫你这么为难？

陆晓芳：我哥哥是个好哥哥，你也是个好姐姐，就因为你是好姐姐，我才要跟你说……

琼：有话直说吧。

陆晓芳：我哥哥有个女朋友，从小就认识，俩人感情很好，因为一点儿小事俩人闹了意见——我知道他们吹不了——他们不会吹的。别人不了解情况又把你介绍给我哥哥，哥哥知道你是个好姑娘，也喜欢你，他也矛盾，旧情舍不下，又不忍心伤害你。

琼：（冷笑）被人耍弄，就不痛苦么？

陆晓芳：你别，别误会，我哥哥是很认真的……

琼：别说了，替我祝福他！

（中央人民广播电台广播剧节目播出）

在此，我们对陆晓芳这个人物的对与错暂不评价，有言道：爱情是没有理可讲的。我们仅从人物关系的角度来看看琼的表现。从琼不多的台词中我们可以了解她是个自尊、正直的女性，否则，她虽然自己受到伤害也不会放过晓芳的哥哥，她的反应便不是这样，会不依不饶的。此刻她听了晓芳的这一席话，肯定是当头一棒，既有对晓芳哥哥的不满与理解，更有自尊心受到伤害的痛苦，所以她说出那样的话来。开始，演播琼的演员将琼的伤痛表现得较重，导演提示：她没那么悲痛，因为她与男朋友相识还不久，感情到不了那么深呢。于是演播琼的演员调整了一下伤感的程度，才得到导演的肯定。在这里，导演就是借用生活中的人之常情规律来把握演员的演播分寸的。

此外，在广播剧演播中，有时同一个人物与自己的关系发生了变化，与之交流的方式、态度、分寸等自然也随之有相应的变化。例如，广播剧《弘一法师》中的樱子对李叔同这同一对象的关系与交流就不相同：起初他们是异国同学，所以樱子对李叔同的交流态度是谦恭、敬佩地称呼对方为"李君"。而后，当他们成为情人时，樱子对李叔同的交流态度是温情、爱慕的，并直呼其"叔同"，关系更进了一层。同样道理，广播剧《杜十娘》中的杜十娘，开始与李甲是一对恋人，她称李甲为"公子"，语言间充满了柔情与爱意。但当他看透了对方的嘴脸之后，在怒沉百宝箱时，却讥讽地称对方为"李公子"，足见其与对方的关系已发生了变化。

总之，在广播剧演播中，人物关系直接决定着人物语言的态度、分寸与说话方式。演播者应注意以下几点：

1. 应吃透剧本，了解自己所演播的人物全貌，参考与周围人物的关系如何。

2. 多体察民情，以生活中的人际交流为基础来把握、处理剧中的人物交流。

3. 在演播中，交流对象换了，应及时调整、转变自己的心理、态度、语言方式与分寸。

4. 演播中同一对象，与自己的关系发生了变化，也应改变与其交流的方式及分寸。

5. 注意抓住不同人物处理人际关系的特殊性，不能一概而论。

6. 应当做到从剧本的一般性台词中也能听出具体、准确的人物关系。

（四）适应特定语境

语境制约着人物语言的处理，往往同一句话，不同语境会有不同处理。由于人们看不到场景和人物情状，很难感觉到现场环境和气氛，更需要演播者通过语言传递出这一切。

例如，人们一看到舞台和影视片中有身着绿军衣，臂戴红卫兵袖章的青年及到处贴的大字报和斗人场面，便知这是"文化大革命"中的批斗会。而广播剧只能用语言和音响效果来体现，尤其是语言感觉更重要。比如，为了表现文化大革命这一特定时期，可用当时特有的骂人语言、凶横的喊叫方式、语录歌、特有的口号声、摔东西声等来表现当时的造反派和批斗会。广播剧的演播者若丢掉了具体语境或表现不合理，都会出现表现不准的情况。为此，应做到以下三点：

1. 演播前，分析、想象每场戏的语境要合理。
2. 演播中，始终沉浸于每个语境之中。
3. 想象语境要细致、具体。

就是说，演播者在广播剧演播前，应做细致的案头工作，将每场剧和每句话的语境都理出，剧本中表现不明确的地方，也要通过台词的提示及生活常理，合理地想象出来，（初学者可以在剧本上标出文字，在演播时提示自己快速找准感觉）进入具体语境之中，把握自己的表达处理。

比如，广播剧《红岩》中"接头"一段，语境是新中国成立前敌人监狱的地下室内，因此，演播者说话就不能大声，如没接上头之前，成岗欲掐死突然闯来的华子良和后来接上头之后他们的兴奋情绪，再激动也得压住音量，这样表达才符合当时的具体语境。

又如，广播剧《家庭教师》中，有一段是表现姐姐文钰和家庭教师于杯二人夜晚在街头漫步交流的情景，这时的语言感觉应为边走边说，与走动的脚步节律相协调，使人一听便明了二人是在走动着交谈，而不是坐在椅子上或原地不动地站住交谈。所以不应是静态的语言感觉加脚步音响的拼凑，那就无真实感可言了。重视语境，就是要增强听众和演播者的真实感与现场感。再如，《家庭教师》中的另一片断，在球场上文辉正和同学们踢球呢，由于一个调皮的同学说怪话，姚云鹏与之争吵起来。这时，他们的语言必是连呼带喘、断断续续的，因为他们刚在球场上踢球来回激烈地跑完，所以是这个说话状态。对具体语境的想象有生活基础，还表现于：在汽车里说话要有颠簸感；骑自行车说话，要有蹬车感；在工厂车间里讲话声音要大甚至是喊，因机器声很响；在医院或夜晚说话声音应小，因病人需要安静或夜深人静不宜大声说话以免影响别人休息；公安人员在追捕罪犯时说话，语言会果断、严厉等。

值得提及，有些初学者在演播广播剧时，刚开始还能进入特定语境，但说着说着就脱离这一语境了。演播者若想表达得真实、生动、可信，必须在演播中时时提醒自己所处的环境、氛围及人物关系等，不能只顾一点不及其余（广播剧的导演经常要提醒、监督演员的这一问题，因无其他外部手段帮助，演员极易脱离自己应处的语境）。

如前所举《红岩》中"接头"一例，如果开始时，演播者还注意自己是在监狱地下室的秘密环境中交流，但说着说着忘了这一点，光顾着人物关系的变化、事情的进展、台词内容色彩的改变而兴奋激动起来，以至于声音越来越大，这就失去了应有的特定语境。因此，广播剧演播者在创作时，应时时提醒自己正处在什么语境之中，始终沉浸其中，产生真实的现场感。

在广播剧演播中，语境想得越具体，越容易把握演播的感觉。比如，广播剧《家庭教师》中，有一段剧的内容是父母二人正在交流家庭事务，那么演播者就应根据台词内容想好这一交流是在白天呢，还是在晚上？是在屋里呢，还是在野外？是坐在沙发上谈呢，还是躺在床上睡觉时谈？是友好的关系、气氛中谈的，还是正相反等。看哪种更合理，更符合剧情需要。这谈话的语境想得越具体细致，演播者处理就越清楚、生动。若是晚上躺在床上谈的，那演播的感觉应是松着气说话，有躺下的形体感；也许说着，说着，意见有分歧了，两人便坐了起来，争了几句，又躺下来继续谈；也许说着说着困意袭来，打个哈欠，人物语言含混不清起来，语速也慢了下来，声音变小了，更小了，最后终于鼾声代替了说话声。有了这么细致、合理的语境具体语想象，演播者处理起台词来就会有感觉、有层次，听众也听得明白，有味道。

总之，规定情境在广播剧演播中应尤为重视，它直接制约着演播者表达处理的具体方式与手段。如表达的色彩、用声幅度、音色等。可体现出一定的现场感，使人听来真实、生动。

（五）体现动作性

动作性，亦称"行动性"，它是表演中的专有名词。什么是动作性呢？剧中"人物为了达到一定的目的所采取的行动，反映在形体上的叫做'形体行动'，反映在语言上的就叫做'语言行动'。语言行动和形体行动都是根据人物的心理行为所产生的，并受其支配。所以，也可以说语言行动和形体行动是人物'心理行动'的外在表现。"（引自《舞台语言基本技巧》下册第 514、515 页）。举个简单的小例子来说明一下，比如张某的弟弟被王某打了，于是张某就怀恨在心想报复王某。正好张某碰上了王某，于是他冲上去连踢带打，嘴里还不断地说：**"让你也尝尝这滋味，看你还敢不敢再打人了！"** 那么，这想报复是张某的"心理动作"，打人是其"形体动作"，说的话就是其"语言动作"。一般情况下，这三点是紧密联系在一起的。不过，日常生活中，人们想做什么、为什么做和怎么去做都是很清楚、很自然的。而在剧中却要费一番心思去追究了，因为这些都是编剧注入给人物的心理与行为，不费一番心思去分析和研究是难以准确把握的。因此，吃透剧本、找准人物的心理与行为是找准语言动作性的关键。

语言的动作性，对于广播剧演播有着特殊意义。由于广播剧是看不见的剧，所以，人物的一切心理动作和形体动作都要由语言一个方面体现出来，这对语言的要求非常高。它要求广播剧的演播者除了要有很强的分析剧本台词的能力，还要有很强的语言表现力和一定的表演基础。有些初学者对广播剧演播有种不正确的看法，以为演播广播剧容易得很，不挑演播者的形象，又不要表情和形体动作，台词拿来，站在话筒前，你一句，我一句，他一句地对词，再有点语言表达基础和表演常识，该哭就哭，当笑则笑，就可以胜任了。这是一种十分肤浅的认识，可以说是不懂广播剧。殊不知，演播广播剧，虽不挑形象又看不见人物的表情和形体动作，但也需要表演，也需要演播者的面部表情和模拟的形体动作同语言配合，由语言透出一定的形体动作与内心情感。不是广播剧的演播不需要表演，而是有其特殊性，广播剧的创作和演播方式有其自身特点。但有一点是相同的，即创作和表演的动作性一个也不能少。广播剧台词中的每一句话，哪怕是一句打招呼或应酬的话，甚至一个语气词都有其目的性，都不是剧作者随随便便写上去的。它或是反映出特定的人物关系；或是表现人物的形体动作；或是推动剧情发展……可以说，在剧本中出现的每一句话或每一个字，都有其自身存在的价值，都要认真挖掘出真正内涵及特点，准确、鲜明地表达。

广播剧演播与影视、戏剧表演一样，都要探究每一句台词甚或每一个字的真正目的，从全剧着眼，从人物的行动目的入手，弄清人物想做什么，以达到自己的目的，为什么做和怎么做的。演播者明白了这些，再来看剧本中为人物设置的台词，哪怕是一句很平常的话，都会心领神会理解其意，并知道用什么样的方式来表现。反之，若不明其意，就只会跟着台词表层之意走，东零西落没有统一的目的性，也就谈不上正确处理台词了。其实，剧本中的台词往往比较散，有的从表面上根本看不出其间的逻辑和作用，但只要有了对人物行动性的把握，就可以化零散为完整，化平常为神奇了。

例如前面提及的广播剧《秋瑾》中的一例，秋瑾的丈夫王廷君从外面回来了，大门、二门也都通报：**"老爷回来了。"** 却不见内人出来迎接，王站住不走了，说："**人呢。**"这两个字实在平常，但你不知王说这话的心理动作，语言目的及他的为人和与秋瑾的关系如何等情况，这话就不好处理。是满含热望的等待之语？还是疑虑不解之意？甚或是欲幽默逗趣而为？如果一切全明了，便会以少爷派头加上不满的语气说出这两个字来。仅这两个平常之字、普通之语便使其神韵全出，让人一目了然、一听即明。甚至有时一个"噢"或"啊"等虚词，缺少目的性，也会无从定形，发出模糊混乱的信息，叫人听不清真正意思，不得要领，甚至造成误会。

要想使语言的动作性强、目的清楚，还需要有正确的"潜在语"作支撑和依据，以准确的重音和语气显现出来。例如，广播剧《悠悠一片情》中，女歌手岳影面对冷淡于她的年轻雕塑家冷平说：**"不是每个女孩子都喜欢献殷勤，比如我。"** 这句话中的重音在"每个"和"我"上则显示出说话人的清高本性以及想告诉对方自己的为人之目的。又如，岳影的另一句台词：**"这么说是你与众不同了？"** 这话的意思不难看出是讽刺对方的。在表达时，为了显示其感情色彩，应在"你"字上语调呈曲线形上扬再甩出，并延长出字时值，以充分显露这个"你"字的潜在意蕴。

再如，广播剧《红岩》中"接头"一段：

（人物：成岗、齐晓轩、华子良）

成：华子良，你来干什么?! （压低声音）

华：慢一点，我有重要事情找老齐。（镇定自若）

成：你找老齐？我先掐死你！

齐：成岗，等一等！（忙制止）

华：你是什么人？（疑问）

华：共产党员。

齐：为什么到这里来？

华：党需要我现在发挥作用。

齐：你找谁？

华：特支书记齐晓轩。

齐：谁告诉你的！

华：罗世文同志。

齐：什么时候？

华：**1946 年 10 月 18 日**，罗世文、车耀先同志牺牲的那一天，我陪杀场的时候。**1931 年以前**，我在川北山区根据地做党委书记，省党委书记罗世文同志是我的上级。可是在敌人面前，我只是个嫌疑分子。在去刑场的路上，罗世文同志估计到敌人押我去只是陪杀场，为的是再考察一下我到底是不是共产党员。因此，罗世文同志指示我伪装疯癫，长期隐蔽，欺瞒敌人，枪声一响，我就变成了"疯子"。

齐：那你为什么一直到现在才来联系？（严肃地）

华：省委书记给了我特殊任务，不到必要的时刻不准和任何人发生关系。

齐：如果我不在了，你怎么办？（追问）

华：你牺牲以后我找继任书记老袁同志。

齐：噢，（悟）你的任务？

华：让敌人相信我精神失常，然后，第一，与地下党建立联系。第二，完成越狱任务。

齐：你的联络口号？（惊喜）

华：让我们迎接这个伟大的日子吧！（激动）

齐：同志！（热情地紧握对方的手）

华：同志！（眼含泪花）

齐：华子良同志！

华：老齐同志！

齐：你来得太好了！太好了！好多年来你不停地练习跑步，你一直在做越狱的准备。

成：华子良同志！

华：成岗！

成：你真是忍辱负重卧薪尝胆哪，华子良同学，让你受委屈了。

华：都是一样的，没有什么，我晓得你和老袁几年来一直注意着我，可是直到现在我才有了同地下党建立联系的条件。

（中央人民广播电台广播剧节目播出）

在这个片段中，齐晓轩追问华子良的台词，他的每一句问话都要目的性很强，问得很准，才能与对手搭上扣，使剧情逐步推进。反之，就给不上劲。比如，**"你找谁？""谁告诉你的？""如果我不在了，你怎么办？""你的任务？"**等，一环扣一环，环环相套。

还如，广播剧《丹凤朝阳》中的一段，女主人公顾文凤去国民党的监狱看望自己的恋人、地下党员"周老师"时，对方劝她：**"你放心吧。"**她回答：**"嗯，我放心。"**实际上这句话的潜在语应为：**"你放心吧。"**是反过来安慰对方之意。如处理成自己真正放心之感，就不准确了。一是，目的不对，缺乏生活经验，在那种人物关系、那种情境中，应是何种感觉。二是，也许演播者理解对了，但语气、重音表达得不够准确，这也不行，也表达不清。所以，语言基本功是体现语言动作、真正目的的保障。

广播剧演播，是用语言声音表现形象和体现生动性的。它同时担负着表现人物心理与形体动作的双重任务。由于广播剧演播看不见，因而人物的形体动作就要由语言和音响效果共同反映出来。在语言表达中，主要是由说话的气息运用，节奏变化、语言的对比幅度等来体现。比如，广播剧《啊，昆仑山》中，有一段内容是向西行和黄沙在路上车坏了，往下卸箱子。黄沙身上已经背了一箱，让再加上一箱，这时，他说**"再来一箱"**这句话时，就不能很轻松地说出，而应有点憋着气说，以表现他身上背了较重的东西，使人闻其声，见其形。又如，广播剧《家庭教师》中，有一段之前已提及，是姐姐文钰一边随着音乐跳迪斯科一边与弟弟文辉说话，这时的语言就不能气息平稳，说得很流畅，而应急促、语断，有种喘不过气的感觉，让人一听便知是边跳舞边说的。演播者若想表现这种逼真状态，自己也应有一种相应的形体动作感，让语言节律和上这种感觉，增强其真实性、生动性和视觉感，不让人感觉假。使听众既听得明白，又身临其境，一切似看到，这种演播才完全到位。

笔者曾听过上海译制厂的配音演员们演播的一个外国广播剧。其中有一段情节，一个女间谍被对手抓住并被绑起双手，经过一番交涉又被松开双手。著名配音演员丁建华将这个女间谍被绑与被松的全过程，运用气息的提与紧、憋与松等不同状态将其表现得淋漓尽致、栩栩如生、历历在目。这种效果的产生，是演员运用想象联想引发起自己真实、具体的形象感与肌体感，通过有效的语言外部技巧，调动起听众的想象联想结果。它是以人们的生活经验和肌体记忆为前提的。被绑起双手当然疼，人的说话气息、肌肉自然是提的、紧的。而被松绑后，没有了痛感，人再说话，气息自然是松的。这种变化也间接折射出对手的动作过程，听后，如见其形。

广播剧演播体现动作性，应注意以下几点：

1. 演播前，要找准人物的心理动作即语言目的。

2. 准备时，不放过剧中的每一句话和每一个字，细细品味、揣摩，找出真正内涵。

3. 注意想象、联想作用，保存丰富的各种感官记忆和生活积累。

4. 用语言技巧体现出人物的心理动作和形体动作的双重感觉和意义。

（六）寻找正确的语言节奏

节奏对于艺术表现至关重要，是艺术语言表达的核心要素。一个人物有了节奏，犹如有了精气神，具有活力。反之，像假人、死人，无生气。在广播剧演播中，人物的节奏主要通过语言体现出来。人物语言节奏，重在变化与准确。

人物语言节奏的形成有着多重因素。首先，是人物内心的情感变化；其次，是人物的基调、性格、职业等特点；再次，是剧的风格、基调特点或剧中的规定情境等因素的交融、渗透与制约。

比如，通常一个人在悲痛时，语言大多是缓慢、低沉的，在高兴时说话，大多是欢快、明朗的；一个性格开朗的人，语言大多是轻快、明朗的，而一个性格忧郁的人，语言大多是迟缓、黯然的；一个从事体力劳动的人说话往往音高声大，而一个知识分子，讲话一般是声低语轻（这是因工作环境和工作性质不同，逐渐养成的习惯）；而通常首长的语言多慢而持重，犯人的语言多虚而慌乱。又如，一般悲剧受其风格、基调制约，人物语言明亮的少，暗色的多；而喜剧则正相反，人物语言往往以轻快、明朗为主。再如，演播一位日本女性或中国古代女性，语言就不能太快、太硬，应柔且缓；而演播一位西方女性或当代中国女青年，则可语快声朗为主。规定情境不同，也左右着人物语言的节奏，一般在紧急的情况下，语言必然快而紧；在闲适的气氛中，语言大多轻而慢。以上种种，是就一般规律而言。在此，我们不难看出人物语言节奏的多重因素，而在这诸多因素中，以人物的内心情感变化为人物语言节奏变化的主要因素和依据。性格再开朗的人，遇到悲哀的事也会比以往言缓声暗的；性格再忧郁的人遇到高兴的事也会语快声明于平常的。因此，要寻到正确的人物语言节奏，首先，以人物心理与情感变化为主；其次，参考人的性格、基调、职业；再次，兼顾剧的风格、基调及规定情境等其他因素，这样形成的语言节奏，就会比较准确。

在广播剧演播中，人物语言最忌平，一个劲，缺变化，因这种表达反映不出一个人的精神面貌、内心情感运动及形体动作，因之这个人物就缺乏活力，语言也缺少感染力。人物语言需要节奏，需要变化，但也不能为变而变，而要有依据地变，这个依据，就是人物的心理动作及形体动作。演播者心里有了明确的语言目的，就会为达到此目的而寻找适当的语言节奏和表现方式，它有语言内容和语言形式两方面，这语言形式就包括语言节奏。一般而言，在广播剧演播中，理解了所说的内容，有了明确的目的性，便可自然而然地产生正确的内心节奏，若形于外，还要化为一定的语言节奏。这语言节奏都要"有意为之"。比如，把握语言节奏的快慢、高低、强弱、明暗等因素的对比、推进、转换来促进和体现人物的心理动作和情感外化。当然，在表演性语言当中，根据需要，有时会有内紧外松或内松外紧的情况，这需要一定的表达技巧来体现。需要说明的是，体现人物的内心节奏，不仅表现在人物语言表达本身，也反映在人物交流时相互间"接话"的快慢、高低、虚实等对比变化中，反映出交流双方的心理面貌如何。比如，欲向对方解释什么时，接对方的话必定快；而有什么难言之隐时，接对方的话时必定慢或吞吞吐吐（想想怎么说才好）；当自己做了什么亏心事后，接对方的问话时语言必定声低语虚；二人争吵时，双方接话都必然声高语重……这些人之常情的基本规律，自然会制约或影响人物交流语言节奏的形成与变化。

还以广播剧《红岩》"接头"一段为例，我们来看一下人物语言节奏的把握情况。首先来看这个片段中三个人物各自的基本语言节奏：齐晓轩是一位成熟、老练的革命者，性格坚毅，因而他的语言基本节奏较沉稳；成岗较年轻，性格乐观、热情而有朝气，因而他的语言基本节奏较明快；华子良也是一位老练的革命者，但由于他为了党的事业多年在敌人眼皮底下装疯，久而久之他的语言带有了思维迟缓的特征，因而他的语言基本节奏较迟缓。在这个片段中，三个人物都是成年男子，也都是革命者，鉴于以上分析，抓住这些特点，能让人有所区别。此外，人物的心理动作、语言目的不同，又可形成具体的节奏变化。因此，人物语言节奏若不准确，会使人感到是人物的内心感觉及形体动作不对。

比如，《红岩》这个片段中，当华子良来到地下室时，处在黑暗中的成岗问：

成　岗：华子良，你来干什么?!

华子良：慢一点，我有重要事情找老齐。

成　岗：你找老齐?! 我先掐死你!

齐晓轩：成岗，等一等! 华子良，你是什么人？

（中央人民广播电台广播剧节目播出）

我们可以想到，随着人物语言，成岗此时必有一个向前扑要掐华的动作，但被

246

齐及时制止住了。此时成岗的语言节奏绝不会是平缓的，而是快而有力的紧张型节奏，才能体现出他为了掩护老齐的心理动作和形体动作。老齐制止成岗行为的话，也应一改平时沉稳的语言基本节奏，而是紧张型节奏。否则成岗已扑上去了。此时两人的语言、心理和形体动作都很明确：成岗要保护老齐，而老齐却对华子良的身份有所怀疑，想进一步证实，因而制止成岗的行为。

又如，这个片段开始时，老齐与华子良的对话节奏较平稳，但当华子良讲清了自己装疯的事实后，老齐对他有了进一步的了解，下面的交流自然应逐渐推进双方"说话"和"接话"的速度，语言感觉向上，以表现两人越交流越对路的情景。直到华子良说出了那关键的联络口号，两人的手紧紧相握，这后半段的交流节奏是紧张型加高亢型，反映出两人的内心波澜。若演播者此时内心感觉不对，寻不到正确的语言节奏，便会"节奏平平"毫无推进感，或推进感不够，烘托不出应有的气氛，达不到情节高潮。在广播剧演播时，一般初学者最易犯的毛病就是你一句，我一句地平稳对话，无节奏变化。这样，人物交流节奏不准确，剧的节奏也就不准确。

总之，若想形成正确的人物语言节奏，应注意：

1. 参考人物的性格、职业、基调，确定人物语言基本节奏。
2. 适应本剧的风格、基调，参考剧情、规定情境。
3. 了解、体验人物的心理动作及情感变化。
4. 把握人物间交流接话的快慢、高低、虚实等变化。

二、把握录音

（一）与话筒"交流"

广播剧演播，不同于舞台和影视表演是面对观众或对手交流（影视表演有时会面对摄像、录像机交流）。观众的反应与对手的刺激会直接影响到表演者，容易激发其应有的情感，有利于交流。广播剧的交流比较复杂，创作特性决定，广播剧的交流对象有两个：一是，与演播对手的交流，是心理上的。二是，与话筒的"交流"，是形式上的。从实践来看，广播剧演播都要面对话筒进行"交流"，实际上，交流对象仍是演播中的对手，但演播者不能与演播对手有表情、动作的面对面交流（连表现亲吻，都要自己吻自己的手；表现打人，有时也要自己打自己，自己揪自己的衣服）。与对手的交流，要凭耳朵听为主，眼睛大多只看剧本与话筒。鉴于这种创作现实，演播者在演播时，必须注意三个方面：一是，要运用想象力，想象出对手的表情、动作等，增强对自己的刺激。二是，以听觉为媒介，吸收对手的语意和情感信息，引动自己的情感与思维，迅速做出判断与反应。三是，在演播过程中，始终面对话筒，保持最佳录音位置（录音时，不可低头看剧本，或头虽保持与话筒平行了，嘴却被举着的剧本挡住了，这样，录出的声音会发闷，不清晰）。正确的方法是：头放正，嘴与话筒平行，剧本侧向一边，用眼睛的余光来看台词，不要将剧本挡在嘴与话筒中间。

在广播剧演播中还应注意几种情况：

一是，总想与演播对手面对面交流。（一般，演播对手站在演播者旁边共用一个话筒，或另用一个话筒，二人是平行位置）所以演播时总想歪着头与对手交流，或是开始时还知道与话筒"交流"，但说着说着就忘了，头又歪过去了。这样录出的声音效果偏离话筒，质量不合要求，还得重录。这样重录多了，势必影响演播情绪。因为前一、两次的感觉最真挚，再往后往往调动不起应有情绪，影响演播质量。所以，每一个演播者，尤其是初学者都要重视这个问题，以免因小失大，造成创作的遗憾。

二是，与话筒"交流"，应当把话筒当做交流对手，当做一个人来看，一切讲给它听，对它哭，向它笑，把实际交流对手的话语当做它发出的，全神贯注、真实地与之交流。诚然，与话筒"交流"仅是形式上的，实质上还是在与演播对手交流。演播广播剧不需要做全方位表演，但毕竟要有一些相应的表情及辅助性动作注入语言感觉中，方助于表演性语言的充分发挥。例如，攥拳头、用力扔东西、怒而瞪目、哭而捂嘴、打而拍身等动作和表情，它们的存在有助于演播者的自我刺激，体现出演播的生动性和感染力。切忌演播者一个人闷头看剧本念台词，心中什么也没想，脑海中什么也看不见，耳中什么也听不清，面无表情，体无感觉，这不可能有必要的刺激与有效的交流。这种演播，台词念得再带劲，也是空的、白的，话筒对得再正，也演播不好。因此，广播剧演播虽不需全方位表演，但在感觉上也要全方位投入才行。要心中有所思，眼中有所形，耳中闻其声，身体有感觉，才能自己有所为。此外，广播剧演播欲想成功，还应与话筒做朋友，心中时时有它。

三是，在广播剧演播中对话筒位置的把握也很重要，因它往往与录音配合，能造成一定的空间纵深感、层次感与方位感，可增强环境的真实性。不但能造成空间的纵深感，还能表现左右横向的方位感。这增强了广播剧的表现力，却给演播者带来了一定难度。演播者不仅要把握自己的台词与情感表现，同时还要兼顾与话筒位置的调度：远、近、侧、背等，表现出环境的空间感及人物的方位感。比如，广播剧《悠悠一片情》中，有一段剧是女歌手岳影喊着追上从屋内冲出的男主人公冷平，在这中间岳影共喊了三声"冷平"：第一声是急于叫住对方与话筒位置适中，使人感到是在屋内喊的（这时冷平已冲出屋了）；第二声是岳影跑出屋来看见了冷平想叫住他，这第二声喊就应侧向录音间，偏离话筒或站远一些与话筒拉开些距离，以表现岳影与冷平此时还有一段距离；第三声是岳影已来到了冷平面前想劝他关切地喊，第三声喊就应上前对正话筒，声音收一些，以表现岳影这时已站在冷平面前了。至此通过这三声喊便表现出了岳影追上冷平的全过程。当然，这是兼顾了人物心理、规定情境、语气、节奏、声音、话筒位置调度等诸因素才得以体现。立体声广播剧的录音，一般都有两个以上的话筒，一字排开。演播者还要记住导演对录音位置的调度，有时是在这个话筒面前说几句，走向另一个话筒说几句，再走向第三个话筒说下去，这就给人一种从左向右或正相反的方位感。就是说，录立体声广播剧比录单声道广播剧的录音调度更复杂，除了有纵向的调度，还有横向的调度。把握与话筒的远近、左右、偏正等调度，与录音技术配合，可以更好地表现剧中的空间环境、人物层面、方位，增强演播的真实性。

四是，加强口腔控制与气息运用。在广播剧演播录音时，如表现说悄悄话、夜晚交流或人物内心独白时，演播者要离话筒近些，通常应声轻气松地说（紧张、愤怒等情绪除外）。演播者说台词时还应注意口腔控制，否则，会影响录音质量。因为听众看不见，便不明白这口中杂音为何出现和它是从哪里出来的。它不同于影视故事片人物配音，有时镜头画面是大近景、大特写，演员张嘴的动作比较明显，于是配音演员为了全面贴合人物语言，可以随之做出张嘴或咂嘴声，这样显得生动、逼真、贴合。而广播剧没有画面、形象伴随，无缘无故地发出嘴里声音，就只能让听众误以为杂音了。一般从事话剧表演的演员，因他们在舞台上说话时要求音量，导致咬字往往过于用力，嘴里有些杂音也听不太出来，问题不大。而录广播剧话筒却会毫不留情地将其放大出来。所以，广播剧演播时在话筒前的用声、咬字要控制好，音量一般不必太大，比舞台上收一些，吐字应细腻讲究。（特别是没受过语言表达训练的人，多会因口腔控制较差、嘴松而出杂音。更需要注意此问题。）此外，在话筒前演播时，该显露气息时也要大胆显露。因为气息是揭示人内心情状最有利的手段，一呼一吸都极富表现力。例如一个提气，可以表现出人物内心的惊奇、惊喜与惊恐。而一个叹气，又可以表现出人物的沮丧与无奈。甚至有时只用气息便可以表现出人的整个思维过程。恰恰是广播剧演播的特性，可以使我们充分利用话筒表现出人物内心的细枝末节，我们应当认识并抓住这个优势，更好地为演播服务。

（二）配合音响效果

广播剧的音响效果有两种形式：一种是在后期合成时，利用音响效果素材或再做动效合成；另一种是在演播现场配合语言录制同时做。

在广播剧演播中，为了求得音响效果的真实感，与演播语言同一声面，有时要求演播者在演播的同时自己做些相伴的音响效果，比如打开信纸、脚步声、敲门声等。也有时，这一切由专门的音响师来做，只要求演播者跟上动效的相应感觉说台词、出声音及气息给予适当配合，这样录音效果才会有机、自然。

在演播者边说台词边做动效时，应把握自己演播的这一人物的性别、年龄、性格特征及规定情境等作为有力参考。例如脚步声，一般男性、性格开朗的人或正在生气的人就较重；而女性、小孩、性格内向者及医院等特定环境中的人应较轻。敲门声也如此。又如打开信纸的声音，人在情感激动中，则动效声可急一些、大一些，适应相应情绪。反之，人在常态中，这声音就可平缓些。此外，还应兼顾动效与话筒的位置：是远点、近点；是由远及近，还是由近及远；是从左到右，还是从右到左等。

若演播者只说台词，动效由专门人员现场做时，特别要注意与动效配合的节律感，使人听起来似自己所做，二者浑然一体。比如广播剧《家庭教师》中的一段，是家庭教师于杯教自己的学生文辉打拳，后让文辉自己练习。这时，文辉的演播者就需伴随着音响师捶击"沙袋"的声音，嘴里发出一声声有力和有节奏的"嘿嘿嘿"的声音，让人一听感觉是演播者正在边挥臂捶击沙袋边发出的声音，二者节拍吻合。若配合不当，有可能形成二者声音一前一后不统一的情况，或捶沙袋声与人声一轻一重不匹配。另外，在广播剧演播中，经常有从座位上起身、坐下、摔倒、跪下等声音，这些动效一般都有专门人员来做，但演播者需与之很好地配合。在无台词时，可用提气或松气等声音来体现；有台词时，要在语言中显现出应有的声气状态；有时，无台词时也要有气息声，使人闻之如见之。

当然，要做到与音响效果配合得有机自然、形神兼备，不是件容易的事，尤其对初学者来说，需要几个条件：一是，有想象中的规定情境、人物特征、人物心理和人物形体动作；二是，有人物语言、声音、气息与音响效果配合的顺序、节律感；三是，有较强的语言表现力、丰富的肌体和运动感的积累。

广播剧演播中，为了求得与动效配合的有机、和谐与真实，特别要注意演播语言的相应感觉。有时，导演为了取得好的演播效果，会让演播者伴随台词做相应的形体动作。如广播剧《西线轶事》为了表现战场上的特定情境，导演将录音现场拉到野外，让演播者趴在地上，边爬行边说台词（话筒跟着演播者走），这样，演播者的呼吸节律、形体动作及语言感觉便能自动和谐，演播者也感觉比较自然、真实，演播效果自然很好。但绝大多数广播剧的录制由于条件所限，只能在演播间面对话筒站着或坐着，至多做一些象征性模拟动作，其语言、形体动作及动效需有意配合。这就要求演播者在录音的真真假假之中，调整自己，形成相应的感觉，适当表达。

总之，广播剧演播与音响效果配合得好坏，也不容忽视，配合得好，能增强演播的生动性、真实感。反之，则虚假，影响全剧效果。

（三）学会改错接戏

在广播剧演播的实际操作中，有一项工作也关系到演播的完满与否，即改错接戏。"改错接戏"是指在广播剧演播录音过程中，由于自己或他人出现了口误、录音质量不尽如人意、动效没配合好以及导演对戏不甚满意等原因，需要重新录制一段戏或接一、两句台词。这时，演播者需要做到以下两点：

1. 开口前，提前进入状态，调动自己进入到相应情感和规定情境之中。

2. 开口时，与前边的戏和情绪相接，声音、语气保持一致，有机、自然。

也就是说，当需要重新录制一段戏时，演播者在记住需修正的地方和问题的基础上，首先，要用各种办法调动自己在重录开口之前进入演播状态，形成和保持相应的情绪进入演播的规定情境之中。其次，在改错接戏时，演播情绪与用声保持与之前的统一，不露痕迹，不让人感觉到戏是断了重接的。

要做到以上两点并非易事，需要有娴熟的语言表达基本功、一定的录音经验、良好的心理素质与艺术感觉。一般重录前，往往先放一点前边的戏，待到重录的戏时，演播者就要十分从容地开口说话，与前边的戏有机衔接，从情绪到声音都做到天衣无缝。这就要求演播者除了有一定的内、外部技巧做保证外，还应保持一种良好的工作状态，既内心松弛，又注意力集中。广播剧演播中，戏接得好，不影响录音的正常进行。反之，戏接得不好一遍遍重来，会影响演员情绪和全剧质量。

那么，如何操作改错接戏的具体内容呢？一是，心理上要有语言的承接感，也就是要有戏的承接感。重录接点的语言、内容、语气、节奏、情感等都与前面的戏自然承接，无论是接对手的台词，还是自己的台词都自然、和谐，没有从零开始之感。二是，声音、气息也要有承接感。众所周知，语言的语气、节奏、情感等因素都是通过具体声音的高低、长短、强弱、明暗和气息的多种气势、气状等来体现的。因此，在改错接戏重录时，就应细致地把握这些具体因素的分寸与幅度。尤其是气息的运用，要搞清为承接前面的台词，是开口就说，还是先叹口气再接着说话等，要使气息前后承接有机、自然。

总之，不应小看改错接戏这一问题，在实际录音中很少有不需重录一次完成的情况，即使你自己演播没问题，也还会有其他人口误、动效配合不够理想、录音技术存在问题、导演对戏不满意等种种问题存在，需要重录。

（四）合理添加"水词儿"

所谓"水词儿"，指原剧本台词中没有而又为演播中表情达意所需，由演播者自己合理添加上的简短话语。

为什么要添加"水词儿"？原因有三个：

一是，某一人物的台词太长，一个人说下去较枯燥，需要有对方的交流呼应。

二是，为了表现生活化，削弱台词的文字化。

三是，体现人物的即兴反应。

在广播剧演播中，几乎没有一部剧的演播者不需要添加"水词儿"。因为编剧不可能把剧中每一人物的（包括群众角色）每一个小的反应性语言都一一写出来。往往需要导演和演播者在把握了剧的风格、基调、主题、人物面貌、人物关系、规定情境之后，着情添加上合理、准确、符合身份和需要的"水词儿"，以填补和丰实人物语言。

比如，有的人物台词太长，又不宜删减或分开讲，这时，为了表明交流对象的存在和说话者内心始终与之有所交流，一方面可在这一人物说台词时，不时适当地加些称呼对方的"招呼性水词儿"，另一方面对手在这个人物讲一大段台词的过程中，也可适当地加些"反应性水词儿"插入其中。至于加什么，在哪加，一般都在看剧本和排戏的过程中，演播者就润色好，双方敲定并得到导演认可后加上，以免在实际录音时两人的台词"撞车"，缺乏对应性，不自然。当然，一些有经验的演播者已习惯这种即兴反应添加"水词儿"了，但为了保证录音顺利，交流准确，还是应事先有所沟通为宜。在广播剧《家庭教师》中，有一段剧是于杯与文辉谈心，讲他上中学时曾热恋过一位女同学的事，这段台词就很长，不加些"水词儿"，难于抓住人，也较死板（下面括号中文辉的话，是添加的"水词儿"）。

于　杯：我不敢对她说呀。可我见不着她就浑身难受，所以那段时间我是吃不好、睡不好，当然瘦了。（文辉：真可笑）我也说不清我当时为什么那么喜欢她，也许是她跳舞的时候深深地打动了我吧。后来，有一次上体育课的时候，体育老师正好让我和她一起去体育室拿几个篮球，（文辉：是吗!）我激动得要命，我觉得这是一个很好的机会。真是巧上加巧，老师让我们拿四个篮球我们找来找去却只看到三个篮球，（文辉：那怎么办?）这样，我们待在那个小房子里的时间就比较长了。（文辉希望地"哎呀"）我心里不住地说：快说爱她呀，快说呀！可我一个屁也憋不出来。（文辉：真没用，她呢?）她呀，好像也预感到了什么，脸都急白了，满头大汗。她找球，我就慢慢地朝她蹭过去，我下定决心一定要说出我爱她。可就在这时，体育老师见我们还没把球拿去，就来瞧瞧是怎么回事，（文辉扫兴地"哎呀!"）这样，一次大好机会就给失掉了。（文辉：真可惜呀）我真是恨死我自己了。……"

（中央人民广播电台广播剧节目播出）

仅从上面摘录的这段人物语言中，我们是否感觉到，如果没有交流对手文辉加上去的几处"水词儿"，只让于杯一个人从头说到尾该多么枯燥乏味啊，演员自己也很难说好台词，同时听众也感觉不到"文辉"的存在和其一直与之交流，整个戏也会缺少生气和趣味。

又如，广播剧《弘一法师》中，有一段是表现樱子对李叔同的深情。原来的台词是：

樱　子：叔同，你又瘦了许多，你答应过我，要好好照料自己的。来，先把这碗点心吃下暖暖身子吧，真的瘦了。

后来，导演为了使戏更加生活，便添加了一些很生活化的"水词儿"，变成现在这样：

樱　子：叔同，你把这碗银耳汤趁热吃下暖暖身子吧。

李叔同：哎。

樱　子：好吃吗?

李叔同：好吃。

樱　子：要不要我再给你添点?

李叔同：不、不、够了。

樱　子：你又瘦了许多，你答应过我，要好好照料自己。

（中央人民广播电台广播剧节目播出）

这样一来，人物语言生活了许多，也更加清楚了。我们似看到了樱子见到叔同回来时的喜悦、她忙着张罗又深情地望着叔同的炽热目光。

再如，广播剧《啊，昆仑山》中，有一段是汽车兵黄沙到女护士鲍琪琪宿舍来做客，他们聊了不少。这时，外边传来汽车的喇叭声，接着有人喊："喂，驾驶员呢！"

黄　沙：哎，（来了，我还没死呢！）我走了。

鲍琪琪：你们千万要注意身体啊！

黄　沙：没事，我死不了！指导员怎么样我可不敢保证。（鲍："你别瞎说！"）哎，最好你能参加巡回医疗来我们那儿看看他，他就在热水海子那儿等你呢！

（中央人民广播电台广播剧节目播出）

（以上括号内的话为添加的"水词儿"）

在这里添加的两处"水词儿"都有其自身作用。**"来了，我还没死呢！"** 表现出剧中人物黄沙不耐烦的情状及其性格、气质。**"你别瞎说！"** 体现出女军人鲍琪琪的不好意思。因黄沙已看出她对指导员向西行的好感，她想掩饰一下，因她毕竟是个女孩子。同时，这一句"你别瞎说！"也有了两人的交流生气，使人听了很清楚彼此的关系与心理。

有时，面对大段的、十分书面化的台词，导演会让演播者自己添加些"水词儿"并改为口语说出。

总之，在广播剧演播中，适当地加些相应的"水词儿"，会增加演播的清楚度、生活气息与生动性，尤其是群众角色，更需合理、恰当地添加"水词儿"。因剧本中群众角色的台词往往很简单，要完成好自己的任务不能不添加一定的"水词儿"。但应注意，添加"水词儿"该加的加，不该加的不要乱加，以免干扰了主戏的进行，或形成画蛇添足之势。此外，添加"水词儿"一定要正确，应参考人物性格、气质、人物关系以及规定情境等各种因素与条件，否则会事与愿违。

第四节　广播剧演播提示

一、语言自然、生活化、有艺术性

广播剧演播，有的演播者尤其是初学者拿腔作调以为这就是有艺术性了。也有的演播者受工作的影响，有播音腔、话剧调，语言或呆板或夸张，不自然、不生活，听来很不舒服，艺术性更无从谈起。

广播剧演播的语言，应将电影和生活中的语言结合起来，既自然、生活又富有一定的艺术性，但又不是纯自然的生活语言。它的艺术性表现在咬字发声和语言处理两方面。咬字发声是经过训练、规范化、有控制的自如状态，除特殊需要外，一般用声不过大、过强，不似话剧语言追求音量有所夸张；不似播音语言那样规整、变化幅度小；也不似生活语言缺乏控制和表现力。自然、生活、艺术化的语言，才有生活中的真实、自然，才既有情感性，又具表现力和感染力，才有打动人心的作用和力量。

二、力求表现出人物个性

广播剧中的人物千差万别，但有的演播者在处理人物时，不做深入细致的研究找出每个人物的不同处，只凭经验对人物做一种公式化、类别化的处理，这是不可取的。因为广播剧演播不同于影视人物配音是再现原片中的人物（人物的一切都由演员创造已定，配音只要贴合上，即可称准确体现。配音演员自我发挥的余地不大），而广播剧演播是"创造人物"，演播者有充分发挥的余地。演播者可以充分想象、塑造人物，将剧本中提供的人物，由演播者凭借自身素质、条件运用语言表达技巧将其活化出来，使之成为有血有肉活生生的"这一个"人物。这就要求演播按照剧本的提示和自己的想象、理解找到这个人物的特征并运用语言技巧和一定方式，在人物基调、语言节奏、语气、音色甚至说话习惯上，做不同于以往相近人物的表现，创造出富有个性、气质独特的人物形象。应当看到，若欲演播好一个人物，不只在于语言技巧和表现方式，更在于是否抓住了这个人物的特征。

所以，那种见性格开朗者，就语言咋咋呼呼；见性格内在者，就语言黏黏弱弱；见工人就粗声大嗓；见知识分子就文质彬彬等的一般化、公式化的处理是不行的。殊不知，知识分子也有不同的经历和气质，也有性格泼辣的；工人也分不同工种、修养，也有气质文弱的。人是有共性的，但只有个性鲜明的人，才会给人留下深刻的印象。这就需要我们在认识、表现一个人物时，应既参考一般规律，也要找到其与众不同的地方，才能准确、生动地表现。

例如，同是西部军人，向西行与黄沙就不同。又如，同样是爱讲怪话又为国捐躯的烈士，黄沙又与刘毛妹不尽相同，各有各的出身、经历、性格、气质与素养。一般来讲，人物的风貌都蕴藏在剧本的台词中，我们一定要细致地、全方位寻找和揣摩（排练时，导演也会阐释人物的）。因而演播人物千万不可一概而论，那样创造不出鲜明、独特、活生生的人物，这种人物也没有光彩。

三、会让戏、配戏

在广播剧演播中，演播者还需会让戏、配戏，使演播整体有机和谐。但有些初学者不会让戏、配戏，表现为或演播分寸不当，或说话时机不合，影响演播效果，这也应引起注意。

所谓"让戏"，是指在与对手交流时，依台词分量、作用和剧中气氛的需要，该让对手充分发挥时，自己的演播要后撤不抢戏，让位于对手，以得到较好的戏剧效果。比如，广播剧《弘一法师》中，有一段是女主人公樱子正在家里，这时，李叔同的好友夏丏尊和学生丰子恺来了，他们带来了李叔同出家入了佛门这一给樱子以致命打击的消息，樱子失声痛哭。但这中间有夏丏尊与丰子恺两人的大段重要台词，讲了对李叔同遁入空门的见解。这时，演播樱子的演播者就不能为了表现自己的极度悲伤而大哭不止，而应用耳听对手的台词，重要的地方只让自己发出强忍着的抽泣声，让对手充分表现，在适当地方再发出忍不住的痛哭声来。这样，听众便会以为刚才对手说台词时樱子的哭是强忍着呢，现在放声痛哭是实在忍不住了，听来合情合理，既让听众听清了对手的台词，也感到了樱子那难以言传的痛苦心情。而这实在是演播者为了追求更好的演播效果的有意为之。反之，如不做这样的处理，樱子以为自己是主角，使在得知李叔同出家的巨大打击下痛哭不止，不对自己的哭声有所控制，就会形成哭声与对方的台词搅在一起听不清的局面，毫无疑问，这会影响到演播效果。

所谓"配戏"，是指非主要演播者说台词或添加"水词儿"时，要会插入主要人物台词的空当中，有机、自然、合理、得当，既起到烘托场上气氛的作用，又不干扰主戏的进行，二者浑然一体，为主戏的进行当好绿叶与陪衬。这需要演播者在排练时就有所设想与准备，录音时，认真听场上戏的进行情况，适当参加进去。哪怕自己仅有一句话、一个反应，也要从自己这一人物的外形、内质、人物关系、规定情境等一系列相关因素出发，来把握处理自己的台词，使其自然、恰切，取得较好的整体效果。

四、合理处置人物台词

广播剧演播是对剧本的再创造，在演播人物台词时，不能无思维、欠感受地念台词，也不能只表现字面表层意思，还不能只表现人物的喜、怒、哀、乐的情绪与结果，因为这种演播是图解式的、低水平的、缺乏思维过程及情感层次，是无艺术性可言的。好的广播剧演播应当是在了解全剧、吃透自己这一人物的基础上深挖台词的内涵，充分动用生活积累和想象力，有层次、有技巧地向听众展现人物的运思过程、对具体事物的反应。想象在日常生活中碰到类似情况，不同的人会怎么说、怎么做，在广播剧演播中就怎么处理。按照生活的规律与逻辑去处理人物台词，人们才会接受，才有真实、合理可言。

广播剧演播的台词处理一定是在具体的想象中进行。如一句话是快说，还是慢说；是麻木地说，还是动情地说；是叹口气再说，还是说完再叹气；是边走边说，还是坐下再说；是抬头看看对方的眼睛关切地说，还是低头躲避着对方的目光说等一切的处理，都取决于演播者的生活积累和剧本提示所形成的内心视像，自己看到、感觉到的。由于广播剧演播不是全方位表演，极易陷入缺少刺激、难有感觉的境地。因此，广播剧演播必须紧紧抓住内心视像和具体感觉，这样方可避免一句接一句一般化地对台词，不敢停顿，也不敢显现表达幅度。我们应当在想象力的作用下，将剧本中死的文字变为活的形象，真正看得见，感受得到方块字所描述的人物的内心、动作、表情及环境。这样方可处理好台词，演播好广播剧。

例如，广播剧《啊，昆仑山》的结尾，鲍琪琪与战友们一起寻找向西行和黄沙。这时鲍琪琪的台词是："向——西——行，向——西——行……"单从文字表面看没有什么，只是表现鲍琪琪大声呼喊。然而，一经演员对这简单的台词合理处置，我们便听到了这样的效果：在漫天风雪的旷野中，鲍琪琪急切地声声呼唤着向西行的名字："向——西——行，向西——行……"在这第二次呼喊向西行的名字时，当"向西"二字刚一出口，似忽然一阵大风刮过，鲍琪琪被呛了一口，气憋了一下，继而又喊出"行"字来。这种处理，从文字中和台词表面根本看不出，是演播者凭借自己的生活积累而合理想象出来的。这种演播无疑会生动体现剧中的环境和人物行为，有力地烘托了剧情和应有气氛。

广播剧演播训练作品

广播剧《悠悠一片情》（片断）

剧中人物：

冷　平：男，25 岁，青年雕塑家

岳　影：女，22 岁，歌星

（冷平的工作室）

（岳影哼着流行歌曲兴冲冲走来）

岳　影：（敲门）

冷　平：（在屋内极不情愿地）谁呀？

岳　影：（推开门）哎，你是冷平吗？

冷　平：（冷漠地）我不认识你。

岳　影：哎，我是歌舞团的独唱演员，我叫岳影。

冷　平：我正在工作。你要是没事的话……

岳　影：（兴致不减）当然有了，冷平，听说你在美术馆用开枪来完成自己的作品，我觉得这才是真正的现代派艺术，我特别欣赏你的艺术观点，所以，今天想认识你。

冷　平：（烦躁地）我不是金丝猴，你没必要来参观，我也不想认识你。

岳　影：（有些生气）你这样是不是有些失礼呀？

冷　平：（提高声音）我再说一遍，我正在工作，请勿打扰。（自己嘀咕）我可没兴趣陪女孩子去买陈皮梅，到电影院替她找座位。

岳　影：你错了。不是每个女孩子都喜欢男士献殷勤，比如我。

冷　平：我没觉得你与众不同。

岳　影：(反唇相讥) 这么说是你与众不同了?

冷　平：(压着性子) 好了。小姐你该走了。

岳　影：(较真地) 今天我偏要让你认识我!

冷　平：(无可奈何地) 唉! 你不走, 我走! (起身走出门, 转身对岳影) 嘿, 你走时给我把门关上。

岳　影：(气急) 你, 你这人, 哼, 有病!

作品背景:

这个广播剧是根据小说《城市爱情》改编的。这段剧的背景是自恃清高的青年雕塑家冷平, 为了实现自己对艺术的追求, 在展览会上以开枪的形式打碎了自己名为"梦"的雕塑作品, 受到治安拘留。对冷平这一举动产生兴趣的歌舞团独唱演员岳影, 闻讯冷平已被放出来了, 特地前来相识, 但遭到冷遇。然而, 岳影却用自己的方式逐渐接近着冷平。

训练提示:

1. 演播中, 应把握冷平的清高与不耐烦感、岳影的热情与斗气感以及二者的关系及微妙变化。

2. 演播中应注意把握人物的职业、性格特点及推进剧情的人物语言重点。

3. 演播中应兼顾相应的形体感、空间感和人物心理层次。

广播剧《毕业歌》(片断)

编剧　祖国红

剧中人物:

王之辉：男, 22 岁, 班长, 出身一般。他为人正派, 形象俊朗, 在班里较有威信, 以前是刘燕燕的男朋友。但他通过几年的接触逐渐对副班长白羽产生朦胧的好感。在此剧片断中, 他已经与刘燕燕分手, 而对方仍想与他恢复以往的恋情, 但遭到他的拒绝。

刘燕燕：女, 22 岁, 副市长的女儿, 王之辉的前女友。她形象较好, 自恃清高, 为人浅薄。在此剧片断中, 她极力想挽回与王之辉的关系, 但未能如愿。

陆田地：男, 22 岁, 农家子弟。他性格内向, 学习刻苦, 成绩很好, 他是王之辉的同学和室友。

于　涉：男, 22 岁, 学生, 出身一般。他性格活泼, 学习一般, 是王之辉的同学和室友。

(男生宿舍中)

(这时门外有人敲门, 于涉前去开门)

于　涉：噢, 原来是尊贵的刘燕燕小姐, 光临寒舍, 不胜荣幸, 里边请。

刘燕燕：你少耍贫嘴，臭于涉，帮我叫一下王之辉，我不进去了。

王之辉：（懒洋洋地）告诉她我不能去，我裤子洗了，没换的。

（一阵哄笑）

刘燕燕：（大声地）王之辉，是白羽让我叫你！你快点出来，我在楼下等你。

陆田地：快去吧，之辉，你和刘燕燕最近好像不大对劲儿，出什么事了？

王之辉：我们真的吹了。

于　涉：糊弄谁呀，留城当记者可不是……

王之辉：（低喝）住嘴！再提这个，小心我揍你！

（"咣"的一声用力的关门声）

（学校小树林约会地）

王之辉：白羽，她找我？

刘燕燕：（尖酸地）哼，你的女神？她对你就那么重要，连拿我顶替一会儿都不肯？

王之辉：（赌气地）重要！太重要了！

（一阵沉默过后，刘燕燕委屈的啜泣声）

刘燕燕：之辉，你一点不理解人家的心。

王之辉：别哭了，燕燕，我们是该好好谈谈了。（燕：谈什么？）我的确喜欢过你，可也不能否认，我们还不够成熟，我……

刘燕燕：你别说了，我很难过，都是我不好，我不该当那么多人的面骂你粗野，伤了你的自尊心，更不该和你分手。可我当时只知道你跟体育系的一名男生打架，受了处分还赔了人家的医药费，可我并不知道你打他是因为他晚上用望远镜偷看我们女生宿舍楼呀！你为什么不跟我讲明白呀！

王之辉：这么肮脏的事谁能讲出口。算了，过去的事就别再提了。

刘燕燕：那么，你是原谅我了？

王之辉：哦，燕燕，你误会我的意思了，其实我们早就该分手了。

刘燕燕：（极伤心地抽泣着）什么?!之辉，你不可以这样狠心，我知道你一直嫌我浅薄，可是，你知道我是多么爱你吗？别再恨我了，好吗？我们还会像以前那样好的，之辉。

王之辉：听我说，燕燕。就算没发生过什么，（故意安慰燕燕）我打了架受过处分肯定留不到本市。所以，起码我们是不实际的。

刘燕燕：（猛然惊喜地）噢，原来你是为了这个！这事用不着你操心，我爸爸已经答应我让你留省报社，你不早就说过要改行当记者吗？报社那边没问题，现在就看系里了，不过你放心，我自有办法。

王之辉：（带着受辱后的愤然）原来真有这事！你怎么可以不经过我的同意就

随便决定我的前途。(燕：我，是为了……)（挖苦地）别以为你有个副市长爸爸就可以想怎样就怎样。我的事，我说了算！

刘燕燕：（委屈地）你怎么这么不通情达理，我还不都是为了咱们俩能在一起。

王之辉：我不是说了过去的事就让它过去吗？

刘燕燕：（语气带有绝望的冰冷）唉，你还是不肯原谅我。哼，我知道，你心里有了白羽。不过我可以告诉你，你别想得太美了，白羽她被分去支边了。

王之辉：（震惊地）这不可能，你在撒谎！

刘燕燕：信不信由你，明天上午康主任就要找她谈话了。

王之辉：这太不公平了！凭什么？我不相信！

（音乐渐隐）

作品背景：

这是一部表现大学毕业生的广播剧，剧中背景是某大学中文系学生毕业前夕。

根据剧情与台词可以想象刘燕燕在这之前已经找过王之辉几次想恢复两人关系，但王之辉始终避而不见。今天，她又一次找上门来，用白羽做诱饵想钓出对方最后摊牌。

训练提示：

1. 在这一段剧的演播中，应抓人物关系及剧中矛盾。抓住刘燕燕对王之辉"先求后刺"的心理。

2. 在演播中，王之辉的心理线不是单一的，而是"既想安慰对方，又坚持己见"；王之辉的台词要有细致的情感层次转换、语言色彩和节奏变化，如冷淡、解释与愤怒几个小层次；

3. 刘燕燕的哭要与台词有机结合，根据自己和对方台词的重要程度当大则大，当小则小，既不能一直哭，也不能戛然而止，可让台词与抽泣声合理融合。

广播连续剧《家庭教师》（片断）

编剧 郭正卿

剧中人物：

于　杯　男，26岁，大学生。他性格开朗、幽默，比较成熟，思想开放，意识较新，他是文辉的家庭教师。

文　辉　男，17岁，高中生。他性格内向，较柔弱，学习一般，后来在于杯的帮助下，自信心加强，学习成绩也有较大进步。

文　钰　女，21岁，大学生，文辉的姐姐。她性格开朗，但进大学后失去学习的目标与动力，吃喝玩乐较多，还交了一个开饭馆的小老板为男朋友但却并不爱对方，从弟弟的口中她了解到于杯并对其发生兴趣。

姚云鹏　男，17岁，高中生，文辉的同学。他学习好于文辉，但有霸气，时常欺负对方。

（一）夜 谈

（夜晚的街道，汽车和行人都很少。于杯和文钰在漫步）

于　杯：我想，你要跟我聊天，是突然产生的念头吧？

文　钰：可以这么说。我弟弟对你好像不反感？

于　杯：大概是吧。他现在是最喜欢强调自己独立性的时候，他要是不认同你，你一句话他都听不进去，哪还说得上什么教他？

文　钰：这就是你的诀窍吗？

于　杯：是的。说实话，他并不怎么用得着我教他，他很聪明。我的任务，就是让他开始认真学习。

文　钰：你怎么做到这一点呢？

于　杯：用你的话说，就是不要摆教师的臭架子，让他明白你跟他一样，也是一个有很多毛病的家伙，你和他是平等的朋友。这样，再对他说些大道理就听得进去一些了，因为他觉得你说的是真话，你确实是为他好。

文　钰：可你还打过他。这像一个朋友做的吗？

于　杯：当然，朋友才会这样。教师才不会这样打他呢！老师是完美的，只会讲道理不会打人。可我要打他，所以我能和他交朋友。

（沉默一会儿，只有脚步声）

文　钰：我觉得……你有点可怕……你太厉害了……不过，我有点喜欢你了……

于　杯：是吗？什么……厉害呢？

文　钰：我说我有点喜欢你了……

于　杯：你说厉害，我有点不安……

文　钰：那我说你太成熟了，脑子太好使了，行吗？

于　杯：我想想。

文　钰：以后有时间再想吧。你喜欢我吗？

于　杯：你指的是什么？是外表吗？

文　钰：指外表也行。

于　杯：嗯……你挺漂亮……你们家人都挺漂亮，除了你爸爸……

文　钰：我觉得你心里有点慌。

于　杯：女孩子的直觉才是真厉害，总是让我发慌……

文　钰：你敢吻我吗？

于　杯：嗯……这是非常值得考虑的问题……来，让我们面对面，让我们来试一下……

（他们停下来接吻）

文　钰：感觉怎么样？

于　杯：太突然，太仓促……

文　钰：坏蛋。

（于杯笑了几声）

于　杯：听说你有一个男朋友。是饭馆的老板？

文　钰：是的。是文辉告诉你的吧？

于　杯：别担心，他只对我一个人说过。干吗要瞒着你家里呢？

文　钰：我并没把这当回事，干吗要给我那可怜的操劳了大半辈子的父母再添件事呢？

于　杯：原来这样……他对你还不错吧？

文　钰：他是个傻瓜。不谈这个吧。

于　杯：好……你今年到底多大了？

文　钰：这是我早就想问你的问题。你到底多大？

于　杯：二十六。我高中毕业后混了几年才考上大学。你呢？

文　钰：我二十一。

于　杯：多可怕的年纪呀！

文　钰：什么？

于　杯：我说这是一个可怕的年纪，什么事都想干，什么事都干得出来。

文　钰：有点道理……

于　杯：其实文辉也属于这个年纪……

文　钰：可你用不着害怕，我们的成熟你大概更想不到……

于　杯：不，我见识了很多了。

文　钰：我们刚才只是玩了一个游戏，你同意吗？

于　杯：我同意。

文　钰：我们做个好朋友吧。来，击掌。

（俩人击掌，然后笑起来。他们继续往前走。渐隐）

（二）路　遇

（稍远处姚云鹏在叫）

姚云鹏：范文辉……

（于杯停下）

于　杯：有人叫你。

文　辉：别理他。

姚云鹏：范文辉！

于　杯：过去吧，我在前边等你。

文　辉：不……

于　杯：怎么了？

文　辉：没什么。

于　杯：那就这样，我在前边等你。

（于杯走开。姚云鹏走过来）

姚云鹏：干吗不理我？

文　辉：我忙着呢。

姚云鹏：嗬，真是个人物了！跟你一起的那个家伙是谁？他就是你请的那个家庭教师吧？他挺有一套呀，一下子就让你成绩提高了……

文　辉：你要是没别的事，我就走了。

姚云鹏：别……帮我问问那家伙吧，看他愿不愿意教我……

文　辉：教你？别开玩笑了！

姚云鹏：我没心思跟你开玩笑。都他妈怨你，老师把你的事到处乱吹，我爸爸也知道你请家庭教师的事了，非让我也请一个……

文　辉：这不可能……

姚云鹏：别把你当人你就不知道姓什么了！喏，这两本书送给你吧，算是对你的报酬。

文　辉：我说不行就不行……

（姚云鹏已走开）

姚云鹏：（在稍远处）明天告诉我结果。

文　辉：真他妈好笑！

（他往前走到于杯跟前）

于　杯：他是你同学吗？

文　辉：嗯。

于　杯：他对你好像不太客气？

文　辉：我跟他是老对头了。

于　杯：几次架是不是都跟他打的？

文　辉：差不多。

于　杯：好吧，今天晚上我就教你几招，到时候他再惹你，你就把他揍个鼻青脸肿。

文　辉：那就看你这个教师灵不灵了。

于　杯：没问题！我可不是随随便便当人教师的。走吧。

（他们往前走）

文　辉：哎，这两本书给你吧。刚才那小子给我的。

于　杯：嗬，这书真够得上黄色书籍了！他哪来的？

文　辉：不知道……给我看看……

于　杯：不行，你现在最好别看这种书，还是送给我消遣吧。

文　辉：妈的，他这么做什么意思……

于　杯：是呀，他干吗送你这种书。你们不是对头吗？

文　辉：他说是……他也想请你当家庭教师，让我跟你说，这书算是谢我……

于　杯：他也知道我？

文　辉：我的成绩提高了，很多人都知道是你的功劳。

于　杯：是你自己的功劳。不过，还是谢谢你，你给我作了宣传，我的知名度提高了，以后找我的人就多了。

文　辉：那你给他当家庭教师吗？

于　杯：你那个对头吗？他送你这种书真是混蛋。你先揍他一顿，他挨揍以后要是有点好转，我就去给他当家庭教师。

（俩人笑。渐隐）

（三）学　拳

（文辉和于杯的脚步声，有某户人家的电视伴音，他们停下）

文　辉：这儿行吗？这儿有一棵树。

于　杯：喂……不太好，在人家窗户底下，他们又把电视开得这么响，很讨厌。

文　辉：那咱们干脆再走远一点，前边有个街心花园。

于　杯：行。

（他们的脚步声和电视伴音俱隐。他们来到街心花园）

文　辉：这儿怎么样。

于　杯：不错。来，就把沙袋挂这儿。

（他们把沙袋挂到树上）

文　辉：行了吧？

于　杯：好，现在我就来教你。先教你钩拳，瞧，这样（打了一拳），这就是钩拳。一般来说，对手离你比较近的时候就用钩拳打他。这拳很厉害。当然，还要你有劲。你要是有劲，这一拳打在他下巴上，他马上会仰面朝天。我再做一遍（又是一拳）。现在你照着我的样子做一遍。

文　辉：是这样吗？

于　杯：差不多。你这么机灵，很快就会练得不错的。现在你用钩拳打这个沙袋，反复地打，不要怕疼，不要怕累。

文　辉：是。

（文辉开始"嘿嘿"地击打沙袋。推远）

（于杯和文钰在街心花园里离文辉较远。偶尔有汽车开过）

文　钰：于杯！于杯！你在玩什么把戏？

于　杯：什么什么把戏？

文　钰：教文辉拳击。

于　杯：不就是教他怎么打架吗？

文　钰：你倒挺坦率。可我怎么跟我妈说呢？她让我来看看你们搞什么名堂。

于　杯：她老人家对我还不放心吗？

文　钰：你别以为你让文辉提高了一点成绩别人就毫无保留地信任你了，你这种怪人，永远会让人心里犯嘀咕。

于　杯：真让人灰心。我还以为自己是天底下最正常的人呢。

文　钰：你对自己的评价也不算太高。

于　杯：你是说你并不觉得我怪？

文　钰：是的。

于　杯，啊。有一红颜知己，此生足矣。

文　钰：得了吧！我跟我妈怎么说？

于　杯：实话实说呀！你妈愿意让她儿子老受人欺负吗？

文　钰：你真是这么想的？

于　杯：真是这么想的。当然，还有一点别的目的，就是提高文辉的自信心。

文　钰：你也看出他不自信了？

于　杯：模模糊糊地有点这么觉着。比如，他老强调自己不笨，这好像是很自信，可过分了，实际上就是不自信的反应了。

文　钰：你这倒是抓到要害上去了。文辉是个很敏感的男孩，这一点跟女孩一样。所以，有几件事对他影响很大，打击了他的自信心。

于　杯：都是些什么事呢？

文　钰：我跟你说了，你别告诉文辉。

于　杯：嗯。

文　钰：那……就说这一件吧……那还是文辉上小学的时候，他在教室里拉了裤子……

于　杯：（笑）啊？在教室里拉裤子？

文　钰：是的，这小子在上课的时候把屎拉到裤子里……

于　杯：等等，是真的拉屎吗？

文　钰：当然是真的。那几天他是有点闹肚子，没想到上课时，忽然觉得憋不

264

住了，他又不好意思跟老师说。后来他跟我们说，他又是绷紧屁股，又是放松腹部，拼命想其他的事，还把书放在嘴里咬——这是真的，书都咬破了——可还是不行，还是拉。这一下教室里全乱了，有人喊臭，有人说这儿不是厕所，都是些小孩嘛，没有顾虑，乱喊一通。这事要搁在我身上，兴许还没那么严重，我是一个马大哈。文辉就不行了，为这事他好长时间抬不起头来，而且，只要有一点要拉屎的感觉。就头上冒汗，飞快地往厕所跑……（于杯大笑）还有几件事，意思跟这差不多，我就不说了。

（于杯还在笑。渐隐）

作品背景：

这部广播剧表现了新时代大学生的思想风貌、行为特点及存在的问题，此剧有正剧兼轻喜剧的风格特点。

训练提示：

1. 演播中，应注意区分、把握不同人物、性格、心理、关系、语言特点等，特别是人物内心的真正感觉。

2. 把握片断一"夜谈"中，男女主角心理的准确内涵与合理交流；晚上在街上边走边谈、走走停停的环境感。

3. 把握片断二"路遇"中，姚云鹏与文辉的心理角度与变化；姚云鹏喊文辉由远到近的距离过程。

4. 把握片断三"学拳"中，人物语言与捶沙袋的气息、动效声配合还有文钰边说边笑的语言感觉。

广播剧《法尼娜·法尼尼》（片断）
原作 [法]司汤达

剧中人物：

米西芮里：男，20多岁，年轻的意大利烧炭党人（"烧炭党"是当时意大利著名的革命党）。米西芮里形象俊美，深深地吸引了贵族少女法尼娜·法尼尼。但他革命意志坚定，为了祖国的解放事业，在爱情与事业的争斗中，他最终选择了祖国，与法尼娜分道扬镳。

法尼娜·法尼尼：女，19岁，出身上流社会，是个漂亮、骄傲的罗马郡主。她自私、任性、专情，为了能完全得到米西芮里竟向教皇告发了米西芮里的组织，但最终还是没能得到米西芮里，在向对方发泄了自己的情感之后，失望地离开了心爱的人。

（印象派的音乐）

解说：由于法尼娜的奔走，她的情人可能得到特赦，不过，是否会有人要毒死他可就难说了。于是，法尼娜又买通了看守给米西芮里送去了食品，并吩咐他千万不要动监狱里的食物。她还贿赂了狱吏，让米西芮里半夜到监狱的小教堂听弥撒，好找机会让她和米西芮里相会。决定命运的时刻终于来到了。法尼娜从早晨起就把自己关在监狱的小教堂里，整整一天她思潮起伏。

法：我的上帝，这是多么不寻常的经历啊，我爱米西芮里，可又把他们的组织告发了，要不是为了这个，他也不会自投监狱。他能饶恕我吗？可也是我救下了他的性命呀！他要能和我一起离开意大利有多好，我对米西芮里确实犯下了不可饶恕的罪孽，可是这一切，也是由于过分爱他的缘故呀！

（音乐止，囚车声接）

（远处石道上传来两辆车的滚动声）

（监狱教堂里）

法：囚车来了，是的，是囚车，我的米西芮里来了。（紧张而激动）

（门声、手铐脚镣的声音）是米西芮里，感谢上帝，他还活着。

（脚步声）

法：（小声地）米西芮里！米西芮里！

米：是你，法尼娜？！（意外）

法：是我，亲爱的，我在这里整整等了你一天，总算见到了你。你，你吃尽了苦啦！

（哭泣）

米：法尼娜，原谅我……

法：不，亲爱的，是我要请求你的宽恕……

米：法尼娜，我珍惜你对我的感情。我有什么好处能够使你爱我，听我的话，让我们回到更符合基督精神的感情吧！我不能归你所有。

法：不，米西芮里，我所唯一需要的就是你的爱情。（热烈）

米：法尼娜，我是个有罪的人，我们的起义遭到了不幸，都因为我缺乏谨慎，哦，我恨自己，为什么在那不幸的夜晚，我不和我的朋友一道被捕呢？为什么我一不在就产生了这样残忍的后果？原因就是在追求意大利自由之外，我另有了一种激情。

法：不，亲爱的米西芮里，你是让监狱的酷刑把你折磨成这样了。你放心吧，狱吏再三答应他们会好好地待你的，你要有信心，你的特赦很快就会实现。

米：不，我不奢求这些，法尼娜，我要是在人间爱什么东西的话。那就是你，法尼娜。不过，感谢上帝，如今我只有一个目的，我不是死在监狱，就是想法子把自由给予意大利。（信仰坚定）

法：（停止哭泣，沮丧地）这么说，在祖国和爱情的选择之间，你还是选择了……

米：选择了祖国和自由。法尼娜，听我的劝告吧，你父亲要你嫁给有地位的人，你就听话出嫁吧！你的不愉快的事不必告诉他。另外，永远不要去想法子再看我了，让我们从今天以后彼此成为陌生人吧。

法：不，不……

米：你给祖国捐献了一笔款子，有一天祖国要是得到解放的话，一定会用国家的财产偿还你的……

法：你?! 别说了，米西芮里。为了我们的爱情，你把这些金刚钻和小锉刀留下，万一你得不到特赦，这对你是不可缺少的。

米：好！我接受。为了神圣的任务。我一定想法子逃走。

法：太好啦！

米：不过，当着你刚送的东西的面，我发誓，永远不再见你了。永别了，法尼娜！答应我永远不给我写信，永远不想法子见我，把我完全留给祖国吧！我对你就算死了吧！

法：什么?! 米西芮里，难道我四处奔波就为了听你这样的回答吗? 难道我在这小教堂里整整躲了一天就为了和你永别吗? 看来，我的一切努力都是白费，我，我真后悔。……那好吧！我要你在没有断气之前清晰地听到，我法尼娜在爱你的心情之下，都干了些什么? ……

米：你冷静些，法尼娜！

法：我不能冷静，你也不会冷静的，为了爱你，我无所不为，你那不幸的夜晚是谁告的密?

米：谁?

法：是我，法尼娜·法尼尼！

米：什么，你疯了? 法尼娜！

法：我没有疯，是我让我的女仆向教皇告的密。

米：是你?! ……

法：这还不算，为了你，我不惜和苍蝇去谈情说爱，为了你，我宁可在色鬼面前卖弄风情。（苦笑）现在，一切都过去了，你还是你。我法尼娜·法尼尼，还是法尼娜·法尼尼。

米：你，真没想到，你比蝎子还毒，你比豺狼还狠！你是意大利的耻辱，你是祖国和自由的死敌！还给你，你的金刚钻和锉刀，（效果）我米西芮里什么也不欠你的，你给我滚!!

（锁链扔过去）

法：**再见吧。**（教堂的钟声响起）

米：（混响）**可诅咒的法尼娜·法尼尼!!!**

（教堂钟声引出音乐）

作品背景：

这是一部根据法国著名小说家司汤达的同名小说改编的广播剧。故事发生于19世纪上半叶，当时欧洲各国正为争取民族独立和解放而斗争，意大利也不例外。这里所选片断是全剧的结尾，矛盾也在前面的铺垫中爆发了，在男女主人公的企盼、冲突、碰撞与绝望之中人的情感完全释放了。

训练提示：

1. 演播中，应把握剧中人物的性格特点，不应拿腔作调地追求外国味。

2. 把握好男女主角的心理层次及演播中的语言变化。

3. 注意演播的规定情境是在监狱中，用声应控制。但结尾处、激情处情感也要根据剧情需要放开宣泄。

广播连续剧《啊，昆仑山》（片断）

编剧 冯福宽 向东

剧中人物：

向西行：男，30多岁，指导员

鲍琪琪：女，23岁，护士

黄　沙：男，20多岁，汽车兵

姜　宁：女，20多岁，护士

吴英明：男，52岁，院长

蹇天梅：女，40多岁，护士长

唐济民：男，35岁，教导员

主要人物介绍：

鲍琪琪：该剧女主角，她23岁，上海人，毕业于军队护校，分配来昆仑山军队医院工作。她性格爽朗，由于母亲与院长、政委、护士长等曾是战友，无形中有种优越感。但随着她与汽车兵们的接触，以及汽车兵们高尚情怀的影响，她的思想有了很大变化，精神境界得到升华，成为新一代昆仑山人。

向西行：该剧男主角，他30岁，北京人，参军来到昆仑山，后提干进入军校学习，但毕业后他违背爱人的意愿又返回昆仑山工作担任汽车连指导员，为此二人分手。因而，他对女性有种敬而远之的感觉。但他又不失温情的一面，他是战士的朋友，也是以身作则的领导。他是剧中重点描写的对象，剧中集中表现了他军队领导干部形象和坚定的革命性。

黄　沙：该剧重点塑造的形象之一，他是农村老兵，不到30岁，却已参军8年，艰苦的生活使他患有严重的胃病，胃被部分切除，他是剧中很有特点的人物。他平时嘴上多有"怪话"，但关键时刻却体现了一个军人的精神境界，在风雪中，他永远长眠在那高原之中。他是一个色彩丰富的人物。

吴英明：该剧重点塑造的形象之一，他是军队医院的院长、52岁，总是血压高，却还和年轻人一起上山工作，他是老一代昆仑山人的代表。他的表现就像他对战士们所说那样："既然穿上这身军装，就什么也别说了！小伙子，这就叫军人，军人哪！"

268

（一）上 山

（军队医院里）

（急促的脚步声）

姜　宁：琪琪，琪琪！

鲍琪琪：你别管我，这样整人就是不行！

姜　宁：我求求你，别去找吴院长了！

鲍琪琪：哼！吴老头子，他干吗老盯着我？看我不顺眼！去年欢迎会上你没见？第一天就跟我过不去，这回就是他点名叫我上山的，还说："鲍琪琪这个人一定要去。"去就去呗。上昆仑山有什么了不起？可现在又要换我！一会儿这，一会儿那，这么摆布人呀，不行！

姜　宁：你听我说。别去找领导闹。你知道吗？唐教导员都发脾气了。

鲍琪琪：我知道，吴院长要换我，唐济民不但不替我说话，反而还说什么"对鲍琪琪这种特殊兵就得弄到山上去治一治"。你听听这是什么话！凭什么治我？我是劳改犯？反革命？我非找他们不可！

姜　宁：快别说了，琪琪。

（几个士兵吵吵嚷嚷从远处走来）

黄　沙：哦，姜护士、鲍护士，来点瓜子吧？

姜　宁：谢谢，不吃。

黄　沙：鲍护士吃点吧？五香的。鲍护士，吃吧，没关系，咱们不是病友吗？噢，对了，九十二团驾驶兵黄沙向您告别，我今天出院了。拜拜了！

众士兵：拜拜！古的拜！

鲍琪琪：瘪三样！

众士兵：（笑）瘪三样……小瘪三……

鲍琪琪：鬼地方，我简直待不下去了，不行！我要找吴院长去。

姜　宁：琪琪，你……

鲍琪琪：我要上山！一定要上山！

姜　宁：那你要冷静，态度要放好点，好好跟吴院长说。啊？

鲍琪琪：我知道，你放心好了。你快去值班吧。

（二）了 解

（山上医疗站）

解　说：向西行这个名字使鲍琪琪感到欣慰、鼓舞，又有一种说不清楚的吸引力。一个多月来，这个名字一直在她的心中游弋着。甚至当她翻阅她的日记时，读到她对向西行那些充满敬佩和感激的词句，那语气热情得连她都脸红。向西行，是

向西行！琪琪的心怦怦地狂跳起来。

（脚步声，门声，喘气声）

黄　沙：你好，鲍小姐！

鲍琪琪：哦，黄沙，是你呀。就你一个？什么呀，你个猴子！

黄　沙：咋？一个人不是人？

鲍琪琪：什么呀！来，快坐嘛！站着干什么？

黄　沙：行啦，咱这屁股上尽是油，可不敢乱坐，你们这么干净的床咱更不敢坐，哎，这块石头正好。

鲍琪琪：别出洋相了，就坐床上嘛！

黄　沙：好，好，这儿有个小凳，行了！

（凳子声，拿糖盒声）

鲍琪琪：来，吃糖，我们这儿可没烟招待哟！

黄　沙：行啦。有你鲍护士这个热情劲，咱就够了。刚才，我在你们站门口转悠来转悠去，进门时心里还直发毛，心想万一见了面你要问我一句："你是谁呀？找我干什么？"哎，我这脸非装在口袋里扛出去不可。

鲍琪琪：瞧你说的，你们才是那样的呢！

黄　沙：现在一看还行，一个多月还没忘记咱们哥们儿！哎哎，嘴上走火了，还真没忘记咱们革命同志。

鲍琪琪：（笑声）油条！

黄　沙：哎，到底还是一块翻过冰达坂的战友嘛！

鲍琪琪：哎，你们住在哪儿？

黄　沙：兵站呀！

鲍琪琪：哼！你们这些人啊，还有脸说人家？住在兵站也不来看我们！

黄　沙：咱这人可是讲义气的，我是真想来。可指导员不准请假呀！

鲍琪琪：行啦，再别提你们指导员啦，提起他来我可就气大了！哼，送我们上山那天晚上，满口答应把车停到兵站就来，我做了饭等啊等，等到两点多也没个人影，害得我们全宿舍的人都陪着不能睡觉，还吃了几天剩饭。

黄　沙：嗨，你要早说我来帮你们吃！

鲍琪琪：滚吧你，第二天一早到兵站找你们，站长说你们晚上加了油，根本就没在站上住。

黄　沙：哟，这是哪辈子的事，你还记着呢！

鲍琪琪：当然记着，你说说，你们这事办的气人不气人？光会骗人！回去告诉你们指导员，我记他向西行一辈子！

黄　沙：那好哇！能记一辈子，这说明你鲍护士老想着我们指导员。

鲍琪琪：狗嘴里吐不出象牙，不跟你说啦！

黄　沙：哎哎，别生气！说老实话，你别看我们指导员整天嘻嘻哈哈的，可他心里像猫抓一样，难过着呢！

鲍琪琪：什么事？

黄　沙：他叫你们这样的年轻女军官可坑苦了！老实说，他见了你们这样的人就有气，所以他才不会到你们这儿来呢！哼，那事要摊上我，我也不会来的！

鲍琪琪：怪了，什么事嘛？我们又没得罪他？

黄　沙：我不是说你，真的，真不是说你。我说的是那个没良心的张瑞瑞！

鲍琪琪：哦，对了，你在山下答应我的，上山后一定给我讲张瑞瑞的事，快说，到底是怎么回事？

黄　沙：嗨，反正就是男女之间那种事，爱情！那个混账女人，可不是玩意儿了！

鲍琪琪：别那么恶劣好不好？人家不爱他是人家的自由，凭什么骂人呢！哼（佯装地）我看你们指导员也没什么可爱的！

黄　沙：什么！我们指导员不可爱？告诉你，像你们这样的能找上我们指导员，那可是你们的福气，你们就偷着乐吧！

鲍琪琪：呃，恶心！他好，能让人家给蹬了？

黄　沙：蹬？哼！她张瑞瑞……我不说就是了！

鲍琪琪：不说就别说，谁爱听你们那些臭事？来，喝水。

黄　沙：哎哟！哟……

鲍琪琪：你嘴流血了！哟，嘴唇怎么裂成这样了？来，我给你涂点药。你别动，我来给你擦。

黄　沙：没事，我们谁都这样，指导员比我还厉害呢！

鲍琪琪：真的？

黄　沙：咱们分手以后，我们一直在热水海子蹲着。那鬼地方，不管谁到那儿都有反应，还特别厉害。前几天工兵三团一个姓乔的新兵正干着活就不行了，赶紧给你们打电话。

鲍琪琪：我们李医生他们上去了呀！

黄　沙：扯淡！他们到了上面已经两天过去了。

鲍琪琪：那有什么办法？我们又没有车！哎，那个战士怎么样了？

黄　沙：还能怎么样？死了！

鲍琪琪：死了？

黄　沙：死了，才十九岁啊！上去就坐我的车，一套军装没穿破，今儿又坐我的车进了陵园了，棺材也挺好的，又换了一套新军装……当兵的嘛，还要个啥！说实在的，我要哪天伸了腿，只要你鲍护士到那儿去看咱一眼，咱到阎王爷那儿再开车保证不会闹情绪。

鲍琪琪：别瞎扯！

黄　沙：要说正经的你肯定又不爱听。你们为啥就不能到前面去巡回医疗？就都坐在这儿等我们来请！哎，眼睁睁地看着上面的战士一个个地死，你们能坐得住？

鲍琪琪：我们也正组织巡回医疗呢！

（汽车喇叭声、人声："喂，驾驶员呢？"）

黄　沙：哎，来了！我走了。

鲍琪琪：你们千万要注意身体啊！

黄　沙：没事，我死不了！指导员怎么样我可不敢保证。哎，最好你能参加巡回医疗来我们那儿看看他，他就在热水海子那儿等你呢！

鲍琪琪：去就去，你个坏包！

黄　沙：哎，你可千万别告诉他我来过。他不让来你们这。

（汽车喇叭声、人声："黄沙！黄沙！"）

黄　沙：来了！来了！我还没死呢！走了，鲍护士。拜拜！

（三）交　锋

（山上医疗站）

吴英明：起床！快，来车队了！

蹇天梅：快，一定又是危险病人！

（急促的脚步声）

鲍琪琪：哟，黄沙！

黄　沙：鲍护士，我们指导员……你看！

鲍琪琪：啊？向西行！快点，快抬进来，那是我的铺，你磨蹭什么呀！

（忙乱的放人声）

吴英明：琪琪，快去拿氧气瓶。

鲍琪琪：哎！

（跑步声）

黄　沙：吴院长，病这么重，为什么不把他送到山下去？

吴英明：如果严重的话，不用你讲，我们也会把他送下去的！

黄　沙：哦，人都成了这个样子还不严重，要怎么样才算严重呢？

众战士：（甲）难道指导员死到山上才算严重吗？

　　　　（乙）死了你们也不会发善心的！

（脚步声走进来）

鲍琪琪：吴院长，氧气瓶。

吴英明：天梅，你给输氧，琪琪，你准备注射。

黄　沙：吴院长，你就准备用这玩意儿应付一下就了事啦，是吗？

吴英明：我说过，你们指导员是一般的高山昏迷，不要紧的，你放心好啦！

黄　沙：不要紧的，你看看人成了什么样子了！

鲍琪琪：吴院长，还是送下山去吧！

吴英明：我说过了，给氧、注射，休息一会儿他还可以开车！你们听见了没有？

黄　沙：你还要他开车？开个蛋！我们是人，不是毛驴子！我们指导员已经几天都没合眼了，昨天在野马沟差点翻了车，在水里泡了十几个小时，推着车往前走，昆仑山上推汽车是什么滋味你知道不知道！这个小战士冻得哇哇直哭，我们指导员解开衣服用自己的身子抱着他才暖过来！好我的吴院长啊，人都是爹娘养的，如今俺指导员已经成了这个样子，你还想叫他开车，你有没有良心？

小战士：（哭泣声）首长，你就让我们指导员下山吧，我给你们拉过冬炭，拉过菜，现在，你叫我……叫我给你们干什么都行啊！

鲍琪琪：吴院长，你……

黄　沙：走，鲍护士，你跟我们走，咱们送指导员去。

吴英明：不许去！

众战士：（甲）为什么不许去？！

　　　　（乙）你们这些当医生的还有没有一点人性？！

吴英明：往后去！你们想干什么？

众战士：（丙）好狗日的，耍野蛮了！

　　　　（丁）打死这个老王八蛋！

鲍琪琪：小心氧气瓶！

众战士：打！打！

塞天梅：住手！小黄，你打吧，打吧！我知道你们苦，你们有气，有火，骂也好，打也好，反正都是自己的同志，没有啥！可你们看看吴院长，好好看看……看看他的脸肿成什么样子了？五十二岁，头发都白了。他还上山哪！他上了整整一辈子昆仑山！他的血压现在到了二百二，他还不让我给其他人说，照样和你们年轻人一样拼命干。从早到晚，天没亮就爬起来处理病号，到现在连口水都没顾上喝。你们要有气就打我吧，我不会怨你们的。你们打吧，打两下你们心里也许会好受些。打吧！打吧！

（黄沙的哭声，战士的哭声）

吴英明：别哭了，小黄。都别哭了！昆仑山上当兵过的日子我心里都明白。可是，既然穿上这身军装，就什么都别说了！小伙子，这就叫军人！军人哪！好啦，把眼泪擦了，你们去吧！

黄　沙：是。吴院长，请你们多费心……

（众战士："多费心。"）

吴英明：指导员交给我了，你们尽管放心！

（四）牺 牲

（汽车行进声。几声喇叭长鸣。远处几声喇叭呼应着）

（突然，另一辆汽车拼命地超越过去）

（紧急刹车声。开车门声。脚步声）

向西行：黄沙，你吃错药了！发什么疯？明知道发动机架是凑合事，你还超车！你看看！弄成这样还怎么修？

（发动机盖声）

黄　沙：你喊个屁！这本来就没法修嘛！

向西行：你怎么知道没法修？要是能碰上辆过往的车……

黄　沙：碰见个鬼！连鬼都碰不到了！别说这条路，就是这个昆仑山，也只有咱们这样的孙子辈的才来呢！是人都不来这儿，来这儿的都不是人！

向西行：那你也不是人？

黄　沙：我也不是人！

向西行：你是个搅屎棍！

黄　沙：搅屎棍就搅屎棍，只要我不死，就搅它个翻天覆地！妈的……

（修车声）

黄　沙：哎呀，我说别费劲了，我都弄过多少回了。哎，破木头板、烂铁丝能当支架用，还要汽车制造厂干啥！我说趁早把车甩在这儿，你快点跑，到班魔掌叫辆车来接！

（发动机盖声）

向西行：好吧。来，把车上的罐头卸下来，往我车上装，能装多少装多少！

黄　沙：来，你在车上递，我来扛。

（解绳子声。搬动箱子声）

黄　沙：这熊天！下，下！真见他妈的见鬼啦！

向西行：伙计，今年这个关口可真不得了哇，什么都往前赶。

黄　沙：跑吧！只要能喘气，就得开着车跑，除非累死了才算数。妈的，假如进棺材时蹬个腿儿，还得拽起来开车？

向西行：给。少啰唆！只要你还能骂人，说明你小子还有点精神。

黄　沙：对，咱们就是属龟孙子的！

（搬动箱子声）

黄　沙：再来一箱。

向西行：行了，别逞能！

黄　沙：来吧！（唱）"咱这全身都是劲儿呀……"

（搬动箱子声）

(脚步声。连人带箱子摔倒声)

向西行:(大笑)不逞能了吧？真是个搅屎棍!

黄　沙:正好，咱昨晚在热水海子连口水都没喝上，水壶也早空了，干馒头也咽不下去，这散了箱的吃起来倒方便，省得撬箱子。先一人来一筒!

向西行:少废话，快捡起来往车上装。你小子老毛病又犯了!

黄　沙:我猜着你准是这两句话。实际呀，我是想给鲍护士留两筒。她可最爱吃桃子罐头。哎，指导员，留两筒吧，等到了班公湖你悄悄地往她手里一塞，别的话你也别说，她准高兴。心想:哟，小向可真是有情有义!

向西行:少废话，接箱子!

黄　沙:哎，指导员，我发现鲍护士最近真的有点变了。嗯——"我从你们的身上，看到了军人的责任、生活的含义，也找到了自己的位置。正由于我懂得了一个昆仑军人所付的代价，我才决心永远和你在一起。小向，你成熟、热情、坚强，能使我充实、满足、感到真正的幸福……"啊，亲爱的向西。叭! 吻你。

向西行:你，你混蛋，什么时候偷看的?

黄　沙:如何? 一字不差吧? 这后边是我加的。

向西行:你少扯淡。眼看要过达坂了，天这个样子，你就不着急?

黄　沙:早急，孙子都有了! 哪能现在还在谈情说爱呢!

向西行:看看，雪又大了! 你快戴上帽子，感冒了可不是好玩的，稀稀拉拉!

黄　沙:妈的，怪不得我觉得头皮发凉，耳朵发麻，这头顶上盖着一层雪呀!

(黄沙打了个喷嚏)

(汽车吃力地爬着)

解　说:大雪像个白色的精灵，没完没了地下着。天黑了，向西行只能凭着印象寻找道路。

(汽车原地轰隆声。打滑声。终于不动了)

向西行:哎哟，我的老先生! 这一夜才拱了十几公里呀!

黄　沙:(呕吐了几口) ……唔，唔……

向西行:好，歇口气，伙计，够劲吧?

黄　沙:没事儿，咱见得多了! 哎，我的药呢?

向西行:我说，赶明儿咱们一起休假上北京，给你换个狗胃吧?

黄　沙:行，换个狗胃，屎都敢吃! 妈的，要是有口水吃个药就好了 (咳嗽几声) 这干咽可真够受的。

向西行:给你来筒桃子罐头怎么样?

黄　沙:嗯——咽了! 你想让我犯纪律呀，才不上你的当呢!

向西行:别客气，来筒吧，不会给你处分的，跟指导员一起偷吃可保险啦。那桃子既甜又带点酸，可开胃了!

黄　沙：反正我把药已经咽了，不稀罕！咱来根烟抽，赛过活神仙。

向西行：给我也卷一根吧。

黄　沙：哎，指导员，你应该好好培养鲍护士，让她跟我学学如何卷好莫合烟。等你们结了婚，你开车时，两个指头一伸，她这么一卷，再吸两口，然后往你嘴里一塞，来个间接接吻，那多有味儿呀！

向西行：你小子又活过来了，烂胃又好了吧？

（汽车发动机声，又轰了几下油门声）

黄　沙：不行呀，水箱温度不够，已经开始上冻了。

向西行：快，把雪捏成块，塞到水箱里去。

（风声，车发动声）

向西行：快，我的手指头不能动了！

黄　沙：放在我这儿暖一暖。来，哎呀，比冰棍还凉。

向西行：真冷呀！不管怎么说，咱们也要把菜送上去。黄沙，你来发动。我去捏雪。

向西行：别逗能了，你难受的样子以为我没看见？我再捏几块。

（风声，车发动声，发动声突然停止）

向西行：不要停！不要停！怎么搞的嘛？你说话呀？……小黄、小黄你难受得厉害吗？你说话呀！

黄　沙：有点反应。没，没关系。来！

（车又发动了，发动机盖声）

向西行：不行了，水箱上半截全冻住了。

黄　沙：妈的，拼啦！你上来，咱们冲下去！拼完水箱的水拉倒，说不定还能冲下达坂呢！

（汽车启动声，行进声）

向西行：向左打——再向左——

（汽车轰鸣着、颠簸着前进）

黄　沙：妈的，老子就不信——来吧！

向西行：向右打——好！好！

黄　沙：冲啊！冲啊——

（音乐扬起。风声怒吼）

解　说：天亮了，暴风雪终于稍停了一些，好难熬的一夜啊！昨天，向西行和黄沙弃车而走，他们走啊走啊，似乎走了很多很多的路……

黄　沙：（喘着粗气）指导员，这是哪儿呀？咱们走到哪了？

向西行：小黄、小黄，你快看，咱们的车还在……还在……咱们走了一夜，又走回来了……

黄 沙：是呀，到底是开车的，走了一夜，还是离不开车。汽车好像是咱们的老婆……哎，指导员，我看咱们靠在这汽车边歇一会儿吧。

向西行：小黄、小黄！

黄 沙：别……别喊。我想睡觉……

向西行：来，起来。快走吧！

黄 沙：我……我实在走……走不动了。你一个人走，一个人走……走吧！

向西行：你瞎说什么呀。来，抱着我的脖子，我扶你起来。

黄 沙：不，我……我不走啦！我睡在这可……可舒服啦……

向西行：你……你想等死吗？不，不行。来，我背着你走！……

（向西行大口大口喘着粗气）

（雪里的脚步声）

解 说："我背着你走！"在这海拔六千八百米的冰峰之巅上，空气是那样的稀薄，哪怕是钢铁之躯都难以忍受。"我背着你走！"向西行背着黄沙，只走出两米多远，他的腿就再也抬不起来，"扑通"一声倒在雪窝里。

（人的喘气声）

黄 沙：放下我，指导员……放下我……你……你放下我啊！

向西行：你……你……快……快站起来！

黄 沙：我不走！死……死也不走了！你……你让我……死好啦……让我死吧！

向西行：（喘着粗气）（边打边骂）混蛋，你是个混蛋！没出息的混蛋！我……我打死你……你——你还是个军人吗？是军人你就给我站起来，站起来！我命令你站起来！

（脚步声）

向西行：对了，这才是军人的样子嘛！

黄 沙：（突然地）指导员，我求求你，你走吧！快走吧！

向西行：（搂住黄沙）不，小黄！我……我不能甩下你不管，要死我们就死在一起吧。小黄，不……

（人喘气声）

黄 沙：走吧，指导员，咱们为什么要……要死呢？应该活着……活着啊！你……快到哨卡去，这样才……才能救我。要不……咱们可真的要一起完蛋了。你……你不觉得冤得慌吗？

向西行：好吧。小黄，你躺在这儿别动，千万别瞎折腾，我马上就回来。来，把我的大衣盖上。

黄 沙：放心，我……我没事，不就是高山反应嘛……

向西行：一定要记住，别折腾！

黄　沙：你别啰唆了，我又不是新兵蛋子，用不着那么操心。指导员，这个锹把儿你拿着，当个拐棍使。指导员，你快走吧！说不定同志们正找咱们呢。

（风声大作）

解　说：昆仑山啊！你是伟大的，然而，你更是无情的！你的无情就在于你的高、你的寒、你的雪、你的冰。一阵冰雹过后，向西行又爬了起来。……

（音乐衬播）

天茫茫，地茫茫，迷路的向西行竟在原地转了一天，又见到黄沙。

向西行：（喘着粗气）……黄沙……黄沙……

（人的爬行声）

向西行：黄沙……黄沙……黄沙！

黄　沙：啊……

向西行：你……你……你怎么……跑到这儿来啦？

黄　沙：（喘气声）我……指导员……

（站起来又跌倒的声音）

向西行：黄沙，你别……别动！

黄　沙：来，来……指导员扶我起来吧，指导员，我没有劲了，妈的，这时候要有个拍电影的多好，这镜头多好啊。指导员啊，我这儿还有个桃子罐头，你吃了吧，要不就带给鲍护士吧。

你别、别那样看着我。这可不是偷的，是，是发的。你没看商标颜色都不一样吗？

向西行：对，对，是发的。你……

黄　沙：我想探家的时候带给我爷爷吃。他老人家牙不好，别的什么都……都咬不动……

向西行：小黄，一切都会过去的，等咱们俩探家的时候，我也去看看他老人家。

黄　沙：好，好，指导员……

向西行：小黄？小黄！

黄　沙：指导员，你见到鲍护士，可别……别忘了替我问好啊……

向西行：好，小黄，我们很快就能见到她，会见到她的，你要坚持住呀！

（风声怒吼）小黄！小黄！黄沙！黄沙！你怎么了？啊？黄沙……黄沙！

（哭声。音乐强起）

小　魏：（风声）黄沙，黄……沙……（由远而近）

鲍琪琪：向西行，向西……行。来，小魏，把枪给我。（放枪声）

（枪响）吴院长，你听！

小　魏：（众）找到了，找到了，向西行找到了！

鲍琪琪：向西，向西找到了！吴院长，向西找到了！

（人声："向西找到了！"一片枪声）

（音乐强起）

（压混响）

解　说：找到了，终于找到了！在茫茫的旷野里，只见两个冰雕的雪人紧紧地抱在一起，抱得那样紧，那样亲密。

鲍琪琪：（由远而近，失声地哭叫）啊?!（哭）向西，向西！黄沙，向西，向西，向西啊！我是琪琪！向西你看，你看，大家来接你们来了，接你们来了！

（音乐，衬播）

解　说：昆仑山啊，你看见了吗？在这洁白的世界里，那鲜红鲜红的昆仑之火，在风雪中燃烧。新的一代昆仑山人在短短的时间里，长高了，长大了，成熟了！他们经住了恶劣环境的考验，经住了艰苦生活的磨炼。啊，昆仑山啊！你仿佛有股神奇的力量，你使人们的灵魂净化，你使人生的价值得到升华！

（音乐扬起）

作品背景：

广播剧《啊，昆仑山》是根据李斌魁的同名小说改编。它是一首弘扬主旋律的激情颂歌。该剧歌颂、刻画了两代昆仑山人，着重描写了在艰苦的环境下新一代昆仑山人在成长。

该剧的背景是这样的：在昆仑山脚下的沙城县，有一所五二七守备医院。这所医院担负着一线哨卡、运输部队及驻军的医疗任务。为了前接后送，及时抢救病人，医院从 20 世纪 50 年代起就在山上建立了一个红柳泉医疗站。这个站海拔三千米以上，高寒多雪，交通不便，生活非常艰苦。驻站的医护人员每年都要替换，今年该轮到从大城市上海来的女护士鲍琪琪她们了。

训练提示：

1. 演播中，应把握人物的年龄、性格、出身、经历及心理、生理阶段。

2. 把握人物的语言声音造型及人物基调。

3. 把握不同人物间的相互关系、交流方式。

4. 把握人物的形体动作、方位感、时空感、环境感等。

5. 也要把握解说的任务、作用、风格与剧情的配合处理。

解说处理提示：

在《风雪昆仑山》的训练中，选择了几段与剧情相伴的解说词。本剧的解说词富有文采和诗意，或介绍背景，或推动情节，或描绘心理，或抒发情感。在处理解说词时，应细致分析，恰当表达，与全剧融为一体，更好地为表现剧情服务。

片段二"了解"开头的一段解说词：

解　说：向西行这个名字使鲍琪琪感到欣慰、鼓舞，又有一种说不清楚的吸引力。一个多月来，这个名字一直在她的心中游弋着。甚至当她翻阅她的日记时，读到她对向西行那些充满敬佩和感激的词句，那语气热情得连她都脸红。\ 向西行、是向西行！琪琪的心怦怦地狂跳起来。

这段解说词，很好地揭示出鲍琪琪与向西行同行上山后的心境，引出黄沙的拜访。

这里，有两个层次：前半部解说词介绍了鲍琪琪上山后对向西行的倾心之感，是整体介绍；最后一句解说词，则对鲍琪琪听到脚步声后的内心做了生动刻画。这是两个层次，要有从整体到具体的转换处理。

片断四"牺牲"中的几段解说词，表现了向西行和黄沙的处境、活动，对西部军人进行了歌颂。

解　说：昆仑山啊！你是伟大的；然而，你更是无情的！你的无情就在于你的高、你的寒、你的雪、你的冰。\ 一阵冰雹过后，向西行又爬了起来。……

解　说："我背着你走！"在这海拔六千八百米的冰峰之巅上，空气是那样的稀薄，哪怕是钢铁之躯都难以忍受。\ "我背着你走！"向西行背着黄沙，只走出两米多远，他的腿就再也抬不起来，"扑通"一声倒在雪窝里。

这两段解说，前面大部分是抒情性议论，是对昆仑山的感怀；后半部分是叙述，具体介绍了向西行的现状。因而，在解说时，要把握好议论与叙述不同语言的转换；整体感与具体感的转换。不能将整段解说处理成一种语言，一种逻辑感受，一种表现视角。

全剧结尾的两段解说词：

解　说：找到了，终于找到了！在茫茫的旷野里，只见两个冰雕的雪人紧紧地抱在一起，抱得那样紧，那样亲密。

解　说：昆仑山啊，你看见了吗？在这洁白的世界里，那鲜红鲜红的昆仑之火，在风雪中燃烧。新的一代昆仑山人在短短的时间里，长高了，长大了，成熟了！他们经住了恶劣环境的考验，经住了艰苦生活的磨炼。啊，昆仑山啊！你仿佛有股神奇的力量，你使人们的灵魂净化，你使人生的价值得到升华！

这两段充满深情和激情的解说词，既生动地描绘出向西行和黄沙的英雄画面，又以诗一般的语言，歌颂了新一代昆仑山人在成长。解说处理应当既有深情的描绘，也有激情的议论，又有诗样的朗诵之感，充分发挥解说描绘、抒情、议论的作用。

第十四章

影视人物配音

影视人物配音是深受人们喜爱的一种艺术语言创作。我们该如何看待影视人物配音？一部影视作品究竟是如何配音制作的？它是由哪些相关环节组成的？要配好一部故事片中的人物语言都需要哪些创作元素？本章将探讨这些内容。

第一节　影视人物配音的认识

配音是一门独立的艺术工作，但配音的成功却不只在配音一个环节，它涉及翻译、导演、录音、合成等几个工作环节。配音也绝不是单纯的背台词、对口形，而是根据原片基础进行再创造的一门艺术。

一、配音的概念

配音，有广义、狭义之分。

广义配音：指将未经现场录音所拍摄的画面在银屏上放映，按照人物口形、动作和片中情节需要，配录人物语言、解说、音响效果和音乐，使之成为声画并茂的艺术品。这个工作过程一般统称配音。

狭义配音：指在影视作品中，由配音演员或演员本人面对未经现场录音的银屏上的人物画面，按照人物的口形、动作和片中情节需要，专为人物语言的对白、独白等所进行的配音。

在这里，我们所要探讨的是狭义上的配音。

二、配音的种类

影视人物配音有电影配音和电视剧配音两种，其中又分为译制片的译配、国产片的配音。影视人物配音的种类大致可分为：译制片、国产片、美术片几种。

（一）译制片

译制片也叫"翻译片"，是指将原影片中的人物语言翻译成另一种语言。广义的译制片应该包括所有引进和输出的影片。译制片包括普通话译制片、外语译制片

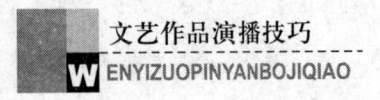

（也有中国民族语译制片）。狭义的译制片，特指汉语普通话译制片。

（二）国产片

国产片特指为国产影视剧中的人物语言配音，它也是目前影视配音工作的一个组成部分。国产影视剧若采用后期配音工艺可大大削减制作成本、缩短制作周期。同时，好的后期人物配音也可为影视剧增色，或弥补演员与形象的不符及演员台词的不足等遗憾。

与译制片、美术片配音相比，国产故事片的配音对于口形的要求更为严格，不仅要贴合口形的开合、长短，而且要求每个字（音节）都要严格对应口形。

（三）美术片

传统上把动画片、剪纸片、木偶片、折纸片一起统称为美术片。它是电影艺术中一种特殊的形式。美术片一般多取材于童话、神话、民间传说、科幻故事等，主要对象是少年儿童。近年来，随着科技水平飞速发展，美术片尤其是动画片的制作日新月异，电脑技术的不断发展，极大地丰富了动画片的天地，极大改变了传统动画片的制作方式，使动画片大大超出了以前的功能，相比译制片和国产片，美术片的配音要夸张很多，声音变化幅度较大，但也要求配音具有人物化、性格化、生活化。声音的表现力和语言造型能力同样要求较高。

不同种类的人物配音有不同的技术、艺术要领及侧重。

三、配音的特征

（一）制约性

影视人物配音是将银屏上演员的表演语言，从声音、情感、气质、表情甚或形体动作的影响都全面、生动、如实地再现出来。它的任务就是严格贴合原片人物的语言和表演。因此，影视人物配音具有严格的"制约性"。

生活中，人们评论一部好的影视译配作品往往爱用一个"贴"字，它生动传神地反映出一名好的配音演员理解角色、靠近角色的能力。同时，也表现出影视配音艺术在创作中对原片的依赖性以及原片对配音创造的制约性。

制约性是影视配音艺术的重要特征，有人称影视配音是"四度创造"的艺术。

"编剧"是"一度创造"。编剧创作者以文字为影视剧提供了片子的故事情节、主题思想、人物形象、片子结构、背景、风格等。

"导演"是"二度创造"。原片导演将影视剧本所提供的内容、人物、情节等，运用影视创作的特殊表现手段创造性地体现于荧屏，增强其表现力与感染力。

"表演"是"三度创造"。演员的表演是影视剧创造的重要组成部分，演员以自身作为创造材料和创造工具，根据剧本提供的人物和导演的提示，运用表演艺术塑造出荧屏上直观、生动的人物形象。

"配音"是"四度创造"。配音演员通过自己的配音，将原片中的人物语言忠实地再现出来。其中声音的运用、表演技巧、台词的处理、独特的说话习惯、细小的口形状态等都要贴合原片所配人物。影视人物配音不同于一般的表演艺术，不能根据自己的理解、感受自我创造，只能在表演"三度创造"的基础之上进行配音本体的再创造。反之，会与原片人物的语言、状态不吻合，有损于对其的表现。从这个意义上讲，影视剧人物配音是门严格的"再现艺术"，具有很强的"制约性"。

然而，影视剧人物配音的"再现"绝不是单纯模仿或照相机式刻板的还原，而是蕴含着独具特色的创造，是有限制的表演。因此"创造性模拟"应该是配音艺术的本质属性。

（二）技术性

影视人物配音的第二个特征是"技术性"，指贴合口形技术，即通常人们所说的"对口形"。

口形，是指片中人物说话或发声时的嘴部动作。贴合口形技术，就是指配音演员在配音当中让自己说出的台词与片中人物的说话口形状态相吻合的技术。具体指配音语言与原片人物语言的开口、闭口相一致，口形动作、气息状态相一致，使人觉察不到配音的存在。

贴合口形技术，可以说是影视剧人物配音所独有的，是完美再现原片人物的基础与保证。否则，即便把握人物再准确，表达技巧再高，也难有贴合的配音。

（三）多重性

多重性是指配音中的对象关注与交流具有"多角度"的特征。一般表演中，演员仅对表演的对手一方交流，只关注、接受表演对手"一重刺激"。但在配音中却要兼顾"三重对象"，形成"多重刺激"。

第一重：是原片中的"我"，即配音演员自己要配的人物。

第二重：是原片中的"他"，即片中与"我"交流的对手。

第三重：是配音中的"他"，即配音现场交流的对手。

配音创造若想获得成功，配音演员就不能只顾及配音现场的"一重交流对象"（广播剧演播可以），还必须顾及其他"两重对象"的行为与交流。原因在于，配音的一切反应和表达方式都受原片人物表演的制约，因此在配音过程中，要不断参照、关注、接受现场和片中人物及其对手的刺激，才能准确、有机地发出自己的语言信息，形成一定的表达方式。只有兼顾配音的"三重对象"，不断提示自己并获得多重刺激，方可产生准确、生动、有效的反应。这样，才能配出鲜活的人物语言，而不是机械地填充口形。

四、配音的意义

影视人物配音是一门独立的艺术工作，其意义：一方面在于将各个国家、不同语言的影视作品译配为本国语言，使本国人民听得懂并从中得到艺术享受。另一方面在于将本国影视作品中的人物语言配得更接近角色，以增强其艺术性和表现力，也可解决表演者本人由于种种原因不能参加配音的问题。

对于影视人物配音工作独立存在的意义，学术界有不同看法。首先就译制片而言，赞同译制配音的人占绝大多数（为此，我们国家还专门成立了电影译制厂和电视译制部），他们认为，将外国影视作品中的人物语言译配为本国语言，有益于广大观众逾越语言障碍，更好地了解内容、欣赏片子。如光靠打字幕，观众在观看影片的过程中会很忙乱，既要看片子情节、演员的表演，又要看字幕了解内容，会影响观众轻松地欣赏片子。同时，字幕往往比较简单，不足以反映出人物语言的全部内涵和情趣。另外，就我国目前情况而言，真正懂得外语并能直接观看外语原片的人毕竟有限，能听懂不同外语的人更是微乎其微。因此，译制配音工作很有必要，有其存在的价值，可以更好地体现原片完整的艺术性。上海、长春电影译制厂及其配音演员的工作，得到广大人民群众的认可和喜爱，就是最好的证明，人们甚至喜爱单独欣赏他们译配的外国影片精彩对白。

不赞同搞译制配音的人认为，外国影视作品各具特色、独具艺术魅力，语言也是其中的一个方面，译制成本国语言便失去了原味道。

笔者认为，从我国国情出发，译配工作的存在是必要的，有其存在意义。译制片的质量和译配演员的水平，才是问题的关键。人们不喜欢看到、听到的是缺少感受、追求洋腔洋调的低水平配音。看来要不要译配的问题焦点应为要怎样的译配。

比如，上译厂已故著名配音演员毕克为日本男影星高仓健在《追捕》《远山的呼唤》等影片中的配音和演员冯宪珍为苏联影片《办公室的故事》中的女主角的配音，无论是音色还是语言都非常贴合、传神，都受到了原片演员的赞赏。再有，上译厂女演员丁建华竟将日本影片《我两岁》中的幼儿从声音到感觉配得惟妙惟肖，令人惊叹不已（当然，这与录音技术也有关）。还有，上译厂著名配音演员李梓为外国影片《简·爱》《叶塞尼亚》中女主角的配音；刘广宁为《望乡》《魂断蓝桥》中女主角的配音；童自荣为《佐罗》等外国影片的配音；邱岳峰为各种外国影片中的人物出神入化的配音以及乔榛为多部外国译制片中男主角的精彩配音等，令人叫绝，都给观众留下了极为深刻的印象。上译厂著名配音演员乔榛曾说："我觉得我们的译制工作也是一种独树一帜的艺术事业。它不单单是对外国影片做一些介绍，配上普通话，而是一种艺术再创造。……我们的宗旨是还原，是把人家的东西原汁原味地传达给本国观众。……它可以通过我们的劳动让广大观众了解世界各国文化艺术的内涵以及风俗、人情等。有位美国电影艺术学院院长到我们厂参观，看了我们的译制片以后，很吃惊，说我们的工作是世界第一流的。《鸽子号》的导演从这里回去以后还写了文章，说他深深敬佩中国的配音演员。前年，美国著名电影演员格里高利·派克来厂看了我为他配音的《爱德华大夫》和毕克为他配音的《海狼》以后，激动得一夜没睡好，他对陪同他的翻译说：'我觉得很高兴，他们怎么对我的表演理解得那么深那么细，尽管我不懂中国话，但我觉得他们把角色内涵的东西都表达出来了。'"乔榛的话对我们正确认识配音工作很有帮助，也很有说服力。这说明好的、上乘的译配工作，是极为需要和重要的。

据了解，日本著名演员高仓健在他的影片《铁道员》摄制完成后，不满意影片字幕的台词翻译，想请毕克为他配音后再进口中国。但由于毕克当时正患病没能如愿。虽然我们将永远听不到毕克那深沉浑厚、内涵丰满的配音，但老一辈配音演员给我们留下的艺术珍品将永远激励我们为之奋斗。

就国产影视作品要不要配音的问题，也有不同看法。一种意见认为，国产影视作品根本不应当配音。对此，国家电影"金鸡奖"的评比规定中还特意提出，表演再好不是本人配音的也不能获奖。这其中的意思十分明确：演员这一职业是用自身做创作材料和创作工具的，演员的功力，除有表演方面的，也应有语言方面的，因此，衡量一位演员的演技当然不能将语言排除在外。毫无疑问，这种见解有一定道理。另一种意见则认为，从目前中国影视创作的现状看，国产影视作品中的人物配音也有存在的必要。因为有些演员表演、形象可以，比较接近片中人物，但语言表现力或声音型与人物有距离、不理想；更有一些表演者是业余的，或从事戏曲、舞蹈、声乐等其他专业的，他们的台词存在不同程度的问题，有的甚至连普通话都说不准。基于以上原因，如果不用配音演员来为片中人物配音其影视作品质量无疑会受到很大影响。

笔者针对上述两种意见，更倾向于后者。原因在于，一概而论说国产影视作品不应配音，就目前情况而言恐怕行不通。笔者主张，凡是专业话剧、影视演员、声音型与所演角色的外形相符又有条件配音的，都应自己配音。但凡语言表达功力和声音型不理想的，还需配音演员帮助配音，以保证作品的整体质量。

也许有人会提出：那以后挑演员时，凡语言表达和声音型不理想的就不选，不就不用配音了吗？实际情况是，对影视演员的选择与话剧演员不尽相同。话剧演员重在语言声音的表现力及形象；而影视演员则更侧重对其形象及表演的选择，因为影视作品是近距离拍摄，因此对这方面要求更高。因之，当演员与人物在形象上有距离时，根据话剧创作的特点，宁取台词准确有表现力的演员，因在舞台上表演离观众有段距离，形象上可以用较大的化妆来弥补。而影视演员却有所不同，通常会取形象更接近人物的演员来演，因为影视演员在摄影（摄像）机面前表演其形象是主要的，化妆是有限的，所以，在语言与形象不可兼得时，形象往往被放到主要的位置上，在后期制作中还可有配音弥补的可能。这恐怕就是影视导演为什么有时宁愿启用一些业余的或戏曲、舞蹈等其他专业的演员来扮演片中人物而不用一些现成的专业影视演员的原因吧。

大家知道，电视连续剧87版《红楼梦》中的演员来自全国各地，其中有不少是业余演员、戏曲演员和舞蹈演员。看原片他们的台词各式各样，有南方味的、东北腔的，也有的不会处理台词，语言平板，欠缺内涵和感染力，甚至有的记不住那半文半白的台词就用数数来应付台词，还有的声音与形象、气质不相符的，如果还用原班人马来配音，那出来的效果可想而知。此外，《红楼梦》中的演员众多，有的拍完此剧马上还有别的任务。这种情况，就需要配音演员来配音。此剧的配音导演对这个剧的配音处理比较妥当。她将表演者本人的声音、气质相符，具有一定表达能力且有条件参加配音的演员留下来配自己所扮演的人物；而大多数人物都是由她精心选择的配音演员来配。应该说，正是由于配音演员的再度创造，才使得王熙凤、林黛玉、贾母、王夫人、薛宝钗、袭人、平儿、晴雯等各种女性及贾宝玉、贾宝琏、贾政等这些男性人物形象更声貌贴合；也正是由于这些配音演员的再创造，方使《红楼梦》中的众多人物在听觉上，老爷有老爷味、夫人有夫人味、姑娘有姑娘味、丫头有丫头味、婆子有婆子味，有人物不同层次的区分，而且各具其貌，使得这部电视作品较为成功。

同样道理，如表现民族题材的影片《五朵金花》中的女主角"金花"，《刘三姐》中的"刘三姐"，以及儿童影片《闪闪的红星》中的小男孩"潘冬子"等给人留下深刻印象的人物，没有著名配音演员张桂兰的精湛配音，是很难如此成功的。因为扮演"金花"的演员杨丽坤是位少数民族舞蹈演员，普通话讲不好；演"潘冬子"的又是个儿童演员，处理台词也有困难，没有配音演员的帮助，他们所创造的角色就不会如此深入人心。此外，有些大家熟悉的表演者年事已高，配音也有一定困难，口形总对不上，这种情况也需由他人代配音，以保证配音质量与配音速度。当然，这需要配音者的声音、气质和语言表达都能贴近表演者本人，方能以假乱真。

其实，在世界上其他国家和地区也有配音艺术的存在。比如，德国、美国、英国、法国以及中国香港地区、台湾地区等都有专业的配音演员队伍和专门从事配音工作的制作实体。

综上所述，配音工作有其存在的价值和必要性，问题是如何保证严谨的配音创作与配音质量。有些之人反对他人配音，一是，不甚懂得配音也是一门艺术和它的必要性。二是，对目前许多配音不求艺术，只为经济效益，抢时间、争速度、粗制滥造现象的反感。因此，我们应当对影视人物配音区分不同情况，予以正确认识。

第二节　影视人物配音工作概貌

配音是一门艺术，一般涉及以下几个方面，形成一个过程，一个创作整体。

一、片子

译制配音的外国影视作品，一般来自三个途径：一是，我国花钱购买的；二是，中外文化交流互换的；三是，外国大使馆等赠送的。

国产影视片是国家各电影厂、电视台及各影视公司等拍摄的作品。

所有需要配制的影视片，若在电视上播放，还需经过"胶转磁"，即将胶片拍成的片子转录成录像带，再加以配制。因电影与电视是两种不同的拍摄材料，配音的设备、方式也有所不同。电影采用胶片拍摄，它的影像及语言、音乐、效果声等都各有一条带子，互相对应，但又相互独立。配音时，通常要将胶片带剪成若干小段，头尾相接做成循环带在放映机上反复循环放映，同时，也将相应的磁带在录音机上循环放，供配音演员对口形和录音用。如其中有一点出错，就要将整段片子重新录音。待人物语言录音全部完成，再将一段段的胶片接起来与其他音乐、效果声混录合成。之后，将混录磁底片转成一条光学声带供印制放映拷贝用。此外，电影配音的影像是投放在银幕上，画面比较大；而电视配音的录像，是投放在电视监视器或投影上，画面相对较小。另外，电影拍摄是胶片，电视拍摄的材料是录像带，录像带上有两个声道，一般合成带，一个声道是语言，另一个声道是音乐和效果。配音工作是在另一盘录音带上进行，然后，再与音乐、效果合成为一盘。配音时，对口形和录音，都可在某一段录像带中反复进行，如配音有错，可就地"打点"、重录，操作比较方便。而电影配音要是出现了问题，整段胶片就要报废了。

二、翻译

就译制片而言，一部片子的配音是否成功，翻译的优劣十分关键。在译制片中，翻译有两种情况：一种是没有剧本，只能听原片对白"听译"；另一种是有剧本，可以直接将其翻译成本国语言。

在我国翻译有三种方法：一是直译，二是意译，三是转译。

直译：是将各种外语原封不动地按原意、语序翻译过来，不加任何修饰。这种直译的方法不适于配音要求。因为直译的句子多为倒装句，语言不顺，又与中文语言的音节、字数不相等，此外，有的语言用词也不甚明了。

意译：是译制片翻译的主要方法。它是在遵循外语基本意思的基础上，根据需要，将外文翻译成中文的同时尽可能选用适当词汇，调整语序，使外文与中文的音节、字数相符。此外，还选择开、闭口形都与原片人物口形相似的汉语音节与词汇，译出人物语言的内涵及情趣。有的为了适应原片人物的说话表情与动作，并不拘泥于外文的表层意思、语序及词汇而进行整合。这其实也是一种创造，这是译制片翻译所常用的方法。

转译：有两种说法，一种是指将一种外语译成另一种外语；另一种是在意译的基础上，按照某种需要将原外文中的意思稍加改变，以期适用。这里指后一种说法。一般译制片以意译为主，需要时也可以转译。

　　比如，"你们总会叫上新朋友的，和自己观点一样。"这是直译。如改为："你们总会叫上志同道合的新朋友的。"这是意译。

　　又如，将这样一句台词："**你们可以相爱，但不要太认真。**"改为："**你们可以相爱，但要适可而止。**"这是转译，因前者的意思为俩人可以玩玩，但不能结合，这不符合我国国情和道德观念。因此改为后者，意思有些变了，似指不要过分了，这样可以为我们所接受，转译的作用就在于此。

　　另外，有些译制片的电影名，就用了很精彩的转译。例如众所周知的几部片子：《红舞鞋》被译为《红菱艳》；《正游泳的美女》被译为《出水芙蓉》；《滑铁卢桥》被译为《魂断蓝桥》；《卡萨布兰卡》有的译为《北非谍影》。这些转译的意义在于脱俗、避实、更具吸引力。

　　译制片翻译是最早接触所要译制的作品的人，因而，首先他要看懂原片，他要通过自己的工作了解、把握影视作品的主题、风格、时代背景、人物关系、人物性格以及语言特点等，并用中文的方式翻译过来，完成一次有限的创造。

　　上海电影译制片厂已故厂长、我国电影译制片事业的奠基人陈叙一对影片翻译有过精辟论述，他提出翻译片要："忠实原片"这一准则。要求对原片"上天入地，紧随不舍，拐弯抹角，亦步亦趋"，并阐释"忠实原片"并非忠实于原片的一字一句，而是要忠实于原片作者的创作意图，原片的主题思想、风格、样式等。为此，他要求在翻译外国影片时，不人为拔高或硬套影片主题。他还提出"翻译剧本要有味"，这点对于译制片翻译非常重要。因为外国影片的译制，不只是让人听出人物语言的内容意思，更要让人听出其文化、风俗、特点、味道等。陈叙一翻译、修改出来的剧本，既符合影片特点，又适应剧情、人物身份、人物关系等，尤其是体现外国影片中人物语言的外国味及幽默感方面更是精湛。在具体翻译中，他对每一个词语都追求意思的准确与对味。例如，在《加里森敢死队》一片的翻译中，他首先运用了"头儿"的叫法，不但符合影片中言者的性格、身份、人物关系等，更使影片风格突出、语言形象深入人心，以至影响国人至今都以此叫法体现出自己的幽默感。

　　在对著名影片《尼罗河惨案》这部译制片台词的修改中，更体现出陈叙一翻译的高超水平。例如，片中大侦探"波洛"在分析案情中与杀害自己妻子的凶手"赛蒙·道尔"的台词：

　　波洛：是的，你当时一直受到贝斯纳大夫的监护，她必须说话，又没别的机会。（改为：当时大夫一直在你身边，露伊丝不得不说，可又没有别的机会。）

　　赛蒙：别过分荒唐了。（改为：哦，简直太荒唐了。）

　　波洛：过分（改为：荒唐）？我不认为我荒唐，你的回答我记得很清楚：我会照顾你，谁也不会控告你的。（改为：并没有人怀疑你，我会照顾你什么的。）这正是她所（改为：这也正是她）想要得到的保证（改为：许诺），她得到了。

以上几处台词的修改，表面上看出入并不大，但懂戏的人及配音演员会发现，这几处修改有以下几个优点：

1. 交代剧情、人物关系更清楚。

2. 语言更加口语化。

3. 语言更有人物态度与职业特点。

4. 语言表达更有戏。

译制片翻译应具有较高的文化修养及翻译的相当功力，不是外语好便能胜任这一工作。原因在于，译制片的翻译除了要有较好的外语水平和有关知识外，还应懂得戏剧、表演、懂得"口形装填"规律（即字数多少与开、闭口形）等。

例如，某部片子的译本中有这样一句话："**这假期很短。**"这个句子并没有翻译错，但语言听来没戏。如改为："**这假期也实在太短了。**"便可更好地表现出男女双方依依不舍、难舍难分的恋情了，这其中的戏也就出来了。有时，翻译为了适应片子的风格，还要斟酌出适合片子风格和人物性格的台词。比如，一部外国喜剧警匪片，其中一个生性幽默的警探在生死关头仍对他的搭档出言幽默。原来的台词之意是"**长命百岁**"，后经翻译润色，改为："**爱活多久就活多久**"，这样的句子，更接近影片风格与人物性格。当然，台词字数也应合上人物口形。

又如，另一部外国片子中有这样一句话："**您说得轻巧。**"这句话，不像是大饭店的服务员对一位贵夫人所说的话，人物关系不对。若改为："**您真客气。**"便符合人物身份和关系了。即使一个简单的"**Yes，sir**"也不能千篇一律的翻译成"**是，先生**"，可依不同环境与人物关系来翻译，如果在军队里士兵说这句话，可翻成："**是，长官。**"这样比较有军人气质，语言也更有力度，更符合语境和人物身份。另外，在英语中有许多称谓都是同一个单词，也要依据人物关系准确翻译。否则"姐姐"成了"妹妹"，"弟弟"变成了"哥哥"，人物关系错位，说话口气自然也不相同。

翻译要翻好一部片子是非常不容易的，往往需要有广博的知识，熟知与片子有关的历史、地理、风俗人情等，方可使自己的翻译准确无误。同时，还需做大量艰苦细致的工作。据《青年时代的马克思》一片的翻译讲，她为了译好这部片子，特地看了马克思的有关哲学著作，并寻找查看了那个时代人的称谓，弄清了马克思的家庭成员及其关系，才保证此片的翻译工作顺利完成。有时，为了讲清一个意思，翻出语言的情趣、特色，甚至为了口形填充的需要，翻译要反复筛选、精心选用每一个字、每一个词。这样才有了精彩、幽默又适合口形的配音台词。

在译制片的翻译工作中，好的翻译有时同时担任"口形校对"的工作，他们为台词填充的口形长短合适，开闭口对位，与演员的表情、形体、动作相应，一经说出，似说"母语"一般，让人感到舒服。有经验的翻译还会在其翻译的台词中做一些简单的提示记号供导演和演员对片使用。比如，句子相连、停顿不长的气口、较长的气口；人物入画与出画情况；以及人物背镜、侧镜等的记号。这些记号可以有效地帮助配音演员对准画面和人物口形，不至于前后错位，发生混乱。

由于翻译工作极大地帮助了配音演员的创作，因此，每当人们称赞某位著名配音演员配音配得好时，他们几乎都会说：这主要是翻译翻得台词好。由此可见，翻译工作在一部译制片中的重要作用。

三、导演

配音导演（所有片类的导演）的工作也很重要，不是可有可无的，他们是一部片子配音的总体把握者，需要做的工作很多。

就译制片而言，配音导演首先要反复观看原片和原片有关的文字材料、文艺作品等，了解原片的内容、时代背景、风土人情，把握原片的主题、风格、人物关系、人物性格以及语言特点等，对片子有较为全面的认识与把握。与此同时，译制片导演还要和原片翻译一起研究台词剧本并加以润色，使其更清楚、更有戏，也更适于配音演员对口形。此外，配音导演还要根据原片、译本或剧本进行艺术构思，拟定导演计划。

上译厂已故厂长陈叙一曾指出**"译制片导演的基本功，就是理解原片"**，必须搞清影片是怎样的开头、结尾，哪里是高潮、哪儿是转折，原片的编剧、导演想通过影片表现什么，是通过怎样的方式表达的。从上译厂的老配音演员的回忆中我们得知，陈叙一规定每部影片译配前导演都要给译配人员讲戏，而且不允许有意思不清之处存在，也不能拔高、硬套、空讲，必须结合具体情况弄清每句台词的潜在语及准确意思。例如日本影片《砂器》表现了一名青年音乐家将音乐视为自己生命的全部，面对社会与命运的不公，他在矛盾、痛苦中沦为杀人犯，原片作者对此充满了同情与惋惜，这是原片作者的意图。陈叙一认为，在对该片的理解与表达中，不能完全按照我们的观点去任意拔高或硬套该片主题，而应忠实于原片的创作，按照其思路去还原原片。我们讲，也许这种还原更有意义与艺术性。

同样，面对一部美国影片《噩梦》，有些人从习惯性思维出发说这部影片表现了美国当时还存在着严重的种族歧视，而陈叙一指出："**这种看法是不全面的，影片没有说在全美国都是如此。影片中的黑人女大学生假期与白人女同学一起乘着小轿车出游，从她的精神状态和她的一言一行都反映出，她从未因自己的肤色遭受过歧视。而且她还对南方黑人那种甘心忍受不公正待遇表示不可理解。所以说明在美国北方，特别是加利福尼亚这种有大量外来移民的城市并不存在种族歧视，至少不普遍。**"我们说，这种阐释是大胆的，也是细致的、实事求是的。唯有此，方可正确理解片中人物的每一句台词，准确表达。否则，有些台词的内容和人物行为会解释不通。

其次，配音导演要根据原片中人物的性格、气质、声音等条件构想出每一个人物的声音形象，选择合适的配音演员，既要有不同的人物声音造型，又要搭配出一个和谐的配音整体。在选择配音演员时，导演既要考虑到配音演员的声音接近原片人物，更要考虑到配音演员的气质、表演能力如何。如二者稍有矛盾时，导演往往宁可选气质好、戏好、有理解力和表现力的演员来配，尤其是主要人物。而不选择只是声音接近原片人物，其他方面欠缺的人来配。导演选对了演员，可以说就成功了一半。

人员选定之后，按正规程序，一般导演要组织大家观看原片，明确每个人的配音任务与自己所配人物对号。同时对原片与人物进行阐释，统一认识，并指导大家排练（配电影片更要注重排练这一环节）。排练的内容除了不要求形体动作、舞台调度（但要知道）外，其他都与演员表演相同。期间，导演还要辅导配音演员把握人物、运用声音、对准口形、运用话筒等。准备阶段的排练目的，是为了让配音演员在了解全片和人物的基础上，靠近演员的表演，把握其心理动作、语言动作和形体动作以及人物性格、人物关系和语言特点、规定情境等，使自己的配音连贯、有机、准确、深刻、贴合。

在录音阶段，配音导演一方面要对演员的台词把关，如内涵、语气、节奏、味道、交流分寸等。另一方面，又要与录音师配合，提出声音处理的要求，以增强其表现力、整体感和层次感。

配音录制完成后，配音导演还要同录音师及音响师共同合成片子。配音导演要对语言、音乐、音响效果声音的比例等方面加以指导、把关，使片子整体具有完美的效果。

四、配音

配音工作是给原片人物配上台词，要求声音适当、感觉贴合、口形状态与原片人物完全吻合，这是一项艺术加技术的艺术创造活动。配音工作不是每一个演员或从事播音主持工作的人都可以胜任的，它需要多方面条件。

1. 要有较高的文化知识和艺术修养。否则，不能很好很快地理解片子和自己所配的人物。

2. 要有良好的语言功力和造型能力。以保证具有较强的语言表现力。

3. 要有一定的表演素质。有表演能力和内外部技术，才能活现自己所配的人物，不致被动地对台词，而是将整个人物的精神风貌、行为目的、人物性格与气质、人物身份、人物关系、人物的情感、思维、交流反应以及神情、动作等内容，从内到外一并融进台词中反映出来。使所配的人物准确、贴合、生动、有魅力。

4. 要机敏、反应快。因为配音演员需要在较短的时间内对原片人物有所理解、体验，又要尽快对上口形（不像一般话剧、影视演员接近角色有一个过程，从案头工作到体验生活，再演出或拍摄）。配音演员在工作中，除了要有娴熟的内外部表达技术，还要将自己的台词尽快熟悉起来，对准口形，以便在配音时，分得出一部分精力观看人物的表演和口形，更好地贴合人物感觉，使自己的台词处理得有机、自如。如脑子反应慢就会跟不上，难以应付较快的配音译制速度和兼顾多方面因素。

5. 要有填充口形技术与录音经验。配音演员要会修改台词，掌握填充口形技术，并具有良好的话筒前创作状态和一定的录音经验。否则，由于某一个人口形、台词对不上或不适应话筒前创作总出问题，抑或心里紧张，口腔、声音控制不好，导致出现杂音等各种问题，需要不断重录，就会影响大家的创作热情，也拖延了配音录制的工作时间。

五、录音

录音虽多属于技术工作，但也有艺术元素和艺术感觉，在配音制作当中，实际上也参加了创作。录音师除了要保证每个配音演员的声音不失真、符合人物的语音声音造型外，也需吃透剧本，了解原片的内容、剧情、风格、基调、人物的表演等，一起参加配音创作。

录音中，要兼顾片中景别的远近、场景的内外等，需要造成不同的"声画"（似镜头的不同景别）和环境感；需要录出配音台词的混响效果、场面的层次、人物的情感表现等。因此，录音师不能只懂技术，不懂戏和表演，只看仪器操作，将演员的声音都拉成一个平面，如在配音台词激愤喊叫时，也把声音拉下来，这就会使整个戏显得平平，高潮推不上去，缺乏一种震撼力。因此，录音师也应在配音中随剧情、人物表现的需要，伴随片中的时空感与人物语言的情感、距离感，时而推大或拉小音量，时而加上混响，时而调试配音演员的声音，使之改变一些本体音色，更加贴近原片人物，形成动态操作及艺术表现。

六、合成

合成，是配制一部片子的最后一道工序，合成的好坏也会直接影响片子的质量。总体而言，合成是将语言、音乐、音响效果三个内容按需要、合比例地混录在一起。在合成的过程中需要做的工作也很多。

首先，要把音乐准备好。在有"国际声"的片子中，语言与音乐、效果是分开的，只要将配好的人物语言与原片声带中的音乐、效果合成即可。不用再单做音乐与效果了。而没有"国际声"的译制片原片中，语言、音乐、效果都混录在一起，在这种情况下，就需要录音师将原片中的各种音乐从没有语言和效果声的中间一段一段地摘下来，再接成完整的乐句反复连接，直到够用为止。如某段音乐实在摘不下来，就要找相似风格、情绪、节奏的音乐来代替。如有条件的，可记下原片音乐的乐谱，请乐队演奏录制出来，供合成片子使用。

其次，要把效果准备好。在没有"国际声"的片子中，有的效果声较为独特可摘出并保留下来以供使用。但多数没有"国际声"的片子合成时，效果声是全部重做，这样做的好处是配音语言与效果声较为统一。有的在合成时，还要找一些效果录音资料一起合成。这样三种不同的效果声：原片的、实做的、录音资料的要一起用于一部片子中，录音师就要进行一定的技术处理，使几种声音协调统一。

合成的最佳效果是：该突出人物语言的就突出人物语言，该凸显音乐、效果的就凸显音乐、效果，使之有机、自然、鲜明。总之，在配音合成时，整个片子各种声音的大小、强弱、远近及声面的不同景深、方位、层次等，都要在导演的指导、把关和录音师、音响师的协同操作下，按照片子的需要而不断地变化、调整，与画面需要相吻合。

以上简单介绍了配制一部片子的工作程序及各个环节。其实，在译制片配音中还有一环没能涉及。即"口形校对"，这一环在译制片中也至关重要，在正规译制厂，它是由具有翻译或导演较高水平的专门人员担任此项工作。"口形校对员"将翻译好的台词再润色，对上口形的开闭及细致的气口，再交由配音演员配音。由"口形校对员"对过的台词，再配音非常贴合。但目前除了正规电影译制厂外，大多数电视台或配音制作实体都缺少独立的这一环，这项工作分别由翻译、导演以及配音演员自己承担了。

第三节　影视人物配音创作要素

一、贴合人物

贴合人物在配音创作中非常重要，它是配音工作的核心。它包括四方面内容：一是，与原片人物的语言声音相贴合。二是，与原片人物的性格气质相贴合。三是，与原片人物的表情动作相贴合。四是，与原片人物的内心感觉、所演戏段相贴合。

（一）与原片人物的语言声音相贴合

这是指配音演员要在自己的声音条件和音色范围内使自己的语言声音尽量贴近原片人物，让人感到声如其人、言如其人。有时，配音演员也需要进行声音化妆或运用特殊语言声音造型手段来帮助体现。

比如，大家所熟悉的一部比较成功的译制片《办公室的故事》，片中女主角、女局长柳德米拉叶芙妮可夫娜这一角色是由演员冯宪珍配音的。这个人物的配音之所以比较成功，不仅由于翻译将台词翻得比较好，配音演员的表达功力较高，也和配音演员与原片人物的声音音色比较贴合有关。配音演员在配这一人物时，根据需要用了她的声区的中、下部，所以听起来与原片人物的声音很贴合。

一般而言，配音导演会尽可能找音色与原片人物相同的演员来配该人物。这可给贴合原片人物打下良好的基础。但也有些译制片却不然。比如，墨西哥影片《冷酷的心》中那位美丽、善良的妹妹莫妮卡，原片中演员本人的声音又低又哑，但我国上海电影译制厂在译制这部影片时，却让著名配音演员刘广宁来配这一人物，她那甜美的女高音音色和柔美的语言，使中国观众感到这种声音正出自这位美丽、善良的女性之口，听来很贴合、很对味。这种情况在译制片中屡见不鲜。原因在于中外的审美欣赏与人的生理条件有所不同。一般来讲，欧美一些国家年轻女性的声音中低音色较多，他们也以这种音色为美。而亚洲一带东方国家，年轻、漂亮女性的声音多为清亮的小高音，人们也以这种音色为美。因此，这种音色的改换是有必要的，也具有实际意义，它符合中国人的审美欣赏习惯。同时，也解决了一些实际问题，比如，年轻、中年、老年女性的音色搭配问题。男声也有此类情况。例如，上译厂著名配音演员童自荣所配的角色，多为英俊潇洒的小生，音色往往高于原片人物。这是因为亚洲一带国家的人声音普遍高于欧美一些国家。

由此看来，与原片人物语言声音的贴合不是被动地贴合原片人物的音色，还有在符合我国审美欣赏习惯和生理条件的基础上主动创造的成分和内涵。这种创造是配音导演与配音演员共同来完成的。因此，笔者认为（也有人认为配音只能被动地贴合原片人物的声音）：准确地讲，配音演员与原片人物的语言声音贴合，实际上是来自两个参照值：一是，真正的原片人物音色。二是，配音导演对人物音色的选择与把握。配音演员要做的是利用自身语言声音条件，适当加以调整，更好地实现原片人物的语言声音造型。

应当看到，与原片人物的语言声音贴合，不仅指人的声音，也指其语言习惯、说话方式。如果这些方面与原片人物有距离，可调整其共鸣、咬字以及各种特殊造型手段，如结巴、松唇、裹唇等方法来接近人物说话方式。例如，上海电影译制厂的一位老演员在为某部外国电影中的一个国王配音时，当他了解到这个国王是个昏君，而且身体虚弱，却要处处显示自己国王的身份，就在其声音造型上用低沉、浑浊、嘶哑、发声时用力较大却底气不足、又在语言能听清台词的基础上带点含混的方式来处理这个人物的台词很贴合。他在为另一部影片配音时，为了贴合人物龅牙的外貌和说话特点，还专门戴了一副塑料牙套来配音，感觉十分符合人物说话的生理特点。从而解决了自身条件与所配人物有距离的问题。

（二）与原片人物的性格、气质相贴合

这是指配音演员不仅要配与自己性格、气质相近的人物，有时也要配与自己这方面有所距离的人物。

一般，配音导演多找与原片人物性格、气质相近的配音演员来为其配音。这样比较好把握人物，也容易表现，这在表演艺术中犹如"本色演员"。但是，表演或配音都是一门艺术，这就要求演员在自身条件基础上有所发展，具有体现不同于自己性格、气质人物的能力，这在表演艺术中犹如"性格演员"。配音演员也应如此，

不仅能配与自己性格、气质相近的人物，也能配与自己有距离的人物。其实，再与自己性格、气质相似的人也不会完全相同，终归不是完全的自我，何况还有不同时代、不同国家、不同地域和民俗的差异也渗透其中。因此，原片人物在性格、气质上无论是与配音演员相近或相远，都需要与之不同程度地去贴合。要贴合一个人，就应分析此人的一切：除了对其外部条件如身材、相貌的了解外，更重要的是要对其出身、经历、性格、气质、职业、爱好等进行全方位地了解，把握其内心、思维、说话方式等特点，因为不同性格、气质的人，说话是完全不同的。例如，一般绅士说话不会粗俗，较有礼貌，文质彬彬；一位军人说话不会很文弱，往往比较硬朗、干脆；同样是少女，一个农村人与一个城里人或一个从小生活在亲人宠爱的环境中与一个从小就无亲情温暖的人，她们各自的性格、气质和语言方式也绝不相同，有较大区别。

比如，印度电影《真真假假》，这是一部带有喜剧色彩的片子。讲的是这样一个故事：一个聪明、活泼的男青年拉姆从学校财会专业毕业后，为求职听从舅舅的劝告，贴上了胡子，又从电影厂的朋友那里借来一套老式的衣裤穿上去应试。因这个公司的老板与其舅是朋友，舅舅了解他的观念：不留胡子、穿着入时、爱好文体的青年工作上必不可靠。于是在考试时，拉姆装除了本业务以外其他什么也不知道的人，老板对他很中意，于是他得到了这份工作。拉姆工作十分努力很受老板赏识。但有一次由于他按捺不住对体育的兴趣与朋友共定计策，由朋友打电话谎称他母亲病了让他回家，于是他得到了老板的应允如愿看了一场曲棍球比赛。谁知，事有凑巧，拉姆的老板也去看了这场球赛，他看见了穿着入时、没留胡子的拉姆。次日，当老板盘问拉姆时，他在毫无准备之下，急中生智谎称自己有个长相一样、爱好文体的双胞兄弟拉克希曼。老板信以为真，并要他把这个游手好闲的兄弟带到他家教他女儿唱歌。当拉姆以拉克希曼的面目出现，成为老板女儿乌尔米拉的音乐教师之后，两人相爱了。但老板发现后不喜欢这个事实，又要拉姆教他女儿学习文化课想取代他"兄弟"将女儿嫁给他。于是，拉姆不得不在老板与他女儿之间无可奈何地来回变换着形象周旋着。片子的结尾是拉姆的事情终于败露，但却教育了老板，有了一个美满大团圆的结局。

因此，在这部片子当中配男主角的配音演员，就要同时配出两个兄弟的不同性格、气质和语言感觉：拉姆是内在、忠厚的，语言沉缓；而拉克希曼却是活泼、外露的，语言快浮。如果配音演员缺乏一定的语言功力，把握不住所配的两种不同人物的性格、气质，就表现不出他们应有的语言感觉，就会出现银幕上演员表演得淋漓尽致十分充分，而配音却配不出来，人物不贴，从而严重影响影片的译配质量。

总之，影视演员演出了人物的性格、气质，我们配音也应从语言中体现出这种性格、气质，这样所配人物才对味，人物的"视觉形象"与"听觉形象"才可能统一。当然，贴合人物的性格、气质，也需要"人生经验"和"创造性模拟"其关键

在于理解和把握人物。

（三）与原片人物的表情、动作相贴合

这是指配音要想真正贴合人物，不只要贴合原片人物的内心和语言声音要素，还得与其表情及形体动作相合。即贴合原片人物表情中的喜、怨、哀、怒等各种情感状态与变化，以及形体动作的走、跑、跳、卧、打等不同状态，这些都要通过配音语言显露出来。如片中人物哭着说话，边抽泣边讲，我们配音也要把这种哭着的感觉糅合在语言中；片中人物边跑边说话，我们也要有这种形体运动中的语言表现；片中人物边扔东西或边与人打斗边大声说话，我们也要与之贴合上，这一切都应在配音语言的感觉、语气、节奏、气息状态和气口上体现出来。即使是一些极细微的表情和动作我们也不应放过。比如，片中人物的摇头、耸肩、摊开双手、面露难色以及眉头动一下、眼皮耷拉下来、撇撇嘴等，这些细小的表情、动作都应从我们配音的语言、气息中有所体现。因为除了有声语言以外，还有由体态语构成的副语言。副语言往往以其辅助、伴随功能与人的有声语言共同构成人际交流的内容与形式。在广播剧演播中听众是看不到这些的，只能通过人物语言的声音、气息等表现方式想见其。而在影视人物配音中却不然，人物表现的一切，都要由配音语言完全体现出来，这样，我们所配的人物才可活灵活现、十分贴合。要达到这种境地，就要一切跟着人物做。感觉到人物的内心世界、表情、手势与动作状态，好似这一切全是自己所为，再把它们融进自己的语言、声音、气息中表现出来，达到有机、贴合。

比如，台湾电影《晨雾》中，有一段戏是表现生性活泼的女主角杜小梦，当她的女朋友问她为什么辞职不干了时，她一边用手向画盘中投着飞镖，一边回答。因此，为她配音就得随其语言并带出一下一下投出飞镖的形体动感才能配得形象、生动、贴合。又如，印度电影《真真假假》中女主角乌尔米拉误会拉姆的一场戏：由于拉姆忘了化妆成弟弟再去见乌尔米拉小姐，结果遭到对方的厌恶与追打。在影片中，乌尔米拉一边用苍蝇拍一下一下打着拉姆，一边随之有节律地喊着："你 \ 这个 \ 伪君子 \ 流氓 \ 无赖……"语言里既带有愤怒、厌烦，又融有相应的手臂挥打的动作感，与片中人物的情状十分贴合。

（四）与原片人物的内心感觉及所演戏段相贴合

这是与原片人物贴合最重要的方面，指为一个人物配音，就要从心理上"完全化为"或者说"极力靠近"那个人物，包括与其每一思维、反应及正在表演的戏段处理相符。

配音要贴上演员的表演和片中人物在规定情境中的反应，主要取决于配音语言所反应的人物内心感觉是否准确与贴合。也就是说，你要为一个人物配音，就要从心理上完全化为那个人物，具有那个人物在不同的场合中所表现出的个性、气质、情感、行为，真正把握人物的一切心理与行为，戏才对，配音语言才准与贴。因此，一名好的配音演员必须懂得表演、会表演、具有表演的素质。只不过，配音演员的表演是有限度的，是在别人表演基础之上的表演，犹如带着镣铐跳舞。因此，从某种意义上讲，配音是"表演加模拟"的艺术，也可以说是"创造性模拟"。表演，就必须全方位，从内心感觉到语言外化，从面部表情到形体动作。所以从表演出发去抓人物语言就不会流于语言本身，而是会深入到人物的内心深处寻找语言的依据。有了人物的整体风貌和具体语言动机及思维、情感的支撑，配音语言必然与人物风貌和具体情状相吻合。对此，原长影著名配音演员向隽殊曾说："**重要的是把握角色的内心世界和真实情感，才能以真切的语言、声调与角色的形象统一起来……她挨了一拳，我也感到自己也挨了一拳，这样发出的声音才有真实的痛感。**"其实，是替片中人物去感受。

笔者认为，表演是演员以自己的"有意识"通过表演技巧表现出人物的"下意识"行为。所以，配音演员在配音过程中，也要真听、真看、真想、真交流，替人物思维、替人物感受、替人物反应、替人物表现。与此同时，还要具备丰富的生活常识，方可对人物语言形成正确判断，准确表达。一些配音演员的创作体会也证明着这一点。例如，著名配音演员刘广宁曾讲过，她在为墨西哥影片《冷酷的心》中美丽、善良的女主角"莫尼卡"配音时，有一场戏是她被魔鬼胡安带到外地，生病后她很想洗个澡说："**我想洗个澡。**"但当时的上译厂厂长陈叙一却不甚满意地说："**你以为是现在厂里发了澡票（当时一般人家都没有浴室，要用单位发的澡票去外面的浴室去洗澡），你的戏录完了，说'我想洗个澡'那么随意。莫尼卡是修女，她在跟一个男人说这话，是很难开口的。**"当刘广宁再去看原片时，的确看到片中人物脸上有一丝尴尬的表情。这就是正确感知表达的规定情境，合理体现所表演的戏段对于配音的意义，也是配音演员依赖于原片人物表演的重要性，以及生活常理在配音中的作用。

又如美国影片《逃出堕落城》，又名《少女精英》。这部影片的女主角伊丹美在影片开始时，是以清纯甜美的形象出现，她对自己的男友高丹尼充满了由衷的爱。但当她因毒品走私罪（高丹尼及同伙将毒品偷装入雪橇内，让她带过境时，被发现遭逮捕的）被判入狱，经历了一系列监狱内的黑暗迫害之后，她变了，她的眼里闪现着仇恨的冷光，说话也粗声大气、语言生硬，与前边判若两人。因此配音演员在配这个人物时，应化人物的经历为自己的经历，感同身受，理解并体验到这一切。注意抓住她前后两个阶段不同的人物气质、语言上的反差，跟演员的表演相吻合，更好、更准地表现这个人物。

比如，伊丹美在她与高丹尼两次狱中见面的内心感觉及表现就不一样。第一次见面时，她是充满热情、不解与求助感。第二次见面中，伊丹美已对高丹尼有些失望了，虽然当时高丹尼说："**你要坚守我们的秘密，再忍耐一下，亲爱的，我爱你。**"她也说："**丹尼，我也爱你。**"但从影片上的戏段和演员的表演来看，此时她说这句话的感觉不是全副身心的爱情表白，而应为苦涩、失望之感，这符合伊丹美

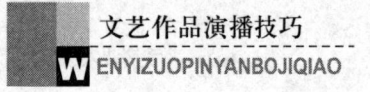

此时的心态和表现。

又如，《逃出堕落城》的另一个人物伊丹美的男友高丹尼，此人阴险、很坏。他害了伊丹美却还假惺惺地去狱中探望她。我们进一步挖掘这段戏便会看出，其实，他来探监的真实目的是想探听一下伊丹美是否将他和同伙供出来了，并想安抚对方，保护自己。所以，他第一次探监与伊丹美见面时，刚开始他的心情是紧张的，但当他得知伊丹美并没有供出他及同伙后，便稍安下心，哄骗伊丹美让她继续保持沉默。从影片中演员的表演来看，我们并没有看到高丹尼有明显的动作与表情，人物的这种表情，如换另一番台词也未尝不可。因此，他的内心感觉全凭配音演员自己的理解和把握来融于人物语言中表现出来。如果此时，配音演员对人物和戏把握不准，必然导致感觉不当，缺乏开始时的紧张感及之后的哄骗感。只是淡淡、平平地在说台词，这虽与人物的淡化表情的表层相符了，却没能准确表现出人物的深层心理与这段戏的内涵。

演员的这种表演尤其在欧美国家的影视片中经常出现。因此，配音演员一定要合理处置这种表演中的台词。关键在于，配音演员自己也应化为人物去进行表演，感受到这个人物的内心和全貌，进而了解他此时的内心感觉与目的，便可知道他会用何种方式来表现、来反应，自然也就知道自己配音该有什么感觉、该用什么方法了。千万不可只跟着人物的表层表演走，因为配音重在表现人物的内心。否则，人物的表情、形体动作配得再贴也仅是外表，缺少灵魂的展现，不能称为精湛的艺术创造。应当在配音过程中，抓准人物的行为逻辑去阐释、去体现人物的一切。由于配音有严格的制约性，因此要格外重视从演员的表演中细细揣摩人物的内心感受，使自己的配音与原片中的戏段及演员的表演更加吻合。

二、贴合口形

贴合口形，在配音创作中最具特点，也是一种集艺术和技术为一体的配音技巧，它是配音创作的基础。

贴合口形有几方面内涵：一是，与人物说话时口形的时间长短相合；二是，与人物说话时口形的开合状态相合；三是，与人物说话时肌肉的松紧状态相合；四是，与人物说话时的气口相合。

（一）与人物说话时口形的时间长短相合

这是配音口形贴合的最基本条件。因为人们观看配音的片子，首先最直观的便是看配音与原片人物说话时嘴部动作的开合、长短是否相合。如原片中人物的嘴还没动，配音语言却已开始了，或配音的话已说完，而原片人物的嘴仍在动，这便形成视听不统一，破坏了完整、逼真的配音效果。因此，人物口形的贴合，首先要做到与原片人物的口形开合、长短相一致，形成同步。

要做到这一点，就要对准原片人物的口形位置，尤其是译制片。由于不少配音演员不懂外语或外语水平有限，因而，在对口形时分不清、把不准配音语言的确切位置，往往发生台词前后错位的现象，尤其在大段台词面前口形很难对准。面对这个问题，在译本台词的音节大体一致的前提下，注意几点：一是，首先找准一段话开口和闭口的固定位置，并同人物的面部表情、形体动作相吻合，不能对口形很随意一遍一个位置。二是，要改变自己的本体语言节奏，去适应原片人物的语言节奏。三是，跟着原片演员的表演走，灌以相应的心理与形体动作感。

众所周知，生活中每个人都有随自身条件而产生的"基本语言节奏"，虽然这种语言节奏会随人的思维、情感、语境与人物关系等条件的变换而有所变化，但终究有其基本定位。在其他表演中，无论是舞台表演还是影视表演，甚或是广播剧演播中，都可以有某些演员自身的东西不同程度得到保留。因为在一般表演艺术中，演员的创作面对的是双重自我，即角色的我与演员本人。因而，也就不同程度地带有演员本人的某些东西合理地融于自己所创作的人物身上（有时还会监视角色的表现是否得当）。配音艺术属于"四度创造"就要全方位贴合原片人物，从外到内，从整体到具体。这也是配音艺术的难点与特点所在。配音的语言节奏要完全服从原片人物的处理，正如有时在对片当中，按自己的语言节奏走，难以对准口形，一旦调整自己跟上原片人物的语言节奏（从内到外），便可对准口形了。

还需特别注意，配音演员在配音过程中应跟着原片演员的表演走，参考其面部表情、形体动作、手势以及语言表达等心理与生理状态，跟上其感觉。这样十有八九能对上口形。因为无论是中国人，还是外国人，人们的眼神、面部表情、手势、形体动作等都是相通的，区别并不大。它们往往都与其语言的内容、色彩、意味相适应，对它们的关注和把握可以帮助我们进入人物内心，对上台词的内容与感觉。

如一般印度、巴基斯坦和中东一些国家的片子及某些喜剧片，演员表演较夸张，手势动作也较多。而一些欧美国家的片子，演员大多表演比较内在，表达台词时，面部表情较淡然、平缓，外部的参考性相对欠些。所以，更应加强内部体验，自己也应跟着片中人物去感觉、去表演。如单纯地对人物语言是机械的，也往往对不上口形。因你的注意力只在语言的速度上是表层的，只能对上总体速度，一旦遇到原片人物语言中，有几个字改变了原速，你就处理不好，对不准口形或变化不自然，从而导致配音语言与原片人物语言不同步的局面。因为人们不可能说话总是一个速度，他们会时而思考慢说，时而兴奋快说，时而羞涩轻轻地说，时而气愤大声地喊叫，这些处理必将形成语言节奏的多变。此外，不同的人表达自己的情感方式也各不相同。因而，配音演员绝不能以自己的感觉、语言节奏代替人物的。这说明，对口形只对原片人物的语言速度、音节数是不行的，一定要从原片人物的内心出发，把握其总的性格、气质，心里有了人物总的语言节奏的特点后，再从其具体语境、心态、情感、思维以及表情、动作出发来说出他的每一句台词，而且是以化为人物后的感觉和模拟人物表达的方式说出来的。毫无疑问，这时的人物语言在你口中便有了生命力，快慢、高低、强弱、刚柔、明暗等都那么有机、自然、贴合。这时，不但一段话的口形总体长短合适，就是在一句话中有两三个字需要拉长或加紧，轻说或重说，也会十分自如、适度。原因在于，你化为了人物，有了人物的灵魂、性格、气质、思维、情感和特点，不是一般地对口形、填台词，而是有情有义地表达台词。那么，人物在台词中所强调的东西，也就正是你此刻想拉开、突现的内容。如此，配音与人物语言便可二者有机契合。

如果不是由于配音演员自身的问题，而是由于翻译一环出现的问题，导致口形过长或过短时，我们可以在台词的具体地方标上音节多或少的有关记号，加以斟酌，看加什么字或减什么字。（一般来说，这一工作应是翻译与导演来把关，但有时，他们的语速与配音演员不同；或在非专业译配制作实体中，为抢时间仅将台词大致对一下，根本对不上；也有的翻译水平有限或不懂配音，仅凭片子做中文直译；更有甚者，有的翻译不看原片，仅凭录音带来翻译台词，这样别说对上口形了，有的连谁说的话也搞不清。因而，修改人物台词、对口形这一工作便大多落到配音环节了。）在增减台词时，配音演员应与导演商量探讨使其把关，不可任意处理。因为导演对全片的风格、基调、人物、主题等都有较准确、较全面的把握，不能因自己对口形的方便而随意加、减台词（配音演员的外语水平毕竟有限），导致语意不清、意思不准，以致影响全片的质量。这种加减台词文字的工作，应在不伤害原意的基础上进行。这点要特别注意。

配音演员自己加减台词的操作，主要关系到两个方面：一是，本人具备一定的文化艺术素养，知道自己在此加、减什么样的字或词较符合艺术表现规律，使台词准确而适当。二是，有填充口形的经验和技巧。知道如何巧妙地处理台词会更加符合配音创作和人们欣赏的规律。比如，一般在译配当中，台词多了，可删去句子中的指示词、转折词等虚词词汇，并不会干扰主要意思。因这些词的意思有的可体现在配音的语气中。当台词少时，需加词，可加语气词等虚词。例如：日本电视连续剧《阿信》中有一句台词："**（那么）平平庸庸没有一点性格的人，阿信真的要嫁给他呀。**"这句话稍微短了一点。配音时，加上"那么"两个字则语气很舒服，语意也更充分。当然，除去加、减虚词以外，也可以合理加、减一些有实在意义的具体词语，从而保证台词的顺畅、清楚、与口形长短吻合。例如，印度电影《真真假假》中的男青年"拉姆"为求职与老板帕瓦尼见面，"考试"那场戏的结尾，帕瓦尼说："**……但我有个小小的请求，请你以后不要在谈话时使用这样深奥的语句，写文章另作别论，听起来很费劲。**"就可将"**写文章另作别论**"这句话去掉。一来可使语意更连贯。二来也可更好地对上口形。

可以说，在配音创作过程中，除去专业译制厂有口形校对这一环节外，一般译配外国影视片，没有一部不需要配音导演与配音演员自己修改台词便能与人物口形的长短相吻合的。

加减台词，一定要遵循语意清楚、语言通顺、有个性、口语化、生活化的原则。如果外文意思与中文意思实在对不上、太绕口时，也可按语意改词。

（二）与人物说话时口形的开合状态相合

这个问题对于译制片配音来说尤为重要。因为，配音当中除去说话的时间长短与原片人物的口形一致以外，口形的开合状态也要与原片人物的语言基本相合，使得配音犹如外国演员自己说出的母语，那么对味，那么舒服，好似根本没有语言的转换（这当中必定有翻译与口形校对员的功劳）。

诚然，外语与汉语不同，通常一句话中的音节往往多于汉语，这就要求翻译首先要找准其中心意思和最关键的词，按照中文的规律译出，并按其音节多少转换为中文台词。一般，非专业译制片的翻译就仅做到此。而真正专业译制片的翻译，不仅于此，还会进一步揣摩、寻找适合原片人物口形开合状态的词汇，这样，配音演员只要台词位置对得合适，便可基本配上口形的开合状态。当然，在译制片中口形的开合状态不可能每一个音节都对得上，但在一段台词的头、尾，尤其在人物的近景、特写中，特别应当让二者相合或相似。这就需要配音演员在了解口形贴合的各种条件后，做一些行之有效的处理。

一是，若口形长短合适，只是开合状态不符时，快速找出既符和原片人物口形开合的状态，又不伤原意的词或字换上，以使自己的配音口形既准又合。最简单的方法之一，是在不影响语流节拍与表达清楚的前提下，再加上一个正好合上口形开合状态的语气词等虚词与之相合。二是，除去修改换字的处理方法之外，还可以做配音语速的快慢微调。所谓微调，是指在某些音节上语速加快或放慢，但不影响整段话的口形长短，需要时稍加调整可正对上口形开合的状态，这也是行之有效的方法之一。

（三）与人物说话时筋肉的松紧状态相合

这也是配音口形和感觉与原片人物口形相合的一个方面。所谓筋肉，它包括两部分：一是指呼吸肌，二是指咬字肌。

配音也需要与人物说话的筋肉感相合。这个道理很简单，试想，画面上人物由于激愤而嘴在用力咬字说话，而配音语言却没有这种嘴上用力的筋肉感，或画面上原片人物正处在轻松、恬静的状态之中说话，而配音演员却没有以同样的筋肉状态来表现，而是以比较紧的筋肉状态来说话。那么观众不会认可，因为这两种说话状态很不相符，观众有着自己的经验参照。严格意义上讲，这些破坏了配音创作中"贴"的原则，也是口形状态不贴合的表现。

要解决这个问题，不能只贴人物口形的外部长短与开合状态，还要极为重视其内心状态导致的筋肉的松紧感。从表演出发，跟上人物的种种心理与生理感觉与表现，适当调整自己说话的筋肉感，该松则松，当紧则紧。使人观之，内外统一，声像相合。

例如，巴基斯坦电视剧《罗比是谁的女儿》中，有一段戏是女主人公莎吉达与男主人公恩瓦尔因孩子问题争吵起来。莎吉达在得知恩瓦尔误解了她正确教育孩子的初衷，反以为她是嫉妒孩子与恩瓦尔的感情好时，她被激怒了。原片中她是咬着牙一字一顿力度很强地说出了自己心里的每一个字。这时，配音演员就随着她的心态、情绪和思维，配音时内心也激动起来贴合人物激愤的说话状态，嘴上也非常用力地说出每一个字来。这样，人们才会认为，这配音的每一个字都是出自女主人公那受伤的心灵。

（四）与人物说话时的气口相合

这是配音与原片人物口形相合的重要条件。人们说话时不是一口气到底的，由于各种原因（有生理的，也有心理的）会有许多"气口"。这些气口的存在，必然影响到说话的语流，使中间断一下（时间长短不一），再继续前行。因此，我们配音要想口形十分贴合，必须驾驭好配音人物语言的气口。

一般国产影视片中，人物语言的气口都合语法和语意。但在译制片中，由于中文与外文的句子中句式和词汇位置等的不同，即使翻译成中文，有时为配上片中人物的气口也难以完全合上中文语法、语意的停断点。尤其为配合上片中人物的表情、手势、形体动作时，给配音气口的处理带来很大困难。比如，在《罗比是谁的女儿》中，莎吉达有这样一句台词：

"告诉你，今天／我给你／炒的苦瓜，还烙了咸饼。"

按照汉语语法，这个气口就不合适，但由于台词音节的多少制约，不得不在此形成气口并与人物的表情、手势感觉正相符。如果，硬在"告诉你"处停断，语法语意都合适、清楚，但片中人物仍在说话，嘴还在动，气口就不贴合了，也与人物说话时的感觉、手势不相符。在此，也不宜用"语速微调"来处理，原因是片中女主人公正是大近景镜头，她的每一个口部动作都非常清楚。当然，在翻译的努力工作下，配音台词绝大多数气口还是符合中文的语法和语意的。

在配音创作中，欲想划准气口，把握气口，表现气口，应从两方面着手：一是，参考音节多少和语法、语意；二是，参考演员的表演，紧贴其表情、手势和动作。通常，台词音节只多两三个字或少两三个字时，配音演员在允许的情况下，可加减合适的字。如不适合加减任何字时，则用放慢或加快一点语速的方法调整。因为片中人物讲外语，可以不与汉语音节一对一相合，也不易被察觉。但在原片人物是近景、特写镜头口形非常清楚时，则不适合用此方法，以免露出破绽。气口，在国产影视片中比较好划分，但在译制片中却有一定难度。

一般在台词气口无标记的译本中，配音演员不应在对片初始，就匆匆划上气口。而应再仔细揣摩片中人物的表演及其他相关因素，自己小声地跟台词走几遍，如有问题可以修改，如无大问题基本都对得上，再划上气口。然后，关上监视器对"默片"（即关上原片声音，只看图像），看是否对得准。因为跟着片中人物的语言走，往往可以对得很好，因何时起、何时停、节奏如何都有参考声。若自己跟着无声的片子走时，却往往难于驾驭。原因是，也许你没记准原片人物台词开口和结束的标志；或以自己的语言节奏代替了人物的语言节奏；或对片时只一般地对台词，没有完全随片中人物的表演进入状态导致语速不当；或对片时，随着片子人物的表演走了，在对"默片"时却心里感觉没跟上，导致气口对不上。凡此种种，都要调整，直到与原片人物的语言节奏、感觉表现完全一致为止。从这个意义上讲，配音演员在初学期间的对片阶段，应特别注意对"默片"口形这一环，这是因为配音是在默片的状态中进行，一关掉声音会缺少参考声，不易对上口形与气口，所以在这个阶段一定要加上台词的表达感觉和语气处理，气口也可做些合理的处置。一味平念一段台词与带有表达处理地说一段台词的语言节奏是不相同的。另外，对口形不能完全被动地跟着原片人物的语速走，也可对台词做些合理的小改动，使台词的表达更合理、更舒服。如有些极小或无甚意义的小气口为了语意的连贯可不必表现出来，在语流中一带而过，不留破绽。

如著名配音演员张桂兰在处理日本连续剧《阿信》中的两段台词，就很有经验，值得借鉴，我们可从中得到有益的启示。一段戏是阿信做工的东家的女儿阿代问她愿不愿意嫁给一个暴发户的儿子。阿信其实不愿意，但又有东家在旁边不好直说，便用比较含蓄的方式回答了阿代，她说："**我只是刚刚才听说的。**"看原片，阿信的口形是前几个字松，顿了一下有个小气口，后几个字较紧，如机械地按原片人物语言走，会显得很生硬，不舒服。张桂兰在其中的小气口处没有停下来，而是直接将台词说完，语气适度，结尾正好压上口形，让人听了很舒服。当然，这句话里的小气口并不是伴着片中人物的思考和特定心理而产生的，是两种语言的转换所致，所以可这样处理。在《阿信》中，还有一段戏是儿时的阿信喊小男孩阿义去睡觉。原片中人物口形是"阿……义"，中间拖得较长，如按原片处理太懈了，不好处理。张桂兰根据片子当时的语境是晚上，又是阿信叫阿义去睡觉，就将台词处理成先打了个哈欠，再喊阿义，这样正好与原片口形相符，让人看了感到既舒服又符合原片语境。

配音演员在配音对片中，气口对上了，而且对得很舒服，配音时心里就会很有底，可以进入一种良好的创作境地。反之，气口没对好，只对个大概，也没有对默片，心中便无底。在录音时，心总提着，感觉蹚着走，或等气口，根本无暇顾及语言感觉和语言表达，这怎么会有高质量的台词表达呢？当然，要对准台词的气口，也要依靠一些相应的方法来记住气口的前后标志及气口的时间长短。要做到这些，需要记住画面镜头及人物的表情、手势、动作等有关情况。如原片镜头是人物的正面、侧面；人物说话是在画外，还是中间入画；镜头是人物的中景、近景还是特写；以及人物正在做什么、表情如何、手势如何、形体动作如何等。在对片时，初学者不妨将这些有关情况用简单的三两个字标在译本（外国片）或剧本（国产片）上来提示自己。

例如，87 版电视连续剧《红楼梦》中，"平儿"训斥婆子们的一段台词：

    （走说）   （坐下）

"……她是姑娘家，不肯发威动怒，这是她尊重。果然她动了大气。撒个娇儿，

      （快说）   （手指）

太太也得让她一二分，二奶奶也不敢怎么样。你们就这么大胆藐视欺负她，可鸡蛋

 （画外）

往石头上碰。"

实践证明，配音演员在对片时，如不对台词气口和人物处理有所标记，记性再好也难以记准。尤其是为主要人物配音和初学者，这点更重要。因配主要人物台词较多，时间紧；而初学者还不熟悉配音创作，容易乱。当然，对配音台词的气口如何标记，无一定之规可自行处理。此外，应真正跟着片中人物走进入表演状态，注意人物的嘴，看他刚要动，自己马上就开口，但声音、气息要自如。在记忆气口的时间上也有一些办法。比如，当片中人物的嘴唇看不到、看不清，人物的镜头较远、或较偏时，可以用内心数数来合上台词的节律，当然，这种数数也应合上人物的呼吸节律，它有一种参照值。一般而言，真正进入原片人物的内心，跟其表演走，台词较熟，译本没问题，台词与气口就基本能合上。当然，由于各种原因，人物台词是无规律可循的，需要我们在对片、配音时，眼、脑、口高度集中并跟上，才不会漏气口、对不准。但是，对片和配音时也不应太紧、绷着劲、僵滞、总憋着气等着。这样，人物说话的感觉及呼吸节律便不对了。应在对片与配音过程中，始终自如呼吸，适应人物的情感运动及变化。

总之，与原片人物的口形贴合，只有兼顾了以上诸方面内容，方可真正、全面的贴合原片人物语言。

三、贴合气息

气息在配音创作中的作用异常重要。它是我们体现片中人物的内心感觉与外部表现的枢纽，也是贴合人物的重要元素。在影视人物配音中，无论是与原片人物的戏贴还是口形贴，都离不开与人物的气息相贴。

著名配音演员肖南在他写的《一个配音演员的日记》一书中说："实际上，配音演员的工作，就是对原片演员的表演，逐渐理解、模拟、不断体会和认识的过程。"他又说："所谓模拟，是指从动作出发，在深入理解人物的基础上，参照原片演员的语调处理、声音控制、台词的强弱起伏、感情变化，用汉语把她们再度表现出来。台词的外部表现形式是可以模拟（模仿）的，但情感是不能模拟的，它只能体会。不能光从表面上学，要从内心出发，要理解人家为什么这样说，不要只单纯从形式上学人家台词的声调，要有内心的体验！"这些论述进一步揭示了配音创作

的实质所在。在这当中，气息贴合是配音这门艺术的重要部分。

如前所述，配音创作是在原片演员表演的基础之上进行的，它有严格的制约性，但又不乏自身的创造性。这种有限制的创造独具内涵，体现于两个方面：一是，通过片中演员的表演即外部体现形式来反推、体会原片演员的内在体验。二是，从自己对原片、对人物的理解出发，跟上原片演员的体验并模拟出其外表体现的一切形式。也就是说，配音演员的创作成功必须做到两方面：一方面是在对片中人物表演的理解基础上有自己的正确体验。另一方面是有高超的模拟技巧，将原片中演员的一切外部表现形式都通过自己的语言、声音、气息全方位体现出来。诚然，要想只通过语言、声音一个途径全方位展现人物的心理、生理与外部状态，气息无疑具有重要作用，它既有说话的生理支撑的"动力作用"，更有体现思维、情感、形体状态的"表现作用"。可以说，在文艺作品演播中，气息的作用既重要又显而易见。对于"创造性模拟"的配音艺术而言，气息更具有非同小可的作用和重要意义。片中人物的一切都在观众的视野中，他的一言一语、一呼一吸、一举一动都展现在观众目前，若一点没贴上，都会影响配音的整体贴合。

影视人物配音中，如果配音的气息节律与原片人物的气息节律不相符，那配音语言的节律、气口就乱了，对不上。所以，凡有经验的配音演员都知道，配音时一定要合上片中人物的气息节律与变化，否则，人物语言和感觉就合不上。因为人物语言中的气息并不都是均匀、完整的，经常为了体现人物情感或配合人物动作，忽而提起气来再说话；忽而话说了一半便憋住断在那里；或边笑边哭边说等，气息散乱、变化多端。此时，若配音演员找不准人物的气息节律便根本无法配准人物台词。或者是片中人物有走动、站起、坐下、跑步等形体动作及思考等不同情状，却没有气息的显露，只在人物开口说话时才有气息使用。那么，人们看了会很不舒服，会认为你配的这个人物不生动、不完整、不真实。因为生活中，人只要活着就有气息的运动，不管自己有意无意它都会显露出来，怎么可能说话时才有气息运动，其他时间却没有气息的显露呢？何况很多时候在没有语言时，人物在不同心理与形体状态下也会有气息的显露，表现为一提一松、一嘘一叹、一抖一颤、一喘一憋等不同气势与气状，极为清楚、生动地反映出人物的内心与外部状态，表现出一定的思维与情感、表情与动作。气息在此，显现出极大的表意、表情和表形作用。与广播剧演播及其他舞台剧表演不同的是配音演员的气息与原片人物不得有任何出入。

为了贴合上原片人物的气息，配音演员在配音的对片和录音过程中，应始终以原片人物的气息状态为依据，努力贴合，连一些细小的气息显露也不放过。比如，人在思考时，每每伴有轻微的气息声可透出其思维的一些信息；人在坐下时，往往伴以出气或松气声；而站起时，又会发出提气的声音；快走或跑步时，往往伴以较促较重的喘气声；甚至人在开口说话前，往往也先有随内心相伴的气息显露。尤其是一些欧美国家的片子，由于他们注重片子的视觉性，因而人物的行动较多，语言相对较少，这就更要求配音演员紧紧抓住人物的气息状态来细致入微、合情合理地体现人物的内外部情状，淋漓尽致地再现好人物。

从这个意义上讲，配音，当然包括配出人物的所有气息状态，包括说话与不说话。做不到这一点，就没有完成好配音创作。

值得提及，由于每个人的外化、表达方式有所不同，因而有时，配音演员再有准确地体验，也会与原片人物的表现形式稍有区别。因此，配音演员一方面要从自己的内部体验出发，另一方面又要去有感受地模拟片中人物的一切表现形式。如自己的体验与片中人物有距离，也应从人物的外部表现形式来反推、揣摩并靠拢人物的感觉及表现形式。在气息方面，要严格贴合原片人物的气息状态，如长短、强弱、深浅、停断、松紧与节律等。一般而言，只要配音演员跟上原片人物的心理和表演，气息就会基本相合，再仔细参看原片人物的具体处理便会贴合得更好。

总之，在影视人物配音中，气息伴随人物的一切行为和活动，将气息的运动和丰富多样的变化显露在配音语言里，我们就能配出鲜活、完整、有神采的原片人物。

第四节　影视人物配音创作要求

影视人物配音与其他艺术语言创作及表演相比，有共性的一面，也有特性的一面，是有限制的表演和创造性模拟，在具体创造中必有其自身要求。

一、配音任务

影视人物配音，首先要明确配音的工作程序和内容。一般而言，配音演员在接到一部片子的配音任务后，先要通看剧本或译本，了解全片和自己所配的人物，形成整体与具体把握。例如，了解全片内容、背景、主题、基调、风格、样式、人物性格、人物经历、人物关系及发展变化等；全面、准确、深刻地把握所配人物的个性，然后，再开始对人物台词、对口形。

配音创作的前期工作很重要。通常，在这一阶段中，导演会先组织所有参加配音的演员来看一遍片子。其间，导演会告诉你，你配哪个人物。观片之后，导演会对全片各个方面及每个主要人物给以介绍和阐释，提出一些具体要求。在心里有底的基础上，配音演员再去对片，去从各方面接近、靠拢自己所配的人物。对片的过程，其实就是配音演员不断加深自己对所配人物的了解、体验，最终融为一体的过程。配音演员应从本体逐渐变为人物，具有其灵魂、内质与外形，在自我控制与融合下以人物的面目出现，进行表演。事实上，再有经验的配音演员也难于立即贴合上原片人物。因为你还没有完全认识他，不知道这个"自我"都有什么样的内心世界，不知道其特点，行为的逻辑性、合理性，对此人物自己应该融合多少"第一自我"。因为人与人不可能完全相同，如只以"类别"划分，则难以淋漓尽致地表现出每一个不同的人，你的配音创造只能是一般化。原片演员的出色表演，如因你的配音再创造不称职，无法得以完美体现减色了，这将是很大遗憾。因而，配音演员一定要重视配音的前期工作，将把握不准或理解不到的东西，及时请教导演或翻译。

影视人物配音中，一般为国产片配音比较好把握，因大家比较熟悉它的氛围。但有的片子，原片演员的表演不尽如人意，导演要求在配音上加强感觉与表现，这时，配音演员就要在配音当中适当、合理地实现这一点，以弥补一些原片演员表演的不足。但这毕竟是少数，绝大多数情况下，配音还是要贴合原片人物的感觉来表现。国产片的人物配音也有一个难点，即配音语言一个音节都不能错位，因为国人知道自己的母语，稍有错位便看出破绽了。因此，配音演员在准备阶段就要准确、自如地对好每一个字音。

影视人物配音中，译制片的配音准备往往问题较多。例如，不同国家和地区的历史、风俗习惯、思维意识等都不大相同，离我们较远。有时一点障碍都会影响到我们的理解、感受和语言的表达处理。因此，一定要将所配人物及其氛围完全弄清楚。

有不少配音演员都有这样的体会，刚接触到片中的一个人物，甚至配音初期，对这一人物还比较生疏、有些距离。但随着配音的继续，便逐渐化为这个人物了，对他的思维、情感、表情、手势、动作、习惯及语言特点等都熟悉了，化为自己的了，表现起来那么自如。这说明，消化一个人物、化为一个人物要有一个过程。以前，正规电影译制厂配一部片子用时较长，而现在电视台或配音制作实体配一部片子单本的仅用两天（包括合成）。这就更需要配音演员重视化为人物的过程，不能只图快而放弃准备工作，粗制滥造。应当有责任感，并且有快速化为人物的能力。

二、配音对片

影视人物配音的"对片"，绝不仅是对上人物的口形，而是通过这个过程，全方位地把握人物全貌，更好地表现人物，贴合人物。对此，许多配音演员都有自己的正、反两方面的经验。其中，有只对口形、不研究人物的被动与失败；也有在研究人物、表现人物的基础上对准口形的自如与成功。比如，在苏联译制片《办公室的故事》中为女主角配音的冯宪珍谈到自己配音的体会时说："对片不能光看口形，要根据他的表情、他的手势、他的一转身、他的一抬肩、他的一呼吸，这都要一遍一遍仔细观察，这样，每一遍下来，有不同的层次感觉，越来越丰富，最后就很准确了。你如果光看口形的话，那最后出来就只有个声音，没有别的，没有感觉。要看语气、神态、形体是什么样的，他当时周围的环境是什么，他跟什么人在说话，他都有不同的态度。单纯地对口形，那就是机械地对口形了，那录出来，也不会很精彩。如果一个配音演员不懂表演，那他就不是一个好的配音演员。"她又说："看片子先甩开口形，看表演，化为人物了再对口形。""有的戏把握不住时，唯一的办法就是反复看、反复琢磨。""不能以演员固定的模式去套用每一个角色，而要让自己努力地去适应角色。要用千变万化的手段去表现不同形象的千千万万个角色。"她还说："搞译制片最好的先天条件，就是善于用最快的速度捕捉到人物的个性。""研究人物个性化的语言，我觉得不单纯地研究一个人物的语速啊、感觉啊这些，要侧重研究这个人物的表演。就是，他的出身是什么、身份是什么、地位是什么，研究他的这些以后，他的语言毕竟带着他的阅历、他的修养，带着他的气质出来。""人物的（语言）声音造型来源于什么呢？从对方的台词中找其他人和人物的关系，从其他人物与他（她）的关系中找到这个人物在片中的位置。比如《办公室的故事》中，为什么那瓦谢利采夫那么惧怕她，为什么所有人都惧怕她，说她是个老太婆、母老虎、女光棍，全都躲着她，在研究了别人的台词以后，才能得出自己这个人物的语言是个什么性质的结论来。不要光去琢磨自己的台词，不去研究对方的台词，这是打无目的之仗。"从以上的内容中，我们是否可以看到对片的内容和如何化为人物的途径。著名配音演员乔榛也说过："……用全身的每一个感官去吸取原片所赋予的'零碎'中包含着人物极其细腻、复杂的感情，决不可轻放。"

如前所述，对口形时，首先要确定下台词找准位置。其次是带原片声音对，待人物语言的节奏、气口和戏都对上了，便可"默片"对口形，连一些"零碎"也不应放过，这样录音时，心里才有底。当"默片"也对准了之后，还有时间，可以背背自己的台词。如时间不允许，也要多上口念熟些，尤其是那些语速很快的台词以及拗口的人名和专业术语等，以免录音时出错重录，遭其他配音演员、导演和录音师的不满。因此如有条件，配音演员应尽量快速将台词背下来，即使不能百分之百背出，也要背下重点台词或十分熟悉它们。只有你对自己的台词内容、口形、气口等都很熟悉、有把握了，配音时才能把注意力多投入到台词的表达处理和观看片中人物的表演上，使自己的配音更加自如、贴合、完美。反之，对这一切都不熟悉，心中无底，那就会总想看台词，提着心等片中人物的语言气口，或只是顺着说台词而无充分地配音感觉。这样配出的语言，必然紧巴巴、浅、白、不贴，无深刻、细腻而言。很明显，没有自如的心理、生理感觉，配音难以成功，仅是对上口形而已。对于初学者来说，在对片阶段，除了强调观看原片演员的表演化为人物、对上"默片"、多背台词以外，还应尽可能与配音对手一起对台词、找感觉，增进有机交流。

三、配音操作

在影视人物配音的录音阶段，一般在录音间，导演会先请录音师将下面所要配的一段戏放一遍"默片"，配音演员可跟随片子再过一遍自己的台词，对手之间相互找找感觉，导演提出录音要求后，便可实录了。

录音时，对话筒的使用与录广播剧基本相同，也不能总低头看剧本或将剧本挡在自己的嘴与话筒之间，这样录出的声音发闷。应将剧本拆开来，只拿有自己这段戏台词的几页纸，用手将此侧举头前，不挡住话筒和前方的屏幕。录完一张台词后将这张纸轻放地上，不能出纸声。录音过程中，一般是半看剧本、半看画面。在基本背下台词的地方，以看画面为主，可趁对方说话时，再快速看一眼自己下面要说的台词，待轮到自己说话时，则可只盯着屏幕上自己所配的人物，跟上他（她）的表情、动作和口形，全身心地投入表达；在背不下台词的情况下，就要剧本与画面兼顾了。但在每段台词的头尾一定要看画面贴准口形。此外，在看剧本时应注意，嘴里讲着这一句话的尾，眼睛就要看到下一行字了，这样才能保证台词完整顺畅地表达。

在配音当中，由于既要顾口形，又要看剧本，还要注意戏，有的初学者就忙不过来了，配音变得本末倒置。于是他们为了合上口形，便放松了感觉的投入，一心只在口形上。虽然口形对不上是最容易被人看出来的，但内心情感及感觉跟不上，语言出来是白的、平的、不能贴上人物细致入微的感觉、没有表现力，尽管口形对上了，也是没有完成配音任务。这样的配音也不能通过，也得重来。

在配音实录时，因口形在之前已基本对好了，就应该把注意力多放在原片人物的戏上，再兼顾口形。实际上，此刻你只要真正从心里跟上片中人物的感觉，替他生气、替他发怒、替他哭、替他笑、替他跑、替他跳，将他的一切内心感觉与外部形体、表情神态都化为自己应有的，注意银幕上的"自己"与交流对手、配音对手给予自己的刺激，以片中自己所配人物的行为方式来做出准确的反应，那么，这种配音就会舒服、自然，而不是机械地模仿了。因为，此时片中人物的话，正是你要说的，他的发怒，正是你内心的感受，这种状态就不是机械地对口形了，而是积极地配音创作。所以，在配音时，配音演员也要遵循表演的基本要领：真听、真看、真想、真交流。许多配音演员都有这样的体会：配音时，如真正听对方讲话然后自己再出口，这样口形就比较容易对上。否则，不是早了，就是晚了，或语言感觉不对。关于配音时的状态，著名配音演员乔榛还说："在话筒面前，要驱除邪念，保持一个符合角色情绪的松弛的自我感觉。方法有多种，我往往是回忆一下上下段戏中这个人物的精神状态，注意衔接。再认真地体验一下这个角色此时此景的情绪，他想做什么？想说什么？达到个什么的目的？总之，使自己的注意力集中到戏里，气沉下来，……这样，便可得到一个良好的自我感觉。"配音演员劳力也总结出这样的配音口诀："思想要集中，心理要放松，口形要看好，话筒要对正，声音要合身。"

四、配音技巧

影视人物配音与广播剧演播相同，也要在表达台词时加上一些相应的手势、动作，也要有相应的表情神态和造型手段相伴，这样可以更好地体现人物，贴合人物。比如，有的配音演员在配动画片中的大雁时，便自己张开双臂做扑扇翅膀的动作以表现大雁边飞边说的感觉。还有的人在配龇着两个大门牙的小动物时，自己也龇着牙说话，这样配出的语言便惟妙惟肖很贴合。当然，对于大多数剧烈的形体动作，还需要配音演员运用运动记忆来发挥作用，调动起自己相应的肌体感觉，渗透在语言中，保证配音感觉的准确。

配音的咬字发声状态也有相应要求。一般配音演员要用自己的自如声区说话，根据具体需要也可有一些语言声音造型。当在一部片子中需要为两个以上人物配音时，可以通过声音、咬字化装，尽量拉开人物距离（这点同广播剧演播相同）。配音演员用本人的自如声音说话，可以表达自如，听来舒服。一般配音导演选择配音演员时，也会考虑到与人物声音的接近，所以，配音演员自己就不必在这方面有什么负担，有意改变自己的音色。即使你的音色与原片人物不甚相同，也不必过虑，有可能导演认为你的气质更接近片中人物或你的戏好，有意要用你配，声音稍有区别也无妨。译制片中国人与外国人的声音本就有区别，不必过于追求人物音色的完全相合，注意力应多放在戏与人物的气质上。有时配音演员的声音与原片人物的音色有较大区别，那也许正是配音导演想通过这种音色来改变原片人物的声音造型。或许片中人物是个年轻、潇洒的人，而他本人的声音却显老，与自己的人物形象不匹配，所以要矫正。总之，无论何种情况，只要配音导演选定了你配这个人物，你就要用自己的自如声区来配音，至多根据不同情况，用声上稍做微调。（当然，需要特殊声音造型的，如配老人、孩子或同时要配几个不同的群众角色时则另当别论，那就应在用声和咬字上做较大的改变，这属于声音化妆范围的问题。）但在为主要角色配音时，应遵循"自如用声"原则，不应调着嗓子说话，也不能压喉说话。但配国产片时，凡是大家所熟悉的知名演员所扮演的角色，应尽量靠近其语言声音。

配音中的用声问题还应注意几点：一是，配音用声不能只用口腔共鸣，也要根据片中人物造型、人物情状等条件在用声上做共鸣位置的相应调整，否则，用声单一，缺乏表现力。二是，配音用声前后要保持统一，当配音不是一天完成时，更应注意此问题（特殊需要除外）。不能前几段配的是一个声音，后边又是另一个声音，人物声音不统一，会让观众感到莫名其妙，影响配音质量。另外，这种现象往往是不知不觉地与配音对手的声音相靠而造成。因此我们在配音时，要时时注意把握自己的声音。三是，配一些特殊语境、内心独白或谈情说爱的台词时，用声不宜太虚，也需用气息顶住声音，这样说出的话感觉才深。此外，在配激情戏时，也要求情浓声控，既保证台词感觉到位，又不会"炸话筒"。这也与广播剧演播相同。四是，配音用声与演播广播剧相同，都不能每句话出口皆声润、气足。应根据戏的要求，有时可声嘶力竭，有时可声颤气弱，以表现人物的特定情状。这点与播音主持的语言表达不同。

在配音咬字方面，也需要注意以下几点：首先，不能咬字都字正腔圆，要根据片中人物的生理特点、说话方式以及身份、职业、言语情状等不同情况，来变化适应。比如，片中人物说话嘴唇很松，我们配音也不能紧绷嘴唇、字正腔圆地表达，要适应所配人物的说话感觉；或是片中人物咬字口形较小、较扁，而我们的配音却给人感觉咬字较大、较圆，诸如此类都不行。这会让人感到语言不是出自人物之口。其次，配音时，不论是否配激情戏，嘴上都要增强控制、咬住字。**"说快词儿和轻词儿时，要特别注意唇、齿、舌部位的弹性，吐字要清晰，注意个别字不要含混过去。"**（乔榛语）以保证观众听得清楚。

为了取得配音创作的成功，配音时还应注意其"完整性"。何为完整性？这里指片中切换人物画面时进时出时，人物语言和反应要始终自如贯穿。不能有自己所配人物的画面时就说台词、有反应；没有，就不出声了，缺乏人物反映的合理性和贯穿感。

通常在配音时，配音语言不完全都附着在人物的镜头画面上。有时为了拍摄角度的丰富和某种蒙太奇需要，片中人物的语言往往会形成几句话在自己所配人物的画面上，几句话在他人所配人物的画面上或其他画面上，然后，又跳回到自己所配人物的画面上来，总之，是画内画外、跳进跳出。于是，有的初学配音者便不得要领了，他们在配有自己所配人物的画面和口形时较从容、贴合，一旦跳出人物画面时，自己的配音感觉就失当，有的似旁白，脱离了人物感觉；有的，为了接上跳回画面的人物口形而语速不当，或赶、或抻，缺乏有机、自然的衔接感；还有的见片中不是自己的画面，便语言快赶或抻慢，这势必破坏语言表达的有机、自如。应当说，要想配好这样的口形和语言有相当难度，除需要跟上人物的感觉，还要合上人物的呼吸节律及语言节律，才能使跳进跳出的人物口形对得准，语言感觉对。

应注意，在配音中当不是自己所配人物的画面时，也应保持特定人物、特定情状的语言感觉，把握画面内外的人物反应。例如，一部译制片中的一段戏，一位在美国越战时心灵受过刺激的丈夫，此时在轮船上又发作了，他跑向船舷想跳入海中。这时，他的妻子见状大声呼叫想制止他。但片中画面，先是妻子喊叫的镜头，继而转切成她丈夫正冲向船舷欲跳入海中的镜头，这时这位妻子的配音演员却不出声了。配音导演当即指出：此刻即使画面上没有你，你也要反应、继续叫喊，这才合理，否则，你丈夫就真的跳入大海了。虽然，现在镜头画面不是你，但你正追赶过来，就在旁边呢。所以，这时你不能停止出声叫喊，还应当更拼命地喊，叫住你丈夫才对。经过导演的一番提示，这位配妻子的演员才理解了配音的这一要领，又按导演的提示配了一遍，这回配得有机、合理、完整了。

配音的初学者应当懂得表演的原则：演员在场上，即使不是主要表演者，甚或没有台词，内心也要始终跟着场上的情节、气氛走，表情、动作、语言也要始终有相应、合理的反应。配音也是这个道理，不能有自己的画面和台词时才有反应，否则就出戏了，应始终有准确、合理的内心感觉及外部表现。

在此有一点需要说明，目前，有不少配音操作（译制片与国产片）与以往不同，首先，表现在导演不讲戏、不排练，更有甚者，配音演员不看完整剧本与全片，对人物台词的处理有的也全凭导演的临场指挥，致使配音演员成了一部说话机器，这样的配音效果可想而知。面对这种现状，不少知名的配音演员都惊呼：配音艺术不存在了！其次，随着录音技术的进步，现在许多配音实体大多使用多轨录音，这种操作可以大大节省录音时间，在录音中如果感觉还对，即使口形不能完全对上，也可留待后期合成时再做技术处理，将口形对准。但是，配音演员只配自己的台词，不与对手"同时空"交流配音。这种配完自己的台词就走的配音创造，怎么能很好地体现原片人物的表演与交流？怎么能有效产生具体、真实、有机、深刻、对味、精湛的配音？不免让人担心。然而目前的实践就是这样。虽然存在问题，一些成熟的配音演员也在运用自己的表演技巧及配音经验这样适应着。而那些初学者却不可一开始就这样做，还是应当按照配音这门艺术的要求循序渐进。

当前人们都生活在快节奏、激烈竞争的环境中，先进的设备可以使我们的配音速度加快，也不同程度地减轻了一些配音演员对口形的难度，但这并不等于就要放松对配音的要求。怪不得人们至今仍然怀念以前的配音，称欣赏它们是一种极高的艺术享受，就是不看片子只听其中的配音也能感到强烈的艺术感染力。

我们呼吁配音艺术的复苏！这要靠从业的后来人。所以，了解传统的配音创作，建立正确的配音意识，打下良好的配音基础是非常必要的，即使面对现在"发展"的配音程序与操作，也可以胜任。具体讲，就是当我们不得不按照当前的"快餐式"方法配音（尤其配主要角色）时，自己也要想方设法尽量按照正确的创作程序和方法：提前观看全片、了解相关资料、贴近所配人物。这样，即便配音时不与对手"同时空交流"，也能了解对方的台词内容与表达方式，与之较好地衔接和有机交流。好的、成熟的配音演员也应当具备这种配音能力。

我们应当认识到：时代在前进，技术在发展，时间就是金钱，但艺术的良心不能改变！对事业的追求不能消逝！

第五节　影视人物配音提示

一、不追求翻译腔、配音调

所谓"翻译腔"即不管原片台词内容如何，不从理解、体验和人物心理出发，而是机械、表面形式地模仿原片外国人的语言腔调，有些像"同声传译"或"客观旁白"。

有不少初学配音的人，以为配音要求贴合原片人物，就要与原片人物的腔调越像越好。于是他们便在配音时完全照葫芦画瓢，模仿原片人物的说话形式。这种配音，表面听起来与原片人物的语言音色、语气、语调相同，实际上只是表面声音上的相同，并没能很好地揭示其语言内涵。汉语与外语在表达上有所不同，如汉语有四声，表达规律决定其语势起伏较大。而不少国家的语言与我们不尽相同，很多时候，我们听他们的台词表达，感觉语调平淡、语速很快。如我们不顾其内涵，原样说出，就会表达不充分或形成只有语言声音形的"翻译腔"了。这种配音，就谈不上创作，它只起到翻译内容的低层次作用。因而，配音中的"翻译腔"是不可取的。实际上，我们理解配音的"贴"和把人物原汁原味地再现出来，应以汉语的表达规律去适应片中人物的表现方式，而不是不要理解、体验地被动去贴原片人物的口形和语言形式。

所谓"配音调"即用说话声调的扬起、飘、甩等方式来表现外国人的语言洋味。配音演员如果不注重语言内涵的表现，只注重声音、声调上的洋，就容易在表达上"固定化"。所以，目前很多人反感配音，其实就是在反感这种拿腔作调的"配音调"。

那么，译配外国影视作品，片中的人物需不需一点洋味与配国产片有所区别呢？回答是肯定的，但它又绝不是单纯在声音形式上着手所能达到的效果。它应首先化为特定人物，从心理感觉上"洋"起来，自然而然地反映到语言声音中去。其实，配音演员只要真正从所配片子的地域、民俗特征、思维意识出发，真正跟上片中人物的表演，以他的感觉和反应方式去表现，便可以与纯中国式的表达拉开距离、有所区别、产生相应的味道。这也可以避免配哪个国家的片子都一个味的问题。比如，配西亚、中东的女性就与配欧美国家的女性有所区别，配日本男性也与配欧美男性不同。原因是，西亚、中东的女性受其宗教信仰的约束与限制一般比较传统，风俗决定其表现方式不能太放，而欧美国家的女性一般都很开放，二者的语言感觉当然不能一样。而给日本人物配音，一般女性说话较温柔，而男性说话却比较直硬，因其大男子主义较强及民族性所致。而配西方男性又不同于日本男性，他们往往语言幽默，风度潇洒。此外，不同国家和地区的人，面对同样的意思，表情、动作、手势等也有区别。因而，配音的洋味应重其内在感觉，且各有其味，不能只在声音表层上做文章。

二、配音语言要生活化、个性化

配音语言与广播剧演播的语言要求是相同的，都需要生活化、个性化。所不同的是，广播剧中的人物塑造是"体现性"的，是演员根据剧作的"一度创作"依人物的各种条件自己想象创造出来的特定语言形象。而配音是"再现性"的，是在别人已有的表演性语言基础上的再创造，并受其口形、表情等的严格制约，以片中人物的语言方式去表现人物的个性。

应当看到，配音中还存在着种种不妥的语言表现：如有些从事话剧表演的人配音，语言夸张，用声偏大，声气控制欠细腻，情感处理、语言表达不够生活（这是由于舞台表演离观众较远，语言及形体等表现都需放大所致）；有些从事播音主持工作的人配音，则语言较死板、单一，缺乏表现力，用声幅度小，只用中声区表达，气息缺少多样性，缺乏具体人物感，或一般化地处理台词，缺少人物个性（这也是由于播音主持工作是近话筒、以"本我"为主的工作状态使然）。凡此种种，都不是合格的配音创造。

配音语言应有两个层次的把握：一是生活化。二是个性化。生活化的语言是既不夸张，也不是纯自然状态，是经过训练的。是有控制的咬字发声、气息运用与生活语言的有机结合。进一步讲，生活化的语言是"说"的样式，不是念、不是播，也不是拿腔带调地说或夸张地说，而是体验充分、细致又自然地说。只有这种语言才会使人听起来舒服又真实。

个性化的语言是有艺术性的，能很好地展示人物个性，使人物具有独特魅力，给人留下深刻印象。在配音中，只靠模仿原片人物语言的形式是表现不出人物个性的。个性化的语言，需要有准确的内心感觉与较高的表达技巧。著名配音演员李梓曾说："人物没有性格就没有色彩。"她还说："**要抓住一个人物的特征，首先要给他定下一个基调，防止跳。用形象化的东西来代替抽象的概念，比如'带刺的玫瑰'。配'叶塞尼亚'和'艾斯米拉达'时，要掌握'野味'这个总基调。配《白夜》中的小姑娘，她的基调要走'轻步子'，像蜻蜓点水似的不太重，但重点准。**"由此可见，人物的基调很重要。把握了人物的个性，就能产生人物的基调，有了人物基调，又兼顾人物特点，就易于产生个性化的语言。人物语言的个性化，可以产生极高的艺术魅力。因此，配音不仅应做到生活化，更应具有个性化，追求配音创作的高层次。

三、配音应与导演配合

在影视人物配音的创作中，有时会出现演员与导演的看法不尽相同的情况（广播剧也有），有时处理不好双方很不愉快，会影响到配音气氛与配音质量，这个问题也值得注意。

配音导演是配音创作的指挥者、组织者和艺术监督者，他虽不亲自去配某一个人物，但他却对所有人物的声音、气质及全片都很了解；他虽不亲自动手去录音、合成，但却对其技术、艺术都在掌控之中，并有自己的理解与艺术思维，她的视点立足于全片整体效应。而演员大多站在自己这一人物的角度去考虑问题，因而有时对声音的运用、台词的处理会与导演有所不同。除去导演水平有限、把握失当之外，大多数情况下导演的意见是正确的。因此，配音演员与导演的意见不同时，可以陈述自己的看法与导演探讨，但如说服不了导演时，应尊重导演的意见。因为对方毕竟是整体的驾驭者，当你说服不了他时，恐怕就有他的充分理由，这时就应按他的意见去执行。

比如，导演认为你的声音应再沉下来些，而你却认为，你配的这个人物很帅，故声音应当更漂亮一些、感觉更飘一些，这恐怕就不符合导演对配音的整体构思了。因为，这样你的声音就会与另一个人物雷同，而那个人物的气质更适合这种声音。对戏的理解也是如此。因而，在配音创作中，配音演员一定要尊重导演的意见，与其合作好。尽管有时你的意见不无道理，也不应与导演怄气，不听从导演的指挥，以致影响到配音气氛与配音质量。这里也有人格与艺德的问题，一个配音演员应多虚心求教、尊重他人，才会进步更快，也才会受到他人的尊重。

四、把握不同片类的配音

在影视人物配音领域中，除了有国产片、译制片两大类之分，还有故事片与美术片之分。对此，我们也应注意其不同之处及各自的配音要求。

一般故事片的口形要求较严，好的配音创作，音节、口形都能合上，否则会露出破绽，影响配音质量。具体而言，一般国产片，每一个音节都要配得十分贴合，长短精准，否则观众会不认可这是片中人物在说话。因为中国观众对自己的母语很熟悉，所以配音语言有一点不符，哪怕是某个音节的音程稍长一点或不足都会露出破绽。而译制片配音就不用将每一个音节都对准，实际上也不可能对得很准。但必须将人物台词的开头与结尾口形对准，气口合上，停、接准确，语句中间的音节大致合上即可。同时无论是国产片还是译制片，配音都应注意用声不能太提，也不能太压，要自然、松弛、有弹性。

此外，还应把握故事片的不同风格及不同片子的配音感觉和方法。例如正剧和喜剧之分、战争片与言情片之分等。

美术片的配音要求稍有不同。由于美术片的配音口形（不分中外）只有嘴的一开一合的机械动作，没有细微的口形形状与变化，音节数量也不严格，因而一般情况，配美术片时，一句话只要开口、闭口对上嘴部的开、合动作即可。美术片的口形要求不高，但配音表达不能因此而机械、平白，也要符合其表现的人物（动物、植物等形象）的性格、情绪等。美术片的配音在表达上要比故事片夸张很多，因片中形象的动作、表情等都较夸张。根据片子内容的不同，夸张幅度也有所不同。通常，美术片的配音都有不同程度的声音化妆。如表现的角色是动物，有时还要配出动物特有的叫声，并且伴以不同的环境、情绪，叫出不同的声音。比如高兴时怎么叫、生气时怎么叫、着急时又怎么叫等。

总之，在配音创作中，也应具体把握不同片类的配音要领。

五、模拟动作、有环境感

影视人物配音创作，不要求有外部动作，但却要求台词中说出有外部动作的感觉来，配音身处录音间，却也要在台词中带出身处不同环境中的感觉。这就需要有人体动作的模拟及环境感。

配音与广播剧一样，都应有人物形体动作的模拟。所谓"模拟"，就不是真正照原样去做，而是以相近或幅度较小的象征性动作来代替真正的动作，以追求相应感觉的逼真。即为使人物台词具有相应的形体动作感，在配音时，使用一种能产生相应感觉的模拟动作来帮助。这样，人物的台词会表现得更真实、更生动，也更有生活气息。

比如，原片中有人物拥抱、打斗、抬重东西及游泳、爬山等情景。表现这些动作与环境感的台词，就需用一些相应的手段达到感觉的相似与真实。例如，表现拥抱时，我们可以用自己的一只手握住另一条胳膊似真的拥抱着对方，同时说出相伴的台词，给人一种真实、可信感。又如，表现与对手打斗时的台词，可用手握成拳头，朝自己的前下方随着片中人物的动作一下一下地杵向地面，以形成拳头出击的感觉。在表现抬重东西时，也可用一只手攥紧拳头整条胳膊用力向下压，而另一只手却从下托住这条胳膊用力向上抬，形成力量的对抗。这种动作必然引起气憋、心跳加快的反应，此时再说台词便有了真抬重东西的感觉。此外，如表现在冰天雪地寒冷环境下的人物语言，配音演员可全身肌肉收紧，哆嗦着说话，表现寒冷给人带来的肌体反应。这样的处理必然带来气息的不匀、发紧和气短等表现。同样用这种方式也可表现出人在一种恐怖环境下的感觉。

以上种种动作模拟与环境表现，都是极为必要、不可忽视的。否则，不可能淋漓尽致地表现出原片人物的形体动作与环境感。

影视片人物配音训练作品

逃出堕落城（片断）
（美国电影）

剧中人物：
伊丹美：女，20岁，高丹尼的女友
高丹尼：男，20多岁，伊丹美的男友
基　斯：男，20岁，高丹尼的朋友
野　猫：女，20多岁，女犯
玛　歌：女，50岁，女犯

（一）设　计

（基斯住处）

基　斯：谁？
丹　尼：我，高丹尼！
基　斯：你来干什么？你应该待在家里。

丹　尼：我在家里放心不下。

基　斯：我能理解。

丹　尼：嗨！发财了，质量不错，你干得不错！

基　斯：但有个问题。

丹　尼：什么问题？

基　斯：会出麻烦的。

丹　尼：什么意思？

基　斯：带这么多毒品太引人注意。

丹　尼：这些东西怎么带出去呢？

基　斯：风声很紧，我们带这些东西太危险，要想个办法。

丹　尼：我有个主意，不用我们自己带。

基　斯：你的意思是让伊丹美带？

丹　尼：为什么不呢？没有人会怀疑一个美丽漂亮的姑娘会带白粉的，快点准
备吧！

（高丹尼的住处）

伊丹美：嗨！

丹　尼：睡好了吗？

伊丹美：太可惜了，我明天就要走了，可是，我的兴致还很高呢？

丹　尼：这是刚刚开始，宝贝。

伊丹美：我很开心。

丹　尼：我也是。

伊丹美：找一个你这样的人来照顾我，可真不容易。

丹　尼：我知道。你在想什么？

伊丹美：什么？

丹　尼：没什么？

（机场外停车场）

基　斯：你们先走，我去取雪橇。

丹　尼：好的，注意点！拿机票了没有？

伊丹美：拿了。我真想留下来。

丹　尼：早就告诉你，我们很快就会见面的，留下来也没有时间陪你。

（机场内换票处）

服务员：一路顺风！

伊丹美：谢谢！

丹　尼：走吧！

伊丹美：我会想念你的。

丹　尼：我也会想念你。

伊丹美：真遗憾。

丹　尼：你只是先走三天，我去了马上找你。

伊丹美：我爱你。

基　斯：办妥了，祝你一路顺风！

伊丹美：谢谢你，基斯。

丹　尼：快点去吧！

伊丹美：好！

（二）见　面

（探监室）

丹　尼：好吗？宝贝。我想你。

伊丹美：不，你害了我。

丹　尼：等等，那是搞错了，本来应该是我带，但你拿错了。

伊丹美：为什么？

丹　尼：为了钱！为了我们能够结婚。

伊丹美：丹尼，我实在受不了！

丹　尼：不要担心，不会待多久的。你没把我和基斯供出来吧？太好了，我爱你。

伊丹美：我也爱你。

丹　尼：听着，我们为你请了个很好的律师，他会把你弄出来的。千万不要说出我和基斯，否则，我们要坐牢，就没有人能帮助你了。

伊丹美：我相信。

丹　尼：相信我吧！你说什么？

伊丹美：我害怕！

丹　尼：我知道你害怕，但你要多坚持一下。很抱歉连累了你，我们很快会在一起。我爱你。

（伊丹美狱中画面）

画外音：你是伊丹美，你犯了携带毒品入境罪，触犯了加利福尼亚的法律，你犯了携带毒品窝藏及准备出售毒品的罪行。根据法律判处你有期徒刑一至三年。服刑地点，在州立女子监狱。

（三）玛歌之死

（监狱工厂内）

玛　歌：伊丹美吃饭了！

伊丹美：我需要一些洗衣粉。

玛　歌：在后面屋里，自己去拿。

（监狱工厂一角）

玛　歌：求求你野猫，求求你野猫。

野　猫：玛歌，你懂得规矩吗？

玛　歌：求求你野猫，给我机会吧，我会找钱的。

野　猫：你欠的债已经够多的了，可惜，刚到一批新货。

玛　歌：求求你，我的工作很劳累。

野　猫：真可笑，没钱，便没货。

玛　歌：你一定要救救我。

苔　丝：她不同意，求也没用。

玛　歌：如果你不救我，我会把你干的事说出去的！

野　猫：真的吗？

玛　歌：野猫，帮帮我，帮帮我，否则我会把你的事全说出去！

野　猫：好吧，苔丝，可怜可怜她，给她打一针。

玛　歌：多谢你，我会找钱的，快点，怎么？是空的！

野　猫：你得到的和你付出的一样多。苔丝，玛歌的脸色不好看。哈哈哈……咱们赶快走，快走吧！

（四）探监

（探监室）

伊丹美：丹尼，见到你真高兴！

丹　尼：我也很高兴见到你。

伊丹美：我爱你。

丹　尼：事情太难办了，是个坏消息。

伊丹美：被否决了？

丹　尼：是的，我们尽了最大的努力，现在只有等待机会假释。

伊丹美：我不能再等了，再留在这儿，我就有危险。

丹　尼：你说什么？

伊丹美：说出来你也不会相信。

丹　尼：你要坚守我们的秘密，再忍耐一下。亲爱的，我爱你。

伊丹美：丹尼，我也爱你。

丹　尼：我能为你做点什么？

伊丹美：帮我出去。

女看守：费查小姐现在要见你。

训练提示：

1. 把握女主角前后阶段不同的语言声音、情感、心理变化。

2. 把握男主角虚伪、轻浮的本性及语言声音造型。

3. 把握人物交流的隐秘环境感及用声幅度。

4. 把握不同人物的性格、特点、所处环境、人物关系等。

5. 配音不仅配上片中人物的口形、气息，也要与其表情、动作、心理相合。

真真假假（片断）

（印度电影）

剧中人物：

拉姆·普拉沙德：男，21 岁

帕瓦尼·肖格尔：男，老板，50 多岁

各丽妮（姑姑）：女，40 多岁，老板之妹

乌尔米拉：女，19 岁，老板之女

勒德娜：女，19 岁，拉姆之妹

（一）考 试

（帕瓦尼办公室）

拉姆：您好，先生。

帕瓦尼：进来，进来。您叫什么名字？

拉：拉姆·普拉沙德·达希勒特·普拉沙德·夏尔玛。

帕：坐，坐，请坐。

拉：谢谢，谢谢。

帕：您认为苏尼尔·高斯格尔怎么样？

拉：苏尼尔·高斯格尔？

帕：对，有名的板球运动员。

拉：请原谅，先生。我对板球知之甚少。

帕：好，好，没关系。那您对"黑珍珠"有何看法？

拉：我根本不知道珍珠会有黑色的，我一直认为珍珠都是白色的。

帕：我指的是贝利。

拉：喔，他可是个伟人，先生，是个伟大的人物。

帕：哦。

拉：真的。

帕：请您谈谈他的伟大之处。

拉：他写的《马哈拉什特拉邦落后部落的人均收入》一书值得一读，先生。

帕：您说的是谁？

拉：莱利，先生，莱利教授，著名的经济学家。

帕：不、不，我说的是贝利，闻名世界的球星贝利。

拉：哦，前几天我倒是在报上看到过一条消息，说是加尔各答有三四万疯子为了见他，竟然在半夜就赶到机场去等候。我就知道这些，先生。

帕：好。印度、巴基斯坦曲棍球赛就要举行了，请您谈谈您的看法。

拉：先生，请允许我告辞。

帕：为什么？怎么啦？

拉：我除了自己以外，其他方面一概不知。先生，我父亲训导我，青春贡献给事业，以后有的是时间娱乐。然而今天我才恍然大悟，有关体育等方面的知识也是很有必要的。父亲的训导不足为信。

帕：绝对不是，绝对不是。令尊大人的教导完全正确。快坐下，他还说些什么？

拉：他常常说，一个有理想的人……喔，算了，先生，您会认为他神经不正常。

帕：不，请说下去。

拉：他常说：一个有理想的男人应该蓄起胡子，胡子是人心灵的镜子，胡子反映一个人的内心世界。

帕：真是金玉良言哪，孩子。依我看，一个人没有胡子就说明他没有良心。你确实受到了堪称典范的家教。请你看看这份细账。

拉：这是 1970 年的。

帕：嗯。

拉：这账是哪个缺心眼儿的做的，先生？这人准是个笨蛋。

帕：是我亲自做的。

拉：请原谅，先生。不过这账做错了。

帕：这我知道，我不过是想考考你究竟懂多少。我很喜欢你。我为你感到骄傲，年轻人。你从明天起就来上班，工资暂定为八百卢比。

拉：八百卢比？

帕：对，绝不能多于八百五十卢比。你们年轻人哪，就只知道钱……

拉：不，先生，我不是这个意思。我是新手，哪能拿八百卢比的工资，就是五百卢比也不配拿呀。

帕：瞧，孩子，你究竟有没有才能，不必由你来告诉我，懂吗？去吧，明天就来上班。咦，你的褂子怎么这么短？

拉：先生，我父亲常说，衣服只是用来遮羞而已。全印度有三亿男人，即令其中有一亿褂子，如果每人把褂子做短六英寸，就可以省下许多布，用这些布又可以解决多少人的穿衣问题。所以我父亲常说，穿长衣是一种极为有害的时髦。他在世时反对赶时髦……

帕：在世时？

拉：是的。先生，他四年前就去世了。

帕：噫嘘，真是太遗憾了。我没有机会见见这位大贤人。

拉：但他永远和我在一起。我时时刻刻都在怀念他老人家，他老人家虽然已经谢世，但他的思想和主张将永存。

帕：好，说得好，你一定会有出息的。但我有个小小的请求，请你以后不要在谈话时使用这样深奥的语句，听起来很费劲。

拉：好，先生。

帕：嗯。

拉：再见，先生。

（二）演 戏

（乌尔米拉在自己房里）

乌：为了能和你结合，我得罪了天下的人，你倒说话呀！为什么不说话？我错就错在跟你秘密结了婚，没让人知道，没有迎亲队接我。那又怎么了？是的，没有吹吹打打，也没有唱歌跳舞，但是你曾对天发誓和我结为夫妻的呀？你不能丢下我不管，我已有了孩子，马上就要做母亲了。

（帕瓦尼家的健身房内）

帕瓦尼：神啊，请睁开心灵的眼睛……

姑姑：你自己先开开窍。你哪里肯听我一句话？你要么忙自己的工作，要么折腾你的肚子。我说过多少遍，对女儿不要宠得太厉害了。

帕：今天怎么了？

姑：坏事了。哥哥，乌尔米拉偷偷地和人结婚了。

帕：谁跟你说的？

姑：是我亲耳听到的。还有，那小子要扔下她远走高飞，更糟糕的是，乌尔米拉……

帕：怎么了，快说！

姑：乌尔米拉快要生孩子做母亲了。

帕：乌尔米拉现在在哪儿？在哪儿？

姑：在自己房里。

（乌尔米拉在自己房里）

乌：我瞒着父亲跟你结了婚，我不就是这点错吗？你为什么不说话？说呀！我这个样子，你要是把我甩了，我只有一条路可走，就是自杀！

帕：乌尔米拉！乌尔米拉！开门，快开门！乌尔米拉！

乌：什么事，爸爸？

帕：你问我？我还问你呢！

乌：我怎么了？姑姑，出了什么事？

姑：瞧你干的好事，孩子，你怎么搞的嘛？

乌：我怎么了？

姑：你把我们家的面子丢尽了，还在问怎么了？

帕：那个坏蛋藏在哪儿？我要枪崩了他。

姑：如果你想结婚……

乌：行了，行了，姑姑，别说了，够了！

姑：哥哥……

乌：你看，这是眼药水瓶，你再瞧瞧这是剧本，您知道不，我们学校要演戏，我正在练习台词呢……你们哪，真是的！

帕：既然是练习，那头顶上抹什么朱砂？

乌：爸爸，我演的就是一个已婚女子，不在头上抹朱砂，怎么出得来感情呢？爸爸，我开始了呀。姑姑，您就权当默亨德拉吧！

帕：默亨德拉是谁？

乌：默亨德拉，就是我悄悄跟他结婚的那个人。

帕：哎呀，不得了。

乌：爸爸这是假的，是在演戏嘛！您听着——我爱你，默亨德拉。

姑：喔，孩子，可不能直呼丈夫的名字，应该这么说："喂，我说。"

乌：啊，我的上帝，姑姑，这是现代戏！

姑：有必要演这种不吉利的戏吗！要演也得演些好戏，比如《神明保佑我》《虔诚的信徒》之类的，你为什么演这样的戏呢？对吗，哥哥？

帕：有道理。

乌：你们想不想听？想听的话，就好好听着："默亨德拉，我爱你。我将要成为孩子的母亲。"

帕：噫嘘。

（三）设 计

（帕瓦尼办公室）

帕：你今天把这发出去。

拉：您已经在副本上签字了吧，先生？

帕：签了。现在我有事要出去，你在这里等着，五点钟康纳先生要来电话，电话非常重要，你自己跟他谈吧。

拉：电话。先生，电话。

帕：是，什么？什么？老天爷！好，我就让他回去。是你邻居打来的电话。

拉：对不起，先生，我来回绝他。

帕：不，不，你母亲突然生病了。

拉：什么？我母亲怎么了！

帕：你母亲病了，你赶紧回家吧！

拉：但是，康纳先生要打电话来哪！

帕：别管了，走、你赶紧回去。等等，我用我的小车送你回去。

拉：喔，先生，不麻烦您了，我可以自己坐出租汽车回去。再见，先生！先生，请您为我母亲向天神祈祷吧。

帕：别着急，孩子。别着意，一切都会好的，去吧！啊！这才是真正的孝子哪！

（四）拜 访

（拉姆家）

乌：您好！

勒：您好！找谁？

乌：拉基先生在吗？

勒：我们这里没有人叫拉基先生的。

乌：拉——我是说拉克希曼先生在吗？

勒：哦，您打听的是我二哥，您是乌尔米拉小姐？

乌：您怎么认识我的？

勒：您请进来吧！我二哥一天到晚提到您，谈关于您的事，所以我听了几遍也就记熟了。

乌：他在您面前说我些什么？

勒：有一次他说，勒德娜，我的乌尔米拉不是寻常姑娘，简直是个天仙！

乌：我的乌尔米拉？

勒：对呀！《罗摩衍那》故事中拉希曼的妻子是乌尔米拉，他不是说"我的乌尔米拉"说什么？

乌：您把他叫来好吗？

勒：他现在不在家。

乌：哦，什么时候回来？

勒：我说不好，他这个人没准儿。

乌：那请您给我一张纸，我给他留个条儿。

勒：行，您请坐下写条吧，我去给您做杯热茶。

乌：今天不了，我还要赶紧回去，改天再来喝茶。噢，这条儿请务必交给他本人。

勒：写给他的，我当然只交给他。

乌：能给我一个信封吗？

勒：用不着信封，您折起来交给我就是。我一定给他本人，决不会偷看的。

乌：不，不，我不是这个意思。这信里写的是些私事，所以……

勒：乌尔米拉小组，您可以完全放心。我当面交给他。

乌：**Thank you**！

（五）为　难

（拉姆家）

拉：勒德娜！

勒：什么事，哥哥？

拉：乌尔米拉来干什么？

勒：找拉克希曼哥哥呀？

拉：她说了些什么？

勒：她给他留了一个字条儿。

拉：拿来给我。

勒：干吗给你？这信是给拉克希曼哥哥的。

拉：快别拿人开心了！

勒：我拿谁开心呀？大哥，我答应过她，这信除了二哥之外，谁也不让看。

拉：噢噢，你的二哥回来了。

勒：这就对了，我马上去拿。

拉：糟糕！

勒：怎么？

拉：她约我明天六点三刻去会面。

勒：那又怎么了，你去呗！

拉：唉，怎么个去法？五点半我得到她家，给她上课，一直上到六点半结束，她可以舒舒服服坐着小汽车去到约会地点。而我呢，要从拉姆·普拉沙德变成拉克希曼·普拉沙德。五分钟的时间怎么赶得到那儿？要去，只有一个办法。

（六）误　会

（拉姆家）

拉：谁？乌米尔拉，这么晚还来？

乌：今天我来问你个明白，你干吗写了那封信？

拉：我也是被逼的没办法。乌米尔拉，既然你的父亲喜欢我哥，那……

乌：管父亲喜欢谁！你跟我说清楚，你喜欢谁？

拉：你要我说清楚我喜欢谁？好，但是你要知道，我哥哥喜欢你的程度并不亚于我。

乌：然而我恨他，我恨他！我恨透了他那个人！

拉：轻一点好不？我哥会听见的。

乌：让他听去吧！我谁也不怕。我已经离开了家，再也不回去。现在我上布希芭家去。明天早晨你到那接我，然后去神庙结婚！

拉：你要跟你父亲唱对台戏？

乌：对！

拉：乌尔米拉，这下我的饭碗要砸掉了。

乌：什么？

拉：噢，我是说我哥哥。

乌：你的哥哥和他的饭碗见鬼去吧！你明天若是不来，那我就自杀！死给你看！凶手就是你！你记住这一点！

拉：乌尔米拉！乌……

乌：算啦！

拉：乌尔米拉，你听我说呀！乌尔米拉，你听我说呀！

（七）解 误

(布希芭家)

布：是您？

拉：是的，乌尔米拉叫我来的。

布：哦，请进，请进，您请上楼。

拉：乌尔米拉，你吃什么？

乌：毒药！与你何干！

拉：乌尔米拉！

乌：请别叫我乌尔米拉！

拉：好吧，那就不叫，但你听我讲嘛！

乌：讲什么？

拉：乌尔米拉，靠耍小孩子脾气解决不了问题，现在需要的是冷静，动动脑子。

乌：啊，你敢碰我！

拉：你听着。

乌：您别往前走！

拉：你听我讲好不好？

乌：别靠近我！

拉：你生你父亲的气，可干吗把气撒在我身上呢？

乌：你给我滚！

拉：你要知道，我并没有拒绝和你结婚呀！

乌：什么？

拉：我是为了说明这点才来的。

乌：噢，原来您是要向我说这些的！

拉：对。

乌：你也不照照镜子瞧瞧自己的模样！滚出去！我对您没有什么可以说的。给我滚，快滚！

拉：哎呀，这是干吗？

乌：你这个伪君子。

拉：唁，喔唁！

乌：流氓，无赖！

拉：啊啊，哎，你这是为什么？

乌：你，你。

拉：你听我讲啊！

乌：你马上给我滚！滚出这间屋子！

拉：怎么回事？你没犯病吧！

乌：滚出去！

拉：你恨我啦，是不是？

乌：对！

拉：连看都不想看我喽？

乌：对！

拉：好吧！我走了，再也不来找你。但请你看我一眼，最后看我一眼，既然如此，我走啦，走啦。

乌：拉基！

拉：哎呀，我不是拉基，是个大傻瓜！

乌：当然，是傻瓜，是我的傻瓜。

训练提示：

1. 把握本片风格及地域色彩。

2. 把握人物的性格、特点、语言方式。

3. 把握人物的不同情状、心理、阶段表现。

4. 注意语言台词多、语速快、表情夸张等特点。

5. 配音语言应同人物的表情、形体动作贴合。

晨雾（片断）

（中国台湾电影）

剧中人物：

戴亚伦：男，30 多岁

杜小梦：女，20 多岁

季　云：女，20 多岁

唐永平：男，十几岁

（一）相　识

（杜小梦与季云的住处）

梦：哇！哪来的男人哪？

伦：杜小姐！

梦：是送钱还是来道歉的？

伦：来请求你的友谊，接受吗？

梦：你倒挺有本事的，怎么找到这儿来？

伦：我走遍了全台北市大小餐厅找杜小梦，总算找到了，没想到餐厅老板说她已经辞职不干了。

云：小梦，怎么回事呀？

梦：还不是为了送皮夹子，转了好几趟车，等到回到餐厅已经到中午了，老板站在门口鸡猫子怪叫的，就这样我不干了。

云：你呀，就是这个倔脾气，迟到了，老板总要说几句，有什么关系呢！

梦：几句我还不冒火，结果噼里啪啦地说了三百多串。

伦：杜小姐，我真不知道该怎么表示我的歉意才好。

云：哎呀，糟了！

梦：你还要不要表示谢意，我们的菜完蛋了，你请我们吃饭吧。

伦：谢谢这锅完蛋的菜给了我机会。

（二）邀　请

（餐厅里）

梦：喏！

伦：怎么了，小梦？

梦：谢谢你，我自己可以找到工作。

伦：嫌薪水太低了？

梦：八千块?！我从来就没拿过那么高的薪水。

伦：那是为什么呢?

梦：我不要我的老板是你，就这么简单。这样最起码我们还可以平起平坐，地位是平等的。

伦：在我们公司上班就是上班，你怎么扯出这些不相干的事情来呢。工作归工作，我们仍然还是好朋友啊。

梦：我不想养成依赖朋友的习惯。明天我就可以去看一个工作。

伦：什么工件?

梦：看护，性情温和，有耐性。

伦：看护的工作不一定适合你。万一你没有被录取呢?

梦：我就再找别的工作啊！

伦：小梦，你要不要再考虑考虑?

梦：好了，到此为止，再说下去，我就要溜了。

伦：随便你。反正我公司的大门永远开着，随时欢迎你来。

梦：你把公司大门关起来吧，我杜小梦一无所有，就是挺有自信！我一定会被录取的。

（三）交 流

(城市街上)

梦：戴亚伦，明天我就是有工作的人了，我这个看护可是精挑细选出来的。

伦：我真没想到你会被录选。哎，怎么不进去?

梦：有没有人规定见面一定要在餐厅?

伦：没有哇。

梦：那我们不如去逛逛街，闯闯红绿灯。

伦：好啊。

梦：戴亚伦，你每次都穿得体体面面的，怎么今天穿起牛仔裤来了?

伦：这是我念大学时穿的。

梦：哇，你真厉害！念大学时的牛仔裤居然还能穿啊?！你现在可是个老男人了噢。

伦：真伤心哪，才三十出头就被叫成老男人了。

梦：哎，有没有许多女孩子喜欢你?

伦：我很忙，没有太多时间去注意女孩子。不过倒是有一个……

梦：是什么样的女孩?

伦：她很懂得穿衣服，很会修饰自己，是个相当会表观自己优点的女孩。

梦：哎，她很喜欢你吗?

伦：她的社交圈很广，我们见面的时间很少。

梦：噢，是这样的。那你喜欢不喜欢她呢？

伦：跟她在一起，我并没有特别的感觉。

梦：噢，特别的感觉？哎，你们触不触电啊？

伦：触电？

梦：哼。

伦：你这个小脑袋怎么想那么复杂？

梦：你不要拍我的头嘛，像个老祖父一样。

伦：小梦，当老祖父太离谱了，叫声戴大哥倒是足够啊。

（四）心　言

（杜小梦与季云的住处）

云：小梦，小梦你怎么了？

梦：我爱上一个人。

云：噢？谁呀？

梦：戴亚伦。

云：多久了？

梦：第一面。我爱他高，爱他帅，爱他文雅、温和、稳重的个性，爱他待人诚恳、热心，总而言之我爱他的一切。

云：他晓得吗？

梦：我不会让他知道的。

云：哎，为什么不告诉他嘛？

梦：因为他有女朋友，是个又漂亮、身材又好、又会打扮自己的虚荣女孩子。

云：是他告诉你的？

梦："虚荣"是我自己加上去的，因为我讨厌那个女人！

云：小梦，你难道一点也看不出来？

梦：看出什么来？

云：戴亚伦他喜欢你。

梦：季云你别安慰我，你是个大好人，跟戴亚伦一样都不忍心让人难堪。

云：小梦，像戴亚伦这么好条件的男人，当然是女孩争取的对象，朋友自然是不少啦。不过，他一定会喜欢你，因为啊，你是个讨人喜欢的女孩啊。

（五）鼓　励

（唐永平家里）

平：谁告诉你我要音乐的？

梦：哎，是现在国内最红的歌星唱的，你看。

平：你以为我不知道这个女歌星，一天到晚老戴着帽子唱歌的那个。

梦：你知道的很多嘛。

平：我是个不出门的秀才。

梦：哎，叫义伯带你出去，这样你就可以看见外面的世界了。

平：我不要接触外界！

梦：哼？

平：我讨厌见人！

梦：为什么？

平：外界对我有什么意义，除了义伯，任何人跟我都没有关系！

梦：这个想法是不对的，只要你活着，这个世界就跟你息息相关。

平：那是你们正常人的说法。可是你看到了，一天到晚打针、吃药，从来就没有离开过这个轮椅！

梦：你的腿并不是不能走，是你自己把自己绑在轮椅上，时间久了，你根本就不想走路。

平：医生说过我不能过分劳累。

梦：医生说你不要劳累，并不是让你坐在轮椅上不动。你可以站起来试试。

平：我不要试，我不要！我害怕跌倒。

梦：跌倒了站起来就行哪，有什么好怕的，男孩子最可爱的地方，就是比女孩子勇敢。

平：我不要，别人会笑我。

梦：别人是谁呀？噢，那我走，让你一个人试。

平：哎……哎！你不能走！

梦：你要我留下，就得先破除心理障碍，要不然任何事都不能做。现在，至少你可以表现得很勇敢。来，把手给我，喂，来，来，你看，你可以走得很好，自己走，哎，没关系，我们再试试看。

作品背景：

《晨雾》是一部台湾言情片，故事情节是这样的：杜小梦是一个餐厅的服务员，她家境贫寒，只得提前就业。一天，某公司经理富家子弟戴亚伦去杜小梦所在餐厅吃饭，不慎将自己的钱包丢在那里了。好心的小梦发现后追出去寻找失主。由于此事，小梦回餐馆晚了被老板训斥，她一气之下辞职不干了。戴亚伦得知此事后想邀请小梦去他的公司工作，但遭到性格独立、倔强的小梦的拒绝，她表示自己不想依赖他人，要凭自己的能力再找工作。戴亚伦只得作罢。

小梦发现自己已经爱上了戴亚伦。以后，两人继续交往，小梦告诉戴亚伦自己找到一个工作是家庭看护，两人在一起，有说有笑十分融洽、开心。原来，杜小梦的新工作是看护体弱的富家子弟唐永平，唐永平由于体弱常年不出门坐在轮椅上，导致性格有些变态，为人十分挑剔。小梦像个大姐姐一样给他讲道理开导他，还鼓励他离开轮椅站起来，小梦得到唐永平的尊敬与喜爱。经过一番周折，杜小梦与戴亚伦最终走到一起了。

配音提示：

1. 把握片中男主角温儒、内向的性格特点；女主角热情、活泼的性格特征。

2. 把握人物配音的整体感，兼顾其心理层次，语言变化。

3. 把握人物说台词时与情感、表情、形体动作相贴合。

4. 注意配音时没有台词、只有表情、动作时，也要有气息的运用来表现人物。

玉观音（片断）
（电视剧连续）

剧中人物：

安心：女，20多岁，警校见习学员

毛杰：男，20多岁，贩毒者、安心的男友

（一）相　识

（茶水店）

女招待：欢迎光临！

老板娘：啊，请，请！

毛杰：老板娘，麻烦你给我来点酒，还有点儿小菜，好不好？

老板娘：哎，好的，好的，你先坐着啊！马上就来。

毛杰：啊，好！来，祝你心想事成！

安心：我也祝你心想事成！

毛杰：干杯！

安心：哎，我不会喝酒！

毛杰：我也不会喝！但是我今天挺高兴！你呢？你高兴吗？

安心：高兴！

毛杰：哈……！你信佛吗？

安心：你呢？你信吗？

毛杰：我？我现在就信你。

安心：信我？

毛杰：我就信你，我相信你可以给我带好运。我们因为前世有缘，所以今生相会。来！为了我们前世，也为了我们今生，干杯！

安心：和我们相识的每一个人都是有缘。

毛杰：嗯，为了我们，为了我们有缘相识的每一个人，干杯！干杯！

(夜晚街上)

毛杰：我要有钱，我要有很多钱，你信吗？

安心：我要当冠军，我，我要当全国的跆拳道冠军，你信吗？

毛杰：我信，我当然信了，我什么都信……

（二）探 望

(安心宿舍)

毛杰：怎么了？好几天不见，不想我啊？

安心：毛杰，咱们别再这样了，这样下去，这样下去不是个办法，对谁都不好！

毛杰：那好，我们结婚！我娶你。

安心：不，这是不可能的。咱们……

毛杰：你是不是想说，我们不合适，我连大学都没上过，配不上你。你是不是又想说，南德这地方你待不长，不能在这儿找对象，哼？

安心：不，我不是想说这些。

毛杰：那你想说什么？

安心：我有一个男朋友的。真的，毛杰。我们都订婚了，我们马上……

毛杰：你别说了！

（三）追 求

(安心宿舍)

毛杰：安心，你跟我走，我有钱，我可以养你一辈子。你把工作辞了，我们可以离开这个地方的啊，啊?!

安心：毛杰，我不想辞职。我和你不一样，我是把事业放在第一位的。如果不是为了事业，我也不会到南德这个小城市来。

毛杰：我还以为你在乎我！

安心：毛杰，你冷静一点，我们都是大人了，我们应该理智地处理好我们的关系。其实，我们的关系很简单，我们就是朋友，是刚刚相识不久的朋友，我们彼此有好感。

毛杰：而且彼此拥有……

安心：不。

毛杰：我已经把我的心给了你，你应该把你的给我啊！

安心：不，毛杰，我们只是普通朋友。我们彼此交换友谊，除了这个，我不能再给你别的什么了，你要的东西我没法给你。

毛杰：你已经给了啊！

安心：毛杰，关于这件事情，我不想再说什么了，我不想说出伤害你的话。

毛杰：我喜欢你，我真的喜欢你！你给我个机会，我求你，你给我个机会吧！我告诉你——你可别想这样就甩掉我！

安心：毛杰，我们确实，确实相处得很快乐，你给过我快乐，给过我温暖，你是我的好朋友。可，可你搞错了，我没有向你承诺过什么。你有你的生活，我有我的生活，我希望我们都能尊重对方的生活……

毛杰：你别再说了！我还以为，我还以为你在乎我！

（四）谈 判

（茶水店）

老板娘：来了！

毛杰：老板娘，茶，还有两碗米干。

老板娘：好的，好的，稍等一会儿，马上去做啊。

毛杰：啊，好。

毛杰：怎么了，心情不好啊？怎么样，这里能够让你有许多浪漫的回忆吧？咱们住在一起好不好，我去找个房子，你搬出来，这样你也可以住得舒服一些啊，啊？！

安心：咱们两个算什么，怎么可以住在一起呢？

毛杰：你的思想怎么那么封建啊！像我们这样的年轻人住在一起的可多了，有什么好稀奇的。我们可以住得离你学校远一点。这辆车子，我爸爸说以后要送给我的，我可以每天去你学校接你，而不让你们领导知道的。你到底在哪一个学校当老师啊？你告诉我又怕什么？我说了保证不到学校找你的啊，你怕什么？当那个孩子王好玩吗？你要是没兴趣的话可以辞职不干的，我养得起你。我爸爸妈妈都很疼我的，我要多少钱他们都肯的。你要是同意的话，我今天就带你去见他们。

安心：毛杰，我知道你对我好。说实在的，我一直觉得你这个人挺不错的，所以我必须跟你讲真话。我已经结婚了，我是个有家室的人，我不配再和你交朋友。其实像你这样的小伙子，长得这么帅，家里条件又这么好，找什么样的姑娘，还不是随你挑吗？

毛杰：什么？你结婚了，已经结婚了？！不，我不信！你骗我的！

安心：我没必要骗你呀！

毛杰：那你以前，你以前一直在骗我，你到底有多大了？！

安心：毛杰，如果你觉得我骗了你，我可以向你道歉，我不想再骗你了。我再这样不声不响地跟你交往下去，那就更不对了。

毛杰：我知道，你是讨厌我了，想和我分手才故意这么说的，对不对？

安心：咱们不是早就分手了吗？分手以后我就结婚了，是你昨天喝醉了又来找我，我现在必须跟你讲真话。

毛杰：我们没有分手啊！我前一阵子跟我哥去……去做生意，那我刚一回来，我就过来找你了，你知道我一直都很喜欢你，我怎么可能想和你分手呢？你，你不要开玩笑了，好不好？

安心：毛杰，你是大人了，你应该理智地想一想，咱们都是大人了，我们不能再像小孩子似的，再做那些荒唐的事。

毛杰：你到底嫁给谁?！你说！说！谁呀!！那家伙到底是谁，啊?！

安心：毛杰……

（五）接　头

（轮渡上）

毛杰：怎么，你也在这条船上？

安心：你，知道今天下雨吗？你，知道今天下雨吗？

毛杰：今天不下，明天下。

安心：啊……（叹气）

安心：你怎么干这个？

安心：下船吧。

毛杰：以后不许你再干这个，这不是女孩子该干的事。我不管你干了多久，这可是最后一次，听见了吗？走吧，我明天去找你。明天见了面再说。

（六）审　讯

（审讯室）

安心：你说吧，你不是要我来才肯说吗？

毛杰：我现在才明白，你一直在骗我，你从一开始就不是跟我谈恋爱！你用你这张脸来诱惑我，来让我中你的圈套！

安心：我是什么并不重要，重要的是你为什么要干这个！我现在也才明白，原来你的漂亮衣服、你开的汽车、你的钱，都是靠贩毒得来的。

毛杰：他妈的，我他妈的真是蠢，我爱你爱得都快发疯了！我本来想，我想为了你做什么都可以，什么都舍得，都舍得！可是我没想到，我没想到你其实在搞我！好了，你完成任务了，你可以枪毙我啊！有本事你现在就枪毙我！我告诉你，我死了再跟你算这笔账，我死了也不让你痛快地活着！

（七）通　话

（刑警队办公室）通电话

……

安心：好，我们同时交换。你定个地方。

毛杰：你这个坏女人，你一直把我当成个傻子，你从认识我的第一天起，就把我当成个傻子，想怎么骗我就怎么骗我。我知道我哥已经死了，我跟你换也是换具尸体，你还想骗我！就凭你现在还想骗我，我就应该把你的孩子给消灭掉。你以为我会养这小东西一辈子吗？

安心：毛杰，我求你了！你放了孩子，我求你了，毛杰，孩子没有任何过错。你有本事就来找我，你别折腾孩子！

毛杰：我没本事，我找不到你，那我只好拿你孩子开刀了，你害怕了是吧？你也有害怕的这一天！我知道孩子没有过错，那就让他为你的过错而倒霉吧，你的过错太大了！你弄死了我爸爸，弄死了我妈妈，又弄死了我哥哥，还想弄死我！你知道我这个人是个孝子，我看着亲生爸爸、妈妈死了，我受不了！我原来还以为你不懂这些，我看你不是不懂，你自己亲生儿子死了，你也受不了！我就应该让你尝尝这个滋味，让你体验一次，这样咱们才算拉平。唉！真是可怜这个孩子，谁叫他是你的儿子。

安心：他也是你的儿子啊！毛杰，那个孩子是你的亲生儿子，呜……毛杰……呜……你要是不信，你就找个医院去做鉴定，亲子鉴定，亲子鉴定医院就能做。呜……你不信，你就去做……

作品背景：

这是一部表现一位刚走出警校大门、涉世不深的女缉毒警的工作、生活、内心世界与人生经历的震撼人心的电视剧。这部电视剧的大致剧情是这样的：某城市体育馆的跆拳道训练班里有一位美丽、娴静、气质清纯、神情忧郁的女清洁工安心，她神秘、不易接近。在经历了一番周折后，终于揭开了她的神秘面纱。原来安心曾是一个刚从警校毕业的女学员，由于工作需要她只身来到另一城市的缉毒大队实习。一次，她吃饭时遭到几个小流氓骚扰，得到一位男青年毛杰的帮助得以脱身，她被邀去对方家中做客。在寂寞的生活中两人开始交往，对方疯狂地爱着她，但她没有接受对方的求婚。以后，她与深爱自己的男友张铁军结婚并生了一个男孩。一次，在完成诱捕任务时，她与毛杰又见面了，原来，对方正是自己的诱捕对象——一个贩毒者。她在内心矛盾中，还是尽到了一名公安人员的职责，向组织讲出了对方的住址，致使缉毒人员捣毁了贩毒点，令毛杰的家人死去。在审讯毛杰时，她遭到对方的恶毒辱骂。之后，毛杰在不知情的情况下，为了报复，杀害了安心的孩子，其实也是他自己的孩子。经历了这一切之后，安心成长了，她又继续战斗在自己的岗位上。

为了教学训练需要，这里主要选择了情节相对紧凑、情感对比较大的安心与毛杰的戏。

配音提示：

1. 把握男主角热情、仇恨、冷热分明的表现特质；女主角内心复杂，表现压抑、大起大伏的人物特质。

2. 把握两位人物所处的不同关系、不同情感状态及表现变化。

3. 注意配音时随人物说话的愤怒、悲痛等情感极致的咬字力度和声音使用。

4. 注意配音中随人物表演边哭边说的语言状态要既贴合其语言，也要贴合其哭泣的细微状态。

后 记

随着时代变迁，当前播音主持事业蓬勃发展，表演领域也人才辈出，很多开设播音主持艺术专业的院校纷纷开设表演专业的课程，而专业艺术院校也大都设有播音主持专业，不少院校这两个专业同时开设，笔者认为这有一定的合理性。因为它们的专业本身具有互补性与交叉性。我们看到这样的现象，毕业于播音主持专业的学生活跃在银屏而小有成绩，而表演专业的毕业生也不乏投身于播音主持的舞台。这种培养专业人才的做法，有利于培养学生的从业能力。这也说明，这两个专业虽有工作属性和训练方面的不同，但也有创作规律的共同基础。文艺作品演播的训练就是培植这个基础的平台。

文艺作品演播是播音主持和表演专业训练的必修课，二者关系紧密，它是播音主持和表演专业训练的重要内容。一线实践表明，没有文艺作品演播的基础，难以做好本职工作。如语言表达的内外部技术，其训练都要求主体对所表达的作品（稿件）具有正确的判断力、理解力、感受力和准确的分析与表达，具有一定的驾驭和表现能力。

我将自己多年的文艺作品演播实践与教授这门课的教学经验相结合，进行了实践思考与理论探讨，同时参阅、听看了一些著名朗诵艺术家的文艺作品演播创作体会文章及录音、录像作品，继而写出《文艺作品演播技巧》一书。本书分为上、下两部分：上编为"基础篇"，讲解文艺作品演播的基础要素，下编为"文体篇"，讲解不同文艺形式及语体的创作特点，使创作体系更加完整。本书首次总结了播音主持与表演专业创作的异同及关系；首次梳理了不同文艺作品的创作特点及表达特征；首次提出了影视片人物配音的创作理论与操作特征。我希望每一位阅读过本书的人都能从中获益，这便应了我的成书初衷。

本书出版后，不少相关院校及专业以此作为《文艺作品演播》课的教材，较好地充实了专业训练体系。多年的教学使我了解到学生们对学习文艺作品演播的热情、他们学习中所面临的问题以及当前广播电视节目创作对表演元素的应用、对丰富表达技能的需要等，我认为有必要对本书做进一步梳理，以更好地满足学习者的需要。

这次本书修订幅度较大，主要做了以下工作：一是，增加了新的专业内容，二是，替换了部分讲解案例及作品，三是，每个单元都增加了训练材料。这种变化，可使本书内容更加充实完善，具有时代风貌，便于训练使用。

在此，我要真诚感谢中央人民广播电台文艺部的蔡淑文导演、王玮导演；文艺界的张家声老师、齐世龙老师、瞿弦和老师等，是他们在我的艺术成长与实践道路上给予了真诚关怀与热情帮助！我还特别要向本书的编辑高子如女士表示最诚挚的感谢！是她不辞辛苦为这本书倾尽心血！另外，本书中所引用的一些文艺作品片段，由于是从广播、电视播出节目中选取，有的作者、创作者的姓名不详，也未能向所有的作者当面致谢，在此一并向他们表示深深的谢意！我想这也是所有读者的真诚谢意！

作　者
2013 年 1 月 8 日

修订版说明

时间在流逝，《文艺作品演播技巧》一书的理论与操作现在仍在发挥着应有的作用，然而，作者觉得有必要将近年来这些方面的发展、实践及教学中的新内容进一步整理入册，使其发挥更大的作用。

本书修订版做了以下工作：

一、补充完善了文艺作品演播的理论。

二、增强了不同文艺作品表达的讲解。

三、补充了最新、高效的艺术语言表达训练方法。

四、对本书的范例，进行了大量更新与补充。

五、在讲解每一种文艺作品演播的章节后，都增加了一定数量的、有针对性的训练作品。

相信有了以上修订，本书将成为当前最新、最全面、有质量的文艺作品演播教材。

作　者

2013 年 1 月 8 日